亲历中国丛书 | 李国庆 主编

我看乾隆盛世

马戛尔尼使团访华见闻与思考

[英] 约翰·巴罗 —————— 著

李国庆 欧阳少春 译

九州出版社
JIUZHOUPRESS
全国百佳图书出版单位

图书在版编目（CIP）数据

我看乾隆盛世 /（英）约翰·巴罗著；李国庆，欧阳少春译. -- 北京：九州出版社，2024.2
（亲历中国丛书 / 李国庆主编）
ISBN 978-7-5225-2605-8

Ⅰ. ①我… Ⅱ. ①约… ②李… ③欧… Ⅲ. ①中国历史－研究－清代 Ⅳ. ①K249.07

中国国家版本馆CIP数据核字(2024)第038101号

我看乾隆盛世

作　　者	［英］约翰·巴罗
译　　者	李国庆　欧阳少春
策　　划	李黎明
责任编辑	张艳玲
出版发行	九州出版社
地　　址	北京市西城区阜外大街甲 35 号（100037）
发行电话	(010)68992190/3/5/6
网　　址	www.jiuzhoupress.com
印　　刷	北京捷迅佳彩印刷有限公司
开　　本	880 毫米 ×1230 毫米　32 开
印　　张	15
字　　数	320 千字
版　　次	2024 年 9 月第 1 版
印　　次	2024 年 9 月第 1 次印刷
书　　号	ISBN 978-7-5225-2605-8
定　　价	88.00 元

★版权所有　侵权必究★

总　序

《亲历中国丛书》的策划始于2002年，那时国家图书馆出版社还叫北京图书馆出版社，时任社长郭又陵先生来我校访问，我带他浏览了本馆所藏的大批与中国有关的西文旧籍。其时自改革开放后兴起的又一次"西学东渐"热潮正盛，域外汉学和中国学的经典作品在被有系统、成体系地引进。我们觉得，东西方文化的接触和交流，离不开旅行家、探险家、传教士以及后来的外交、商务人士和学者。这些来华外国人的亲历纪实性著作，虽然不是域外汉学的主流，也是与汉学和中国学紧密相关的材料，值得翻译出版。郭社长回去后邀请中国中外关系史学会会长耿昇先生担任共同主编，获得首肯。耿先生并为丛书作序，确立宗旨如下："《亲历中国丛书》只收入来华外国人的亲历纪实性著作，包括探险记、笔记、考察报告、出使报告、书简等。内容力求客观、公允、真实，并兼顾其科学性和可读性。在允许的范围内，力求满足中国学术界的需要，填补空白和弥补不足之处。"也就是说，集中从一个方面配合方兴未艾的对西方汉学（中国学）的研究，提供国内难得一见的资料。

经过2年的运作，第一批2种译作于2004年面世，反响颇佳。至2010年，《丛书》出满10种，耿昇先生退出，改由郭又陵社长共同主编，笔者写了新序，装帧也更新了。接下来的6年又出版了10种，郭社长荣休，出版社领导更替，此后只履约出版了3种签了合同的书稿，《丛书》的出版于2019年告一段落。

回顾历程，必须感谢郭又陵社长作为出版家的远大眼光和胸襟。这部丛书的经济效益或许并没那么好，社会影响却出乎意料的好。《丛书》中的《一个传教士眼中的晚清社会》获2012年度引进版社科类优秀图书奖，《古老的农夫　不朽的智慧——中国、朝鲜和日本的可持续农业考察记》被评为第十三届引进版社科类优秀图书，于2002年正式启动的国家清史纂修工程曾有意把它纳入，因技术原因未果。学界热烈欢迎这类域外资料，从中发现不少有用的材料。比如《我看乾隆盛世》，书名几成口号，内容被多种著作引用。即便是民间，该书也引起一些有趣的反响。比如《我的北京花园》中立德夫人客居的到底是哪个王公的园子，一批网友曾热烈地探讨过。其作为史料的意义，更是突破了最初设想的汉学范畴，日益彰显丰富。简而言之，因为《丛书》所选的西文旧籍都是公版书，当初截止于晚清，目前已扩展至民初，差不多涵盖整个近代。

近代史料的形式多种多样，过去相当一段时期，学界对与政治史相关的档案文献关注较多，其他，尤其是与当时中国的地方政治、经济、社会、文化、人物等相关的记载被相对忽略。本丛书所收集的纪实性著作的作者包括政府官员、军人、商人、传教士、学者、旅行家等。他们游历经验丰富，受过良好教育，在中国的时间少则半年，多则几十年，其中许多人还对中国社会的发展产生过重要的影响。他们对在中国的所历、所见、所闻做了细致深入的观察和记录。因为记录者是外来人，从而对中国人习以为常的事物天然地怀着某种好奇，对中国人无意识或不屑记录的内容的转述，到今天恰恰成为极为珍贵难得的史料。又因为近代中国天翻地覆的变化，当年各地的山川风物和社会百态多已烟消云散，却被凝固在这些西方人的著述当中了，就像琥珀中的昆虫，历尽岁月，依然栩栩如生。它们不但是研究中外关系、中外文化的互动等方面的极其重要的第一手资料，还是研究中国近代社会生活史方面的重要资料，正可以补上述之阙。换言之，这类旧籍有如一个包罗万象的宝库，不但人文社会科学的不同学科都有可能从中发掘出有用的材料，一般读者也可把他们当作 Citywalk 的指南，据以追怀各地的当年风貌，得到有趣的阅读体验。

我们还要再次强调，整理、翻译、出版这一系列丛书的目的，是为了保留历史资料，因而尽量少做删节，也不在文中横加评论。但是这些书的原作者，都来自 100 多年前，那样的时代，身份各异，立场多样，有些人免不了带有种族优越、文化优越和宗教优越的心态，行文当中就表现出对当时的中国、中国人、其他宗教、其他文化等的歧视。也许还有个别人是怀着对中国进行宗教侵略、思想控制、殖民控制等目的来到中国的。希望读者在阅读这些文字时，既有海纳百川的胸怀，也有清醒的认识；既要尊重他人的善意旁观，也要站稳自己的立场；对一些恶意的观点，坚持批判的态度。

因此，同样非常感谢九州出版社同仁的眼光和胸襟，愿意接过这套丛书继续出版。我们的计划是一边先再版早期的反响良好的译作，一边逐步翻译新书。再版的译文都请原译者修订一过，唯当初的翻译说明或序言之类一仍其旧，以存历史，特此说明。

李国庆
2023 年岁末于哥伦布市细叶巷

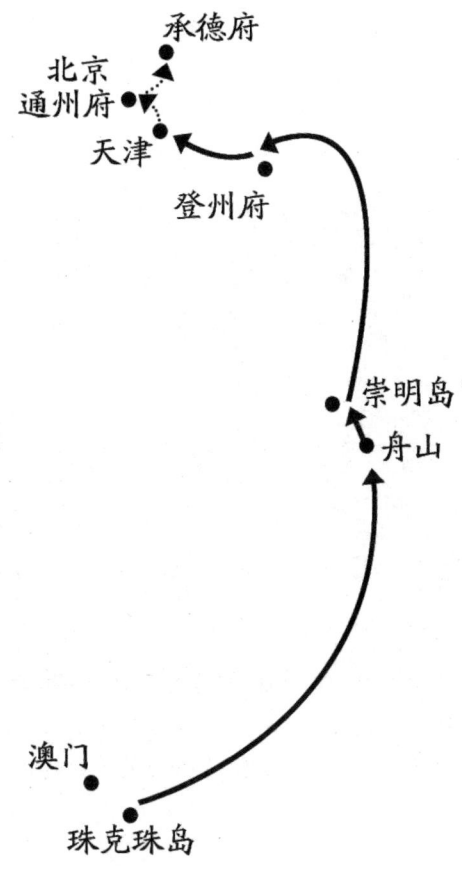

马戛尔尼使团访华路线示意图

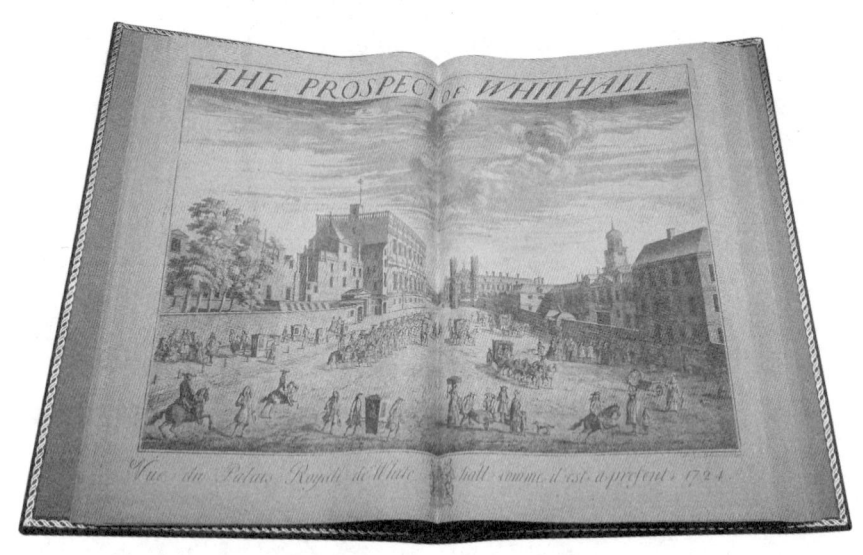

《钦藏英皇全景大典》，马戛尔尼使团献给乾隆帝的国礼之一，全套共 9 卷 16 册，描绘了 18 世纪英国的建筑与城市风光

译者前言

在中西交流史上，200多年前的英使马戛尔尼勋爵访华（1792—1794）无疑是一重大事件，对中国此后命运的影响既深且远，历来为国际学界所关注。

关于这一事件，中国的原始记录主要是清宫档案，一部分见于《掌故丛编》（故宫博物院文献馆，1928—1929），更多的汇集于《英使马戛尔尼访华档案史料汇编》（中国第一历史档案馆编，1996）。私人记录重要的有苏宁阿的日记《乾隆五十八年英吉利入贡始末》（未出版，藏国家图书馆）。西人记录甚多，有差不多15位参与此行的人留下了他们的见证，其中5种已出版，译成中文的也已有4种：马戛尔尼所著《乾隆英使觐见记》（计有中华书局1916年刘半农译本；1973年香港秦仲龢重译本，改名为《英使谒见乾隆纪实》；2006年天津人民出版社林延清解读本，改名为《1793乾隆英使觐见记》）；斯当东著《英使谒见乾隆纪实》，叶笃义译，1963年商务印书馆作为内部读物出版，2005年上海书店出版社重版；爱尼斯·安德逊著《英使访华录》，费振东译，1963年商务印书馆作为内部读物出版，2002年改名为《英国人眼中的大清王朝》，由群言出版社重版；

濮兰德、白克好司著《乾隆英使觐见记》，李广生整理本，1995年珠海出版社出版。①

这些资料的整理和翻译无疑促进了相关的研究。举其要者，中文著作有《不愿打开的中国大门：18世纪的外交与中国命运》（朱雍，江西人民出版社，1989）和《乾隆皇帝与马戛尔尼：英国首次遣使访华实录》（秦国经、高换婷，紫禁城出版社，1998）；外文中译的有《停滞的帝国——两个世界的撞击》（[法]阿兰·佩雷菲特著、王国卿等译，三联书店，1998）和《怀柔远人：马嘎尔尼使华的中英礼仪冲突》（[美]何伟亚著、邓常春译，社会科学文献出版社，2002）。

就上述资料而言，使团正使马戛尔尼勋爵的《乾隆英使觐见记》所有中译都未注明出处，但显然不是他的全部记录。其中国之行的日记及观察（An Embassy To China. Being The Journal Kept By Lord Macartney During His Embassy To The Emperor Ch'ien-Lung 1793-1794 & Lord Macartney's Observations On China）要迟到1962年才被全文整理出版。不过不管是刘半农还是秦仲龢，都在译文中以夹批或注释的形式，附了斯当东等人的记录，作为补充和参照。

使团副使乔治·斯当东爵士的《英使谒见乾隆纪实》是此次外交使命的"正式报告"，详于出使中国的整个活动过程，兼及一些具体见闻，因而一直是有关这一历史事件的主要材料。

---

① 对这些原始文献的出版情况迄今最完整的介绍，可见台湾清华大学历史研究所黄一农教授的专论《龙与狮对望的世界：以马戛尔尼使团访华后的出版物为例》，载台湾《故宫学术季刊》第21卷第2期，页265—297。

然而后来的学者已经发现，出于当时现实的考虑，斯当东在其报告中有隐瞒、美化和歪曲事实的地方。

爱尼斯·安德逊的《英使访华录》出版最早，然而是由英国书商请人据其日记整理的，目的在于满足当时英国人迫切了解第一个使团访华情况的愿望。一般认为此人在使团里的地位低下（有的说他是管理船只的士官，有的说他是大使的跟班），不可能知道出使活动的核心东西；学识也贫乏，所记多有错误。本书作者巴罗就说："人们不应因为资料来源于一个侍仆，便认为我在贬低其真实性和权威性。与此相反，不管一个人地位多么低下，谈吐多么愚钝，他对于一个陌生国度所作的笔记在落入书商的手中之前都值得关注。但是，如果一个作者在书中当作事实写到，他看到在北纬39度和40度之间的白河两岸长满了茶叶和水稻，那么他提供的信息又有多可靠呢？"

本书（*Travels In China, Containing Descriptions, Observations, And Comparisons, Made And Collected In The Course Of A Short Residence At The Imperial Palace Of Yuen-Min-Yuen, And On A Subsequent Journey Through The Country From Pekin To Canton*）作者约翰·巴罗爵士（Sir John Barrow, 1764—1848）出身贫寒，但抱负远大，文法学校毕业后，凭着对知识的兴趣，加之勤奋和聪敏，自学成才。他13岁就出外谋生，第一个工作是土地测量员，然后随捕鲸船去北冰洋捕鲸。后来在格林尼治皇家天文台小学做教师时，兼职做乔治·斯当东爵士的家庭教师，教小斯当东数学，以其博识多才而又忠诚可靠，深得斯当东爵士的欣赏。斯当东爵士当时是马戛尔尼勋爵的挚友和顾问，在接受了使团副使一职后，便推荐时年28岁的巴罗做了使团运送礼品的总管。回国后他受聘做斯当东的图书管理员，帮助斯当东写作了那份正式的访华报告。马戛尔尼1897年后任英国非洲好望角殖民地总督，又请他做了自己的私人秘书。因此，在有关首次访华使团的问题上，他比一般人掌握了更多的资料，特别是当时尚未披露的马戛尔尼有关出使中国的所有记录。[①]

他也可能是对中国文化真正感兴趣的人。他的书在使团回国后十年才出。跟其他著述不同的是，巴罗对已见于他书的来华使团在华的行程之类只作略述，更多着眼于整个旅途中的所见所闻，以及由此而引起的比较和思考。全书共十章六百多页，内容涉及中国的政治法律、财政税收、农业外贸、科学技术、民情风俗、妇女家庭、宗教信仰、绘画建筑、语言文学、天文医学等方面，简直可称"中国百科全书"。因此，此书一出就大受欢迎，很快被译成德文、法文出版，并被经常引用，成为当时欧洲人有关中国的重要参考书之一。他的思考当中不乏中肯精到的见解，也免不了误会和偏颇。但总而言之，此书为我们了解历史上第一个英国访华使团之行的深远影响、了解当年西人眼中的中国，提供了一个不同凡响的文本。

---

① 其1807年出版的《马戛尔尼政治生涯纪实（附马戛尔尼有关文件）》一书第一卷根据马戛尔尼生前许多没有公开的资料记述了马戛尔尼不同时期的政治生涯，包括马戛尔尼任爱尔兰总督、出任英国驻印度马德拉斯殖民地总督、出任英国驻好望角殖民地总督以及出使俄国和1792—1794年出使中国的政治生涯。下卷主要汇集了马戛尔尼生前的一些著述，包括"俄国述要"选编、爱尔兰政治简史、使华日记。附录有马戛尔尼有关中国的记录，包括风俗、特征、宗教、政府、人口、财政、军队建制、航海、语言和商贸等十一个部分；还有部分马戛尔尼政治生涯的信件和参加会议的记录。

巴罗于 1803 年从非洲回国之后，一直在英国海军部任第二副大臣（Second Secretary）。这是海军大臣手下第二重要的职位。由于学识、阅历和才干出众，他实际主管了海军部近 22 年（1845 年退休）。那一时期正值英国崛起，大肆向海外扩张的年代，他促进和主持了好几次非洲与北极的探险。北极至今还有两个以他的名字命名的地方，巴罗海峡（Barrow Strait）和巴罗角（Point Barrow）。

巴罗自中国回去后就被接纳为英国皇家学会会员，1830 年又成为皇家地理学会的创始人之一，并担任会长多年。他也是当时英国著名的政治和文学杂志《评论季刊》（Quarterly Review）的主要撰稿人，从杂志 1809 年创刊到他去世，共发表了 195 篇文章。此外他还出版了十多本著作，包括一本自传。因此，他在当时伦敦政治、思想和文化界颇有影响，被认为是相关主题的权威人士。据说，放逐拿破仑的孤岛海伦那就是他推荐的。值得一提的还有，他对清政府的故步自封、愚昧落后、狂妄自大多有批评，对中国人民却怀有好感和敬意。英国派遣第二个访华使团时他曾出谋划策，但对 1840 年的侵华战争则未置一词。[1]

巴罗此书于 1804 年 5 月初版于伦敦，后来又多次再版，1805 年在费城出了美国第一版。二者不同之处在于前者包括 8 幅插图，多为彩色，后者只用了一幅中国官员的肖像，且是黑白的。又，后者删去了原书的索引。这次翻译，我们采用的是

---

[1] 巴罗的生平详见 Christopher Lloyd 写的传记：*Mr. Barrow Of The Admiralty: A Life Of Sir John Barrow, 1764-1848*。1970 年伦敦 Collins 版。

1804年伦敦版，包括图，但略去了索引。其中第一至第六章、第十章由李国庆译，第七至第九章由欧阳少春译，并由李国庆最后统稿审定。特此说明。

李国庆

2007年1月25日

目 录

第一章 开宗明义 / 001

前言——旅行者将在中国见到什么——对英国使团访华成果的误解——对比荷兰使团所受到的待遇,误解可释——北京法国传教士眼中英国使团失败的原因——乾隆给荷兰国王的信——两个使团所受待遇不同的原因——传教士在外国的阴谋活动——清官的骄傲自大——欧洲使团在北京驻留时间一览表——小结

第二章 黄海白河 / 019

前贤对华人素质的评价——16世纪中国和欧洲的比较——传教士著作的动机——英国使团过台湾海峡——台风——舟山群岛——中国的船和航海术——他们的罗盘,可能源于锡西厄人——中国人的海外远航史——在美洲的踪迹——在鞑靼海岛上——在波斯湾——其贸易活动可能远至马达加斯加——霍屯督人可能源于中国——马来亚人与中国人同种——苏门答腊人的风俗跟他们的奇怪的偶合——僧伽罗人源于中国——轻舟去舟山接引水员——群岛急流——拜见总兵——引水员难寻——总兵的专断——中国人对我们的罗盘一无所知——到达北直隶湾——两位清廷大员来访,他们的礼物——乘便利的中国船进入白河——两位大官的接待——过量的供给——国家和人民的外貌——女子

服饰——她们的小脚——又臭又脏的民族——天津巨大的人群和水上船只——人们的举止文雅得体——船工所唱粗犷的号子——中国人性格中的优点——农村的面貌和物产——栖居水上的大众——独断专行又一例——登陆通州，下榻庙宇

第三章　皇城行宫　/　065

从通州到京城的行列——聚观的大众——北京城墙内外——前往皇帝的郊苑——生活不便——返回京城——特使赴热河——作者去圆明园——糟糕的住处——钦天监官员来访——北京主教和其他教士——吉尔刀剑——哈切特马车——伯明翰装的箱子里发现一只蝎子——英国贵族肖像——热河来的消息对北京官员的影响——皇帝还都——观览礼品——特使申请回国——圆明园宫殿园林简述——马戛尔尼勋爵笔下的热河万树园——他对中国园林艺术的总体评价

第四章　社会百态　/　101

女性状况，社会进步的标尺——中国妇女地位低下——家规不利孝道——父母的权威——男女之防的恶果——不知社会交往，只有博戏——崇尚独处——新年佳节——嗜赌成风——律法似乎残害了人的本性——麻木不仁，或曰残酷无情——私人和公共生活中的例证——关于虐婴——也许没有人们认为的那么严重——海外中国人的品质——中国人的脾气和性情——商人——布谷鸟自鸣钟——皇孙的人品——宰相的人品——汉人和满人身体和精神之比较——中国人总体性格的描述

第五章　宫廷生活　/　140

清廷的总体特征——皇宫建筑——马戛尔尼勋爵笔下的觐见仪式——皇帝的万寿大典——木偶戏——滑稽戏——摔跤——

烟火——荷兰使团所受的款待——中国舞台剧简述——极端的例证——令人发指的场景——乾隆的人生和性格——误杀亲子——自诩不朽——太监干政帮助了鞑靼夺权——太监目前的地位和职务——皇帝的妻子和嫔妃——皇帝死后她们的命运

第六章　人文艺术　/　171

以为中文象形的观点——黑格博士的失误——词源比较的谬误——例证——中国方块字的本质——其困难和歧义——著名的古文物家因好奇而导致的错误——获取方块字的密码——口语——与鞑靼字母相比——中国文学——天文学——年表——60年循环——地理——算术——化工技艺——蒸馏法——陶器——丝绸生产——象牙——竹——纸——墨——印刷——机械——音乐——绘画——雕塑——建筑——北京的英国使馆——长城——大运河——桥梁——坟墓——自然物理——医学——庸医——中药学——传染性高热——天花——眼炎——性病——产科学——外科——格里医生对他们的医学知识的看法——威廉·斯通先生对他们的民族性格的看法

第七章　法律制度　/　260

朝廷——法律——土地所有权与税收——岁入——文官、武官及文武机构

第八章　宗教信仰　/　304

中国人的起源——宗教派别——信仰——仪式

第九章　农村面貌　/　358

从通州府到广东省——农村面貌，农业生产——建筑物及其他公共设施——人民的生活状况——农业状况——人口。

第十章　广东：广东之旅、外贸在本埠的状况　／　435

人民语言看得见的变化——崎岖多岩的大山——煤矿——巨大的寺庙——采石场——供使用和装饰的不同植物——抵达广州——使团给中国政府带来的开销——致英国人——广州贸易的性质和不便——美国人和他的珍珠——政府官员强征暴敛的例证——他们不懂汉语——中国对伦敦的贸易实例——恰当的沟通使免于不名誉之死

结　语　／　456

第一章 开宗明义

前言——旅行者将在中国见到什么——对英国使团访华成果的误解——对比荷兰使团所受到的待遇，误解可释——北京法国传教士眼中英国使团失败的原因——乾隆给荷兰国王的信——两个使团所受待遇不同的原因——传教士在外国的阴谋活动——清宫的骄傲自大——欧洲使团在北京驻留时间一览表——小结

英国访华使团的行程和结果，已故的乔治·斯当东[①]爵士已经作过出色和精辟的描述。他因慷慨热情而为人所热爱，因聪明睿智而令人敬佩。所以不言而喻，无论哪个随员，想要挖掘那些已经被他以娴熟的技巧处理过的题材，再现那些被他以准确优雅的文笔描述过的事件和进程，都注定是徒劳的。

---

① Sir George Staunnton（1737—1801），使团副使，受命在全权特使缺席时全权代理。下文提到的是其1797年出版的两卷本 *An Authentic Account of an Embassy from the King of Great Britain to the Emperor of China*，叶笃义中译为《英使谒见乾隆纪实》。——译注（下同，除非另有注明）

马戛尔尼勋爵(1817年 版画)　　H. 艾德里志

但是，想必大家都会同意，限于斯当东爵士大作的性质，许多有意义的题目被他一笔带过了，还有一些则不在他的写作计划之内。斯当东著作的目的只是解释使团的使命，表明为了促进英国的利益，维护英国人民的尊严，使团已竭尽所能。而本书作者虽然才疏学浅，明知已有《英使谒见乾隆纪实》在先，还是想让公众了解我所见到的大清帝国和中华民族。于是，那些已经公之于众的事实有时必须重提。但是，这种重提将是简略的，或用以说明观点，或用以推理演绎。比如，特使收集到的有关中国人口的资料会被重提，但不是用作确凿的数据，而是恰恰相反，用以证明它既不可靠也不准确。我还要以事实和推理来证明，跟公众所接受的意见相反，该国不但养活了她的三亿三千三百万子民，而且很可能实际上维持了两倍人口的生存。尽管结论截然不同，这种新且重要的事实应当能被读者接受，因为不同的人对同样的事情看法不一乃是常情。有些知识只能从旅行家的报告中获得，而通过联系和比较不同的描述和说明，公众或许才能获得最正确的知识。

如果不算乔治·斯当东爵士的大作和约翰·贝尔先生[①]的零星描述——不仅零散，而且还不是他亲手所写，中国可以被认为是英国人尚未探索过的土地。例如，在广州骗子横行的说法曾风行一时，但是除了上述两种著作，我们还没有听到过来自

[①] John Bell of Antermony（1691—1780），英国旅行家。曾于1716年、1719年和1722年作为俄国使团的医生经陆路从蒙古进入北京，写有两卷本《从俄罗斯的圣彼得堡到亚洲各地的旅行记》(*Travels from St. Petersburg in Russia, to Various Parts of Asia*，1762)。

真正熟悉中国习俗和人民性格的英国人的看法。传教士的信简尽管不少，却令人生疑。这一点将会在本书中论及。本书的主要目的是揭示这个非凡民族本来的而不是他们的道德箴言所表现的面目，剥除传教士出于私心在其书简中刻意为这个宫廷涂上的浮华艳丽的油彩，努力勾画这个国家的风俗人情、社会状况、语言文学和艺术、文明礼仪和科学、宗教信仰和观念、农业发展和人口、人民的文明程度和道德品质，让读者诸君自己来判断，中国到底应当在文明国家的行列里占据什么地位。

中华帝国疆域辽阔，人口众多，却能够组成统一的社会，为同样的法律所管束，为一个人的意志所辖治，并且历久而不变。所以，正如乔治·斯当东所指出的，它提供了"人类思考和研究的最重要的典型"。这个人类现存的"最古老的社会和人口最多的帝国"的习俗和礼仪、贫困与丰饶、思想观点和宗教信仰，毫无疑问是哲学家最感兴趣的研究对象，也值得政治家注意。

但是，科学家、艺术家和博物学家如果走遍这个辽阔的国家，除了好奇心得到满足之外，很可能是乘兴而来，败兴而归。她可以夸耀的绘画和古代遗迹寥寥无几。曾经保护过她的和平居民免受游牧的鞑靼人攻击的长城，众多城市的城墙及其方形角楼和高大城门，以及不时可见的古塔，就是她仅有的建筑和古董了。除去这些，全中国恐怕就没有一座建筑经受住了三百年的风雨。没有绘画也没有雕塑足以引人注目；即便有，那也只是因为形状的新奇和怪异。

在欧洲大陆，尤其是意大利和希腊的古典胜地，每一个城市，每一座山峦，每一条河流，每一处遗迹，都因掌故累累而意味深长。诗歌的主题，哲学家或立法者的伟绩，重大事件发生的场所，在在都会复活我们心中在少年时代学习他们的历史时产生过的快乐，叫我们心潮澎湃。对欧洲人而言，中国的历史到目前为止还没有提供这种可资回忆的东西，这个国家的现状也不令人欣赏。如果我们在此寻找古埃及金字塔和巨柱的凝重和壮观、希腊神庙的美丽和对称、罗马建筑遗迹的宏大和辉煌，或者欧洲现代大厦的便利和优雅，那一定是徒然的。中国的城市可以说千篇一律，都是四方形的，围以石头、砖块或黄土筑的墙。城里的房屋结构相同，街道单调狭窄，只有从城门到城门的大街例外。庙宇千人一面，跟民居一样拙劣，只是规模略大而已。那种在欧洲被称为塔的东西，无论在帝国的东西南北，形制和设计也都如出一辙，只在层数和建筑材料上稍有变化。各地人民的习俗、服饰、娱乐相差无几。就是国家的面貌，至少就十五个古老的省份而言，也大同小异，尤其是那些内河航运可到之处，而它们又是事实上外国人唯一能涉足的地区。

以博物学的眼光看，一路上既无丰富的多样性，也少稀有的品种。该国的这些地区人口众多，农作发达，本土植物却不多，野生动物更少。事实上，这次旅行匆促，就连这为数极少的品种也来不及收集和考察。

本书提供的信息可能不够完美，希望读者见谅。一位法国评论家[①]——称他为苛评家也许也不过分——大约五十年前有

---

① Citoyen Charpentier Cossigny 先生（我请他原谅）。——原注
该人为 Charpentier de Cossigny, Joseph François（1730—1809）。——译注

幸在广州访问过几个月,他对自己的祖国怀有乐观的信心。他不但指出了英国和荷兰外交官给外界提供的信息当中的错误和不足,并且拟了一份学习大纲,列举了他们应当在中国生活不是七个月而是七年来完全熟悉的事物。可本书作者相信,英国的评论家不会如此苛求,他们的宽容会跟收集这类准确信息的难度相称。本书作者坦率地承认,将这些记述、观察和比较像目前这样奉献给公众,是出于能得到他们宽容的希望,而非出于值得令他们满意的信心。

在进入本书更直接的主题之前,在此先纠正一个使团回国之后曾风行一时的错误概念。那就是,假如马戛尔尼勋爵无条件地遵从中国人认为合宜,而坚持要求于他的一切有伤自尊的礼仪,使团之行也许就会有更为完满的结局。这种推论易作而难驳,实际上又不值一顾。值得一提的倒是北京的一位法国传教士,给荷兰驻广州商馆的货运监理的一封信,因为它具体列举了作者认定的、英国使团之所以失败的原因。他这样指出:

无论就马戛尔尼勋爵和乔治·斯当东爵士出色的经验、智慧和人品而言,还是就随从人员的能力、知识和谨慎的举止而言,或是就呈交皇帝的那些贵重而新奇的礼物而言,没有哪一个使团会有可能比他们取得更好的结果了。但是,说来也怪,没有哪一个使团会比他们失败得更惨了!

你一定想知道是什么导致了这种令人沮丧而又不可思议的结果吧?

简而言之,跟所有对中国只有书本知识的外国人一样,这些先生对觐见的规矩、清廷的习俗和礼仪一无所知。更不幸的是，他们带了一个比他们自己更孤陋寡闻的中文翻译。其结果便是：

首先，他们既没有给内阁大臣，也没有给皇亲贵戚带任何礼物。

第二，他们拒绝行觐见皇帝通常所用的礼仪，并且提不出令人信服的理由。

第三，他们的服饰过于朴素和普通。

第四，他们没有预备给那几个指派了主管他们事务的官员的 graiffer lapattea[①]，即贿赂。

第五，他们的要求没有按照该国的惯例呈递。

他们之所以失败的另一个原因，在我看来亦是主要的原因，是遭受了某传教士的破坏。他认为该使团可能对他本国的利益有害，因而不遗余力地制造对英国不利的印象。

梁栋材[②]先生这封信所列举的失败原因，大大激起了荷兰商行第二年派团进京觐见的意愿。范罢览[③]收到这封快信，马上起草了一封给巴达维亚[④]总督的报告，说既然在广州设有商行的各国都有意派公使进京，庆贺皇帝的八十四岁大寿暨执政六十周年，他决心代表荷兰共和国一行，要求尽快给予他相应的证

[①] 法语。

[②] Jean-Baptiste-Joseph Grammont，神父，法国人。1736年生，1768年9月26日作为数学家和音乐家被派往北京宫廷，可能在1812年逝世于北京。

[③] Van Braam（1739—1801），荷兰人，著有《北京之行：1794和1795年荷兰东印度公司驻中华帝国朝廷使节纪实》。

[④] Batavia，荷属东印度的首府，位于爪哇岛的西北海岸，印度尼西亚独立后恢复原名雅加达，并作为首都。

明文件。对此要求，当年刚为削减东印度公司开支和杜绝滥权而派出的这位总督是这样答复的：尽管财源匮乏，难以支付这一额外的开支，还是不应该向其他有对华贸易的欧洲国家示弱，决定推举德胜[①]先生和范罢览先生为出使清廷的正、副公使。

德胜先生十万火急赶赴广州。这两位先生皆视梁栋材先生的信为神谕，决心言听计从，以免重蹈英国使团的覆辙。他们高高兴兴地遵行了中国人所要求的一切侮辱性礼仪，中国人却反过来以最轻蔑和最令人愤慨的态度接待了他们。在广州，他们被命令跟随一队去当地庙宇祭拜的清廷官员，冲着祭坛上写有皇帝名字的绸布，三叩九拜，以表示对他准予觐见、接受供奉的浩荡皇恩感激不尽。他们甚至服从了广州官员的要求，不但将巴达维亚总督给中国皇帝的信在当地译成中文，还不即加封，让中国人任意审读增改。为了使礼数周到，该公使叩问何时能有幸上门拜见两广总督大人。回答却是，按中国习俗，像他这种身份的人是不允许进入总督府大门的，只有总督的一个属僚会在大门口接受他的拜见。这一拜见于是就这样名副其实地"上门"实施了。范罢览先生在记述此事的日记中这样描述道：总督"安抚公使，叫他不要误解这种冷落，去年马戛尔尼勋爵受到的是同等的对待"。范罢览先生十分清楚，马戛尔尼勋爵绝不会容忍此等冷遇。他也知道，就是这个总督，几乎全程护送了勋爵大人从京师返回广州，也出席了马戛尔尼勋爵在英

[①] Isaac Titsingh（1745—1811），又译铁俊甫，荷兰人，1768至1792年作为荷兰东印度公司代理人驻日本和孟加拉，留有一本未发表的关于出使中国的日记。

国商行设下的酒宴。对范罢览先生和其他所有欧洲商行的货运监理来说,那都是第一次跟他这一级别的官员同席。

在北京,他们被先后要求自辱三十次,每次都得屈膝下跪,以头碰地九下。对此,范罢览先生在其日记中漠然地称之为"致敬礼"①。最终他们被打发回国,带着几块不值钱的丝绸,自始至终都没有机会开口说任何有关贸易的话,也没被允许会见他们的朋友梁栋材和其他欧洲传教士。只有一个例外,那人经特别批准,在他们离京的前一天拜访了半小时,但还是有十或十二个清朝官员在场。到京师之后,他们的下榻之地是个货真价实的马厩——在同一个屋顶下,同一间屋子里,住着一群驾车的马匹。范罢览先生自己的话是这样的:"我们就这样到达了著名的皇宫,下榻于一种马房的隔间里。我们热切地期待着进一步的历险。"②

有这种恶劣的接待和屈辱的安置在前,荷兰公使团对这个要求他们卑躬屈膝、无条件服从的傲慢的清廷,还有什么好期望的?倒是有理由认为,对他们不得不接待的人,清廷的欺压程度是跟其人的服从态度成正比的。可资证明的不仅仅是范罢览的出访记录,还有本作者所持有的两份记录。它们一由使团随员中的一位荷兰先生所记,一由一个当地的中国人所记。它们都表明,荷兰共和国的公使准备充分,决心排除梁栋材先生指出过的英国使团之所以失败的一切障碍。

首先,他们不仅带了给内阁大佬的礼物,而且还忍气吞声

---

① 原文为法语。
② 原文为法语。

地让这些家伙骗走了准备送给皇帝的礼物当中唯一新奇宝贵的物品，偷换成低劣的普通之物。第二，他们不但顺从地行了通常的向皇帝致敬的礼仪，而且还在进京觐见的往返途中，不下五十次对写在一片绸布上的皇帝名字行了礼。至于第三条，他们当然毫不吝惜地为自己置了觐见用的华丽袍服。可是不幸得很，他们没有机会使用它们，因为行李在他们抵京多日之后才到。再说外国大使的服饰在中国人眼里似乎也无足轻重。因这些先生考虑到经过痛苦的长途跋涉，一身风尘，要求换装，司礼官说，他的主子，即中国皇帝，渴望要见的是他们的人，而非他们的衣衫。也很难想象他们会忽略第四条，即按梁栋材先生的意见，是马戛尔尼勋爵所忽略了的。最后，在他们的国书经由广东总督府官员润色之后，他们也脱卸了任何行文不恭的责任，何况在广州他们还被配了一个毫无疑问是称职的翻译呢！

  他们的使命当中的确也没有预设不可变更的立场或不可接受的条件。然而中国人并非不了解荷兰国势的衰弱，也非常清楚这一使团组成于广州，仅仅由他们在巴达维亚的上级所任命。一路上，他们受尽了侮辱。有时候住的是毁坏的棚子，没有家具，没有被褥；有时候被迫在露天过夜，尽管气温低于零度。他们常常有四到二十四小时无物充饥。范罢览说，因为旅途疲累，饮食恶劣，以及起早受凉，他的腰围小了五英寸。因为身体肥胖，加之行中国的跪拜礼并不熟练，觐见之时他的帽子突然掉落在地。老皇帝见了开怀大笑。"于是，"他说，"我受到了额外的注意和偏爱，这是外国公使从未有幸获得的。我觉得当天清晨在寒冷中漫长地等候的痛苦，经此事件而减轻了许多。"

想必没有人会羡慕这位先生的奇思妙想,能从别人的嘲笑之中得到这么大的满足吧。

回国之时,他们收到一封皇帝的信。此信的语气不但显示了这个傲慢朝廷的狂妄自大,还显示了他们是多么清楚这个使团产生的背景,以及他们处置的分寸。此信有满文、汉文和拉丁文三种文本。拉丁文出自传教士之手。下列英译即是据拉丁文直译的。此信的内容是给东印度公司董事会的,外封却注明"致荷兰国王"。它同时也可以被看作中国官方文书的一个样本。

我从上天承受了这个辽阔帝国的王权,光荣而快乐地统治了六十年,在四海①之上建立了最牢固的和平,并惠泽邻国。我的权威和伟大远播世界,构成吾泱泱大国的自豪和幸福。

我视自己的幸福帝国和其他诸国为一家,大臣和子民为一体。我将我的恩惠赐予所有的人,不管是本国还是外国。不管多么遥远,没有一个国家没有受到过我的善意教化。因此,所有国家都派人来向我致敬,使节络绎不绝。有的驾车横跨大陆,有的乘船远渡瀚海。我虽心无旁骛,致力于管理好我的帝国,看到他们满怀热忱从四方而来,表达对我的盛世之钦佩和向往,心中仍是无比欢欣。我极其愿意与番邦外国共享快乐。因此我赞许贵国政府,尽管远隔重洋,亦不忘敬呈贺表,并送贡奉。

---

① 这种措辞反映了一个古老的概念,即中国被大海环绕,世界的其他部分皆由岛屿组成。尽管他们如今已有了相当的地理概念,却仍然顽固不化,情愿保留这种最荒谬的错误,而不愿改变孔夫子所写的任何一个观点或措辞。——原注

阅读了你们的贺表,我注意到它洋溢着对我的真诚崇敬,由此我知悉你们崇尚我的治理模式。不错,你们有足够的理由赞扬我。你们在广州从事贸易至今已有多年,在我的帝国之内一向得到善待,每个人都是我关怀爱护的对象。不管是葡萄牙人、意大利人、英国人,还是其他国家的商人,都一样地为我所重。他们都有珍贵礼物进贡,我也一视同仁地回报。即使收到的是廉价之物,我也赐与厚报。我的态度你们一定已经知悉。

至于你们的公使,尽管事实上并非由国王所派,而是由你们,一贸易公司,自行授权前来致贺的,但是你们的国王有过指示,让你们选择合适的我朝庆典,以你们国王的名义前来致贺。值此我的统治将满六十周年之际,你们公司,远离国王,不及通告,便自承上意,派使以其名义前来致贺。我相信该使对我所表现的敬意与国王的毫无二致。所以,我接待你们的使节就跟接待你们国王直接所派的一样。我也乐意你们知道,你们的公使小心恭谨,举止得体。

我已命我的大臣带他觐见,数次赐宴,并允许他在我巨大宏伟之圆明园内游览参观。我这么做是令他感到我的关怀,并分享我的帝国之太平繁荣。我还赏赐珍贵礼物,不仅给他,而且也给予其随员、翻译、卫兵及侍役人等。在惯例之外又加了许多物品,也已一并列在礼单上了。

你们的公使将要回国了。我交他带回珍贵的绸缎和其他宝物,并加上数件古董花瓶。

希望你们国王接受我的礼物。希望他明智地治理他的子民,竭忠尽职,永远正直诚挚行事。最后,希望他永远珍视我的恩惠！我强烈而诚挚地忠告他。

乾隆六十年正月二十四日①

英国使团在清廷所受到的待遇截然不同，原因不难解释。中国人很清楚英国在海外诸国之中的超强地位，知道其商业贸易无远弗届，对其在印度所占的广阔土地又早就眼红，也了解这个国家的性格和独立精神。从马戛尔尼勋爵的君子风度和开明举止上，他们意识到他所代表的君主绝不低于中国的皇帝。他们也感到了，尽管不愿意坦率承认，要求英使对他们的君主所行的礼仪，也应当由跟英使同样级别的他们的同胞，同样地向大不列颠国王举行。他们在决定拒绝这么一个十分公平的建议、同意取消这个过去在任何情况下都没有免除过的礼仪之前，在个人荣誉和国家尊严的取舍之间一定有过激烈的斗争。不难想象，一个个人拒绝遵行其国礼的行为会给这个皇帝和他的朝

---

① 据《东华录》，此敕谕原文如下："朕仰承昊眷，寅绍丕基，临御六十年来，四海永清，万方向化，德威远播，俾福毕臻。统中外为一家，视臣民若一体。推恩布惠，罔间寰瀛，亿国梯航，鳞萃徕贺。朕惟励精图治，嘉纳款诚，与尔众邦共溥无疆之庥，甚盛事也。咨尔国重洋遥隔，丹悃克抒，敬赍表章，备进方物，叩祝国庆。披阅之下，周详恳切，词意虔恭，具见慕义输忱，良可嘉尚。尔邦自贸易舀门，历有年所，天朝怀柔远人，无不曲加抚恤。如博尔都噶里亚、意达哩亚、英吉利等国，效顺献琛，天朝一视同仁，薄来厚往，尔邦谅备闻之。今来使虽非尔国王所遣，而公班衙等能体尔国王平时慕化情殷，嘱令探听天朝庆典，具表抒忱。兹值天朝六十年国庆，公班衙等因道远不及禀知尔国王，即代为修职来庭，则感被声教之诚，即与尔国王无异，是以一律优待，示朕眷怀。所有赍到表贡之来使小心知礼，已令大臣带领瞻觐，赐予筵宴，并于禁苑诸名胜处，悉令游览，使其叨兹荣宠，共乐太平。除使臣恩赍叠加，及各官通事兵役人等正赏加赏各物件，另单饬知外。兹因尔使臣归国，特颁敕谕，锡赍尔王文绮珍物如前仪，加赐彩缎罗绮文玩器具诸珍。王其祗受，益笃忠贞，保乂尔邦，永副朕眷。钦哉。"

廷留下多么深刻的印象。在不管是阴谋诡计还是威逼恫吓，都不能迫使英国公使放弃其尊严之后，他们一定自以为受到了莫大的屈辱，丢了天大的面子。不管他们现在是否真正领悟了，英使此行的目的绝非白河上使团坐船上的旗幡上所示："给中国皇帝进贡。"

梁栋材先生信中提到的某葡萄牙传教士的阴谋破坏，马戛尔尼勋爵早在抵京之前就充分注意到了，并相应地采取了一系列措施，尽可能有效地抵消可能对英国利益的影响。但是教会人士的阴谋破坏通常并不是很容易被消除的，尤其是当他们怀疑自己的恶行被暴露或自己的无知被觉察的时候。令人痛苦的事实——指出这一点并不愉快，因为我们社会上毕竟有这么多值得尊敬的绅士——是该宗教某分支的牧师们似乎至今都在歪曲其创始人的善良意旨，制造阴谋和迫害。他们的政治阴谋和对国事的干预，已经在他们传教所及的几乎所有国家之内，对基督教的事业造成了实质性的伤害。

这同一个葡萄牙传教士，不仅对英国使团的使命极尽撒谎和歪曲之能事，还以同样卑劣的方式进一步对北京朝廷施加影响，一有可乘之机，就煽动中国人心中对英国的无端怀疑。最近的一次战争接近尾声时，作为权宜之计，我们需要夺取葡萄牙的某些殖民地，我们为此确实派出远征军占领了澳门半岛。这个传教士迫不及待地向清廷暗示，英国人要占有澳门的性质可能跟占有印度一样。一旦他们有了立足点，中华帝国就会遭受跟印度斯坦一样的命运。幸亏英国东印度公司的关切，索德超①自作多情的投怀送抱和满怀恶意的献媚求宠，结果是适得其反。一支敌军如此迫近中国海疆的情报首先来自一个欧洲传教士，不就意味着广东总督的失职吗？于是朝廷下了一道严旨，令他立即对此事作出准确的报告。

总督恼怒这个葡萄牙人搬弄是非，一口否认英国人有任何敌意，"他们是一个勇敢善战的民族，在澳门的葡萄牙人感到威胁，确有理由；但是他们的战舰跟通常一样，前来只为保护他们的商船不受敌人之害。"总督的奏报到了北京，皇帝想到朝廷误信了一个欧洲传教士，丢了面子，龙颜大怒，下令将索德超交内务府处分。他双膝下跪以求恕罪，此罪本该处以死刑。最后他被逐出，并警告永远不许再干涉中国的国事。这一有趣事件的处理全程刊登在去年的《京报》（Pekin Gazette）上。英国因此声誉大振，以至于广州的中国人——主要依据他们的陈述——不再反对英国占有澳门，因为他们由衷地仇恨——我相信，说他们鄙视也不过分——葡萄牙人；他们也颇反感法国人。这是英国因祸得福的一个时刻！②

可是，在英国使团看来，除了处理传教士阴谋破坏的案例之外，清廷的妄自尊大使她绝不会破坏悠久的成例，也绝不会默许外国公使的任何要求，不管他们的语气是恳求还是命令。天朝的礼仪就像米堤亚③和波斯人的法规一样，是他们不惜一

---

① Tose Bernardo Almeyda（1728—1815），葡萄牙人，中文字越常，1759年到北京，曾任钦天监正，死于北京。
② 此事发生于 1802 年，但过程和结果与此处所述不同。可参见 1932 年北平故宫博物院编的《清代外交史料·嘉庆朝》。
③ 即公元前 7—前 6 世纪伊朗高原西北部的国家米底。

切都要维持不变的。所有的事情都得按规范的则例来操作，不许偏离由历代的法律所制定、在礼部注了册的规矩，更不用说免除任何有可能减损对天子必不可少的恭顺尊崇的礼数了。

可以想见，特使在觐见时拒绝行屈辱之礼这一事件，绝不至于不在皇帝身边的大佬心中留下深刻印象。按范罢览先生的说法，而且也无可怀疑，对比英国人的冥顽不化，他们相当满意荷兰人的温顺恭敬。但是，他们并没有冒险将英国人安置在马厩里，也没有认为坚持要求行君臣之礼是合宜之举。在使团离京之后，不仅没有在任何事情上表现出赌气的恶意相待，而且恰恰相反，礼敬有加。被派来护送的官员表现了衷心的敬意，时刻注意每一个细节，以使我们旅途愉快。如有不便而又不能完全消除，也竭力减轻。对特使而言，看到他们热切地赞扬祖国是颇为令人得意的一件事。他们如今开始看重英国了。不难觉察，跟他们自己相比，他们已经感觉到英国的优越，尽管不好意思坦承。

英国使团之行是一个榜样，绝对应当被仿效，其原因乔治·斯当东爵士在其大作的第一章中已有阐述。它为将来的事业所奠定的基础远不止减轻了加之于东印度公司的关税重负，这只占他们从英国到广州的贸易额的百分之二。那些怀抱过高期望的人肯定对中国的法律和制度一无所知。中国是不承认相距遥远的国家之间是可以以互派大使或常驻代表的方式进行互惠交往的。他们的规矩是把大使当作皇帝的贵客，从他们踏上国土起直到离开帝国的疆域止，隆重而热情地接待。这样的招待所费不赀①。礼部规定外国使节在清廷逗留不得超过四十天,不管是在北京还是在皇帝出行的所在地。不过遇有特殊庆典或意外事件,这种期限有时可以成倍地宽延。

参考过去两个世纪内欧洲派往中国的使团记录,人们可以发现,他们在中国逗留的时间有超过礼部所规定的期限两倍以上者,也有两个没有住满所允许的时间。

荷兰首次访华使团1656年7月17日到达北京,同年10月16日离京,共住91天。

荷兰第二次访华使团1667年6月20日抵京,8月5日离京,住46天。

俄国首次访华使团1692年11月5日抵京,1693年2月17日离京,住106天。

俄国第二个访华使团1720年11月18日抵京,1721年3月2日离京,住114天。

这两个国家的使团的使命都跟两国的商业贸易直接相关。这种贸易当年是在中国京城进行的,但如今已被限制在两国边境了。

教皇的使团1720年12月15日抵京,1721年3月24日离京,住99天。

葡萄牙使团1753年5月1日抵京,6月8日离京,只住了39天。

英国使团1793年8月21日抵京,10月7日离京,住47天。

---

① 清廷接待英国使团的花销将在下文叙述。——原注

荷兰第三次访华使团 1795 年 1 月 10 日抵京，2 月 15 日离京，住 36 天。

综上所述，我们可以得出这样的结论，即不管是梁栋材先生还是那些相信只要英国使团无条件地卑躬屈膝就有可能取得更大成功的人，他们的推理都是站不住脚的。与此相反，那样做很可能创造一个先例，即奴颜婢膝地遵行这个傲慢的朝廷所要求的侮辱性的礼仪，只能助长其荒谬的狂妄自大之心。

第二章　黄海白河

前贤对华人素质的评价——16世纪中国和欧洲的比较——传教士著作的动机——英国使团过台湾海峡——台风——舟山群岛——中国的船和航海术——他们的罗盘，可能源于锡西厄人——中国人的海外远航史——在美洲的踪迹——在鞑靼海岛上——在波斯湾——其贸易活动可能远至马达加斯加——霍屯督人可能源于中国——马来亚人与中国人同种——苏门答腊人的风俗跟他们的奇怪的偶合——僧伽罗人源于中国——轻舟去舟山接引水员——群岛急流——拜见总兵——引水员难寻——总兵的专断——中国人对我们的罗盘一无所知——到达北直隶湾——两位清廷大员来访，他们的礼物——乘便利的中国船进入白河——两位大官的接待——过量的供给——国家和人民的外貌——女子服饰——她们的小脚——又臭又脏的民族——天津巨大的人群和水上船只——人们的举止文雅得体——船工所唱粗犷的号子——中国人性格中的优点——农村的面貌和物产——栖居水上的大众——独断专行又一例——登陆通州，下榻庙宇

"如果真有人能收集到这个地球上现存的甚至存在过的国家的一切发明和创造,不管是在数量上还是在质量上,其总和都不可能跟中国所拥有的相提并论。"这就是,或者说近似于博学的福修斯①所说过的话。

《百科全书》②的著名作者们所给的证词也几乎同样确凿:"大家都承认,在历史传统、天赋、科学水平、聪明才智、政治管理以及纯粹哲学方面,中国人比所有亚洲国家的人都优越。还不止如此,在有些作者看来,在所有这些方面,他们都甚至可以跟欧洲最文明的国家并列。"

那么,少数有幸被接纳为英国使团成员的人,因为要出使的这个宫廷,就属于掌握这个非凡国家之统治大权的君主,一定应该沾沾自喜和感恩戴德了;他们一定预先享受到了将亲身感受集一切美德、权威、伟大和辉煌于一身的城市——北京的欢欣了!

也许有人会怀疑上述论断,因为不管是博学的温莎大教堂教士、还是《百科全书》的著名作者们,都从没到过中国。再说前者迷信奇迹,而后者也不比那些耶稣会士和其他以传播基督教信仰为目的的传教士更有权威。但是,这一类怀疑与肯定方的证词相对照就显得无力了,因为上述论断得到了不仅仅是传教士,同时也有其他一些旅行家在不同时期发表的众多作品

---

① Isaac Vossius(1618—1689),荷兰人,文艺复兴时期的著名学者,1673 年成为英国温莎大教堂的驻院教士(Cannon of Windser)。
② *Encyclopedie Des Connoissances Humaines*,18 世纪法国著名思想家狄德罗主编,积极参与者包括伏尔泰、卢梭、孟德斯鸠和布封等。

几乎异口同声地支持。

已故的威廉姆·琼斯爵士①无疑有资格被认为是东方文献学的权威。他在说到中国时指出:"他们被有些人赞美为是最古老、最聪明、最博学、最有天才的民族;另外一些人则嘲笑他们的自以为古老,谴责他们的恶劣政治制度,斥他们的习俗为不人道,不承认他们有科学,有艺术,因为他们在这些方面从未受惠于人类当中那些更古老和更文明的民族。"

不错,柏林的优秀哲学家鲍弗②先生的研究,以及《安逊勋爵航行记》(*Lord Anson's Voyage*)③的优雅动人的描述,也都向读者传达了中国人的性格并非完美的信息。不过,既然这种探究进入了争议状态,而分歧又集中在这一特点之上,笔者很愿意跟主流意见唱一下反调,要指出鲍弗先生的结论很明显忽略了许多东西。至于罗宾斯先生的描述,可以这样认为,单凭安逊勋爵在广州一地跟中国人的交往就对他们的总体性格作出结论,那将是不公平的。这就好比一个外国人仅仅随意地访问了法尔茅斯(Falmouth)、基利贝格斯(Killybegs)或者阿伯丁(Aberdeen)④之后,就对我们这个民族的性格作出结论一样。同样的批评也适用于托雷恩(Toreen)、奥斯贝克(Osbeck)、桑尼雷特(Sonnerat)和其他一些人对这个国家的描述。这些人

---

① Sir William Jones(1746—1794),英国汉学家。
② Cornelius de Pauw(1739—1799),又译 C. 德波、C. 迪·鲍等,出生于荷兰的哲学家或博物学家。
③ Lord George Anson(1697—1762),英国海军军官。他于 1740 年驾军舰"百总"号远航中国,1741 年 11 月到达广州,是为外国军舰第一次进入广州内河。
④ 分别为英格兰、爱尔兰和英格兰的城市。

也都只是坐贸易商船到过广州，而且没有一个人的行踪超出过为欧洲商馆划定的区域 500 码之外。

早期的耶稣会士被认为是一批在德行、才能和公正无私等方面都十分优异的人士。怀疑他们纯粹是为了欺世盗名而故意捏造事实也同样会是十分偏颇的。即使是因反对天赋神权而略带偏见的伏尔泰①也愿意承认，他们的记述应当被视为最出色的旅行记，扩展了科学和哲学领域，并给文明增添了光彩。考虑到这些作品的写作年代，这一评论恐怕也适用于那些早期去中国的基督教传教士的记述，但是对一些近代的就不适用了。因为前者对该国的一切赞美之词，似乎都被后者糊里糊涂地全盘接受了，丝毫没有考虑到最近一个半世纪欧洲的不断进步。

相比欧洲的大多数国家，连希腊都不例外，中国更早地达到了一定程度的文明。这是一个不容置疑的事实。但是，她是否像传教士所假定的那样一直在进步，仍然可以跟许多现在的欧洲国家相抗衡，就不是那么清楚了。从 16 世纪中到 16 世纪末，跟欧洲的一般状况相比，她占有绝对优势；如果不是在科学上，至少在艺术和制造业、在生活的便利和奢华方面是如此。这一时期中国的状况跟目前的基本相同，而且很可能还将延续下去。

第一批欧洲人访问中国的时候，惊讶地发现一种对不同宗教的普遍宽容。喇嘛、道士、犹太人和穆斯林相安无事地生活在一起，互不干扰地各信各的教义。而那时的大多数欧洲国家

---

① Voltaire（1694—1778），法国启蒙思想家、作家、哲学家。

正被宗教纷争撕得四分五裂。人们在宗教狂热的推动之下，以上帝的名义，为了一些细枝末节上的不同意见，甚至对一个字的不同理解而互相摧残，争斗不已。在中国，人人都可以随心所欲地思考，任意选择自己的宗教。在巴黎发生的对新教徒的残酷屠杀曾震惊了整个欧洲[①]，中国却除了偶尔因歉收缺粮引起的动乱之外，没有内部的动荡。

以特殊栽培法改良农作物的艺术刚刚开始为欧洲人所知，而其时的中国整个就是一个大园艺场。中国大陆省份的农民从头到脚都穿丝绸了，法国国王才领导了以穿长丝袜为豪华的风尚，英国的伊丽莎白则要到18年之后方才接受。在这一时期，生活的优雅或便利在欧洲很少或者无人知道。女人的梳妆台上几乎没有什么东西来清新气息或美化面容；剪刀、缝衣针、袖珍折刀和其他小东西在当时闻所未闻；粗糙的串肉钎被用作簪子。在中国，女人有她们的针线盒、脂粉箱，象牙的、镶金嵌银的、螺钿的和玳瑁的首饰。

就连历法，欧洲当时还落后到如此程度，以至于教皇格列高利被敦促了采取大胆的举措，要减去10天以符合自然规律[②]。在中国，历法却是朝廷特别重视之事，也受到全民的关切。十进制算术在欧洲是17世纪的一项有用的新发明，在中国却是唯一的运算系统。

---

① 时在1572年8月24日的圣巴托罗缪节上。
② 指教皇格列高利十三世的历法改革。他于1582年规定，那年的10月4日的次日为10月15日，以消除旧历每年相差11分钟而积累起来的误差，并对闰年也作了调整。其新历被延用至今。

总而言之，当英格兰贵族还睡在草上的时候，中国的农民已经有席子和枕头、官员则享受着锦缎被褥了。所以，如果这些传教士的印象令人震撼，或者他们的描述看起来有点太不可思议，也并不奇怪。同样，公平地比较自 1560 年到该世纪末那段时期中国跟欧洲的总体状况，我们恐怕也不能说他们的描述全是溢美之词。

不过，这些传教士恐怕还是有从最好的角度来介绍这个民族的动机的。把她说得越强盛、越伟大、越有文明教养，一旦成功地改变了其信仰，他们的胜利也就越辉煌。出于本能，他们也许还意识到，对一个他们将在其权威的庇护之下度过余生的国家，至少也不该说坏话。有充分的理由相信，他们是基本上有心说真话的。但是，仿佛他们预见到有一天这些描述会以其本国语言回到中国似的，他们往往通过隐去部分事实，或者借叙述的方式，使内容显得前后矛盾。在赞颂孝道之美好的同时，他们提到普遍的弃婴现象；在严格的礼仪规范之外，是一系列最无耻的纵情声色；士大夫的美德和哲学又是以他们的无知和恶习作为注解的；如果这一页说该国的土地无比肥沃、农业惊人的发达，下一页则是成千上万的人因饥饿而死；在钦佩地赞美艺术和科学先进的同时，又毫不隐讳地告诉我们，没有外国人的帮助，他们既不能制造火炮也不能计算日月食。

总体而言，英国使团是怀着对将要访问的民族的好感启程的。至于使团成员的预期，不谈政治，最终究竟是实现了还是落空了，可以从下文得到部分回答。他们的结论源自八个月的出使过程中的所见所闻，出于那些看来最能说明这个民族的状况和素质以及这个王朝的性质的例证。在皇家园林圆明园暂住期间,我所享有的自由跟中国通常给予外国人的相比要大很多,再加上稍通该国语言,所以我有可能搜集到如今展现给公众的事实和数据。在叙述过程中,我努力遵守我们不朽的诗句所设定的规则:

不偏不倚,
也不怀恶意。

因为对任何一个国家的好与恶、优秀和平庸,只有跟其他国家的同样品质作比较,才能得出公允的评价。所以当我的回忆之中出现中国人的性格或习俗跟其他民族的类似或不同时,我觉得完全有必要说明它们之间的这种关系或差异。

英国特使到达巴达维亚后,收到来自中国的快信,报告了一个可喜的消息:大皇帝已颁下谕旨,不但表示了乐见使团前来,也给黄海沿岸港口的负责官员下达了严格的指令,责成他们特别注意预备引水员,随时待命,带英国船队到天津登陆。那是离京城最近的港口,跟其他可能的登陆港口相比,又是对英国船只最合适和最方便的一个。

收到这个消息,原先的一个难题现在可以认为是解决了。由中国提供方便,让船队经由黄海直驶北京,从而避开跟广州打交道,正是我们所求之不得的。众所周知,广州的主政官员绝不愿意朝廷收到任何有关当地政府滥用职权、徇私舞弊,更准确地说,是对外国公民在这个帝国的南方设立的商馆横征暴敛、敲诈勒索的报告。他们必定会横加阻挠，而我们又绝对不能假定，他们的类似努力从前得逞，这次却会不起作用。

黄海对任何一个欧洲国家都完全是陌生的，所以我们的初航意义重大，由此而得到的资料，将不但有助于预防在一条陌生航线上遇到的危险，而且也能减少许多耽误，因为不必再停靠一个又一个的港口来寻找引水员了。从我们的经验来看，这种引水员实在是成事不足，败事有余。

我们通过台湾海峡，既没有看见中国大陆的任何部分，也没看见这条海峡因以得名的岛屿，只见到岛北端的一座山尖。从7月25日到27日，连续3天的天都十分阴沉，连一英里之外的巨大物体也很难辨认。大部分时候气温都在华氏80到83度之间。狂风挟着暴雨几乎连续不断，还常常伴有雷鸣电闪，加上海浪汹涌翻腾，使得航程不仅是恼人的不舒服，而且极其危险，因为海峡中密布礁石。

25日晚上，太阳沉入一道浓雾之后，映得西边的地平线上犹如燃起了熊熊烈火。观测了气压计，气压低了近三分之一英寸。在这个纬度的海上，这被认为是变天的确定标志。船上有一些中国渔民，是被一条东印度公司的船赶下海，被我们在巽他海峡遇上的。这些人告诉我们，这种天象预示着一种欧洲人称为台风（Ty-phoon）的热带风暴。有些博学多识之士曾经认为这就是埃及人所谓的 Typhon[①] 或希腊人所谓的 TVφWV。不过中国人在命名这一热带风暴时并没有利用神话。他们叫它大

---

① Typhon 在希腊神话中是大地女神盖亚的儿子，一个有上百个龙头、口鼻喷火的恶魔般的怪物。

风（Ta-fung），因为这种风就是大。整整一夜以及第二天一天，风势凶猛，雷电交加，还常常夹着呼啸和阵雨。水深在25到30英寻①之间。

当年中国人允许外国到舟山贸易时制作的黄海航海图似乎相当精确，足供熟练的舵工躲避险恶的暗礁和岛屿。在这些海图的帮助下，我们船队有惊无险地通过了极为错综复杂的舟山群岛。这是一块狭窄的水域，大约800平方里格②，零零落落散布着约400座独立的岛屿。

航行其间，我们发现这些岛屿大多是蛮荒之地，几乎没有树林和灌木，有些连一点绿色植物都没有。在有些内河里，我们见到一些帆船和别的小船。河的上游是村子，由简陋的棚屋组成，很可能是渔民所住，因为附近没有耕作过的土地可提供让居民生存的食物。

船队下了锚，我们登上其中最大的一个岛屿，走了好长一段路都没见到人。远处是一个下倾的山谷，谷底是一个小村落。我们遇到一个年轻的农民。通过翻译，我们进行了艰难的交谈。突然遇到一些服饰、形体和肤色都跟本国人大不相同的陌生人，他十分羞涩。这种羞涩几乎也可以视为害怕。不过很快他就镇静下来，开始交谈。他告诉我们，我们所在的岛是他的家乡，是群岛之中除了舟山以外最好的一个，人口很多，有万人。但是，我们在这国家待了没多久就发现，中国人使用这个单音词"万"的时候，并不意味着这是一个准确的数字，而是一种

---

① 1英寻约等于1.8米。
② 旧时的长度单位，一里格约为5公里或3海里。

夸张。比如说，犯了重罪往往要被千刀万剐；中国的长城被称为万里长城，即三千英里，是其真正长度的两倍。不过，真的要告诉你皇帝有一万条大船在大运河上运送收缴的实物赋税时，他就不会用这个单字"万"了，而是用九千九百九十九来表示这是一个确凿的数字，于是就能让人明白这才是真正的一万。我想，这样我们就能明白这个六横岛（Lo-ang）真正有多少居民了。

看到我们外观奇异的大船，无数的中国船从大大小小的河流港湾里一齐往外涌，挤挤撞撞，每一条都有被挤翻或撞沉的危险。可是，他们对这种危险几乎毫不在意。我们看到许多较大的船，船身和帆桅各异，载重量大约从20吨到200吨不等，都沿着岸边行驶。它们装载的多为木材，在甲板上堆得高高的，似乎不必太大的风就能把它们吹翻。整根的原木和其他一条船的甲板容不下的木料则横跨在两条船的甲板上。我们至少看到过100对这样的船结队沿岸而行，为的是天气变坏时可以就近入港躲避。它们是无法抵御海上风暴的。

那些真正去远航的船从其独特的造型来看，也极不适合于应对中国沿海变幻不定的天气。露出水面的船身大多状如才四天的新月。船头不像欧洲的那样呈圆形，而是一个四方形的平面。船尾也是这样，没有一段突出的木块，即一般称之为艉柱的东西，也没有任何龙骨。船头两侧各画着一只圆圆的大眼睛，我猜是模仿的鱼眼。船的首尾两端翘起，高过甲板。船上的桅杆有两根的、三根的和四根的。每根都是一整根木头，因而不可能跟欧洲船上的那样，必要时可以降低高度。有一种中国大船，就像去巴达维亚经商的那种，其主桅的直径不比英国64门炮战舰的细,固定于横铺在甲板上的一组圆木基座上。每根桅杆挂一张由竹篾编成的帆,每隔两英尺有一根竹竿做横挡,以便收放,就像折扇那样。张开之后,或者迎风于船头和船尾,或者平行于船身两侧。这种中国船能在三级半到四级的大风中行驶。但是跟欧洲船相比,它们因笨拙的圆形船身和缺少龙骨,易于随波逐流朝下风漂。船舵安置在船尾的一个大缺口中,通常在靠近浅水和接近沙滩时将其抬起来。

事实上,中国人的航海术跟他们的造船术一样落后。他们既不记录海上的航迹,也不会借助设定某一地点的位置,虚拟在地球表面的路线。换句话说,他们毫无办法确定任何地方的经纬度,不管是从驶过的距离还是借仪器观测天体来估计。可是他们却自夸说,他们有许多祖先曾多次远航,借助的航线图有的是画在纸上的,有的是画在大葫芦或南瓜的凸面上的。根据这种说法,有些耶稣会士就推断这种海图一定比平面的要精确。不错,如果这种凸面的大小跟地球表面有对应的比例关系,上述推断是可以成立的。但是,还有一个前提是中国人必须有过充分的这种知识。从古到今,中国人似乎并不掌握这种知识。他们普遍认为地球乃是方的,而中华帝国就在其正中央。

中国目前的航海线路是尽量靠岸而行,绝不让陆地脱离视线,除非绝对必要,比如去日本、巴达维亚和交趾支那[①]。知道方向角,即前往港口的方向,不管是顺风还是逆风,他们借助罗盘,尽一切努力让船头冲着那个港口行驶。中国使用的罗盘

---

① 越南南部一地区的旧称。

看上去十分原始。本地人对它的起源或发明的历史或传统都一无所知。根据他们的文献，用磁铁来指示地极可以追溯到大部分欧洲还处于蛮荒状态的古代。据推测，欧洲的指南针也是由著名的威尼斯旅行家马可·波罗从中国带去的，因为它的出现紧跟着他的去世，也有人说是在他还活着的时候。不管是哪种情况，它出现在他的祖国，使得这种推测十分有理。他所属的由忽必烈大帝派遣的使团，经历了漫长的海上之旅，没有指南针的帮助几乎是不可能实现的。无论如何，中国人毫无疑问在13世纪之前就已熟知这一仪器了。他们最可靠的编年史上记录了这样一件事。交趾支那的贡使访华时在海上迷过路，所以中国皇帝就送给他一个"定南针"（Ting-nan-tchin）。这个名称至今还在使用。磁场的概念，罗盘盒的制作，盘面的划分——先一分为八，再一分为三——悬置磁针的方法，以及磁针之微小——罕有超出四分之三英寸者——都强烈地表明这是一个原创的发明，而非舶来品。

当然也有些人推测，亚洲北部地区的斯基泰人[①]早在史前时期就知道磁极的存在了。磁石的指极性从阿波罗在特洛伊战争时赠予阿巴里斯（Abaris）[②]的飞箭上可以看到。借助这种飞箭，他可以在世界上任意往来。由于这种铁矿石，甚至可能是自然铁，在鞑靼地方十分丰富，当地人在远古时期就掌握了熔炼这种矿石的技术，所以说欧洲和亚洲北部民族——或者说锡西厄人——最先了解磁极也是可能的。

---

① Scythians，又译锡西厄人、斯奇提亚人、塞西安人、西徐亚人。
② 希腊神话中太阳神阿波罗的祭司。他获得的这支金箭还能隐身和治病。

即使有指南针的帮助，中国这种笨拙和简陋的船只也能从事漫长而危险的航行，比如去巴达维亚，还是令人惊奇。除了每一阵逆风都会把它们吹离航线以外，它们的整个结构，尤其是水面以上的船体建筑是如此高耸，似乎很难抵挡中国海域常有的狂暴飓风，即我们已经提到过的台风。这种热带风暴有时候猛烈到这样的程度，据东印度公司船队的一位经验丰富而又知识渊博的船长说："在强台风中，如果在一条印度人①的前甲板上吹起一万个喇叭，敲响一万面鼓，在同一条船的后甲板上却什么都听不见。"的确，有无数的中国船在这种狂风中沉没；单是广州港，估计每年都有1万到1.2万人因此而丧生。

一条船离港去外洋，被认为只有百分之五十的机会生还。如果真的生还，从事这趟危险之旅的人就会跟亲朋欢宴一场。这种船有的载货不少于1000吨，有船员500人，再加上那些离乡背井、希望去巴达维亚和马尼拉发财的乘客。一条船很少是属于一个船主的。有时是40个或50个，甚至是100个不同的商人共买一条船，把它分成相应的许多部分，这样每个人就知道船上哪个特定部位是自己的，可以任意处置。各人装运自己的货物，或亲自、或派儿子或近亲押运。他们很少相信非亲非故的人也可以托付财产。每个床位只有一个人的长宽，地板上铺一条小席子，加一个枕头。在罗盘后面通常布置一座小佛堂，有一个祭台，上面不停地燃着一盘由蜡、油脂和檀木屑做成的香。这一点圣火有双重作用。它的不停燃烧一方面表示敬神的

---

① Indianman，当年定期行驶于英国和印度及东印度群岛之间的大商船。

虔诚，一方面又借香的十二等分来计算十二个时辰。十二个时辰就是一整天。迷信思想的反复灌输似乎让他们相信了罗盘之中有神力。每当天气有变幻的迹象，就在磁针前点上一支香。

从南部和中部省份运往北部首都的实物赋税因海船失事而损失惨重。所以在 13 世纪元朝时，成吉思汗的后继者产生了以内河和运河直接连系帝国南北两端的想法。这一工程体现了蒙古鞑靼人的最高成就。只要它继续存在，就绝不会失去世人的钦佩。可是中国人却说，鞑靼人只是修补了日益毁坏的旧工程而已。

据博学多识的德经[①]先生的意见，在此之前 6 个世纪，也就是大约公元 7 世纪，中国商人就到北美洲的西岸从事贸易活动了。当时他们把堪察加半岛叫作大山（Ta-Shan），这有许多他们的游记可证。但是他们通常是经由陆路到那儿的。有一个传教士告诉我，在一部堪察加游记集中，一些鞑靼部落的名称，他们的风俗习惯和性格，对湖泊河流和群山的地理描绘，都清楚明确到不容置疑的地步。可是，因为毛皮一向供不应求，他们也极有可能经由杰速[②]的诸小岛跟这个半岛进行一些交易。跟这些岛屿的交易只能以海船进行。为了支持自己的意见，德经引用一位和尚，也就是佛教僧侣的经历为证。这个和尚从勘察加半岛向东而行，驶出很远很远，远到在他心里他所到达的地方非加利福尼亚莫属。早期渡海到过该地的西班牙作者也确实提到过，新大陆西岸的不同地区都发现有中国船的种种残骸。

---

① Joseph De Guignes（1721—1800），法国东方学家。其子（Chrétien-Louis-Joseph de Guignes，1759—1845）也是汉学家，学界称为小德经。
② Tesso，早年对日本北部地区的称呼，约为现今北海道一带。

他们还注意到当地土著的文明程度一般都比美洲内地和东部的高。

南美洲西岸的土著就连外貌也和中国人极其相像，尽管在性情和习惯上不同。巴西总督拥有 12 个这种人，作为他的专船的桨手。有一天他以这条专船招待我们游览里约热内卢港。我们观察到，鞑靼或中国人的特征，特别是眼睛的，在这些印第安人的面容上很容易发现；其皮肤的古铜色比最黑的中国人还要深；他们的胡子主要蓄在上唇和下巴上，加上粗硬的黑发，跟中国人的非常像。

鞑靼海上的萨哈林岛（库页岛）显然一向是有中国人居住的。拉珀鲁瑟[①]先生到那儿时，发现居民穿蓝印花布，"服饰式样跟中国人的只有少许不同。他们的烟斗是中国式、以白铜做的。他们留长指甲。跟中国人一样，他们行跪拜礼"。这位航海家继续写道："即使跟鞑靼人和中国人是同一祖先，那他们的分离也应当是在非常长久以前发生的，因为在形体上他们已经没有相像之处了，在风俗习惯上也只有一点相似而已。"但是根据他自己的叙述，他们的风俗习惯还是非常接近的。

中国人在一个时期曾运载了相当数量的货物到巴士拉和波斯湾的其他海港，尤其是锡拉夫（Siraff），其附近的一些小岛和几个著名的海岬仍然使用着中国名字。有些航海志记录说，一支中国移民显然在索法拉（Soffala）[②]定居了下来，其后代在当时还很容易从肤色和容貌上跟其他土著区分开。早期的葡萄牙航海家也观察到，在圣劳伦斯岛或称马达加斯加的岛上，他

---

① Jean Francois de Galaup de La Perouse（1741—1788），法国探险家。
② 在今莫桑比克东海岸。据说郑和下西洋到过此地。

们遇到过很像中国人的居民。

著名的旅行家马可·波罗坐中国船到过马达加斯加。这一点毫无疑问，除非跟他的同胞一样，我们宁愿视他的描述多为虚构，只相信亚美尼亚的景教徒表演奇迹一事是他书中唯一可信的部分。

很难否认这位早期旅行家的描述是新奇、有趣和宝贵的。有关中华帝国的部分还有内证，一般也都是正确的。他随同一支由 14 艘船组成的船队驶离中国。每一条船有 4 根桅杆，有按比例隔开的货舱，有的有 13 个之多。那些把我们船上的礼物和行李从北直隶湾转送到白河的中国海船，其货舱也正好分成 13 个。我们看到数百艘更大型的、用于出外洋的船，也都有四根桅杆。我们那些善于扭曲外国名字的水手把这种船的原名 Tachuan（大船）变成了 Junk，就像把一省的总督（Tsong-too）叫成了 John Tuck 那样。

这位古代航海家在对船形的刻画上、在对航程的描述中都留下了真实的印记。诸如桑给巴尔岛跟马达加斯加之间的强大潮流使得船只几乎不可能朝北回驶，沿岸的黑色土著以及那儿的物产，对当时在欧洲被认为是虚构之物的长颈鹿的真切描绘，就是众多而又有力的证据，叫人不得不信，不是他亲自踏上了非洲东岸，就是中国水手给了他非常准确的报告。可是文森特博士曾在他翻译的《厄立特里亚海航行记》(*Periplus of the Erythraean Sea*)[①] 一书的前言或后记中声称，在这位威尼斯旅行

---

① 希腊文名 *Periplus Maris Erythraei*，1 世纪时一个商人所作，有多种英译注释本，此为其一。

家的时代，除了阿拉伯或马来人之外，没有其他船航行于印度洋①。尽管对这一权威著作十分尊重，我不得不承认马可·波罗的朴实描述包含着内在的不可否认的证据，证明他航海所乘的船是中国人的，跟当前为了同样目的而驾驶的一模一样。

我们同样也没有任何理由怀疑两个在 9 世纪访问过中国的阿拉伯人的权威性。② 他们告诉世人，中国船在那时就跟波斯湾有贸易往来。在这个威尼斯旅行家的指导下所画的航海图仍然保存在威尼斯的圣穆拉诺（St. Michael de Murano）教堂里。据说非洲大陆的南部被明显地标示了出来，尽管这也有可能是在葡萄牙人绕过好望角后加上去的。

那位葡萄牙王子③是否看到或听说过这张海图，是否参考过《阿拉伯地理学家》，是否读过首次翻译的希罗多德环非洲航行记——它比巴托罗缪·迪亚士④发现这个大陆的南端还早出版几年，或者当年这些航行是否都在一个总的地理大发现计划之内，学者的意见并不一致。按我的理解，葡萄牙人一般也都同意，亨利有足够的理由断定环非洲航行是可行的。

不管腓尼基人在历史的早期绕过还是没绕过好望角航行，有充分的理由断定他们非常熟悉非洲东岸远至激流角（Cape

---

① 在同书的 202 页上，他却自己承认了中国人跟马来人一样，曾航行远至马达加斯加岛。——原注
② 法国东方学者雷诺多（Eusebe Renaudot，1646—1720）于 1713 年在巴黎出版他翻译的 9 世纪两位阿拉伯旅行者讲述的《印度和中国古代记事》。
③ 葡萄牙王国亲王恩里克王子（Prince Dom Henry，1394—1460），即下文所称的亨利，热衷航海探险，史称"航海家亨利王子"。
④ Bartolomeu Dias（约 1450—1500），葡萄牙航海家，1488 年远航到达非洲南端。

of Currents）的地方。而推罗（Tyrus）的商业和贸易之繁荣和发达，也不应当被认为仅限于从印度洋那一带到红海南部的地区。在红海上从北向南航行难度要大于自南向北。这种商业贸易的频繁，有先知以西结①的权威证明。他以生动的语言描绘了这一繁荣最后的毁灭。必须注意，一般认为腓尼基人在尼科（Necho）的命令下环非洲航行时②，他仍然在世。"你们有财有势的人，你们的财产，你们的船只和水手，你们的捻船缝工人和货主，以及船队中的所有战舰，战舰上的所有士兵，都将在你们的末日沉入汪洋大海之中。"所以非常可能，东海（Eastern Seas）上的航路在历史的早期就为人所知，似乎也没有理由认为中国人在这点上就一无贡献。

中国和非洲东岸之间是否可能经由传统的贸易活动，或者是中国水手被腓尼基人的、阿拉伯人的，或他们自己人的船赶上岸，从而有了悠久的交流呢？对此我没深入研究过。但我在前一本书，《非洲南部旅行记》中指出过，"纯正的霍屯督（Hottentot）人的上眼皮跟中国人的一样，弯弯地下降到鼻子旁边，而不像欧洲人的那样形成一个角——凭这一条，他们在当地被称为中国霍屯督人"。进一步的观察确认了这种让我震惊的相似。他们的形体特征几乎在每一方面都一致。他们的关节和四肢都相当细小。他们说话的声音和方式、脾性、肤色和五官，尤其是眼睛的特别形状，都极其相似。他们的眼睛弯弯地

---

① Ezekiel，公元前6世纪的以色列祭司。
② 公元前7世纪腓尼基人在埃及法老尼科二世的要求和组织下出红海，进入印度洋，沿东非海岸南下，在非洲南端进入大西洋，北上直布罗陀海峡，进入地中海，入尼罗河返回埃及。

伸向鼻根，犹如日月食将残的样子，大约源于鞑靼或锡西厄人。他们一致的地方还有鼻根宽大，或者说双眼的距离极宽；双眼不是像欧洲人种通常的样子呈水平状，而是斜向鼻子。在南非旅行时，有一个霍屯督人服侍过我。不管是身材、五官、习惯，还是声音，他都非常像我在广州用过的一个佣人，以致我老是不知不觉就把他错叫为前者。毛发是他们唯一的不同之处。霍屯督人的粗而硬，不短不长，扭曲成鬈，一络络像流苏。我不具备足够的生理学知识来断定中国男子和莫桑比给女子所生后代头发会是怎样的，更不能假装可以解释这些生活在一个大陆的狭小区域内，与世隔绝，跟邻近民族极其不同的霍屯督部落的起源，也不知道除了在中国人当中，还能去哪儿寻找他们的原始祖先。

我知道，那些熟悉已有的对这两个人种的一般性描述的人，会觉得这种比较不可思议，因为一个是最文明、最聪明的，另一个是最野蛮、最无知的。所以我对《评论杂志》(*Critical Review*)作者们的下列评论并不感到惊讶："霍屯督人的胎儿可能跟中国人的相似，就像猪的内脏跟人的内脏相似一样；但是在这个题目上，我们天才的作者似乎超越了他的知识范围。"我希望这些先生能原谅我在此重申，这种比较就是在当时也并非没有根据，尽管不能据以定论；在进一步考察之后，我更加确信他们在精神和肉体上皆有相似性。考虑到他们受教育程度的不同，霍屯督人学习和联系不同概念的能力不下于中国人，他们的模仿能力也同样出色。另外，还需要考虑的是，他们一个自小到大都生活在一个生活便利、艺术发达的社会里，另一个却身为悲惨的民族,连生活的基本必需品都缺乏。

因为断言和批评都证明不了什么,我在此附上一幅由丹尼尔先生所绘的纯正的霍屯督人的肖像,一幅由亚历山大①先生所绘的中国人的肖像。我确信,对这两幅肖像的仔细比较将使读者和评论者都信服,我所发现的相似性并非凭空捏造。

事实上,和中国人同源的民族在亚洲大陆和远东岛屿上的分布之广,远远超过一般人的想象。所有那些被通称为马来人的无数部落,无疑都是源于古老的锡西厄或鞑靼人;或许还可以加上一句,是他们跟阿拉伯人的联系和皈依伊斯兰教,启发了如今已成习惯的残酷和血腥性格,并以此而著名。这是因为人们注意到,这些岛上没有受到这种宗教的影响的土著,一般都温顺无比,就像威尔逊船长②在帛琉群岛③上发现的土著那样。

读过玛士丹④先生杰出的《苏门答腊史》之后,我毫不怀疑有一支中国移民早就在该岛定居了。这位作家观察到,苏门答腊人的眼睛很小,跟中国人的一样;他们留长指甲;善于制作精细的饰品、火药等;结绳记事;使用十进制;在竹片上书写优美的文字;毛发稀少,并像中国人一样,几乎不剃头。我观察到他们的语言当中有很多词相似,两种语言中相应的词表达相同的概念。我不在语源学的比较上多花工夫了,因为在第六章会再谈。宗教仪式上的相似是个更有力的证据,其偶合极

---

① William Alexander(1767—1816),著名画家,随马戛尔尼使团来华。
② Henny Wilson(1740—1810),英国东印度公司"安蒂洛普"号船长。1783年7月20日在帕劳触礁搁浅,由此开始与当地土著交往。
③ 即帕劳群岛。
④ 应是 William Marsden(1754—1836),其书初版于1783年。

其明显。苏门答腊人的起誓仪式，即扭断一只公鸡的脖子，可以说跟普通中国大众的完全一致。麦金托什①船长告诉我，他有一次将一件重要的事拜托给一条中国船的船长，但又有一点怀疑是否会被背叛。那个船长感到了极大的侮辱，就说他将证明自己是值得信任的。他立即找来一只公鸡，双膝跪地，扭断了鸡脖子，高举着说道："如果我背叛了诺言，天啊，你就像我处置这只鸡一样处置我吧！"

我很早就从权威人士那里知道，英国东印度公司跟中国商人做生意，往往必须叫中国人发誓，也就是举行同样的扭断鸡脖子的仪式。这在他们看来是非常严肃的，有如巫术，其对精神的影响无异于我们国家曾经普遍使用的咒语。平民百姓相信咒语会招来魔鬼。在中国的法庭上，起誓是从来不允许的。最近发生过一件事。一个中国人被英国士兵杀死了，船长让两个出庭作证的士兵起誓，中国法官大惊失色，立即命令堂上的人回避。

僧伽罗人②毫无疑问源于中国人。熟悉中国人习俗和性格的人读到博埃德（Boyd）先生有关出使坎迪王（King of Candy）的记录，会马上看出两者的极端相似。新国（Singuo）是个中国词，来源于Sina，中国的旧称，词尾则是欧洲式的。同样，这个岛的名字也是中国式的，Seelan, See-long, 或者叫See-lung，（锡兰，西龙）即西方之龙，符合他们一贯的以动物给山脉命名的习俗。

不过，我无意细究中国古代航海和商业的影响到底有多广

---

① 随团来华的礼品船"印度斯坦"号船长。
② Singalese 或 Cingalese，斯里兰卡的基本民族。斯里兰卡旧称锡兰。

大，而将把我的观察限制在他们目前的状态上，所以还是回头说我们的旅程吧。

我们派出一艘小双桅帆船立即前去舟山港探路，并接回理应按照中国皇帝的谕旨随时待命的引水员。众岛之间有些水路潮流湍急，看上去更像积蓄了雨水之后的大河，而不是汪洋中的支汊。这些狭窄水道的深度又使得船只很难甚至不可能下锚，即使下了锚也极危险。在这种情况下，我们只得随波逐流。我们乘坐的克拉伦斯双桅船行到途中，迎面一座名叫鸡头（Kee-too）的岩岬从岛丛中高耸着伸了出来。此时突然起了风，激流猛烈地推着我们笔直地向它冲去。我们觉得马上就会被撞成碎片了。在距这座壁立近百尺高的悬崖约两条船的长度之内，飞快的急流冲出3个漩涡。船长本想下锚，但是我们请来带路的老渔民示意说不必，一则水太深，一则也没危险，最多只有船首斜桁会撞到岛礁。中国船是没有船首斜桁的。在这个时候，测水深的铅锤放了下去，但是放了120英寻还没探到底。湍流翻起的黄土浓厚，只有泛滥期的尼罗河或中国的黄河才会比鸡头岬海面的漩涡挟带有更多的泥土了。法罗海峡其下的锡拉岩礁产生的激流，卡律布狄斯大漩涡，这些令古代航海家提心吊胆的著名险境，虽然可能更危险，却也不可能比这里的激流和绕着这块中国大陆的悬崖像开水般沸腾的漩涡更叫人心惊胆战了。它好比：

潮水从岩穴中隆隆而出，
嶙峋的巨石在怒吼，波涛汹涌，

白沫四溅，狂流乱舞，
犹如大水在熊熊烈火上沸腾。

第二个漩涡把我们推离了鸡头岬。过了第三个，我们就被一股平稳的水流飞快地带向前去。我们的翻译是个中国教士，在尼泊尔的布道学院受过教育。他可不像他的同胞、那个引水员那样镇静。这个可怜的家伙在过第一个、也是最湍急的漩涡时，差点被飞旋的船上的主帆下桁打落海里去，同时遭到打击的另一个水手掉了帽子。这给我们的险境提供了几分笑料。两个境况相同之人反应不同。教士急切地大叫："圣母玛利亚，显灵吧，显灵吧！"水手则抚抚脑袋就走开了，相当镇静地说：该死的下桁把我前上桅的帽子给抢走了！

中国人似乎已经知道我们的到来。没走多远，一条船就朝我们驶来，用本地话叫我们停船下锚，说第二天早晨会指引我们去舟山港。有几个官员登上了我们的船，恭敬有礼，送给我们一筐水果。但是他们假装不知道我们是为何而来的。围绕我们的船，漂浮着无数我相信是俗称海鲸脂的东西。我们船上的那位老渔民从中捞起一块，它的直径至少有一英尺，他把它打理了做成晚饭。它看上去像一块无色透明的果冻，很是诱人。我忍不住尝了一口。这个玩意，或许是水果，或许是海鲸脂和水果一道引起了严重的不适，而且延续了好几天。

破晓时分我们起了锚，乘着轻风起航了。随行的是那条模样丑陋的中国帆船。不过，叫我们水手吃惊的是，它行驶得跟模样俊秀的"克拉伦斯"差不多一样漂亮。

在近城的一个由众岛围成的内湾下了锚，按例鸣炮致了礼，几个清朝官员（Mandarine，源于早期葡萄牙语Mandar，即长官）上了我们的船。每当说到有关我们此行的目的，他们都顾左右而言他，假装对英国使团之事一无所知。他们说总兵（Tsung-ping），即该岛的军事长官，当时不在，当天晚些时候应当回来，将很高兴在第二天早上在岸上接见我们。我猜是中国的礼仪要求等一天才能正式接待。

第二天清晨，使团内主事的先生们上了岸，到达总兵的大堂，一间在我们看来一点也不起眼的屋子，接受他的盛情接待。礼节繁多，问候周到，似乎个个都是中国式的教养所无法省略的，诸如客人及其父母亲友的身体健康，尤其是每个人的姓名、年纪之类。我们向他解释了此行的目的，希望立刻能把引水员带上船去。这位老先生似乎不以为意，还是侃侃而谈为我们准备的戏剧、酒宴等招待。他说引水员随时都能走，并会将船队沿岸引到邻省，那儿又有人会把船再引到下一个口岸。我们说，这种走法对大型英国船是绝对不合适的，这样的引水员对我们也毫无用处。他请求给他这一天剩下的时间去寻找别的引水员。我们一点也没有预料到在中国最好也是最繁忙的地方，会遇上找不到引水员这样的问题。

我们用这一天剩下的时间去了一趟定海（Ting-hai）。可是由于人太拥挤，天又出奇的热，我们只走了一条街就庆幸有一座庙可以歇息。庙里的和尚殷勤有礼地以茶、水果和点心款待了我们。陪同的官员劝我们回程时坐轿。我们听从了。可是轿夫也被人群堵得几乎寸步难行，因为人人都想把头伸到轿窗前来满足一下好奇心，咧着嘴笑嘻嘻地喊一声：红毛（Hung-mau）！——即英国人，其字面意义是红头发。我们累了一天，与其说是满足，还不如说是失望，因而很乐意回到"克拉伦斯"号的小床上躺下。

第二天早晨我们上岸后，发现总兵身旁多了一位文官。按例寒暄之后，这位文官对我们滔滔不绝地宣讲了一通，态度十分严肃，试图让我们相信，从很早很早以前开始，中国人就都是这样从一个港口驶向下一个港口的，经验证明这是最好的办法。不过，发现雄辩无济于事，他和总兵商量了一会儿，最后决定把当地所有从海路去过天津的人都召集起来。

他们派出的兵丁很快就带回了一群人。他们是我平生所见神情最悲惨的家伙了，一个个双膝跪地，接受询问。有些似乎是去过天津港，但并不是水手；有些是干这个营生的，却从来没去过；还有几个从来没有踏上过任何一种船的也被拖了来。简而言之，这一天的大部分时间都白白浪费了。就在我们差不多绝望、准备空手离开舟山这个繁忙的大港口时，又有两个人被带了进来。他们似乎比先来的人都更能胜任这项工作，却又早就不再下海，而是经商有成，无意再重操旧业。他们跪着恳求免除这趟劳役，但是毫无效果。皇帝的谕旨是不得违抗的。他们徒劳地哀告道，离家远行会坏了他们的生意，给妻子儿女和家庭带来痛苦。总兵不为所动，命令他们一个小时之后准备妥当。

总兵的专断反映了该朝廷的法制或给予百姓的保护都不怎么美妙。迫使一个诚实而勤劳的公民，事业有成的商人，抛家离子，从事于己有害无益的劳役，是不公正和暴虐的行为。除非是在一个专制的、其子民不知有法而只知暴君的意志的国度，这是不能容忍的。而这还只是在一个大帝国的边陲，远离权力中心的小岛上呢。可见无论在什么国家，权力下放之后都容易被滥用。不过，如果告诉中国人，我们的政府在十分必要的时候是如何扩充海军的，他们恐怕也会有同感。

从这天的事上，我们大约可以有把握地得出这样一个结论，即长途航行在中国是能免则免，所以黄海贸易都是从一个港口到另一个港口递次而行的。贩运之物要有厚利可图，在到达遥远的消费者手中之前就必须层层加码。这大概就是该国的许多物品在京城价格极高的缘故吧。亚洲内陆的商业贸易也由车队以同样的方式进行。从这一站到下一站，商人互相买卖或交换货物。每一站的商人在各自行程的限制之内活动，毫无联系或交流。这就能部分地解释，为什么希腊人从东方国家得到宝石、香料和其他珍物，对这些国家却并不了解。

老总兵显然因为办成了差而如释重负，那两个可怜家伙的眼泪和哀求徒增前者的满足。或许是出于礼节，或许是出于好奇，也可能两者兼有，总兵上了我们的船回访。从抵港之时起，不管白天黑夜，我们的船都围满了当地人。都说缺乏好奇心是中国人性格的一部分，在这件事上却不然。但是这种好奇似乎是出于看一眼有幸见皇上之人的欲望，而不是出于想获得新知识和新思想的需要。这条船跟他们的大不相同，却没有什么人注意。只要匆匆瞄一眼船上的乘客，他们的好奇心立刻就得到了满足，吐出一些含混的呼叫，大多带有"皇上"两个字，其含义似乎不外乎"这就是要去见皇上的人吗？"这种情形在定海的人群中尤为明显。我们听到的每句话里几乎都有"皇上"和"红毛"这两个词,即皇帝和英国人。

船队启程不久,刚刚驶出群岛之间的狭窄水道进入黄海,我们便发觉中国引水员看来毫无帮助。一个没有带罗盘上船,而教他掌握我们的罗盘纯属徒劳。移动的罗盘在他看来简直是天方夜谭,因为这跟他们普遍使用的相反。他们的罗盘是让指针在固定的刻度间移动,而欧洲的罗盘是指针固定,让带刻度的表面移动。另一个倒是带了罗盘,跟一般的鼻烟壶那么大的木块,中央挖出一个圆坑,大小正够容纳一根极细的、长不过一英寸的铁针。短途航行这大约就足够了。他们用一种独特的方法,使它无论船处于何种状态都能维持地心引力的中心跟它的悬浮中心基本一致。因为又细又短,也不必调整两端的重轻以防止一端下倾,即通常所知的磁针在世界各地多少都有的、朝地平线倾斜的倾向。不过,中国人似乎并不是因为掌握了磁偏角,即磁针的倾斜性而设计出这种小针的。尽管这种针非常细小,罗盘盒有时候却可以很大,甚至大到能包含20到30个同心圆,容得下许多中文字,构成他们的天文学,更准确地说是星象学的概要。

因为欧洲的博物馆里有一些这样的罗盘,读者或许愿意我给出这一圈圈的汉字所包含的意义。

1. 中心圈,即磁针。

2. 八个神秘的符号,代表万物之源,据说是由君主政体的创始人伏羲(Fo-shee)所发明[1]。

---

[1] 指八卦。

商船（1793 年　彩色版画）　　　　W. 亚历山大

3. 把一天分成十二部分的时辰。

4 和 5. 拱极星名。

6. 二十四条子午线的名称。

7. 把一年四季划分成二十四部分的节气。

8. 六十年一轮的甲子表。

9. 与上一个圈有关的数目字。

10. 黄道带二十八个符号的名称。

11. 某些占星术语。

12. 解释第二圈八个神秘符号的八句话。

13. 中国圈①的又一种排法。

14. 五种元素的名称②。

15. 第八圈上汉字的重复。

16. 第八圈的重复。

17 和 18. 神秘难解的文字。

19. 二十八星宿的名字及其在天上的位置。

20. 跟第六和第十五圈有关。

21. 按星座影响而划分的世界。

22. 跟第八和第十六圈相应。

23. 跟上一圈相似的内容加上第十四圈的。

24 和 25. 连中国人也不知道是什么。

26. 预卜吉凶和普通日子的某种汉字和符号。

---

① 指的似乎也是八卦图。
② 当指五行。

中国商船（1793年 版画） W. 亚历山大

27. 跟第十九圈一样,并总括一切。①

在黄海航道上,我们所经之处的水深没有超过36英寻的,一般为10英寻。天通常都是雾蒙蒙的,就像在浅海上常见的那样。在绕山东半岛航行的过程中,陆地一直隐没在浓雾之后。幸运的是,雾散之后,整个船队还都在距大陆四英里的范围之内,有一条船紧靠一座石头岛。引水员对我们所在的位置跟船队里最下等的水手一样无知。

向西驶去,一个宽敞的海湾出现了。一个引水员仔细观察了现在已清晰可见的陆地,说他对这个地方很熟,这就是庙岛(Mee-a-taw)。他说这话时神态坚定,岸上又有大批的人群仿佛在迎接我们似的,拥挤着冲向岸边,使得船长操舵直奔港口。可是水深渐渐变得只有5英寻,四面似乎又都是陆地了。为保险起见,船下了锚。几只小船从岸边划来,很快就靠了上来。我们马上就明白了,即便是在看得到大陆的情况下,我们的引水员也是无法信赖的。因为这个湾叫克山嘴(Kee-san-seu),庙岛离此往西至少还有15里格远。

北直隶湾②南岸的山非常特别,全都是一模一样中规中矩的圆锥形,大小相近,四面仿佛经过艺术加工似的光溜,互不相连,各自耸立,很像清朝官员夏天所戴的帽子。尽管没有欧洲名称,它们也都被记录在航海日志上,称之为第一、第二、

---

① 中国人在罗盘上集中了最古老和最热爱的神话、八卦、星宿、五行等等,即他们一切天文或占星学的精核。仅此一点就足以打消对他们的这一发明权的疑问。了解中国人性格的人不会轻易承认,他们历史悠久的迷信居然会被结合在一种野蛮人的发明上。——原注

② 即渤海湾。

第三这样依次延续的"清帽山"。

我们这时决定接受舟山地方官的忠告，从一个港口依次驶往下一个港口，因而在此找了两个新引水员领我们去庙岛。他们确实把我们带到了那儿，不过不是港口，而是一条狭窄的海峡，而且浪潮汹涌，锚地遍布石头。岸边是一座规模不小的城，城墙临海处是一个湾，那便是港口，挤满船只，其载重量大概从10到100吨的样子。

我们被告知说这里是登州府（Ten-tchoo-foo）。该城的知府登上"狮子"号拜访了特使，在谈话中提到，朝廷下令让他为特使提供力所能及的服务，水旱两路的交通工具。他看上去有35岁，态度和蔼诚恳，礼貌周到，又博学好问。我们大家对他的看法都好过以前遇见过的任何人。第二天早晨，他送来了他所谓的薄礼，计有4头牛，8只绵羊，8只山羊，5袋精白米，5袋红米，200磅面粉，以及数筐水果和蔬菜。

我们一向被教导说，中国人视我们为野蛮人，但是至此为止，我们没有任何理由说他们是这样对待我们的。无论怎样，有一点很明显，即将到来的英国使团在大清朝廷激起了不小的反响。

我们让另一个引水员带领船队，开始了横跨直隶湾到天津的历险。他是个七十来岁的老头，似乎对湾内的大小港湾都了如指掌。他在纸上画出了西岸一个他正带船队前往的港口的草图。不过，幸好我们认为先让两只小船前行，要比完全信任已经骗了我们多次的人更安全。他们离开不久，就发回了危险信号。夜里改走了一条新路，第二天早晨同样的信号又重现了。

此时已看不见陆地,而水却浅到只有 6 英寻,为谨慎起见只好下锚。在一片陌生的洋面上,让这么大的船只抛锚停泊实属罕见;不仅见不到陆地,万一起风,还有搁浅的危险。

船上的诸指挥官都被这些引水员给气坏了,他们则被吓得惊恐万状。这些可怜的家伙已经竭尽所能;但是他们既没有技术,也没有判断力,或者仁慈一点儿说,他们是被处境的奇特弄糊涂了。他们所热爱的船跟我们的船所要求的吃水深度是不同的。我们的吃水以多少英寻来计,而他们的只要以英尺[①]来计。尽管我们用绳子明白地显示了所要的深度,他们无论如何也不能理解。

我们的船显然不能再前行了。陆地尚有 12 至 15 英里之遥,远低于海平面,在甲板上根本看不见。两条小双桅船中的一条被派去白河口,报告我们的到达。这里已有两位朝廷官员登船接待特使,并携带着一批作为礼物的补给,有牛、猪、羊、家禽、酒、水果和蔬菜,数量多到整个船队近 600 个人一个星期都吃不了。计有小牛 20 头,猪 100 头,羊 100 头,鸡鸭 1000 只,南瓜 3000 个,无数的西瓜、苹果、梨、杏、梅和其他水果,以及多种蔬菜。酒盛在硕大的陶坛里,以泥封口。有些猪和家禽已经在路上碰撞而死,被"狮子"号扔下了海。但中国人马上把它们捞起来,洗干净后腌在盐里。

他们派来运礼物和行李上岸的船约有 30 到 40 艘,每艘的载重量都不小于有些还大于 200 吨。这些人对要驳运的货物数

---

① 一英寻等于六英尺。

量判断严重失误，以至于此。其中有些船的货舱分成13个独立的空间，隔以两英寸厚的木板，用贝壳研成灰泥加竹丝填缝防水。它们的篷、缆和索具都是用竹材做的，而且无论是这些东西还是其他木制品，表面都不涂松脂或柏油。

我们留下大约15艘船，驳运使团人员和送给皇帝的礼物及其行李。我们的英国船然后返回舟山，没有再要中国引水员的帮助。他们的航海技能连船上最低级的水手也认为毫不足道。

一进入白河，我们就看见右岸有屋宇数座，虽然是茅草盖顶，却以五颜六色的彩绸装点得十分花哨。大约300名士兵，身着制服——在我们看来那似乎并不适合作战——在一个木制的临时码头边列队，旁边还有一支乐队。这一切在我们看来都是仓促准备了来欢迎特使的。但是特使先生急于赶赴京城，拒绝登岸，宁愿等礼物转运到内河船上之后，立刻换乘为他准备好了的坐船。那两位派来接他去京城的官员说，不必如此匆忙，因为皇帝的万寿还早。这些人对使团使命的理解似乎只限于给他们的君王上贡。另一条证据是，满载礼物的15艘船，桅顶上都飘着一面黄旗。旗上墨笔大字写的是：英国贡使船。

这种坐船十分舒适，远胜我在英国内河所见过的任何船只。它们是平底，吃水不过15英寸。船舱很高，看上去真像一座水上宫殿。舱分三进，首进是容纳仆人和行李的下房；当中是宽敞的起居室兼餐厅，约15平方英尺；后进分成二到三间卧室。在这之后是厨房，再往后的船尾部分是水手住的小如狗舍的小室。有的在主舱之上另有类似二层的部分，隔成一间间小室，仅有一人之长宽。中国水手不需放行李的空间，其全部装备一般都在背上。船的两侧甲板有外伸的木板通道，供人来往。如此则行船的种种操作都不影响乘客。

清廷派来迎接特使的两位官员拜访了每一条船，态度极其诚恳，希望我们旅途愉快舒适。他们分别姓王（Van）和乔（Chou），再冠以大人（Ta-gin）。王大人有副将（Lieutenant-general）军衔，乔大人是北直隶一个地区的长官（Governor）[①]。在他们俩身上，看不到中国习俗要求他们在正式场合应该显示的那种死板而做作的客套举动。相反，他们跟我们一起坐上餐桌，努力学习使用刀叉，令人感到十分和蔼可亲。虽然他们不会用我们的语言交谈，但是告辞时还是像英国人那样跟我们握了手。

食物，水果和酒——这个国家所有的——源源不断地送上船来，使得我确信，中国船民在溯流而上的途中能够从剩余物资里留下过一个冬天的储备。正如乔治·斯当东爵士已经说过的，我们至此所经历的款待、重视和尊敬，是陌生人只有在世界的东方才能得到的。

不管是在舟山还是在溯白河而上去京城的3天里，没有看到任何人民丰衣足食、农村富饶繁荣的证明——我们的丰富供给不算。两岸的土地低洼平坦，不以灌木为篱，而是挖沟作界。只有很小一部分被耕种了，大部分看上去都是不宜耕作的沼泽，野草萋萋。除了村庄周围，难得有树，且形状丑陋。房屋通常都是泥墙平房，茅草盖顶。偶尔有一幢独立的小楼，但是绝无一幢像绅士的府第，或者称得上舒适的农舍。村庄很多，但除

[①] 据中国史籍记载，此二人分别是通州副将王文雄和天津道乔人杰。

了靠近河口的泗沽（See-koo）和大沽（Ta-koo），没有一个称得上城或镇。直到走出约90英里，进入大城天津郊区，房屋才稠密起来，像泰晤士河上的伦敦那样，沿着白河两岸延伸有数英里。但不管是房屋还是河道，都不能跟雷德里夫（Redriffe）和瓦平（Wapping）①两岸的相提并论。事实上，触目所及无非是贫困落后的景象。

对久困于船的人，至少是那些不惯此道的来说，几乎任何国家都具有天堂般的魅力；可是从踏上这个著名帝国的第一步直到目前的地方，听说离京城已不远了，使团成员都感到所见与期望相距千里。要说有什么令人惊叹的话，那就是人口之众多。自到达之日起，男男女女，老老少少，每天都蜂拥到岸边来。可是他们的神情一般并不表现出任何特别的幸福或快乐。衣着最好的男子头戴一种绒帽，短上衣是圆领对襟，袖子奇大，颜色或黑或蓝，料子是棉布、棕色丝绸，或者是麻纱；下身是镶拼的短裙②，黑缎靴。普通百姓头戴大草帽，穿蓝色或黑色棉布袍，宽松的棉布裤，粗笨的鞋，有的还是草编的。有些人穿着粗糙的布衣，有些人光着腿。事实上，人群中很大一部分身上都只有一条长内裤而已。

再没有比白河两岸的女人更不会打扮而抛头露面、从而魅力尽失的了。后来我们发现，她们的服饰代表了这个国家的普遍风格，差别即使有也极小。一大丛人造花，通常是仿翠菊的，或红、或蓝、或黄，插在黑油油的头发上。头发在脑后根收拢，

---

① 英国泰晤士河沿岸靠近伦敦的两个城镇。
② 原文 Petticoats，本指苏格兰男子所穿短裙。

不知是出于趣味还是随意，挽成一道梁或一个结，横堆在头顶，跟目前英国年轻女子编扎发髻的风格不无相似之处——除了品味低下者之外。两支或银、或铜、或铁的大针刺目地插在后脑勺上，形成交叉的斜十字。这跟马来妇女的普遍风格一样。她们的脸和脖子上都涂了白粉，眼圈描黑，下嘴唇的中心和下巴尖这两块小华夫饼干大小的地方点一朱红。几乎清一色的蓝棉布长袍，跟男子的一样，直拖到大腿或膝盖。宽大的裤子，颜色虽有不同，却也不出红、绿、黄三种，垂至腿肚下收紧，以便更好地显露脚踝和脚。这种脚至少在独一无二上可以称雄世界。这种扭曲变形了的脚是从小就被约束了的，保持在4到5英寸长。小鞋精致得仿佛可以用金箔打造。脚一缩小，脚踝就相对地变大了。脚踝以杂色布层层裹住，缀着流苏。这样的腿脚和这样的装饰在中国被认为是最美的。

　　在塑造这样一双小脚的过程中，女孩子必须承受持续不断的疼痛和不适，用绑带把脚趾压向脚底，直到它们几乎长成一体，并迫使脚跟前移，直到它完全消失。这是一种多么残酷而不人道的风俗啊！居然还延续了多年！可是这种风俗的起源却完全是个谜，要不就是太荒谬以至于令人无法相信。

　　野蛮民族一般都有伤害肢体的残酷风俗，诸如在嘴唇和鼻孔上钻孔，在牙齿上绘画或涂色，割除一节手指或脚趾之类。他们一定以为这样是种美化。但是由此并不能得出结论，说中国女子的缠脚是从他们的野蛮时期延续下来的风俗，因为我们在日常观察中注意到，最文明开化的社会也在研究从残缺中发现美，在自然的完整当中创造这种美。中国人对亚洲大部分国家都有的割包皮习俗,毫无疑问也会同样感到惊讶,视为荒谬。我们也没有理由认为,他们不会谴责我们剪马尾是一种荒谬的风俗,因为这在他们眼里就跟在我们眼里他们的女子裹小脚一样。如果他们嘲笑我们往假发上涂油扑粉,痛惜不必要的浪费这么多的油和粉,我们或许出于虚荣的自尊,不妨假装叹惜他们没有品位;但是把习俗和偏见分开,我们确实没有足够的理由,仅仅因为在小处,如服饰和风俗上的不同,就鄙视和嘲笑中国人或者其他民族,要知道我们自己类似的荒谬可笑跟他们的实在不相上下。

早期去中国的旅行家对这一奇特的习俗未置一言,因而我们几乎可以断定,尽管中国人假装对其起源一无所知,这一时尚和女子抛头露面为不雅的共识都只是在近几个世纪才为人接受的。那个威尼斯旅行家虽然常常提到女子的容貌和服饰,却没有涉及这一特殊的时尚。他说在杭州府(Hang-tchoo-foo)的湖上,女子常常跟丈夫和家人同乐。被帖木儿的儿子沙哈鲁①于 1419 年派去给中国皇帝贺寿的使臣,在他们的记录中写道,觐见之时,皇帝御座两侧各站一个处女,脸和胸都袒露着。她们用纸笔恭谨地记下皇帝所说的每一个字。这些使臣还看见黄河附近许多女子在露天沐浴。在一个城里,他们说:"有很多小旅馆,门口站着不少貌美如花的年轻女郎。"雷诺多②先生出版的于 9 世纪到过中国的两个阿拉伯人的游记,也没有提到过女

---

① Shah Rokh(1377—1447),帖木尔第四子。下文所指的是《沙哈鲁遣使中国记》,由使团成员之一、画家盖耶速丁所记。

② Eusebe Renaudot(1646—1720),法国东方学者。此处提及的游记为他整理翻译的法文本《印度和中国古代记事》,出版于 1718 年。

人脚的畸形纤小。当时外部世界对这个国家所知甚少，他们绝对不会不留意其风俗和习惯。他们讲述的有关当时中国的一切，几乎在目前的中国都被发现是真实的。由于他们特别提到过中国女子的服饰，人们相信，如果这种独一无二的缠脚风俗当年跟现在一样常见，他们是决不会遗漏的。

这一陋俗一般被归罪于男人的嫉妒。如果承认这一点，中国男人就应当被视为精于驭女之道，居然能取得对女性的如此强大的优势，诱使她们自愿放弃生命赋予她们的最大快乐——行动自由，接受这种习俗，并让这种习俗深入人心，以至于任何背离都被视为不雅。出人头地的欲望有时候真的能让男人走向荒谬绝伦。出于这种心理，士大夫让小手指上的指甲任意生长，有长到三英寸的，目的只是让人看了就知道，他们是不做任何体力劳动的。或许出于同样的心理，中国的大家贵妇乐意继续叫自己的女婴缠脚，好显示自己的孩子跟农家的不同。农家子女在大部分省份都是必须从事田间劳作的。

女子缠脚布的内层据说是不换的，往往要用到不能用为止。这种习惯给人以中国人不太干净的印象。这确实符合他们的性格，所以斯威夫特[①]才说他们是一个肮脏的民族。干净内衣的舒适，或者说内衣要常换的概念，无论是君王还是农民，都是闻所未闻的。在上层人士中，一层薄薄的粗丝绸取代了贴身的棉布，普通百姓穿的则是一种粗布开襟衬衣。这种衣服往往使在要换新而非要洗涤时才脱下来。可想而知，这种忽略或节俭

[①] 当指 Jonathan Swift（1667—1745），英国启蒙运动中激进民主派的创始人，杰出的政论家和讽刺小说家，《格列佛游记》的作者。

的后果，使喜爱污垢的寄生虫子孙满堂。就连朝廷最大的官员也会毫不迟疑地呼唤仆人，当众在自己的脖子上捕捉这些讨厌的小虫。一经捕获，他们就面不改色地将其放入牙齿之间。他们不带手绢，通常把鼻涕擤在一小块仆人准备好了的纸片上。有些还没这么干净，随地吐痰，或者像法国人似的射到墙上；用袍袖擦他们的脏手；晚上穿着白天穿的同样衣服睡觉。跟衣服一样，他们也很少洗自己的身子。他们从来不洗澡，不管是热水的还是冷水的。虽然有众多的江河联系着这个国家的每一个部分，我却不记得看到过任何洗澡的孩子。在最炎热的夏天，男人才利用热水洗脸洗手。他们不知道用肥皂。在北京，我们找到一种草木灰，加以杏油，制造了足够的洗涤剂来洗内衣。不过这只能由我们自己的仆人来办。

走进天津城，我们注意到无数堆积如山的麻袋盐包，其数量大约足够三千万人一年的消费。这是一种有用并几乎是必需的生活资料，似乎是储备了供这个帝国北部的庞大人口消费的。不管是这儿还是其他地方的政府都知道，盐税是最容易强加在生活必需品之上的一种收入。大约这也是导致囤积的原因。天津的盐税官是朝廷能够给予的最佳肥缺了。

白河两岸樯橹林立，各种小船穿梭来往，城镇、作坊和货栈延绵不断，说明此地商业的活跃程度是我们至此为止所没有见到过的。大船小船，宅院墙头，河岸，屋顶，都挤满了观众。在离城至少还有两小时路程的时候，我们的船队就被阻滞在众船之中狭窄的水路上了。在整个期间，民众涉水而立，前排几乎到了河中央，为的就是看上外国人一眼。在此之前，围观男女的比例一般都相同。年长女士特别好奇，不惜让小脚浸入水中，好探头看一眼缓缓而过的坐船内部。可是在这儿，整个人群中一个女人也看不见。虽然天气极其闷热，在阴影中的温度也有华氏 88 度，出于互相照顾，他们却都摘下了帽子，任凭光头在强烈的阳光下暴晒。这么多古铜色脑袋挤在一块，一排一排延伸开去，真是奇观，犹如贺加斯①意在表现人物和漫画之区别的群像，但缺乏这位艺术家以一种独特的风格表现出来的丰富多彩的表情。

一根木槌敲击一只铜锅似的东西，发出浑厚的"咣"声。船队用它来指挥岸上的纤夫。军乐队的锣鼓和小号，混杂着戏台上刺耳的音乐和尖细的吟唱。戏台正面毫无遮拦，面对大河和拥挤的观众。临时搭起以供官府的督抚府道和其他官员使用的棚子，装点着花哨的布幅绸带。观众的嬉笑欢闹陪衬着这一切，让人想起巴塞洛缪集市的气氛。我们不需发挥多大的想象力，顷刻间就仿佛被转换到了史密斯菲尔德②。我们马上否定了中国人缺乏好奇心的定论。就是艾菲贝伊③到达伦敦所吸引的观众也不及这儿的一半。该省的老总督是个满人，和蔼可亲，盛情款待了我们，有酒、水果、各种各样的家禽和果脯甜食，外加作为礼物的茶叶、绸缎、花布，不但给特使和使团成员，也给了仆人、乐师和士兵。

人们欢乐友善的表情十分动人，他们之间互相的礼让也毫

---

① Willian Hogarth（1697—1764），英国画家。一译荷加斯。
② Smithfield，爱尔兰城市。
③ Elfe Bey，埃及苏丹之一，1802 到 1803 年 3 月参与执政，死于 1807 年。

不逊色。他们的脸上有一种天真朴实，似乎反映了一种幸福美满的心境。不过，这天是一个节庆般的日子，在这种特殊场合，我们看到的也许只是光明的一面。但是，使团所雇的人在一切场合都显现了同样的神情。船上的水手中间洋溢着欢乐和友善的气氛。无风的时候船由双橹推动。橹不是像大多数国家的那样架在船尾，而是架在靠近船头突出的木支点上。一支橹要6到10个人摇。摇动的过程中橹片不扬出水面，而是在水下前后摆动，方式跟英格兰通常所知的相似。为了鼓劲，也为了协调动作，船长通常会领唱如下的粗犷号子，全体船员按例应和：

船长：嘿哟嘿呀嘿哟嘿呀

水手：嘿哟嘿呀嘿哟

船长：嘿哇得嘿呀嘿呀

水手：嘿呀嘿哟嘿呀

在许多风平浪静的夜晚，沉寂笼罩着水面，我们愉快地倾听这种几乎一成不变地唱彻整个船队的、原始粗犷的号子。体力的强烈迸发在某种程度上有赖于意志，在最原始的民族中常常伴随着呼喊，但是这种中国号子不应当作如是观。就像我们的水手拉绳时的呼叫，或者如约翰逊博士所注意到的四短音步的划桨歌，也跟激励希腊战舰的桨手所用的赫布里底群岛土著的歌谣相似，中国号子的主要目的是把激励和指挥结合为一体。

不管声调多么粗犷，
歌谣总能减轻疲劳。

有关他们的诚实、稳重和细心，我们已经有了令人信服的证据。我们的包裹总共有 600 多件，形状大小不一，尽管有多次装卸、转驳，到达京城时却没有丢失或损坏一件。清廷派来护送使团的三位高官当中，有两位是你能想见的最热情有礼而关心体贴的人物了。第三个是满人，首次出现是在天津，冷淡、自傲而专横。[①] 汉人确实毫无例外要比满人和蔼可亲。简而言之，如果到天津就止步回欧洲，我们心中就会永远留下对汉人的生动的好印象。可是此后发生的一系列事件，以及对他们的风俗习惯更进一步了解，使得这种印象大为改观。为了说明这个非凡民族的道德品质，我将从中选几个最有说服力的加以详叙。他们的社会状态和政治制度的性质跟他们的所有道德行为

---

① 两个汉人即前文提到的王大人和乔大人。满人是钦差大臣瑞徵。

都是相关的：在前者的影响之下，他们的天性显然被彻底地扭曲了。

8月11日我们离开天津，发现河面明显地变窄，水流则更湍急，地貌也不再一马平川，而是分裂成陵和谷，不过在任何方向都没见到雄伟的高山。树木依然稀少，多的只有河岸上的大柳树、官宦府第和寺庙前的榆树或杉树林。官宦府第和寺庙一般在每个村头都能发现。这一带比河口多种了许多谷物。最常见的是两种小型谷物，稷和黍；两种大一些的谷物，高粱和甜芦黍。我们也看到几块荞麦和不同的菜豆，但是既没有普通的大麦，也没有燕麦。我们还看到成片的苎麻地。他们用它的纤维纺纱织布。我们没看到花园或游乐场地。村庄之间有大片的牧草，但是只看见很少几头牛，而且形体极小。我们在北直隶湾沿岸得到的牛很少有超过200磅重的。我们还看见几只宽尾羊。农民的住所十分简陋，看不出舒适。虽分布稀散，但少有孤单的，一般都聚成小村落。

如果说城镇、村庄和农舍，在如此靠近京城的地方，并不如我们在前人的游记中看到的那么多，那么水上大量的以船为家的居民则可以部分地弥补岸上的不足。一天之内，我们在这条河里遇到了600多艘大船，每艘甲板上都有20到12个独立的舱室，每个舱室都住了一家人。我们估计，这样一条船上的人口是50。从天津到通州的河段上这种船有近千艘。除了这些以外，河上各种各样的船或者川流不息，或者泊在岸边，每艘船上也都挤满了男女老少，人数不少于上面提到的大船。所以，在90英里长的距离之内，水面上漂浮着不少于10万人口。

船上的货物形形色色。除了棉花、铜钱、大米、丝绸、盐、茶和其他京城所需的物品之外,我们在好几艘大型敞篷船上发现一宗货,百思不解,好不容易才弄明白其用途。这是一种棕黄色的干饼,有我们的烤面饼那么大,但更厚。细看之下,它们似乎是各种各样的污秽和粪便的混合物,被铸成目前的形状,在太阳下晒干,当作一宗货物运往京城。那儿的花匠急需此物,拿回去以尿化开,用作肥料。

在从天津到通州的途中只有一件事值得一提。同样是关于处置权的,其残酷不下于舟山的总兵,我们的反感也跟上一次类似。有一天早上,我们的供给品中有些变了质。这其实不难理解。天气极热,温度高达华氏82度到88度。但是那些受命负责供给的官员立即被摘去了顶戴,所有的下人都受到了严厉的笞刑。特使替他们向王大人和乔大人求情。他俩认真地听了,但是看不到一点有豁免和减刑的迹象。

自白河口到通州的整个距离约有170英里。那儿的空地上已经在两天之内搭起了两座仓库,用以暂时储存礼物和行李。仓库极大,简直能装下至少10倍于此的东西。所用材料是木柱和草席,有一道木栏围住整块场地。

我们在市郊一座宽敞的庙宇内下榻。庙里的和尚约有100个。为了给我们让地方,他们被毫不客气地赶了出去。据安排,我们要待到每样东西都卸下,并征集到足够的苦力,即搬运工,把它们一趟运到北京。从这个地方向南到那儿差不多是12英里。虽然为此需要约3000人,等货物都上了岸,就也都找齐了,并且看起来即使需要双倍的人手,似乎也不会有任何困难。

无所事事的观众似乎是 10 倍于雇来的工人。码头和寺庙之间的空地像个集市，糕饼、大米、茶叶和冰镇的水果，以及许多别的小吃都敞着出售。贩子们支着方形的大伞，以代货棚。一块冰镇的西瓜卖一个铜板，相当于十分之三法寻①。在这块空地上聚集了数千看热闹的人，却没有一个女人。

---

① 英国旧时值四分之一便士的硬币。

第三章　皇城行宫

　　从通州到京城的行列——聚观的大众——北京城墙内外——前往皇帝的郊苑——生活不便——返回京城——特使赴热河——作者去圆明园——糟糕的住处——钦天监官员来访——北京主教和其他教士——吉尔刀剑——哈切特马车——伯明翰装的箱子里发现一只蝎子——英国贵族肖像——热河来的消息对北京官员的影响——皇帝还都——观览礼品——特使申请回国——圆明园宫殿园林简述——马戛尔尼勋爵笔下的热河万树园——他对中国园林艺术的总体评价

　　给皇帝的礼物和我们的行李都卸下了船，整理了包装。清廷官员仔细地登记了每一件物品，命令挑夫在每件箱包上系扎好竹杠。万事俱备，一清早就可以上路了。从头至尾，中国挑夫所表现的敏捷有力，我相信是其他国家的所无法比拟的，或者说其成就是别人不可能在如此之短的时间内取得的。的确，这儿的一切似乎只要朝廷一声令下就都能办成，最费力的事也能随时得到执行，甚至是兴高采烈地执行。这在一个如此暴虐的国度里真是不可思议。

按主人的安排，8月21日早晨约3点的时候，我们就准备好了启程，但是直到5点才可以说真正动身，而走出通州已过了6点。我敢说，从这个城市到京城的路上从未展现过这样多彩多姿的队伍。前锋是3 000挑夫，抬着600件箱包，其中有些又大又重，需要32个人才抬得动；这一行列里按比例派有小官员，每人负责监管一个小队。接下来是85辆大篷车，39辆独轮手推车，装着烈酒、黑啤酒和其他欧洲食物、弹药，还有那些不易损坏的重物。给皇帝的礼品中有8门轻野战炮，尾随其后。再次是清朝总督、朝廷派来的几员大官以及他们众多的仆役，有的骑马，有的坐轿，还有的步行。特使的卫兵坐篷车，仆人、乐师和工匠也坐车，使团成员骑马，特使、副使和他的儿子、翻译分乘四抬华丽的轿子。其余随员坐小型的两轮轿车，其外形类似我们的灵车，但是只有一半长。最后是王大人、乔大人和他们的仆役，组成了这支队伍的殿军。

虽然路程只有12英里，我们的向导还是认为有必要在半途吃早餐。由于负重的挑夫行动缓慢，当初列队就有混乱和迟延，随后在路上又常常停顿，到8点整队伍才抵达中途的客驿。在此我们享用了奢华的早餐，有烤猪和烤鹿肉、米饭、炒菜、鸡蛋、茶、牛奶以及冰镇的水果。

挑夫和重物没有停歇而是继续前行。我们用完了可口佳肴之后，立即跟了上去。走了才3英里，我们就发现大路两旁挤满了看客，有骑马的，徒步站立的，坐类似于我们乘坐的小轿车的，还有坐大车、骡车和轿子的。轿子里坐的是女子，因为前脸和两侧有薄纱软帘,我们几乎看不见她们。几个着绸缎长袍的美貌妇人带着一大群孩子坐在小轿车中。我们知道这些是旗人。此时道路两侧各有一队兵丁护着队列行走,手执长鞭,不停地挥舞以斥退围观者。越接近京城,观者越众,最终挤得道路水泄不通。不过我们发现,虽然兵丁频频甩鞭,噼啪作响,鞭梢却只是打在地上,从不落在人身上。事实上中国的围观者也不像其他地方的那样喧闹而不守秩序。

天气酷热,尘土满天,车厢逼仄,移动缓慢。要不是景色新奇,大众又都喜笑颜开,热情洋溢,最主要的还有马上就要进入这个地球上最伟大的城市的激动,这一趟短短的旅程简直就无法忍受。那些不幸被安排在封闭的小轿车中的人尤其觉得难受,尽管那是这个国家最好、最舒适和最时髦的坐车了。因为固定在车轮上而没有弹簧,车内又没有座位,对必须蹲坐着的欧洲人而言,它实在是所能想象的最不舒适的车了。早年到中国的传教士曾德昭[①]神父说,这个国家在远古时代就有轿车了。它集中了轿子的方便灵活和造价低廉的优点。这位神父所说的轿车十分可能就是上面提到的这种,因为我们没有见到任何更好的。带弹簧的轿车更是连一点影子也没有。更可能的是,肩舆和坐轿在这儿和印度早在他们历史的初期就很普遍了。罗马人所乘坐的轿子(Lectica)据说就是在共和时代[②]从东方国家传过去的。

---

① Alvare de Semedo(1585—1658),又名谢务禄、鲁德照,葡萄牙耶稣会士,1613 年来华,1658 年死于广州。
② 约公元前 509 年至公元前 27 年。

通往京城的大路横贯一片开阔的原野，多沙而贫瘠。两旁为数不多的房子外形简陋，多为泥墙或是由半生不熟的砖块砌成，一直延伸到北京的城门口。路宽18到20英尺，中央铺着花岗石块，6到16英尺的长宽比例。每一块这样的大石都必须从至少60英里之外的大山采石场运来。那些山峦靠近长城，分隔着中国和满洲鞑靼。

直到看得见京城的高墙和巍峨城楼，一路上唯一引人注目的事物是右侧的一座寺庙和一座汉白玉石桥，雕刻的饰物代表狮子和其他动物。在城内一侧，没有一座建筑高过城墙，虽然城墙看上去也不过25、最多30英尺高。绕墙挖有城壕，或叫护城河。城门内外都有方形城楼，从城墙伸出约40英尺，大约间隔70码就有一座。70码被认为是一箭的射程。每座城楼顶上都有一间小碉堡。城墙的底部厚约27英尺，顶部胸墙之间则宽12英尺，因此城墙的墙面成为斜坡，内缓外陡。墙心即由从壕沟中挖出的泥土填实。墙面部分为砖，部分是石块。鞑靼边境的屏障，这个国家所有城市的防御墙，都是以这种形式建造的。

墙头和碉堡都没有安装大炮。但是在比城门还高好几层的城门楼上，射击孔都装上了红门，朝外的那一面画着大炮图案，从远处看跟战舰上的伪装舷窗一样。中国城门一般是双重的，开在方形或半圆形的瓮城上。进入第一重门是一个大广场，围以专供军队使用的屋宇，或作储存供给和弹药的库房，或为营房。在有一座瓮城里，出了这个广场就是第二重门，跟第一重一样有类似的门楼高耸于上。再进门便是城里了。

这个著名城市给人的第一印象既不足以勾起巨大的期待，也不能引发深入的了解。接近一个欧洲城市，通常都会有丰富多彩的事物引人注目，如城堡、教堂的尖顶、穹顶、方尖碑以及其他高耸的公共建筑，人们心中自然就会想象它们各自的建筑特点和用途。在北京，连一根高耸于屋宇之上的烟囱都看不见。所有的屋宇都差不多一般高，加之街道纵横笔直，就像一个大营地似的外貌统一，整齐而呆板。如果将屋顶都刷成白色，而不是目前的红、绿或蓝色，那就完全跟营地相同了。大多数屋宇只有一层，除了大商店，它们都既没有窗户也不在正面围墙上留孔。不过大多数屋子正面有一种阳台，装有栏杆或胸墙，摆设着盆花、灌木或者发育不良的树。

　　这座城呈长方形，周长40里，每一里等于600码，所以城墙近14英里长，不算每座城门外大量延伸的市郊地区，其面积约12平方英里。南城墙有三座门，其余各面都是两座，因此它有时也被称为"九门之城"，但是一般还是叫"北京"，即北方的都城。南城墙当中间的门通往皇城。那是京城当中的一个区域，呈长方形，南北长一英里，东西宽四分之三英里。这个区域围着高墙，以巨大而光滑的红砖砌成，高20英尺，以黄色琉璃瓦盖顶。这道皇城墙内不但包含了皇宫禁苑，也圈入了清廷的所有部院，以及各部院大臣、太监、工匠和宫廷商人的住所。这座高墙里面地势变化多端，景物也同样气象万千。蜿蜒其中的一条小河不但提供了充足的用水，还极大地增添了景色的秀美。它或汊成沟渠，或凹作小湾，或聚为大湖。湖中点缀人工的假山、奇石和林木，展现了对自然的巧妙模仿。

南城的两座城门跟北城相对应的两座城门之间是两条笔直的大路，每条长 4 英里，宽约 120 英尺。东西各两座门之间，有一条是同样的大路，另一条被皇城的北墙阻住，绕了一个弯。从这些大路分出的街道非常窄，只能被称为巷子，呈直角纵横交错；但是这些街上的屋宇一般跟大路上的建筑相同。朝廷高官的府第就在这些街道上。

虽然接近北京时没看到什么有趣的事物，穿过城门走上那种大路之后，我们眼前马上就展现了一种非常奇特的景象。大路两旁各是一溜屋宇，全为商铺和货栈，门前展示着各自的独特货物。商铺前一般都竖着大木柱。柱顶高过屋檐，柱身刻着镏金大字，标明所售货物以及店主的诚信名声。为引人注意，柱子从上到下一般还挂有五颜六色的彩旗，宛如一排船舶飘着各国的国旗，就像我们有时在欧洲所见的那样。这些房屋的侧面同样鲜艳，大多漆成天蓝或黄绿色。在我们看来尤其特别的是，所售的货物当中最为辉煌的是供死人睡的棺材。就是把我们最华丽的灵柩跟中国富人的棺材并列，也立刻会显得寒酸。其板材少有薄于 3 英寸的，而体积则为我们的两倍。在它们边上吸引我们注意的是棺材架和婚轿车的华丽外观，也都覆盖着绚烂的华盖。

在大路交叉的 4 个街口，各自耸立着一些奇特的建筑物。有些是石头的，但一般都是木制。它们一向被称为凯旋门，但实际上是表彰德高望重或者出奇长寿之人的纪念牌坊。它们毫无例外都是由一道中央大拱门和两边各一小拱门组成，门上都有狭窄的顶。跟房屋一样，油漆彩绘，绚丽辉煌。

流动的匠作如补锅匠、剃头匠、鞋匠和铁匠，卖茶、水果、米饭和其他吃食的摊贩，以及商铺门前展示的货物，把一条宽阔的大路挤得只剩中央一线，其宽只够我们的两辆小车并排交错。在使团前面开道的官兵，有仆役前呼后拥、伞盖、旗帜、油漆灯笼以及千奇百怪的功名牌相随的高官出行的队伍，伴着悲伤的哭号奔向坟场的尸体，从鞑靼驮煤而来的骆驼队，满载蔬菜的独轮车和手推车，挤得几乎没有了使团队伍通过的地方。但是一切都在移动。大路两侧也塞满了巨大的人流，或买或卖，或以货易货，各取所需。众声喧哗，既有小贩的吆喝，也有其他的争吵。偶尔冒出一种奇怪的拨弦声，仿佛出于破碎的单簧口琴，其实是剃头匠的家伙。这里的热闹不下于伦敦证券交易所或罗斯玛丽街（Rosemary-lane）。捧货筐的小贩、演杂技的、变戏法的、算命的、走方郎中和江湖医生、说相声的和卖唱的，挤成一堆。清朝士兵挥舞鞭子，艰难地开出一条路让使团缓慢行进，慢得使我们自9点半进入东门，直到将近12点才到达西门。

在这样一种特殊场合聚集了如此众多的人是可以预料的，同样的好奇在伦敦也能聚集大批观众，但是北京和伦敦的民众之间有一种明显而惊人的不同。在伦敦，观众全是无所事事者，其注意力也集中在新奇的景物上。在北京，看热闹只是附带的，每个人都既忙于自己的事情，同时也满足自己的好奇。事实上，似乎一年中的每一天都同样的喧闹、忙乱和拥挤。我一星期进出西门两三次，尽管有两三个士兵以鞭子为我开路，却没有一次是顺利通过的，尤其是在上午。不过，拥挤的人群完全限于大路上，也就是唯一的出城通道上。纵横交叉的辅街皆平静而安宁。

北京城西门（1793 年 版画） W. 亚历山大

女子在北京的人丛中很常见，或者漫步在窄街上，或者骑在马背上，跟男子一样叉着双腿。不过她们都是满族人，穿的长缎袍垂及脚面，鞋子似乎比普通汉人的尺寸大，多为缎面，由多层布或纸叠成的底约一英寸厚，方头略翘。头发从四面向上梳，跟汉人的没多大不同。虽然脸上也施了粉黛，她们的皮肤却明显地比汉人的白皙。汉族女子在北京比在其他地方更严格地被拘束在室内。有时候可见年轻姑娘在宅门内抽烟，但是一见有男人走近，总是急急地退回内宅去了。

所有街道都覆盖着沙土，没有一条铺设过路面。街道一般都洒过水，那些大路看起来却没有。北墙内一大片水，约有数英亩，为这一城区和皇宫提供了水源。有同样作用的一条小溪沿着西城墙流贯那一城区。除此之外还有许多水井。但是这些水源中有些太令人恶心，我们很不习惯，不得不派人到远处去取不带矿物质或地面污秽的净水。井水泡茶尤其难以下咽。

虽然北京不像古罗马或现代伦敦那样自夸有统一的下水道，用以排除大城市必然会积累的垃圾，但却有一项长处在除英国以外的其他国家首都都难以发现的：没有散发臭气的粪便之类秽物被扔在街道上。这一种洁净或许更应当归功于肥料的珍贵，而不是警察的监管。每家都有一口大缸，一切可用作肥料的东西都被收集在内。缸满之后，可以毫不费力地用它们换钱或蔬菜。同一辆为城里供菜的独轮小斗车会毫无例外地带着一车这样的水肥返回菜园。在圆明园和北京城之间，我遇见过成百辆这种车。通常是一人拉，一人推，在路上留下的气味弥漫好几英里。于是，虽然城里出清了污物，却并没失去它的气息。事实上，从早到晚所有的屋子里都飘浮着令人恶心的气味。它们由存留在地面上的各种各样的垃圾发酵而生。这些东西在我们的大城市里是由下水道排走的。

中国的医生不像我们所听说的马德里同行那么有创造性。那是上个世纪中期，皇家命令居民在屋子里建造合适的地方用作厕所，而不是将他们的夜壶从窗子倒向街道。居民们不假思索就认定这是一种对人权的公然侵犯。医生们则是最激烈的反对者，而且无疑握有延续旧习惯的充分理由。他们对居民说，如果人的粪便不再积聚于街道之上，让它们来吸收飘浮在空中的腐败物质，这些物质就会进入人体，致命的疾病在所难免。

正如我们后来所发现的，北京城的治安管理非常好，居民的安全和宁静很少受打扰。在每一条横街的尽头，以及街上一定的距离之内，都有一种横栏，带有岗亭，其中有一个兵丁。很少有不设岗亭的街道。另外，每一个第10户居民或业主，就像英格兰古时候的10户联保组长一样，轮流负责治安，保证他的9位邻居遵纪守法。要是他的辖区有聚众斗殴或骚乱发生，他要立即向最近的岗亭报告。兵丁四处巡逻，不像我们的更夫那样大声报时，而是敲一根竹筒，发出一种沉闷而空洞的声响。这种声响曾让我们好几夜睡不着，直至习惯到充耳不闻。

就像我刚才说的，我们花了两个小时才从北京的东门走到西门。这里众人扬起的飞尘比路上的还浓厚，加上闷热，我们的小轿箱里气温高达华氏96度，简直令人无法忍受。除了四周的人群，5分钟之后就再也没有什么能引起我们注意的东西了。真的，只要在此间的一条大路上走一遭，就足以叫一个陌生人对整个城市有充分的了解。他会立即发觉每一条街道都以同样的方式铺就，每一座房屋都按同样的式样建造，同样地缺乏趣味、规模、美观、坚固或者便利。它们简直就是临时性的棚屋，没有一座可称得上宏伟壮观，就连皇宫里的也不例外。不过这一点我们下文还有机会再说。

但是，如果你问一个中国人，京城有什么新奇或伟大的东西可看，他会马上滔滔不绝地历数大皇帝的紫禁城多么美丽。根据他的概念，城墙内的皇宫里一切都是金银造就。他会告诉你，柱子是金银的，屋顶是金银的，花瓶是金银的，其中游弋的也是金银鱼。然而，"闪光的未必都是金子"这句话，在中国比在世界上任何地方都要更真实。就如我此后会常常提及的那样，皇帝可以支配的岁入盈余非常有限，常常为了筹措军饷和其他急需的款项而焦虑不安。虽然近年来中国从欧洲吸取了相当数量的银币，但是一分散到如此之大的一个国家，落实到数亿的人口身上，简直就如滴水入海。另外，大多数流入中国的银币都被熔化了，改造成奢侈或实用的物品。很少有比中国人更了解这些稀有金属之价值的民族了。如果有的话，也很少有人能再把这一枚银币变成薄页、把另一枚变成细丝上胜得过中国人的聪明才智。

出了西城门，通过一小片郊区，我们发现自己又走上了一条碎石路，心情好了许多。我们被带到了一座别苑，似乎是皇帝的众多苑囿之一，离北京有8英里[①]。此园约15英亩，散布

[①] 据中国文献，这是圆明园中的宏雅园（今已划入北京大学校园），后文提及时用了注音，可互证。

着数幢独立的小馆舍，既不够整个使团人员住宿，也容不下礼品和我们的行李，又疏于修整、破败不堪，以至于绝大部分都完全不适于居住。于是我们告知清朝官员，这种居所与一位英国特使的尊贵地位很不相配，他在任何情况下都不会接受。对他来说，下榻于城里还是乡下并不重要，但是馆舍应有适当的生活设施而且体面。负责官员听后，下令以木柱和芦席起建一座巨大的临时建筑，希望这样就算解决了问题。神奇的是，它一夜之间居然就建成了。可是，勋爵大人坚决不愿意在这样一个既不体面又没有家具和生活设施、大部分屋子都无法居住的地方逗留，坚持要搬到北京去住。于是，他们很快就宣布说，北京已准备好了一座合适的宅邸接待特使。

回京城的途中，我们经过海淀镇的一条大街。街旁的房屋大都为两层，上层类似一种阳台，摆满了盆栽。多数房屋不是肉铺便是棺材铺。在街的尽头，北京城和四周的乡村一览无余。高大挺拔的城墙，两座巍峨的城门，无数的方形城堡，尽收眼底。城墙的每个角上，都有一座四方形的巨大建筑高耸在胸墙之上，有4层炮眼，上面覆盖重檐。四面的每一层各有14个炮眼，或是窗洞。据我所知，这些是米仓，或称为公仓。靠近西北有一座高塔，还有另外一座高楼，类似玻璃暖房。接近更高的西门处现出一座金字塔形建筑的上半部分，尖端镀得金光灿烂，犹如我们纪念碑的尖顶。不同的是其下并非长廊，而是一顶壮丽的华盖，或称伞盖，涂绘了绚丽的色彩，从某个特定的角度看去，在阳光里光彩夺目。据说那是一座庙，似乎跟赛姆斯①上校在他的出使阿瓦②记中所描述的索马度（Shoo-ma-doo）是同一类的建筑。

新馆舍足够大，但是卧室肮脏不堪，久已不住人，急需修理，又全无家具。这座府邸被认为是全城最好的一所，因此我在以后谈到他们的建筑时还会常常提及。它是已故的广州海关监督，一个侯伯（Ho-poo）③所建。他后来被提升为长芦盐政，又似乎因侵吞公款而下狱，巨额财产被充了公。被委派来照料使团的官员告诉我们，请求让英国使团占用这座府邸的奏报呈交给皇帝后，他马上批复道："当然可以啦。那个国家对建造该府贡献良多，你怎么能够拒绝她的特使临时用一下呢？"从这句话可以推断，清廷相当清楚广州当局对外国人的敲诈勒索。

皇帝此刻已在鞑靼地区④，要在那里举行他的生日庆典。他从那里发出谕旨，说英国特使的觐见礼应当定在那一天举行，地点是热河，即离北京 136 英里的一个小镇。他在那儿有一座巨大的宫殿，还有园林和一座宏伟的寺庙。为此，从礼品中挑选出了一批最易于运送的，跟特使和部分使团成员、清廷的几个官员以及他们的随从一起，于 9 月 2 日启程离京。少数使团成员、部分卫兵和仆役留在北京。丁维提博士⑤和我，以及两个技师被安排住入了圆明园。最巨大和最珍贵的礼品将在那里

---

① Michael Symes，英国东印度公司职员。1795 年随使团访问缅甸。
② Ava，缅甸古都。
③ 穆腾额，正白旗满洲人，武进士。1784—1786 年在任。
④ 原文是 Tartary，即鞑靼地方，据上下文可知乃指现承德地区，当时称热河。
⑤ Dr. Dinwiddie，或译丁威迪，使团机械师。

安装妥当，等候老皇帝从热河回来后观览。

从英国来的途中，经两位曾在尼泊尔受了基督教神学训练的中国牧师的帮助，我已经有了一点中文基础，因而希望这一段暂时的流放不至于太无聊。我先前已跟管园的官吏作了约定，特使不在期间，只要我觉得必要和合适，就可以无条件地离园去京城。公平地说，他们严格地履行了诺言。他们预备了一匹马和一辆小轿车，供我随时使用。

那些被留在城里的先生们则没有这么惬意了。那座府邸的大门口安了个警卫，受命阻止任何人出门。他们的一举一动都处在严密的监视之下。欧洲传教士的偶尔造访会给他们一点安慰；但是清朝官员疑心极重，每次会晤都有一两位官员在侧监视，尽管交谈中的片言只字他们都听不懂。中国人对任何欧洲语言都一窍不通，但是会察言观色，甚至注意眼球的移动，并据此做出报告。府邸的院子里老是挤满了小官吏和他们的仆役，人人都有与英国使团相关的特定任务。这一个总管厨房，那一个管茶水，另一个提供水果，再一个管蔬菜，又一个管牛奶。

在圆明园暂住期间，我特别希望只有中国仆役，以便我被迫提高已经获得的那一点口语能力。除了语调，口语还不算难学，但是书面文字却是最深奥最令人迷惑的，既难认又难记。学习中文所需要的时间，还有他们认为要掌握一小部分中文基本词汇而必须接受的强化学习和记忆，成为艺术和科学进步的严重障碍，但却有利于王朝统治的稳定。事实上清廷可能真的认为语言是其政权的强大保障之一。不过，这个题目将更适合于在另章讨论。

一到圆明园，我就发现一些中国工人在忙着拆礼品的包装。那些精巧易碎之物如天体运行仪[1]、钟表、玻璃、瓷器，如果不是交在这些细心而灵巧的中国人之手，难免受损。按照计划，它们将被安放在一座皇帝召见大臣的大殿里[2]，所以第一件工程就是把礼品都运到那里，然后小心拆开。我们满意地发现，没有一件礼品遗失或损坏。

没过多久，来了一位先生。尽管穿着中式服装，我马上就看出来他是个欧洲人。他用拉丁语自我介绍说，他叫迪奥达多（Deodato）[3]，是那不勒斯[4]传教士。清廷派他来做翻译。他希望能对我们有帮助，态度极其诚恳。我非常高兴有这个机会表达对他的感激之情，感谢他在我居留于圆明园的5个星期中所给予的友好而持续的关怀，在向派来照管一些机械的中国人翻译说明它们的性质、价值和用法时所给予的重大帮助。迪奥达多是个优秀的技师，因而清廷雇他照管宫中所搜集的、大多来自伦敦的钟表。

派来照料我们的官员帽子上有颗淡蓝色的珠子，表示四品官衔。他带我们看指派给我们的住处时，我忍不住向他抱怨说，这些屋子与其说是给人住，还不如说是给猪住更合适。我宁愿每天早上从京城来，晚上回京城去，也不愿被迫住在这些和任何类似的屋子里。它们是3间或4间小屋构成的一个小院

---

[1] 当时清宫称之为"天文地理大表"。
[2] 据中国文献，这是圆明园中的正大光明殿。
[3] 中文名德天赐（约1755—1822），1784—1816年在华。
[4] 意大利港市。

落，带一个高过屋顶的围墙。每间屋子约12平方英尺大，四壁全裸，天花板破裂，黏结灰浆的草梗悬露在外，散落一地，格子窗部分糊有破纸，门是以竹片编成，地面积满尘土。除了一间我估计是当作餐厅用的屋里有一张旧桌子和两三把椅子之外，其他屋子没有任何东西，只有一座砖砌的平台。他们说是给我们睡觉的，会给铺上席子，加上已经叫人去取的被褥。这些简陋小屋不仅仅是位于园墙之内，而且离那座宏伟的大殿不到200码之遥。

那位官员口口声声说这是他们一个大人的住处，但是既然我们不喜欢，那就给我们换一处。于是我们被带到稍远的一地。那儿有一座也是高墙围绕、然而规模大得多的院落。其中有不少屋子，房间是较大，然而内外皆肮脏无比，也全都没有家具。可是我们的居停主人告诉说，这院落是一个部大臣的。每当皇帝驾临圆明园，他就住在这儿。这样就阻止了我们进一步抱怨。要是我们拒绝接受被认为适合于部大臣的馆舍，这家伙就会认为，那就只剩下皇帝的寝宫才能让我们满意了。如果连英王陛下的部大臣的低级仆人居住条件不比中国皇帝的部大臣差，那他们就会觉得自己受了虐待。我们接受了这个住处，但是叫他们做了大扫除，这是多少个月以来都没做过的。桌子、椅子，还有席子、枕头和绸缎褥子也都取了来。不过我们有些人不用，宁愿睡从船上带来的帆布小床。

为弥补我们住宿的不适，主人安排了极其精致的晚餐，完全按中国风味制作，品种多样，形式精美，盛在瓷碗之中。我在此尝到了世界任何地方都没有的汤。那是用牛肉熬的，配以黄豆和其他作料。他们的细面条好极了，而所有的点心都非常清淡，洁白如雪。我们知道那是用荞麦面做的。用冰的奢侈在京城周边是连最贫穷的农民也可以享受的；虽然喝的茶和其他饮料都是热的，他们却愿意把一切果品都用冰镇过。

最初的三天都是在拆箱和归类，我们过得相当平静，只有一个老太监的干涉和探询令人讨厌。他在谈话当中会反反复复抛出成串的、不下于一打的"比如""好似"之类的明喻暗讽。但是当礼品被取出并安装在大殿上之后，每天都有各种访客，从皇亲贵族到布衣百姓，前来观赏它们，尤其是我们——我认为这才是他们更好奇的东西。所有那些被免除去热河的有功名和官衔的人都群集在圆明园里。

在众多的来访者中，有一位是北京一个机构的首长。该机构被耶稣会士冠上了一个华而不实的称号，算学馆（Tribunal of Mathematics）[1]。他来的排场极大，陪同的有一位葡萄牙传教士，名叫戈维亚[2]，是北京的虚衔主教；高级教士巴德瑞·安东尼奥（Padre Antonio）[3]以及他的秘书，也都是葡萄牙人。这三位都是上述算学馆的成员。他们前来的主要目的是完全掌握跟科学有关的几件礼品的性质和用途，尤其是大天体运行仪的，以便能给皇帝一个恰当的说明，并解答可能会有的问题。那座大天体运行仪以及其他与之联结的仪器已经在中国引起了极大的兴趣。

---

[1] 据下文，可知是钦天监。上文的首长应指钦天监监正索德超。
[2] 此人为 Alexaudrode Gouvea（约1751—1808），中文一名汤士选、汤亚立山，1785年前后在华。
[3] 中文名安国宁（1729—1796），钦天监监副，后升任监正。

清朝官员府邸（1793年 彩色版刻） W. 亚历山大

我们并不奇怪跟这些传教士一起来的中国人对精密仪器一窍不通。这一架天体运行仪的运转，依赖的是欧洲前所未有的最精巧的机械装置，表现的是一切天体，包括那些最无规律和在不正圆轨道上运行的。我们同样也不奇怪，他们看了这一仪器的形状及其运作之后似乎相当失望。从这一学术机构的首长提出的几个问题来看，很显然，他认定这个天体运行仪跟那种精巧的音乐装置有几分相似。那种东西在广州的行话里称之为"八音盒"。只要上上弦，它就会立刻转动起来，告诉你想知道的一切。

但是，让神智健全的主教和他的同事了解这种仪器的制作原理、它所展示的诸多天体的几种现象也相当困难，叫我们觉得他们的天文和数学知识跟他们的首长也不相上下。不过那位高级教士似乎是个性情温和、态度谦逊、举止友善的人。他的秘书是个聪明的家伙，极其好问，坚决不放过一点他可以学到的知识，记下所有问题的解答。

第二天，主教没有让他们机构的中国人一起来，因而告诉了我们一些他的职责。全国的历法中有关天文的部分，如计算日、月食和新月满月、日出日落的时辰，都交由他和他的外国同事负责，但是有关星相的部分则由中国人组成的一个小组负责。他坦率地承认，不管是他还是他的欧洲同僚都并非是这一工作的最佳人选。他们过去一直主要是依赖巴黎的《天文历》（Connoissancedetems）[①]而非自己的计算。只要准确地算定北京

---

① 按字面意义，应为《知识词典》。

跟巴黎之间的经度差,他们就能容易地从后者的计算结果减去相应的时刻,从而给出前者的时辰,其精确性至少能达到足以不让任何中国同僚察觉的程度。

法国大革命中断了两国间的继续联络。这对他们的工作是一个严重的打击,尽管那位秘书以为他现在能够将日月食计算得足够精确而让中国人接受了。幸运的是,丁维提博士在离开伦敦时带了一部航海天文历,是按格林尼治的经度计算的,一直算到 1800 年。这被他们视为一件无比珍贵的礼物。

皇帝的孙子们几乎是每天都来的常客,好像园中有某种供他们受教育的学院。尽管这些人的年纪已是 16 到 25 岁了,那个老太监还是常常把他们撵出大殿。我向迪奥达多表达了自己的惊讶,他告诉我说,这个太监是他们的阿爷(Aya),即他们的老爸!

我们也接待了不少满族将军和军官。听说有能斩铜截铁而不伤刀刃的利剑,并亲自目睹之后,他们惊诧不已,目瞪口呆。给军官送礼,没有比吉尔(Gill)的剑更合适的了。访华期间,我们接到很多代他们讨剑的热切请求。由此看来,从广州通过正常的贸易进口这样的东西,我想不会是件难事。

所有礼物当中,那辆哈切特(Hatchett)制作的漂亮马车最叫中国人伤脑筋了。京城从来没见过这种东西。光是车上哪一部分是供皇帝乘坐的就让他们争执不休了。那辆冬天用的马车御座篷罩带有漂亮的花边,装饰着玫瑰垂饰。它华丽的外表和高耸的位置让大多数人立即认定这是皇帝的座位。但是车厢之内该由谁坐就难以判断了。他们检视了窗户、百叶帘、帷幔,最终得出结论，那只能是给他的嫔妃坐的了。那个老太监跑来问我。听说那个漂亮的高座是给车夫坐的，皇帝的座位在车厢里面，他面带讥笑地问道，难道我认为大皇帝会容忍有人坐得比他还高、把背冲着他吗？他想知道，我们是不是有办法把那个御座拆下来，移到车厢的后面去。

在打开一箱伯明翰金属制品时发生了一件很难解释的事情。大家都知道，精致的钢铁制品必须尽可能地防止接触海上空气，因此运往海外时都包装得十分仔细。这些箱子都做得尽可能密封，并包了防水帆布。就是这样的一个箱子出了问题。一打开盖，取出几件东西之后，一只巨大的蝎子赫然显现。它最初呈僵死状态，但接触了热空气之后很快就恢复了常态。

这玩意既不贵重也不稀奇，
天知道它怎么跑到了这里？

在送往热河的礼物中有一批印刷品，主要是英国贵族和名人的肖像，为了易于接受，用黄色的摩洛哥革装订成三册。皇帝对这批肖像极其欢喜，派飞骑来到圆明园，索要每一个人的姓名、爵位和官衔，并将其译成满文和中文。那个满族书记做得很好，但是那个中国书记则被英国人姓名中常见的B，D，和R弄得焦头烂额。马尔博洛公爵（Duke of Marlporough）变成"杜克·马午坡娄"（Too-ke Ma-ul-po-loo），贝德福德（Bedford）被译成培特午特（Pe-te-ul-te）。

翻译爵位比翻译姓名更困难。轮到这位先生的肖像时——

这是一份试印样张，用乔舒亚·雷诺兹爵士[①]在已故的贝德福德伯爵年少时所画的肖像制版——我告诉那个中国人把他写成"大人"，即第二等爵位。他马上就说，我一定指的是他父亲。我向他解释，我们的法律是父爵子袭。要获得我国的第一等爵位，该人并不需要达到一定年龄、具有出类拔萃的才能或者适当的资历。这些条件有时候有帮助，但是我国的议会成员大部分在出生时就获得了他们的爵位。他们听了哈哈大笑。一个人居然一出生就是议员了，他们的同胞可要勤奋多年，才能通过考试得到最低一级的官职呢！不过因为孔夫子的后裔继续承袭着一个虚衔，他们的皇上也可以颁赐世袭的爵位给属下，尽管没有实职、俸禄或特权，所以他们认为这个伯爵恐怕也是这样的一个头衔，就按此译了。但是他们坚决不肯给他冠上"大人"的称号，并反问道，难道我以为他们的皇帝有这么糊涂，会不知道这么一个孩子是不可能获得"大人"头衔的吗？

大约在 9 月 14 日，即皇帝生日的 3 天之前，福音教会（De Propaganda Side）的代理官帕德里·安斯摩（Padre Anselmo）交给我一批澳门给特使的信件。尽管每天都有来往于热河和圆明园的快骑，中国人却拒绝递交这些信件。安斯摩暗示道，敌视英国的前任广东总督已经到京，他觉得恐怕有什么事不好了。那位满族钦差已经因欺君之罪，尤其是没有在自天津进京的途中上特使的船拜访，被降职了。他帽子上插着的那根代表主子恩典的孔雀翎，换成了表示极大羞辱的乌鸦尾。只因看在年纪

---

① Sir Joshua Reynolds（1723—1792），英国皇家学院院士，做过英王的首席画师。

己大和家族的份上，他才没有被流放。皇帝似乎听说特使在"狮子"号上的卧舱里挂了他的画像，问钦差这幅画像是否像他本人。结果是钦差违旨，从来没有上过"狮子"号。

皇帝生日的那一天，17日，园里的皇子皇孙和大小官员都身穿礼服聚集一堂，向着皇帝的宝座行礼。在这个场合，宝座之前的地上设有3张小三脚几，各放一碗茶、一碗油和一碗米，大概是表示皇帝是出产这3种物品的大地的主人吧。老太监对我说，如果我同意跟他们一块行礼，我就可以待在大殿里，并愿意教我如何行礼。他还说，举国上下的官员今天都会向写在黄缎子上的皇帝名字行礼。

两天之后，我一如往常来到大殿，却发现大门紧闭，握有钥匙的老太监沉着脸走来走去，一言不发。院子里聚集了几组不同的官员，神情也都看上去像是什么可怕之事发生了或者将要发生。既没有人愿意跟我说话，也没有任何解释。最后我们的朋友迪奥达多出现了，表情凝重，一如那些朝廷官员和老太监。我问他出了什么事。他的回答是，我们大家都坏了，糟了，完了！然后他告诉我，热河来的消息说，马戛尔尼勋爵拒绝像附庸国的使臣那样，向皇帝行三跪九叩之礼，除非有跟他级别相当的中国人也向英王的肖像行同样的礼。中国方面没有同意，而是接受了他的建议，向皇帝行了他向自己的君王所行的礼。

虽然这一事件在热河并没引起太大的注意，北京礼部的大臣却感到了难堪、羞辱和震惊。简而言之，很难预料这一史无前例的事件会引起什么样的后果。等皇帝认真地思考这件事的时候，他也许会把那些劝他接受这一建议的人送交刑部问罪；

因为他会明白，他的妥协叫他丧失了多少尊严，传诸后世的史书会把这一事件记载为他的辉煌朝代的一个污点，因为它绝对破坏了古老的传统礼仪，代之以一个野蛮国家的。迪奥达多认为，同为欧洲人，这一事件的恶果也会殃及他们，会损害他们作为首要目标的传教事业。

我发现这一天无论我如何努力，都不能让那些官员或老太监甚至传教士改善心情。我们的餐桌则更有了明显的变化，饭菜的数量和质量都下降了。伙食是比任何其他东西都更能反映出中国人心态的一种指标了。同样的情况似乎也发生在热河。自从特使提出条件，他的饭菜就被削减了，好像他们以为他会因饥饿而无条件地服从似的。发现这种尝试无效，他们就换了一副嘴脸，变得无比殷勤体贴。

热河来的消息引起的阴暗气氛渐渐淡化，但是我注意到以往天天前来的皇子皇孙们如今全然不见了踪影，那个老太监一不高兴就无礼地以他给起的绰号叫我们：倔英国佬。

26日，特使从热河回到北京——他在热河逗留期间所发生的一切都由斯当东爵士记录在他的书中了——剩下的礼物也于当日送来圆明园。一批满族王公和朝廷大臣来园，视察那些已经安装好并陈列在大殿内的礼品。看到并不是所有礼品都安装完毕，他们似乎极其失望。通知也下了，说30日皇帝将来观览。这是他预定返京的日子。特使被告知说，按照定例，所有官员都要出城10或12英里迎接御驾。于是，30日早晨4点左右，我们都骑马出发，在6点钟到达迎候的位置。路新铺了土，平展得就像草地滚木球场，还洒了水以免尘土飞扬。路的两旁每隔约 50 码就竖了一根三角形小木桩,上面挂一盏纸灯笼。

我们被带进一间卫兵室,用了茶和点心,然后在路右侧一个高坡上就位等候。目力所及之处聚集了数千人。身穿礼服的朝廷大臣,节日装束的满族士兵,数不清的掌旗手、军乐队和各级官员,在路的两侧排成长列。皇帝驾到时,先是一声号响,紧跟着是细乐,"听见号、笛、琴、瑟众乐齐鸣,聚集在此的王公大臣、督抚府道、文武百官、各色人等,齐刷刷地双膝跪地行礼",只有那些坚持不对任何君王行超出对本国君王所行之礼的外国人仅跪下单腿。

皇帝坐在一辆八人抬的御辇之内,紧随的是一辆笨拙而高大的双轮马车,没有弹簧。经过之时,他和蔼地向特使点头还礼,还派了个信差带来口信,说知道特使身体有恙,劝他立即回北京,不必按例先到圆明园停留了。

这天早晨很冷,我们想尽快回家,就跟着一些满族骑兵并肩疾驰。接近北京城墙时,我们没有去那座经常出入的城门,而是扭转马头,奔向另外一座,以便多看看这座城市的面貌。但是我们的一位联络官以寸步不离为他的职责,看到我们转了向,声嘶力竭地喊叫起来。不过我们还是向前飞跑,进了城门,并抄了一条通向下榻馆舍的支路,甩开了身后的一片追赶之声。到达之时,我们正在暗自庆幸,却发现约百来个士兵也跟着到了。

10 月 1 日,皇帝由一位满族亲王陪同,来到大殿观览礼品,看得非常仔细。由迪奥达多做翻译,他请那位满族亲王转告我们,他收到报告,说我们在圆明园行为端正,他十分欢喜,已下令给我们每人一份礼品,以示奖赏。皇帝离去之后,那个老太监送来礼品，特别叮嘱说，在接受礼品之前，必须按中国习惯跪拜九下。我没有答他，而是请迪奥达多向仍然在场的满族亲王解释，根据特使的指示，我们觉得无权做他认为应当拒绝的事情，不过我们也不会拒绝行他在热河行过的礼。那位满族亲王立刻回答说，那就行了。于是我们屈单腿于宝座前最低的一级台阶上，行了谢礼。赏赐是成匹的绸缎和数块马蹄银，上面既无标记也无字样，每块重约一盎司。

贺寿的礼物至此已交割完毕，特使请传教士转告说，我们按例逗留的期限已满，回国的准备工作已在进行，切盼将动身的日子确定下来。这一要求交到宰相那儿，他让那个满族总督带来回答，说为了避免即将到来的坏天气，皇上已择定本月7日为我们启程的日子，并颁旨令沿途各地给特使一切礼遇。

在我离开圆明园内那些著名的苑囿之前，人们自然期待我对其中的景观说上几句。我曾听说和读到过许多有关其优雅美丽的景色和宏伟壮观的宫殿的描述，自然期待会看到一种比欧洲同类园林优越、至少是相等的风格和设计。要是我的行动没有约束，或许我的所有期待真的都会得到满足。可惜事实并非如此。我的一切漫游全都是偷偷地进行的。即便是在大殿和下榻处之间大约300步的短距离内来往，我们也被一刻不停地监视着。一想到会被太监或小官吏发现而受到阻拦，我们就会因面临的羞辱而止步。在这种情况之下，自尊通常都胜过满足好奇的欲望，不管它有多么强烈。不过我有时候还是冒险在傍晚溜出住所，偷看一眼这些著名的苑囿。

圆明园按设计包括了一片至少直径10英里，即6万英亩大的地方,不过其中大部分是水域和树林。我们住所附近的地貌,就像这个国家的自然地貌一样,分成山丘和低谷,点缀着树林和草地,或许可以跟里士满公园相提并论,但是比它多出无数的沟渠、河流和大片水域。其堤岸尽管出于人工之手,但不做整齐划一的修筑,也没有如城堡的缓冲地带一样的斜坡,而是花了极大的人力和物力使其呈现一种不规则的、仿佛浑然天成的样子,以表现造化的鬼斧神工。你可以看到巨大的石岬伸入池圹,溪谷渐渐隐退,有的林木繁茂,有的花草丛生。某些特定的地点建有娱乐厅,或曰休息室、静室,周围的景观显然都是精心设计了的。树木的安排不但根据其形体的大小,也根据其叶片的色调,以构成一幅幅画面,其中有些可以称之为杰作。

不过,要是单就我所见到的下一个结论,它们远远不像威廉·钱伯斯爵士[①]所描绘的中国园林那样神奇和铺张。但是,它们绝对是精心构造之物,而且没有一件有违自然。

皇帝的宫殿有30座,各自独立,附带必要的屋宇,供必须在朝政日和特殊时节在场的几位重臣以及太监、仆役居住。每座宫殿都构成一个有一定规模的村落,据说都坐落在这座大花园的围墙之内。这些建筑群被称为宫殿实在是一种夸张。其可叹之处在于数量众多而非宏伟壮观。大部分建筑都是由简陋的小屋组成。即使是皇帝的寝宫和他主持朝政的大殿,如果剥除其上的金粉和华丽油漆,也就不比一位富有的英国农夫的牲口棚更高贵,却远为不结实。它们的房间比例失调,结构违反我

---

① Sir William Chambers(1726—1796),曾两次来中国,写有《中国房屋、家具、服饰、机械和家庭用具设计图册》和《论东方园林》。

们习以为常的、作为建筑学精要的所有规范。

圆明园的主殿建在一座花岗岩台基上，高出地面约 4 英尺。一排大木柱环绕大殿，支撑着突出的屋檐。在其之后是相对应的第二排大柱，柱与柱之间用砖砌到约 4 英尺高，构成殿墙。墙的上半部是一种木格栅，糊了大张的油纸，可以在举行大典时完全敞开。这些木柱没有柱顶，完全违背欧式建筑的固有模式。唯一的柱顶过梁就是支撑屋椽的横梁，构成我们称之为古典柱式的顶部[①]最上面的部分，其余是一块宽大的木隔板，固定在木柱的上端之间，漆了鲜艳的蓝、红、绿色，穿插着描金饰线。它们整个都被金属丝网罩住，以免被燕子或其他民居中常见的鸟类玷污。殿内空间深 110 英尺，宽 42 英尺，高 20 英尺。天花板漆了圆圈、方块和多边形图案，排列随意，色彩丰富。地面铺的是灰色大理石板，镶拼成格子图案。御座位于壁凹处，由一排排跟殿外同样的红色柱子支撑。它整个由木料制成，像是桃花心木，雕刻十分精美。

殿里的摆饰只有一对铜鼓，两张大画，两对古代青花瓷瓶，几卷书法。殿的一头有一张桌子，上设一座老式的英国自鸣钟，由 17 世纪时利登霍尔（Leadenhall）街上的一家钟表铺所造。我们的老朋友、那位太监曾厚颜无耻地告诉我们说，这是一个中国匠人的杰作。一对由亚洲大雉的翼羽做成的团扇装在长而光洁的乌木棍上，分别竖立在御座两旁。御座上方悬有四个大字："正大光明"；其下有一菱形，上书"福"字。在不同的院

---

① 包括挑檐、雕带和过梁三部分。

落里有几座拙劣的雕塑和一些青铜像，不过都是荒诞、扭曲、完全失真之作。此殿除了御座的雕刻之外，只有另一样东西的工艺可谓上乘，那就是一道环绕花园的砖墙。无论在哪个方面，英格兰都没有哪一座能超过它。

　　对于中国的建筑和园艺，人们或许期望我给予更详细的描述，或者提供一些意见。对于前者我想说的不多，特保留到下文再谈；至于后者，我很遗憾没能如愿观赏更多，尤其是没能看到皇帝在热河的伟大行宫。根据特使的描述，在美丽、宏伟和生活设施诸方面，它都几乎是举世无双的。不过我的不足完全可以由一两段勋爵大人的日记摘要来补充。他在景观园艺方面的品位和技巧之高是尽人皆知的。我真的很抱歉我不能以更多的摘要来丰富本书；它们自成一幅完整的图画，孤立的摘取有可能传达错误的印象，对其造成伤害。所以我更应感谢——也很高兴有这个机会表达我的感谢——勋爵大人允许我使用这些文字。

　　关于从北京到热河的旅程，马戛尔尼勋爵写道：

　　整个路程分成7日而行，因而一点儿也不累，非常愉快。每天晚上住在跟皇帝的行宫比邻的馆舍里。沿路每隔不远就有一所这样的行宫，专供他每年按例临幸热河时驻跸。它们建造的式样和风格都相同，坐北朝南，通常都位于靠近小山坡脚下的不规则地带，连山谷一起以高墙围住，内有花园和娱乐场所，处处都见出选景的匠心。只要有水，就一定取以入景。远处的山丘根据视野中其他的景观，或植树，或种庄稼，或任其光秃。

围墙经常以隐篱遮掩，以便给人视野广阔之感。中国的园艺匠是大自然的画家，尽管对作为一种科学的透视画法完全无知，却能通过安排，通过突出或者压制某一特点，通过对比树叶色彩的明亮和浓郁，通过根据大小或形状把它们前置或者后缩，通过引入不同规模的建筑，或以浓重的色彩来增强，或以略去装饰和朴素来冲淡，制造出，或者说是画出——如果我可以用这种表达方式的话——最美妙的效果。

皇帝此前已接到转奏，说我们希望中国之行能见到一切新奇有趣的事物，所以很高兴令宰相引导我们观赏他在热河的花园。它的中国名字叫万树园（Van-shoo-yuan），即有一万棵——或无数棵树的花园。为了游这个御花园——这被视为一种特殊的恩典——我在今日早上3点就起床，到行宫跟所有中国大臣一起，等候圣驾达3小时之久——这是宫中的规矩。最终他出现了，跟通常一样坐在16个人抬的无盖肩舆之中，被无数的侍卫、乐工、旌旗、伞盖簇拥着。他见我们列队在前，即令手下止步，和蔼地招呼我们近前。他跟我们交谈，极其亲切地告诉我们，他是去宝塔做每天早晨必做的礼佛。因为所奉的宗教不同，他就不叫我们陪同了，而是令他的宰相和阁老们（Colaos）带领我们畅游他的花园，爱看什么就看什么。

我有礼有节地向皇帝表达了感激之意，以及对在热河所见的诸般事物日益增长的钦羡，便退下了。于是皇帝继续去宝塔礼佛，我和宰相及诸阁老来到一座专为我们准备的亭子，稍用了些点心，便骑马游园去了。

走了大约3英里，经过一座极其漂亮、修饰整洁的公园。

它非常像贝德福德郡卢顿的入口，地势稍有起伏，在视野尽头点缀着一丛丛对比鲜明的树木。前行不久，一座大湖突现眼前，水面浩渺，似乎无边无涯。有一艘巨大而豪华的游艇在等待我们，又有一些小船供仆人乘坐，皆装饰有无数的彩旗、饰带。湖岸形状多样，如出画师的丰富想象，或凹成小湾，或裂出地岬，几乎桨移景换，令人惊喜不已。湖中不乏小岛，但是只在该出现的位置出现，各有各的特色：这一个以一座宝塔取胜，那一个则是别的建筑，又一个朴实无华；一些平坦光洁，一些陡峭险峻，一些林木繁盛，或者花草欣荣。

凡是特别引人之处，我们就下船观赏。我敢说，在此日的游程当中，我们在不同的宫殿亭榭处停泊有40到50次之多。这些地方全都陈列有无数的皇帝行猎和功业图，巨大的碧玉和玛瑙瓶，精美的瓷器和漆器，各种各样的欧洲玩具和音乐盒；至于那些地球仪、天体运行仪、钟表、音乐自动机之类，工艺之精美，数量之丰富，使我们的礼品相形失色。可是我却被告知说，我们所见的远不如宫中女眷所有的同类物品，或圆明园中所藏的欧洲物品高级。每座宫殿中都有一个宝座，宝座旁必有一柄如意（Eu-jou），代表和平与兴盛，跟昨日皇帝交我赠予英王者相似。

要一一细述此地的所有奇景异趣将是一件无穷无尽的工作。凡是英格兰的游乐场地所有的景观分布、设施特色和丰富想象，此地无不具备。要是布劳恩（Browne）先生或汉弥尔顿（Hamilton）先生也有幸到过中国，我敢断言他们一定会从我今天所目睹的丰富的材料中升华出他们最美妙的思想。在短短的几个小时之内,我就欣赏到了如此变化无穷的乡野美景,这是在英格兰所不敢奢望的。不同的场景令我恍如置身于我所熟悉的地方,如斯托(Stowe)的宏伟、伍伯恩(Wooburn)的柔美、潘恩岭(Paine's Hill)的奇妙。①

令我特别有感触的是中国人安置装饰性建筑的巧妙方式。它们绝不拥挤失衡,也决不突兀抢眼,无论何时出现,都令人赏心悦目,并辅助、增进和活泼当地的景观。

在许多地方,湖塘都覆盖着跟我们的大叶睡莲相似的荷。虽然这是中国人热爱的东西,几乎在所有水域都有,我承认我却并不那么欣赏。假山和养有金鱼的池塘似嫌过多。怪异的瓷狮和瓷虎统统摆设在宫殿之外,在欧洲人看来颇不顺眼。不过这些都无关紧要,而且我惊讶地发现,在经过6个小时的细心观察之后,除了上述这几点,我简直再也找不出什么毛病来了。

宰相在跟我们告别之时说,今天所见只是此园的东路,此外还有西路,并且更大,还没来得及看。他很乐意改天再领我们观赏。

于是,在皇帝生辰的那天,庆典结束之后,宰相和中堂(Ho-chun-tong)、福老(Foo-leou)和他的兄弟福中堂、松大人(Song-ta-gin)②,以及我们前两天结伴游东园的其他大人们,一起说要陪我们游西园。他们说万树园东路以柔美和生活设施便利见长,西路跟东路风格迥异,富于自然奇趣。它是世界上最

---

① 这几处都是当年英国有名的私人庄园。
② 此处提及的分别是和珅(军机大臣)、福康安(前吏部尚书、两广总督)、福长安(福康安的兄弟、军机大臣)和松筠(军机章京)。

美的原始景观，树木茂密，山石嶙峋，还有各种麋鹿。猎场内有许多野兽，但并不伤人。

在许多地方，丛生的树木长在几乎是壁立的悬崖之上，迫使它们强壮的根穿透无论什么地表和土层。这主要是橡树、松树和栗树，其他植物几乎是不可能在这种地方生长的。这些树林常常蔓延到高耸的石山顶峰，或者群集在山腰，倾泻而下，深埋进陡峭的山谷。在适当的距离坐落有宫殿、楼阁和庙宇——但是没有和尚，融入该处的地势和奇特环境。有时候缓缓小溪在一旁的林间悄悄流过，有时候飞瀑在头顶轰然而下，白沫乱飞，或者在深谷唤起无数的回声，或者默默地落入黑沉沉的深潭或裂谷。

通往这些美景的道路大多是从山石之中削劈出来、绕山而成的崎岖石阶。不过一路都没发生意外，整个马队连一次失足引起的混乱也没有，尽管这些马都性子活泼，而且没上蹄铁。一路地势起伏多变，时不时地能居高临下，一瞥就抓住一片壮丽。漫游了几个小时——不过绝不感到厌倦，我们终于来到了一座敞亭。它高高地坐落在一个山顶上，视野极其开阔，周围的乡村景色一览无余。以我们所站立之地为中心点，所见的地平线的半径我估计至少有20英里。我还从来没有见过如此丰富多彩、宏伟壮丽的景色呢！它在我面前宛如一幅流光溢彩的地图，宫殿、宝塔、城镇、村庄、农舍、田地和山谷，星罗棋布，无数的溪流纵横交错，茂密的树林随势起伏，远处草原上浮着团团牛群，色彩斑纹极其美丽。这一切都如在脚下，似乎一迈就能走进去。

在此我见到了大量在英格兰被称为 Sheet cows 和 Sheet horses 的牛、马，许多是杂色、带斑点和花纹的。那种斑点大多是草莓状的。

在这儿，宰相指给我们看脚下一大片带墙的院落，说那是连他也不得进入的禁地；除了皇帝、他的嫔妃和太监之外，还没有人进去过。其中的风景规模略小，大多跟我们在东、西二园所见的截然不同。但是依我所见，这里的一切都远远不如王致诚神父①和钱伯斯爵士作为现实强加给我们的那么精彩。这些禁苑之内有无数的太监——约有数千——长于各种各样最新奇和奢华的技艺，以取悦皇帝和他的嫔妃。对此我并无疑惑。但是我非常怀疑的是上述两位先生所描述的那种穷奢极侈，因为我所做的调查——我从不放过这种机会——没有给我充分的理由来认同他们的意见。

要是说英格兰也有什么地方有跟我今天所见的西园所有的类似风景，那就是维斯特摩兰郡（Westmoreland）的劳瑟堡（LowtherHall）了。我多年前曾去过那儿。在视野的开阔、景观的壮丽和水域的分布等诸方面，我认为都是出于一个感觉敏锐、想象丰富、趣味高雅者之手，可算是大英帝国版图上最美的风景了。

---

① Jean-Denis Attiret（1702—1768），法国传教士，1738 年来华，为宫廷画师，著有《中国皇帝的游宫写照》，英文节译作《中国皇帝的北京园林》，描写圆明园，当时影响极大。

对热河的皇家园林东、西两路的美景做了上述动人的细述之后，勋爵大人又对中国的园林艺术，以及经常用来既增强美观、又提供生活便利的装饰性建筑进行了概括性论述。他说：

至于我们的园林风格真的是模仿了中国的、还是自己发明的，我留给虚荣者去争辩，留给无事者去讨论。一种出于理智和思考的发明，可以同样产生在相距遥远的不同国家之中，不须互相借鉴。我们的园林艺术跟中国的无疑有极大的相似之处，但是我们的优点似乎是在于改善自然，他们则是征服自然，两者又有殊途同归之效。

对一个中国人而言，在什么地点造园并不重要。如果是乡村诸神所抛弃之地，他会邀请他们或迫使他们回来。他的目标是改变他所发现的一切，事无巨细皆破旧立新。如果是一片荒地，他就植树造林；如果是一块干沙，他就引水成渠，挖池开塘。要是地势平坦，他就尽可能增加变化：挖谷堆山，铺石垒坡，使之高低起伏。他披荆斩棘，给荒野带来生活设施；或者以森林的壮丽取代大片的空地，化平淡枯燥为勃勃生气。

中国人并非不知假借和醒目之法，但使用谨慎。我没有见到过人造的废墟、虚假的洞穴和寺庙。尽管崇高在合适的地点支配一切，你却是在无意之中被引向它的，不会因它的莽然出现而感到突兀，因为在计划之中，怡人是主要的目标。

为了使景色更有生气，于是引进了辅助性建筑。所有的屋宇都是完美之作，或者朴素而雅致，或者繁复而漂亮，一切都取决于所要取得的效果，并且间隔适当，对比有致，绝不拥挤混乱，互为冲突，毫无意义的对峙。在适当的位置建适当的建筑：凉亭、水榭、宝塔，各得其所，既卓异不凡，又提升韵味；如果换一种建筑，则不是伤害便是扭曲景观。

我唯一不能苟同的是，那些巨大的瓷狮、瓷虎、粗糙的石台阶和众多的石雕，被故意安排在他们府邸和宫殿的入口处。考虑到他们在其他方面通常所表现的高雅趣味，我对此甚感惊讶，只能这样来解释：这种不协调是既费钱又费力的，因而是巨富之人竭力炫耀的结果，而这正是趣味的死路。不过在别的国家，我也看到过一些跟中国一样的浮夸表现，不是用他们的穷奢极侈来取代美丽，就是以虚假使之沦为庸俗。即使是在英格兰，也有一些不错的地方可以被指摘为被这种毛病所害，更不必提一些著名的大厦了。其扭曲的楼梯、玻璃穹顶以及附加的烟囱之类，给人的无非是病态的奇思怪想，没有一点高贵、优雅或合宜之感。

中国的建筑自有其特殊的风格。虽然完全不同于其他国家的，也跟我们的规则冲突，但跟他们自己的始终一致。它有各种规范，且从不违背。虽然在我们去考察时，它们违反了我们所熟知的有关分布、组合、搭配的原理，然而在整体上，却制造出非常怡人的效果。这就像我们有时候看一个人，五官之中无一可观，整个脸上的表情却非常悦目。

第四章　社会百态

女性状况，社会进步的标尺——中国妇女地位低下——家规不利孝道——父母的权威——男女之防的恶果——不知社会交往，只有博戏——崇尚独处——新年佳节——嗜赌成风——律法似乎残害了人的本性——麻木不仁，或曰残酷无情——私人和公共生活中的例证——关于虐婴——也许没有人们认为的那么严重——海外中国人的品质——中国人的脾气和性情——商人——布谷鸟自鸣钟——皇孙的人品——宰相的人品——汉人和满人身体和精神之比较——中国人总体性格的描述

在任何一个国家，女性的状况都能被用作衡量其文明程度的标尺。这也许可以说是放之四海而皆准的。妇女的礼仪、习惯和主要情感，对社会大众有巨大的影响，通常都会给这个民族的性格定下基调。我们会发现，在那些女性的品德和智力受到高度尊重的国家，其治国之道一定是最有利于提高人民福祉的。反之亦然，在只看重女性的身体特性的地方，如在亚洲的一切专制国家那样，暴虐、压迫和奴役就必然大行其道。她们

的个人成就极少为她们自己所用，只被用于剥夺她们的自由和朋友，使她们成为被羞辱的对象，屈从于专制男性的官能满足、奇思怪想和嫉妒心理。在野蛮部落当中，最繁重的苦工和最低贱的劳役毫无例外地落在弱势的性别一族身上。

在我们幸福的岛上，女子的才能也只是从伊丽莎白女王朝代才开始得到适当的尊重。作为女子，她们受到赞美和奉承，但是谈不上参与男人的社会。事实上，在此之前，我们先辈对待她们的态度是相当粗暴的。在威尔士，妻子是被卖给丈夫的。在苏格兰，女子不可以作为证人出庭。亨利八世时代曾通过一项法令，禁止妇女和学徒阅读英语的《新约》。

在有教养的希腊人当中，她们也得不到多少尊重。荷马羞辱他笔下的一切女性，尽管构成他那两部举世无双的史诗的基础正是妇女。他让希腊公主织网、纺纱，操持一切现代洗衣妇所做的苦役，很少让她们参与男性的社会交往。古希腊所有剧作家的作品也都是如此，尽管他们意在"作为反映自然的镜子，真实表现其时代和社会"。虽然有极其高雅的趣味和成熟的艺术，他们的风度礼仪却是低级和粗鲁的，除了沉溺感官享受之外，全然不知女性还有其他令人欣赏之处。

即使伟大如希罗多德[①]，也不免津津乐道这样一种巴比伦风俗：在固定的日子拍卖所有可称得上美丽的年轻女子，以筹集金钱分给其余那些老天没有慷慨赠予同样姿色的女性。她们被击槌卖给那些乐意以最少的价格得到她们的人。这种对女性的

[①] Herodotus（约前484—约前425），古希腊历史学家。

侮辱似乎是既不明智而又奇怪的，因为这一行为，作为最早、同时还是最难以消除的——我相信我可以有把握地说，作为最好和最值得欣赏的——印象刻在了那些年轻的心灵上了。在婴儿期，她们的保护是不可或缺的；在病痛中或是年迈时，她们无疑提供了最好和最温柔的帮助和安慰。正如一位法国作家所言："如果没有女子，人生的两端将孤苦无助，中间则郁郁寡欢。"

中国人比古希腊人或蒙昧时代的欧洲人更加竭力强迫妇女温顺，对她们横加约束。他们不满足于剥夺她们运用四肢的能力，还进一步将妇女走出内宅抛头露面定为一种道德犯罪。她们偶尔外出探亲访友也必须坐在封闭的轿子里，步行会被视为极端粗俗。即使是乡村贵妇，她们或许享受不到坐轿的奢侈，也不得步行，而是乘坐封闭了的独轮车。不过，下等人的妻子女儿既不被困于内宅，也不得免除艰苦卑贱的劳作，许多人还被迫背着婴儿干活，她们的丈夫则很可能是在玩乐，或者无事闲荡。我常常看见妇女帮助拉一种小型的犁和耙。

如果我没记错的话，尼霍夫[①]（Nieuwhoff）有一幅画，据说是以在中国所作的写生画为蓝本的，画的是一名妇女跟一头驴并肩拉一架犁。如果这是事实，那中国人也不算独一无二。如果我们相信那位"古代自然历史学家"[②]的话，在非洲的拜扎奇乌姆[③]，要开垦肥沃的土地，人们必须等到雨水浸透大地，"于

[①] Joho Nieuhoff（1618—1672），荷兰画家。一译纽荷夫，1668 年随荷兰东印度公司使节到访中国。

[②] 指林奈（Carl von Linnaeus，1707—1778），瑞典博物学家，首创统一的植物命名系统。

[③] Byzacium，古地名，北非海岸一地区。

是一头弱小的驴子和一位老妇套上同一架犁，就足以深耕了"。

在江西（Kiang-see）省，你随处可见这样的景象：一位妇女拖着一种轻便犁，凭一支把手，在翻耕过了的田地上开沟。最容易的活儿，即把握犁的方向，则留给了丈夫。他只要用一只手扶犁，用另一只手往沟垄里撒种就行了。

在生活的更高层次上，这些妇女如果有什么优势的话，那也不足以令人羡慕。即使是在户内，在自己的家里，一个女人也既不得跟丈夫同桌吃饭，也不得同坐一室。

男孩子到了9岁或10岁时就完全跟姐妹们分开了。于是那种亲爱的情感，不是天生的本能，而是经由长期的交流小小的需要和快乐而产生的那种，就被扼杀在情感世界的萌芽阶段了。在同一家庭的成员之间，无论何时何地，都必须依照冷冰冰的礼仪相待。没有什么共同点来吸引和聚集孩子对父母的热爱和尊敬。每个人都跟别人格格不入。在我们国家，漫漫长冬的夜晚，孩子们会聚集在温暖的火炉边，交流一天当中的趣事或历险；它们在中国则都被埋没在沉默之中了。不错，男孩子有时候在学校里会打成一片，但是作为他们所受教育中相当重要的部分，严格的礼教完全抑制了一切活跃进取和冒险创新的精神。上等阶层的年轻人沉静、规矩和死板，永远努力呈现成年人的严肃。

与世隔绝的女子完全不允许有精神追求，又得打发漫长而乏味的时光，于是抽烟便成了普遍的消遣。从8岁或9岁开始，每个女孩都佩带一个小烟荷包和一杆烟枪，一般作为装饰，也有许多人在这样小的年纪就已能熟练运用了。当然也有人常年在绸缎上绣花，在帛上画花鸟鱼虫。在我们下榻的北京府邸的闺房里，用作隔断的多宝格中有一些非常漂亮的这类绣品和画作，我还选了一些我认为非常杰出的带了回家。但是商人和工匠的妻女用以打发时间的是纺纱和织布。我记得见过一个穿一件刺绣精美的绸缎马褂的朝廷大官，问他这是不是他妻女的手艺。他怫然不悦，因为他的妻女是不应当被认为会屈尊做这种手工活的。

他们家庭生活的行为准则是极度的孝顺，即热爱和顺从父母。中国人的这一特点早就声名远扬，耶稣会士还认定这有益于皇朝的稳固。事实上，孝顺在中国与其说是一种道德感情，还不如说是一种规矩，天长日久便具有了不成文法的效力。可以有把握地说，它只存在于朝廷的律法中，而不是在百姓的心灵里。如果孝道真是出于人心的自然流露，任何强制实行孝道的规矩或法律早就成为多余。儿童在幼年被谆谆教诲的第一条就是毫无保留地服从父母的意志。这样做的要旨不仅仅是"光宗耀祖"，而且也是在父母有生之年为其劳作，为奉养父母而甘愿一辈子做牛马，必要时把自己的生命也交由其父处置。由规矩和习惯培养出来的这种巨大的父母权威，具有跟最严格的法律同样的约束力。它给予父母对子女的毫无限制的专断之权，跟法律赋予皇帝——百姓之父——对他的子民的是相同的。于是，就像古罗马的父亲所有的把儿子卖身为奴的权力一样，这种权力在中国被广泛运用，或是因为心血来潮，或是因为贫困，或是因为其他原因。

出于理性或公正的法律是很少需要解释或辩护的。鼓励这种违反一切自然原则和道德规范的父母权威的中国朝廷，似乎早就感觉到上述论断的威力。他们的文人学士早就受命撰写了无数卷帙，要旨不外乎是在百姓的心灵上烙下父母对子女和皇帝对百姓的权威之间的对应关系。一旦建立了前者的合理性和公正性，在一个家长式的国度里，后者的合理性和公正性就自然而然地建立起来了。这种权威一旦赋予了一方，另一方就没有理由再将其剥夺。为了减少人们可能出于良知而产生的犹豫，不难发明一些诡辩，来为那些无人性的、故意的或是为贫困所迫而要卖子为奴的父母服务。他们最有名的一位法学家说，儿子在父母死后有权出卖自己为他人服务，无论是一天、一年还是一生；既然父亲在活着的时候对儿子有无限的权利，他就有同样的权利把儿子的服务卖给他人一段时间，甚至终生。

至于女儿，那是毫无例外地会被出卖的。新郎必须跟他意中新娘的父母进行交易，新娘则毫无选择的可能。她就像市场上的一宗货物，会被卖给出价最高的人。不过这个男人在这一方面也并不占多大便宜，因为直到花轿抬到家门口之前，是不允许他看一眼自己的未婚妻的。她一路上都被锁在轿子里，轿门钥匙预先送了过来。打开轿门之后，男的如果不满意这项买卖，可以把她送回父母家。在这种情况下，他为这一交易所付的实物部分就白花了，现金部分则可以要回来。有时甚至也可以要求对实物的补偿，但不得超出实物的真正价值。迎亲的队伍华丽壮观，鼓乐喧天，颇像古希腊的新娘坐在华丽的车上，被送去丈夫家那样。不同之处只在于中国的新娘是完全不让人看见的。

这种不合理的习俗使一个女性本已低下的地位又降低了不少！在这种场合，本来她应当梳妆打扮、描眉画脸，使自己妩媚优雅。可是知道自己投奔的只是第一个愿意付父母为其姿色定下的价钱之人，她还能有什么动力和心绪这么做呢？事前不许有交谈，不能就喜欢或厌恶之事交流意见、比较感觉，一切动人心扉的脉脉含情、举手投足所表现的关注和爱意、花前月下的山盟海誓，都绝对感受不到。总而言之，这一因两性相悦而生，最幸福、最有意义，有时候也是最苦恼的人生时刻，在中国却无爱情。男人娶妻是因为国家的法律要求他这么做，社会习俗迫使他必须这么做。女子在结婚之后将继续是一件毫无生气的家具，一如她在自己父亲家那样。在丈夫往同一个家里带进第二个甚至第三个女人的时候，她不因此感到羞辱，不觉得嫉妒或者心烦意乱——至少是小心地不表现出来。第一个妻子满足于在内宅居首并主掌家务的名分，满足于听庶出的孩子叫自己母亲。

在丈夫这一方看来，如果这个女人为此抱怨则是绝对无理的。买了她的男人应当有同样的权力、以同样的方式买其他的女人。而男女双方是因相爱和尊重、或因承诺和约定而结合的就会大不相同。在这种情况下，在同一家庭里引进第二个女人势必破坏家庭和睦，叫第一个妻子伤心欲绝。但是一个中国妻子却没有这种感觉，中国丈夫也不做任何承诺。

一夫多妻是朝廷所允许的，要不然女子被当作货物买卖也就不会发生了，但它又是一种在很大程度上会自我惩治的罪恶。该社会十分之九的成员发现，凭他们的双手辛勤劳作来养育一个女人的孩子已十分困难,所以既限于条件、恐怕也无心再买第二个。另外,普遍实行多妻事实上也不可能。在一个有如此众多的女婴被弃溺而死,而法律或习俗又要求每个男人都成家的国度里,任何人娶了两个妻子就一定会叫另一个人一个也没有,除非真的像《论法的精神》的作者①以不充足的根据所假定的那样,女子的出生率极大地高出男子。

这位活跃的天才作家在写到中国的时候,其所有论断,尤其是有关风气的,完全是无稽之谈。比如他认为,并不是人性趋恶的倾向败坏了道德风气,并不是气候的影响使中国人认为"虽同处暗室而不对女子非礼"为一种美德。事实却是有意的纵欲培育了他们的邪恶观念,视女子为供男性取悦的附属物;是通过在头脑里幻想而非以心灵来感受性爱之乐的习惯,导致他们接受了一种使这个国家名声扫地的情趣。中国各地的气候都是温暖的,大多数人的食物都仅够果腹,也许可以说不足,都不至于促进强烈的性欲。只有在上层阶级和少数富裕的商人——该国的节俭法规表面上禁止他们有豪宅华园和轩车,禁止一切外在的炫耀和铺张,实际上却是鼓励他们追求奢华,纵情声色——家里才会妻妾成群。朝廷高官都有6个、8个或10个不等的妻妾,取决于他的家境和性癖好。广州的富商也都有其后宫。但是一个穷人则觉得一个妻子已足够满足他的一切需要,而养活一个女人所生的孩子已是他力所能及、有时还是力所不及的了。

---

① 孟德斯鸠(Charles-Louis Montesquieu,1689—1755),法国思想家。

男女授受不亲的礼教——或者习俗,比法律更有力量,嫁娶的冷酷无情的交易方式,并非意在制造通奸。可是这种事时常发生,而受惩罚最重的总是女方。丈夫会毫无困难地得到一纸休妻判决,然后就可以把她卖为奴隶,这样至少能赎回部分当年买她的钱。同样的情况也发生在妻子私奔案上。这种案例我猜想会很少,因为如果她跟随时尚的话,她的脚就不可能叫她跑远。而如果一个姑娘胆敢放弃通常被认为是女性名誉最宝贵的部分,那她就会被父母送到市场上公开拍卖为奴。在互相都不喜欢或者脾性不合的情形中,妻子通常会被送回娘家。女子不能继承财产,但可以接受赠予。如果一个寡妇没有孩子,或者只有女孩,家产就归丈夫一方最近的男性亲属所有。不过他必须抚养这家的女儿们,直到为她们找到丈夫为止。

禁止跟正派的女子经常性交在这儿不是为了制造一种迫切效果,也不是为了增进情欲,虽然古斯巴达人就是这样被迫私下跟合法妻子偷欢的,因为中国的每一个大城市都有公共女子存在。在中国,提倡这种两性关系似乎有一种相反的效果。作为一种对自然法则的最严重的违反,它应当被认为是最基本的道德犯罪之一,一种使男人堕落得比畜生更低下好几等的性关系。中国人干这种令人憎恶而不人道的事不以为耻,反以为雅,所以清廷的高官显宦会毫不犹豫地公开承认。每个高官都有一个拿烟具的侍童形影不离。这种侍童一般都是十四到十八岁大的俊俏少年,总是衣着光鲜。他们在指给我们看各自的侍童时,那种眼神动作的含义是显而易见的。我注意到,那两个在 9 世纪到过中国的阿拉伯人也观察到了这种情形。我还在随英国使团赴鞑靼的希特纳①先生的日记中发现,说到热河的行宫,他写道:"宫里雕像众多,其中有两座是大理石男孩,制作精美。他们的双手双脚都不突出,其姿势让人毫不怀疑邪恶的希腊人确有理由害怕中国人。那个老太监在指给我们看他们时,脸上带着无耻的淫笑。"②

人们注意到,这种不人道的罪行最可能在允许多妻制的国家大行其道。这就是说,在这种国家,女子的情感无足轻重,金钱购买的是她们的身体。这种评论可以导致这样的结论,这与其说是一种因自然或地区性因素而产生的习性,不如说是一种道德的堕落。因为易得,跟女子性交的胃口很快就得到过度的满足,而女性是如此被动,只能从尽责的意义上来接受她们主人的要求、他们的冷酷和无情。这种两性关系的必然后果一定是进一步导致男人的餍足。我想人们已经注意到了,在欧洲,女性一般来说有极大的优势来决定自身的价值,只有那些极端的浪荡子弟

——孵在家中无所事事而纵情声色,
逛遍花间柳巷寻找下流的情妇,
从不知道高尚爱情的价值。

才有时候以最令人厌恶的方式寻找这几句诗所暗示的那种新鲜

---

① Hittner,1804年以《中国旅行记》之名把日记整理出版了。
② 原为法文。

淫乐。①

　　我已经讲述过了，中国的家庭状况并不适合促进孩子对父母的热爱和亲情，而在欧洲的许多国家中，这不仅是他们被要求、而且是真切地感受着的。事实上，要求奴隶服从的专制暴君在每个家庭都存在；因为如果儿子是奴隶，父亲自然就是暴君。如果连在同一个屋顶底下生活的家庭成员当中，都没有能促进互相爱护的慈爱动作和无言关怀，你就不可能在公共生活当中找到。不错，友好的聚会可以让人交流日常生活中的新闻或趣事，但这只有在一个自由的政体下才会发生。一个中国人结束了一天的工作之后，就退缩到他单独的卧室。是有那么一种公共场所，供下层人民时不时地聚会喝茶或喝烧酒（Seautchoo），一种从米和其他谷物蒸馏出来的烈性饮料。但是这种场所为数甚少，而且人们常常只是为了热闹而去。他们没有类似欧洲所有的那种能引发高尚的快乐，或粗鄙的酗酊的动力——大部分中国人都完全没有沾染上这种恶习。在横越中国南北大地的过程中，每天都见到无数的人，但我不记得碰到过一个因酒醉而撒泼的人。在广州，那些受雇于欧洲人、因而必须跟欧洲水手混在一块的下层百姓，酗酒就不是罕见的现象了。但是这并不构成这一民族的总体性格的一部分。几个中国人偶尔相聚，往往是为了博戏，或者吃吃饭，喝喝茶，抽抽烟。

---

　　① 要不是有人怀疑中国存在这种令人作呕的罪恶，又有人把它的存在归罪于错误的原因，我是不会在此加以讨论的。既然我声称要如实描述我所见到的中国人，我就必须努力描画出真实的状况，既不掩饰他们的恶行，也不夸大他们的德行。——原注

上流社会的人在家中沉溺于抽鸦片。尽管当局采取了一切措施禁止进口，还是有相当数量的这种毒品被走私进入这个国家。不过它太昂贵，普通百姓是无法消费的。海关的官员并不拒绝贿赂。一旦接受了烟商跟他们商定的贿款，他们往往就变成了这种禁物的买家。大多数孟加拉去中国的船都运载鸦片；但是土耳其出产、由伦敦出发的中国船只所载的更受欢迎，价钱也卖得比其他的高一倍。广州道在他最近颁布的一份公告中指出了吸食鸦片的种种害处，声称"外国人用这种卑鄙方式，以污秽不堪之物从中华帝国掠去厚利，而吾同胞竟盲目追逐这一破坏性的恶习，中计而不自知，至死而不醒悟，实乃可憎而又可悲"。可是，这位广州道每天都从容不迫地吸食他的一份鸦片。

　　中国年轻人不常聚会跳舞或进行体育运动。在欧洲，这种聚会活动大多具有排解孤独的持续劳作所引起的沮丧和忧郁的良好效果。他们连固定的为宗教礼拜而设的休息日都没有。他们的敬神活动带有统辖其家庭生活的那种同样的孤独特性。不同的宗教流派于不同时期传入中国，但没有哪一流派有集体礼拜的习惯。这对中国而言似乎是一种极大的不幸。因为除了宗教因素之外，公休制度对身体和精神同样有益。从一周或别的固定日期当中奉献一天来服务伟大的创造者，并从体力劳动中解放一下，同样也是人道的需要。

　　在法国政府的创新激情臻于高峰、权力落在不信神的、蛊惑民心的政客手中时，在她的神殿被玷污、一切神圣之物都被侵犯和亵渎的时期，礼拜天被视为古代迷信的遗风而被取消。

与此同时，在我们自己的国家里，似是而非的反对保留礼拜日的诡辩在某些人当中也颇为时髦。他们说礼拜日鼓励人无所事事、酗酒胡闹、放荡淫乐。大城镇里人口众多，一个技工一星期工作三天就能维持生活，所以即使没有礼拜日，他们也不会在其他四天里找不到机会鬼混。而谁又会希望看到劳累的农夫被剥夺七天中的一天休息日呢？这在他是比其他六天所挣的工资更可宝贵的、就是技师和工匠也不例外。看到体面而谦恭的农夫在家人的簇拥下，穿着最好的衣服，一同前往本区的教堂，哪一个有人性的人会不跟他一起欣慰而笑呢？这种笑容在他脸上那天特别灿烂，显示了他心灵的平静安详。他把这一天用来为上帝尽责，给身体养精蓄锐，享受干净衣服的舒适，跟邻居交谈以活跃自己的思想，然后再以双倍的活力回到日常的劳作。以艾迪生①先生在他的一期《旁观者》(Spectators)中的话来说，这就好比是擦去了一周的锈迹。

中国的新年初一以及随后的几天，恐怕是社会中的劳动阶层唯一能够庆祝的节日了。在这几天里，连最贫穷的人也要为自己和家人弄上一身新衣服。他们会探亲访友，互相祝贺，收受礼物。朝廷官员和上层人士则会大开宴席，演戏作乐。但是，即使在这种宴庆上也没有什么可称得上是欢宴交际的成分。宾客们从来都不是聚餐，而是常常各自有单独的桌子；有时是二人一桌，但从来不超过四人一桌。他们的目光必须一直注视宴席的主人，盯着他的一举一动、每一块他送进嘴里的食物、每

---

① Joseph Addison（1672—1719），英国散文作者，与 R. 斯梯尔合编下文提到的杂志。

一次他举到唇边的酒杯,因为一个有教养的中国人一饮一食都有特别的礼节,客人必须谨慎遵从。如果某人被邀请了,但因病或意外而不能赴宴,原定给他的那一份食物就会被郑重地送到他家。这种习俗强烈地表明他们毫无饮宴交际的概念。习惯上客人桌上剩下的食物也是被送给该人的。旅途中每次拜访一省的总督或是巡抚,总是见他身在一排桌子的最前端,桌上是大量的食物,而它们也总是毫无例外地会跟随我们行进到我们的坐船上去。马提亚尔[①]隐约提到过古罗马人有一种类似的风俗。每人都带自己的餐巾前去赴宴,用以包裹残羹剩饭,由奴隶送回家去。但是那似乎是出于对主人的尊重,以此表示他们领受主人的慷慨,而不是为了食物本身,因为罗马人是热爱饮宴交际的。

中国人也像古埃及人,犹如约瑟(Joseph)只给小弟便雅悯(Benjamin)、而没有给其他兄弟大量食物那样,认为一个人食量的大小取决于此人的等级,而非其身材和胃口[②]。所以我们特使的日常供给至少是使团中其他人的5倍。不过在这一方面,这样的国度不管是在古代还是在现代都不少见。古代的斯巴达诸王,还有每一个希腊英雄,都被认为食量是普通士兵的两倍。当代的唯一差别在于英雄人物胃口的大小能以质量而不是数量计了。这受惠于金钱的发明,使得如今一切东西都能换算成金钱了。

[①] Marcus Valerius Martialis(40?—104?),古罗马诗人。一译马尔提阿利斯。有警句诗1500余首,常为后人引用和模仿。

[②] 出于《圣经》。雅各共有12个儿子,即以色列12支族的祖先,其中这两个是一母(拉结)所生。

不管是为什么，只要聚在一起，中国人都不会不试试手气赌上一把就散的。他们又是时刻都准备着的，很少会出门而不在口袋里揣上一副牌或一对骰子。这两种玩意，就像这个国家其他的一切，总跟别处的类似之物有所不同。他们的牌张数比我们的多，玩法也更复杂。即使众人都碰巧没带上牌或骰子，他们也不会束手无策。在这种非常情况下，他们就用十根手指头来玩；而十根指头也就是那种猜枚（Tsoi-moi）之戏所要求的全部道具了。下层人民尤其喜爱这种赌戏。两个人相对而坐，同时伸出手来，并各自喊出他猜想的自己和对手所出手指的总数。握手成拳为零，拇指是一，拇指加食指为二，依此类推。猜中的概率在零至五之间，因为每个人都一定知道自己出的数。中等阶层的人士在请客喝酒的场合也玩这种游戏，输了的人总是不得不干掉一杯酒。在这种孩子气的游戏中，两个人常常得玩到很晚，直到其中一位输得太多，以至于被迫喝下的酒多到使他既看不清也算不出自己的或对方的手指头为止。我特别注意这种中国式猜枚是因为它跟古罗马人玩的一种游戏有出奇的相似之处。西塞罗常常提到那种罗马人的游戏。梅兰希顿[①]在为西塞罗的《论责任》（*Offices*）所作的注中，有一条这样的描述："Micaredigifis 是一种游戏。玩的双方各自飞快地伸出一只手，随心所欲展示几根手指，同时猜出双方所出手指的总数，猜中者为胜。因此敏锐的目光实属必需，在黑暗中玩还需要有极大的信任。"

---

① Philipp Melancthon（1497—1560），德国基督教新教神学家，教育家。——译梅兰克顿。

中国人绝对有敏锐的目光，但我很怀疑他们对敌手的诚实有足够的信任，可以在黑暗中玩这种手指游戏。在西塞罗看来，这是一种对一个真正诚实之人的严重考验。这种游戏据说至今还以 Morra 的名称在意大利流行。[①]

驻守圆明园的官员常常玩一种棋，不管是棋盘的格式、棋子的形状，还是走法，在我看来完全不同于波斯人、印度人和其他远东国家之人所玩的，因而我的结论是，此乃他们自己的发明，而不是像有些作者所说的，是从印度传去，或成吉思汗的军队带去的。

博戏之风是如此之盛，以至于在大多数城镇，几乎每一个街角都可以看到一堆堆人，不是玩牌就是扔骰子。甚至还有人指责说，他们常常把妻子和儿女当赌注押上一掷。不难想见，在一个男人可以把孩子卖为奴隶的地方，输得精光的赌棍在拿法律允许他任意处置的东西去冒险的时候，心中是不会有多少怜惜的。可是有些可敬的传教士一本正经地向我们保证说，"中国人完全不知赌博"，"他们只玩法律允许的游戏"。这些先生当然不会对他们所热爱的斗鸡一无所知。这种残酷而无男子气的娱乐，如他们所乐意称道的那样，为中国的上层阶级所热衷的程度，说来令人难堪和不齿，跟欧洲某些地方不相上下。而训练鹌鹑做同样残酷的互相搏杀，成了许多无所事事、游手好闲之徒的专门职业。他们甚至把对好斗动物的探求扩展到了昆虫世界，进而发现一种蝗虫——Gryllus，或 Locust——会凶残地

---

① 见亚当（Alexander Adam）的《罗马遗物》（Roman Antiquities）。——原注

互相攻击，不到撕下对方的一部分肢体决不罢休。他们把这种小东西分开养在竹笼里。这种驯养它们互相吞食的风俗十分流行，在夏日里很少会看到一个少年不提蝈蝈笼的。

我已经在前文谈到了，中国人的天性在法律和规矩的影响之下所受到的扭曲几乎是彻头彻尾的。这种影响举世皆有，然于此为甚，给人民的风俗习惯、思想感情和道德情操设定了一种倾向，因为在这里每一句古老的格言都具有法律的威力。虽然他们生性和平、顺从和胆小，社会状况以及法律的滥用把他们变得冷漠、麻木，甚至残酷。事例很多，但只要举几个就足以清楚地证明这一点。有时候我举的事例虽然特殊，却因为具有普遍性和多发性，所以我就毫不犹豫地把它们归纳为他们道德性格的一般特征。我当然也意识到，因为思想方式不同，风俗习惯不同，我们不能完全按照我们的标准，像在我们自己国家里那样，来评判这些事例，而是应当给予一定的谅解。在斯巴达人的公共节日上，女孩当着年轻男子的面裸身而舞，其对当地年轻人的影响跟可能在欧洲产生的绝不一样；同样，印度妇女的优雅也不会因为她们注视印度教所崇拜的男性生殖器像而受到贬低。所以中国人也应当因其所处的独特环境而得到我们的宽容。至于他们该得到多少谅解，我留给读者来决定。

普遍使用的笞刑通常被传教士们视为一种温和的上级对下级的责罚，就像父亲对儿子那样，不带侮辱性质。不管这些先生们怎样轻描淡写，事实是这种侮辱从宰相到农夫都有可能遭受，经常发生在官吏的任意妄为和暴怒之时，并往往是不必要的残酷与不公正。我们碰到过好几件这种事。在沿白河返程时，河水比我们来时浅了许多，一条坐船在半夜搁浅了。在刺骨的寒风中，该船的船夫在水中直忙到太阳升起，想尽办法也没能使它脱困。船队的其他船只都继续前行了，主事的官员最终失去了耐性，命令手下的兵丁让船长和全体船员挨板子。他的命令自然以一种最无情的方式得到了执行。那些可怜的家伙提供了船只、服了两天的苦役，这就是所得到的唯一奖励！我上文已经提到过另一个例子。因为天气热到华氏88度，供给我们的肉有一点点变质，负责官员为此被降了级，他的部下都挨了板子。

每逢顶风，或者有必要逆水行舟时，就会雇用一些人拉纤。下层百姓总是被迫服这种艰苦的劳役。拉一天有约6便士的工资，但是不给回家的路费。这些人知道找人替代他们十分困难，因而苦役似乎遥遥无期，所以通常都在夜里逃跑，并不在乎拿不到工资。为了找到替手，官员们派手下的兵丁去附近的村庄，出其不意地把一些村民从床上拉出来加入船队。兵丁鞭打试图逃跑、或以年老体弱为由要求免役的民夫的事，几乎没有一夜不发生。看到他们当中一些人的悲惨状况真令人痛苦。他们明显地缺衣少食，瘦弱不堪。拉纤绝对不是一件轻活。有时候必须蹚过泥沼，有时候要游跨激流，接下来马上又得让裸体曝晒在烈日之下。他们还总是被兵丁或什么小官吏的随从监督着，其手中的长鞭会毫不犹豫地抽向他们的身子，仿佛他们就是一队马匹似的。

荷兰使团是由陆路进京的。时值隆冬，大江小河皆冰冻了，气温常常在冰点以下8到16度，全国大部分地表都覆盖着冰雪，可是他们常常需要连夜赶路。被强拉来为他们运礼品和行李的农夫们，尽管身负重担，还是被迫竭尽全力跟上他们。范罢览先生记录道，两夜之间，居然就有不少于 8 名农夫死于重负、冻饿劳累和官员的残酷对待。

在横跨这个国家的返程途中，使团的一些先生每天都步行一段时间，到晚餐时再回到船队来。有一天，一位高级官员突然心血来潮，中断了他们习惯的步行，派了十来个士兵粗暴地驱赶他们回到船上。我们的那两位护送官，王大人和乔大人刚好来访，得知这一情况，便给了每个士兵一顿毒打。其中一个最无礼的士兵被用铁丝穿了耳朵，再绑住双手，惩罚了好几天。这段时间广东总督也跟使团同行，官阶又比犯事的那位高，于是就把他招来狠狠地训斥了一通，并下令打了 40 竹板，以示"薄惩"。我们那两位中国朋友还特别要让受了冒犯的使团先生们到场，见证这位官员受刑。大费了一番口舌才让他们两位明白，那样的场景并不会给我们任何快意。荷兰使团也碰到过类似的事情。低级官员因为没有征集到足够的苦力，即挑夫，来搬运行李和抬轿就要挨板子。

朝廷官员对百姓以及对同僚的这种专制暴行，是大清律法所允许，并跟等级森严的官僚体制完全和谐的。但是权威在最明智者手中也是一种危险之物，有时候让最谨慎的人也

在上帝面前玩弄诡计，
叫天使无奈哭泣。

一些愚昧的汉人或野蛮的鞑靼人除了官位赋予他们的权威之外，既别无长才，也缺少维护能力。权威落到这种人手里，那还会有什么好结果吗？

在我们跨越这个国家的旅途当中还有一些事例证明，同样的残酷无情似乎也存在于同等地位的人群之间，跟高官对待下级一模一样。其中有一件具有突出的代表性。在澳门，一个受雇于一家英国商馆的穷人意外地从墙头摔落下来，跌破了脑壳。工友看他奄奄一息，就往城外抬。路上碰到使团的一个医生，医生问他们，要怎么处置这个不幸的人那？回答是残酷的：埋了他。医生大惊失色，说怎么可以把一个还有呼吸的人埋到坟里去呢？他们说，这个人绝对不会康复了。要是把他抬回家，只要他一直是这副样子，生活不能自理，那就成了亲友们的麻烦和累赘。在司各特医生的人道关怀和精心护理下，这个人最后却回到了那些如此"珍惜"他生命的亲人和朋友中间。

不过这位医生并没意识到，他的人道之举有多大的风险。尽管在我们看来是荒唐无稽的，按照这个国家的法律，如果某人收留了一个伤者，虽然目的是救治、照顾此人，而此人却碰巧死在他的手中，他就得提出无可辩驳的证据来证明，此人的伤是如何发生的，或者证明此人伤后活过了40天，否则就得被依谋杀罪处死。这种法律的效果便是，如果某人在公共场所的殴斗中受了致命伤，他就只有在街头等死一途；因为害怕承担责任，没有人会收留他。

最近在广州就发生过一桩足以证明此等法律之致命后果的惊人事例。市郊爆发了一场大火，三个帮忙救火的中国人从墙头摔下来,或跌断了手脚,或受了重伤。英国商馆的医生毫不犹豫地下令把他们抬入商馆,准备为他们截肢。这是唯一有可能挽救他们生命的方法。救死扶伤是英国医务人员的职业精神。这时候行(Hong)[①]里的商人听说了此事,十万火急地赶到现场,恳求医生千万不要给他们做任何手术,而是听任他们被送出商馆,越快越好。他们还说,不管他的用意是多么高尚,如果有一个伤员死在他的手里,他就逃不了因谋杀的嫌疑而受审,最轻的处罚也会是被终生流放到荒蛮的鞑靼地方去。于是受伤的中国人就被悄悄地送走了,并且毫无疑问地只有听天由命了。

这样一种在我们看来十分野蛮的法律的存在,可以解释下述事件中中国人的行为。在沿河而下的旅途中,我们有机会见证一个缺乏同情心的典型例证。使团的船经过时,运河沿岸拥挤的人群中有一伙人登上了一艘旧船高翘的船尾。不幸的是这条船在重压之下破裂了,这伙人跟着船的碎片掉进河里。虽然这一带有不少船只在行驶,却没有一艘船前去救援在水中挣扎的人。他们似乎视而不见,连抱着船板在水中漂浮的孩子的尖叫也不能引起他们的注意。可是有一个家伙却忙着用带钩的篙捞一顶溺水之人的帽子。劝说我们船上的人开过去援救也得不到响应。不错,我们当时船速是1小时7英里,这居然就成了他们不肯停船的理由。我确信这些不幸的家伙中有几个一定是丧命了。

对自己同胞和伙伴的苦难都如此麻木不仁,你就别指望他们会给予陌生的外国人任何同情了。一份由荷兰使团的成员所

---

① 当年被允许在广州进行外贸的机构,俗称十三行。

写的旅行记手稿说,进京途中路旁有一个结了冰的水塘。作者想在上面溜冰,护送的清廷官员也鼓励他试试。滑出一段距离之后,冰裂了,他掉进了齐脖颈深的水中。那些中国人不是赶去救助,而是哈哈大笑着扔下他走了。他的同胞都已经先行了,他只好自己竭尽全力挣扎,好不容易才爬上岸。

如果要进一步证明中国人性格中的麻木无情,被习俗所容忍、为法律所鼓励的杀婴现象会让你无可怀疑。我之所以敢说这是受鼓励的,是因为如果一种法律不积极阻止犯罪,就可以被视为支持和鼓励犯罪。不过我也注意到,一位当代的著名作者写过,中国没有什么法律允许一位父亲把所有的女儿和第三个儿子弃于户外冻饿而死。我认为中国的法律故意不承认有这样犯罪行为存在,好不必对此加以处罚。事实上,既然他们把孩子交由父亲全权处置,由此就能推论出来,如果弃婴并不伤害父亲的感情,其他因素就可以不管了。于是,虽然弃婴的行为在中国随处可见,却被认为是一种无法避免的罪恶。对于睁一只眼闭一只眼的中庸之道来说,这种罪恶与其以刑法、还不如靠天良来加以纠正。在另一方面,如果一种罪行直接跟孝道抵触,那是绝不能公开允许的,因为孝道是他们以忠孝为本的社会体系和家长式政治制度的基础。

不过,清廷默认京城的巡街兵丁有责任雇一些人,在清早拖着板车收捡夜间被人抛弃的婴尸。他们不加追究,只是将尸体拉到城外的乱坟岗去,据说不管是死是活,都一扔了之。在这个可怕的乱坟岗边,北京的罗马天主教传教团有人轮流看守,选出最有可能存活的救下,以作将来的信徒,同时也为剩下的那些有可能还活着的做临终洗礼。这是一位传教士亲口对我说的。那些回教徒在他们还有助于修订清朝历法的时候，对清廷有相当大的影响力，在这件事上做得更好，把所有可以救活的孩子都从这个死亡的无底洞里救出来。虽然他们是一种宗教的狂热信徒，其行为的动机可能只是服务于他们自己的信仰，这种行为却是一种人道的行为。

我在皇家宫苑圆明园中居住的 5 个星期中，每天都跟一位基督教传教士交谈。他曾告诉我说，轮到他去那个乱坟岗值班时，那种景象有时会令一颗有人性的心灵因恐怖而颤抖。如果我提及京城的大街小巷遍地乱跑的猪狗，读者大概就能想见，在巡街的兵丁出现之前，这些婴儿会遭到什么样的厄运吧！

至于全国在一年当中有多少孩子被这样毫无人性地杀害或活埋了，不同的作者提供了不同的数字。有的说是一万，有的说是三万。按经验，确实的数目大约在这两者之间。只有那些传教士才有办法弄清楚，在京城一地，有多少这样被牺牲了的婴儿。可是他们的说法也各个不同。根据我们交谈过的传教士所给的数字，取其平均数，我得出的结论是，每天在北京大约有 24 个婴儿被扔到那个乱坟岗。那些无辜的小生命还没咽下最后一口气就被无情地宣判了死刑：

——被闷在坟墓里，
肮脏的嘴吸不到新鲜空气，
默默死去。

这样算下来的结果，在京城一地每年就有近9000弃婴。一般认为此数相当于帝国其他部分的总和。此外还有一些人，或者是常年居住于水上，或者是因为贫困、迷信、绝对麻木以及其他原因，而犯下这种伤天害理的罪行。据说有时候他们会在婴儿的脖子上拴个葫芦，再扔进江河，好让孩子的脑袋露在水面上，活着漂下去，希望有人把他们捞起来。在一个人性已低落到极点的国度，这种危险的尝试只能被认为是一种加剧了的残酷。我曾经看见过一个死婴的尸体，身上没有系葫芦，漂流在珠江的船只当中。人们对此熟视无睹，仿佛那只是一条狗的尸体。而事实上如果真是一条狗的话，也许更能吸引他们的注意。狗肉是他们惯用的食物。生活在水上的悲惨的中国人一向处于半饥半饱的状态，乐于以任何动物为食，即便是腐烂了的也不放过。不过，尽管中国人在食谱上是如此无所顾忌，我也不能轻易相信一位瑞士作者[①]所说的就是事实，虽然"他没有理由怀疑"，他说，为了治愈某种疾病，"就要隔天吃一个小孩"。

像弃婴这样恐怖的景象，就是在最野蛮的国度当中也是绝无仅有的。那位著名的雅典立法者没有立法来惩罚弑父母之罪，因为他认为这是一种违背天性的罪行，实属十恶不赦而绝不应当发生，即便是假定这种罪行的存在也有损国家的声誉。中国人出以同样的心态，也没有立法惩处杀婴之罪。野蛮而黩武的斯巴达人的法律允许杀婴，但是杀婴者不能是父母、恖愚者也不行。在这些民族当中，即使是那些经由地方法官断定将既不

---

① Torreen 先生。——原注

会有益于自己、也不会有益于公众的病弱婴儿，也要等到先把生命结束之后，才扔进收集婴儿尸体的公共坟坑去。以我们的仁慈之心度之，其方式也一定是温柔而最无痛苦的。

但是，我们必须承认，弃婴在古代社会是普遍存在的。罗马人严厉而苛刻的道德准则所容忍的许多风俗习惯，就包括弃婴这一行为。那些风俗习惯往往毫无益处而且违反人性，在现代的文明社会中是会被视为最残暴的道德犯罪的。在古罗马，如果父亲意欲保留他的婴儿，就会用双手把他从地上抱起来；如果他忽略了这一仪式，那孩子就被认为是弃置不要了。所以，尽管泰伦提乌斯①的《安德罗斯女子》场景不是在罗马，反映的却是罗马的风俗习惯，才会有"不管是男是女，他们决心从地上抱起"的说法。

在现代欧洲，弃婴的存在也不是什么秘密，但是原因可能不同，并且一般都是羞耻感和将遭世人轻蔑与指责的恐惧感先行决定了不幸的母亲的行为，不容天性有时间发挥作用。我愿意希望，没有人在体验过身为人母的感受和快乐之后，会以任何方式，不管是直接的还是间接的；会在任何压力之下，不管是恐惧还是羞耻，不管是轻蔑还是赤贫，同意毁灭一个新生的婴儿。我还绝对相信，一个英国佃农，不管是多么贫困，也情愿让12个孩子分享他微薄的收入，而不会同意让其中的几个消失，以便他和剩下的可以生活得更好，即便我们的法律在这一点上跟中国的相似，也默许这种行为。

---

① Terentius（约前190—前159），古罗马喜剧作家，作品大都根据希腊新喜剧改编而成。

有些基督教传教士在介绍这个国家的时候，企图掩饰弃婴这种恶行，将之归罪于产婆，假设她们了解该人的家境，在母亲不知情的状态下扼死婴儿，然后告诉她孩子一生下来就是死的。还有些人武断地认定，这是出于一种灵魂转世的信仰，即灵魂会从一个身体转移到另一个身体。做父母的预见到孩子注定要受穷，认为与其让这个灵魂逗留在缺衣少食的惨境，还不如立即了断，好让他寻找更好的归宿。

人们可以想见，不管是多么深刻的迷信，都不可能叫父母做出这样的推理，尤其是在这样一个重大的时刻，当希望和恐惧、狂喜和剧痛轮流交织在母亲心中的时候。另外，中国人一般很不在意迷信的概念，除非在他们感到了切身危害的时候。同样不能成立的是假定产婆可以自作主张，秘密而自愿地谋杀一个无辜又无助的婴儿，只是为了解除别人会有的、她自己却不会有的罪恶感。如果她是受到了做父亲的怂恿而做这种恶行的，因为他对一个婴儿的感情可能比做母亲的产生得慢，我们就得在惨无人道的双亲之上再加一位帮凶了。不过这样一种假设并不能为中国人的美德增添多少光彩。

极端的贫穷、无助的困苦、连年不断的饥馑，以及由此而引发的悲惨景象，恐怕更有可能影响到那些感情脆弱的人，并导致这一为习俗所鼓励、又不为法律所禁止的惨无人道的罪行。如果这种推断成立，并考虑到将来的好处，那就很容易理解为什么弃婴大多数都是女性了，因为她们最不容易自立，最不能为父母带来利益。这种罪行最常见于拥挤的城市，因为在那里，不但贫困最为普遍，而且每天都在发生不人道的、草菅人命的、暴虐而残酷的事情，人心变得麻木，对那些原本让人惊悚的景象习以为常，最终对这种恶行变得无动于衷了。

不过，我担心这种行为即使在最边远的省份也是寻常可见的。曾在福建（Fo-kien）生活多年、如今在伦敦的一位可敬的法国传教士告诉我说，他有一次去拜访一位信徒，正好碰上信徒的妻子分娩。那个不幸的孩子被交到父亲的手上，叫他放入准备好了的一个水缸中溺死。传教士规劝他不要犯这种人神共愤的罪行。这人振振有词地反驳说，他现有的孩子已经养不过来了，留下这条小命受苦受难更是一种罪过，还是在他不知不觉时就结束他为好。传教士发现争辩无济于事，就说："作为一个基督徒，你不会拒绝行个洗礼来拯救婴儿的灵魂吧？"在做洗礼的时候，那个父亲双手抱着婴儿，双眼不由得注视着孩子的脸。传教士觉得他的天良在苏醒，就故意拖延时间，以便他潜在的父爱星火烧成燎原。洗礼结束时，传教士说："我已尽了我的责任，拯救了他的灵魂。""现在轮到我了，"那人截住了他的话头，"我将尽我的责任，救下他的生命。"然后赶快把婴儿送回母亲的怀抱。

在做父母的毫无顾忌地谋杀自己孩子的情形之下，中国人所津津乐道的孝顺之心在实际生活中该是多么的微弱。根据永恒的自然法则，父母对子女的慈爱之情应该是无比强烈的，要胜过中国法律所偏爱的、要求在父母不能自理生活后所给予保护与赡养的孝道。这是我相信无人会怀疑、也是我已经声明过的一种有力的证据，说明中国人的孝道可以被视为一种古老的、以国家法令为后盾的规矩，而非真正的民风。

有一点我觉得有必要在此一提，虽然它不能为这一罪行开脱，却能减少几分它的严重程度。这一点我不记得前人的著述提到过，而我在质疑其真实性上有无可否认的权威。每一具尸体，不管是大是小，都必须抬到城外相当远的坟地去，而习俗又要求一切葬礼都应当竭尽全力来操办。这样我们就很容易想见，限于财力，北京的居民，就连那些颇为富裕之家，也都毫不犹豫地把死产儿、可能活不过满月的婴儿，放进篮子，扔在街上，反正巡街的兵丁会收捡他们。在这个据说有300万人的城市中，我们所估计的每年被抛弃的9000婴儿里，有很大一部分都是上述性质的弃婴。中国人葬礼的铺张程度是欧洲人所难以想象的。广州十三行的一位富商把他母亲的灵柩留置不葬近12个月，就是因为一时不便举办一个符合他身份和财力的葬礼。

我也听说中国有收容弃婴的育婴堂，不过规模都很小，皆由私人的捐赠所建和维持，所以其可持续性就跟施主的财富一样不甚牢靠。

一个天性既不残忍也不阴郁暴躁，而是和平、温顺和快乐的民族，其性格之中却有这些令人不快的特点，只能归之于习俗的教化和无时不在的权威的胁迫了。这一推断可以由大批不同时期来到菲律宾群岛、巴达维亚、槟榔屿，以及其他我们东印度公司属地的移民的行为得到证明。在那些地方，他们的诚实跟他们的温顺和勤奋一样出色。对巴达维亚的荷兰人而言，他们是石匠、木匠、裁缝、鞋匠、店主、银行老板，是一切的一切。在那里，懒惰和奢侈到了如此严重的程度，以至于没有中国人的帮助，荷兰人真的有饿死的危险。然而当地那个臭名昭著的政府却在1741年，残忍地屠杀了数以千计的这种毫无危害、毫无抵抗的人，无论是妇女还是小孩都没能逃脱这些嗜血鬼的愤怒。

在那些地方，他们发明创造的聪敏似乎也跟学习模仿的精确一样出色。然而在自己的国家里，他们被认为只有在后一方面才是出类拔萃的。人生来就是贪婪的动物，其积累财产的努力取决于法律所赋予他们的、拥有和享受财产之权利的稳固和持久程度。在中国，有关财产的法律不足以提供这种稳固感，于是创造的才能在那里，除了在绝对必需和紧迫无奈的情况之下，很少得到发挥。事实上，那里的人生怕被认为是富裕的，因为他们深知，一些贪得无厌的朝廷官员总能找到法律根据来侵占他们的财产。

中国各阶层人民都外表文雅，风度翩翩。但是因为无论什么高官显贵都受朝廷的控制，所以他们彬彬有礼但并无诚心，形式上客套但并无有教养的自然或优雅。一个下级官员在上司面前摆出要下跪的姿态，上司做出一个小动作就算把他扶了起来。一个普通的礼节也由礼部制定，任何疏忽或违反，在平民会被处以肉刑，在官员则会被降级或撤职。朝廷认为，使人民在外表上、在公共场所彬彬有礼，对社会各方面都大为有益。在同级官员中，在下层市民之间，很少听到恶言恶语，更少发现斗殴。如果一场争吵会发展到这一极端，其结果也只是拽下头顶的一绺长发，撕碎对方的衣裳。出剑或者拔枪之举足以把一个普通中国人吓得昏过去。他们的战士也少有勇敢的行为。中国人绝对可以被认为是地球上最胆小的民族之一了。他们似乎既无个人的勇敢，也没有面对艰险镇定自如的气概。这大约是因为重精神教化而轻武力征服的缘故。可是，恐怕又没有什么国家比中国有更多的自杀行为了。这在女子中跟在男子中一样普遍。这种行为不被视为丢脸，因而不受谴责。朝廷事实上似乎是鼓励自杀的，比如常见的对死刑的减等便是自尽。前任广东总督在两年前就是吞下自己的玉鼻烟壶自尽的。鼻烟壶堵住了食道，让他死得痛苦万分。

在这样的国度里，人人都有可能变成奴隶，人人都有可能因官府中最低级官员的一点头而挨板子，还要被迫亲吻打他的板子、鞭子或类似的玩意，跪倒在地，为麻烦了官府来教育自己而谢罪。于是荣誉观和尊严感就无处可寻了。既然朝廷的法令要求笞刑，舆论又认同这种体罚是对受刑人的好意帮助，一种侮辱的原则便被树立了起来，人的尊严概念被巧妙地消灭于无形。

事实上一个奴隶是没有荣誉可被剥夺的。依赖并受制于他人，没有权利申述，这种状况本身就是侮辱。不幸陷入这种境地的人不会有更大的羞辱感了。这种处境的恶果是数不清的，显现在这个以风度优雅和政治文明著称于世的——我认为是名不副实的——民族的方方面面。一个中国商人只要有机会、有办法，就会欺骗，因为他一向被认为是绝不可能诚实的。一个中国农民只要觉得不会被人发现就会偷窃，因为其惩罚只是挨板子，而挨板子本来就是他的家常便饭。一个中国王公或宰相会侵夺百姓的财产为己所有，只要他认为这么做了之后不会受到惩罚。唯一能制约这些官员的贪婪的是害怕，对可能被发现的害怕。对荣誉的爱惜，对羞辱的恐惧，以及公平正义的意识，似乎是大多数官员都没有的。

没有必要在已有的记录上增添事例，以证明中国商人跟欧洲人交易时的奸猾狡诈，或者跟自己人交易时的诡计多端了。这在大多数国家已人所皆知，在他们自己人当中则成为谚语。商人在这个国家被认为是最低下的一类人，所谓"无商不奸"，其职业就是制造人为的商品紧缺。例外于这种普遍性格的，或者说极可能是舆论生造出来的，是那些直接由朝廷严密监督的商人。据说他们在广州跟欧洲人交易时总是诚信而可靠的。这些人被称为"在行商人"，以区别于普通的商人，俗称"买卖人"（Mai-mai-gin）。他们或许可以跟英国最杰出的商人阶层相提并论。

因为经商一般来说在这个国家的信念里是不体面的行当，所以毫不奇怪，在公众眼里，到他们港口做生意的外国商人也没有什么可尊敬的，尤其是在这些人无视他们的敏锐和谨慎，对他们玩过几件拙劣的诡计之后。特地为中国市场而生产的工艺平常、华而不实的钟表，一度非常抢手，如今已无人问津。一位受雇于尊敬的东印度公司的先生想到，布谷鸟自鸣钟或许能在中国畅销，于是定制了一大批，结果销路之好出乎他乐观的预料。可是这些木制的机械仅仅是为销售、而非使用而造，早在这位先生带着第二批货到达之前就都成了哑巴钟。他的钟如今不仅卖不出去，先前的买主还威胁要退货。这本来无疑会成为事实，但是他灵机一动，不但安抚了先前的买主，而且找到了第二批货的买主。他以无可置疑的权威姿态骗他们说，布谷鸟是一种非常奇特的鸟，只在一年中特定的季节才叫。他还向他们保证，合适的时刻一到，他们买下的所有布谷鸟都会再次"婉转而鸣"。自此之后，中国人有时以木制的火腿冒充真货欺骗欧洲买主，也只能说是即以其人之道，还治其人之身了。

如果你期望一个皇孙会有更高尚的行为，我就讲一件我在圆明园暂居期间发生的事吧。这位先生当时约有25岁，没有固定的职业，几乎天天都到正大光明殿来，看我们安置给皇帝的礼品。他经常要求看我挂在口袋里的一块金表。一天早上，我收到他叫一个传教士送来的口信，问我表是不是出卖，要什么价。我向传教士解释说，这块表是朋友送的，是件纪念品，我不愿意失去，不过我会想法弄一块同样质量的给他。我知道我们的工匠当中有这样的东西出售。可是很快我就发现，这位皇孙阁下已经跟他们接洽过了，只是不喜欢他们出的价。

第二天早上，又一位传教士来找我，带来皇孙送我的礼物，计有约半磅普通茶叶，一个绸荷包，以及几件花哨而无价值的小玩意，同时暗示我，他期待我将那块表作为回报带去给他。我要那个传教士立即把礼物退回给皇孙。这位传教士生怕皇孙恼怒，很不情愿地照办了。这个可怜的家伙正好自己也有一块金表，于是被请拿出来看看。同一天，皇孙的一个家仆就去拜访，说他的主子愿意屈尊接受他的表。对于这一要求，他不但非送不可，而且必须跪下叩谢这一格外的恩宠。他还告诉我，这同一位皇孙拥有至少一打表，都是以同样体面的方式得来的。

在前荷兰特使的礼单上有两座大钟，原属天才的考克司（Coxe）先生的私人收藏。在从广东到北京的漫长路途当中，它们遭受了轻微的损坏。在离开北京时，他们经由一个传教士得知，这两座钟在修理时被宰相和中堂以另外两件极其低劣的普通之物换了去，据为己有。或许在将来什么时候，他会再以自己的名义将其贡呈给皇上邀宠。

这些事例再清楚不过地昭示了中国人自夸的道德品格中的巨大缺陷。不过就像我先前说过的，其错当在于政治制度，而不在于民族的天性或气质。经由承袭了被征服民族的语言、法律和礼仪而坐稳了宝座的清廷，保留了这一古老政体形式上的所有弊端。统治者的性格或许稍有不同，但被他统治的却保持了原样。

鞑靼人因为采纳了汉人的服饰、风俗和习惯，因为源于同一个人种，面貌极其相像，在外观上看不出跟汉人有什么区别。如果一定要说有什么差别的话，或许就只有身材。这可能是地域造成的。汉人相比之下较高而瘦弱，鞑靼人一般都较矮而粗壮。小眼睛、眼角接近鼻根是鞑靼人和汉人在外貌上共有的主要特征。他们还有着同样的高颧骨和尖下巴，加上习惯于不留胡子，使得整个脑袋呈倒圆锥形。这在有些人尤其显著，不过并没有普遍和奇特到足以把他们视为怪物。我们那位可敬的王大人是纯正的汉人，他的脑袋形状跟欧洲人毫无区别，除了眼睛例外。希基[①]先生给这位大人画了一幅肖像，栩栩如生；他又深受英国使团中每个人的热爱，所以我很高兴有机会把它放在这部书的首页。

---

① Hickey，随团来访的肖像画师。

王大人（1793年 水彩） T.希基

汉人和鞑靼人的自然肤色似乎都介于棕色和黑色之间，其色调的深浅取决于受气候影响的多少。下层妇女不是在田间劳作就是在船上生活，所以皮肤几乎无可避免地都显得粗糙，呈深棕色，就像霍屯督人一样。不过这是我们在几乎所有国家的穷人身上都能发现的。艰苦的劳作、不良的营养以及过早和过频的生产，再娇艳的花朵也很快就会枯萎。活泼而丰富的表情，可爱的肤色，都是养尊处优和教养的结果，从而区分了平民百姓和上流人家。我们在中国也见到过连欧洲也没见过的美人，虽然非常少。最常见的是小小的黑色或深棕色的眼睛，短短的圆鼻子，一般都有点疏于收拾，嘴唇明显比欧洲人厚，黑头发。

满洲鞑靼人似乎是一种混血。在我们所接触过的当中有几个，不管是男是女，都肤色白皙，脸色红润，有些有淡蓝色的眼珠，笔直或鹰钩鼻子，棕色头发，茂密的络腮胡子，更像是希腊人而非鞑靼人。希腊粟特人的后代一定跟西鞑靼人通过婚，而鞑靼人跟满族人是相通的，所以满人极有可能就是这样得到此种容貌的。乾隆常常自夸是成吉思汗的子孙，鼻子就有点鹰钩，面色红润。但那只不过是例外，他的主要特征显然跟汉人一样。

尽管外貌和风俗几乎一模一样，交往一深，你很快就会发现他们的性情大为不同。偏爱近于粗鲁的耿直而唾弃近于奴性的顺从的人，宁愿被公然地抢劫而不爱被文明地欺骗的人，无疑会赞赏鞑靼人的性格。不过鞑靼贵族在占据了朝廷的高位之后，很快就丧失了原有的朴素和粗野，在行为举止上跟汉人已大同小异。

北直隶的老总督是个满人①。他那轻松自然、礼貌恭敬而又尊贵自重的态度，是现代欧洲最有风度的侍臣都无法比肩的。他对使团事务周切关注，在天津款待我们时真挚自然，给下级官员和家仆指示时平易慈祥，赢得了众口一致的爱戴。他是一个78岁高龄、非常可爱的老人。个矮，眼小而亮，神态慈祥，长鬚银白，整个形象沉着镇静，不怒而威。那个皇亲松大人也是朝廷六部的长官之一，不管是在威严、自然，还是在待人接物方面，也毫不逊色。新任广东总督长大人（Chung-ta-gin）②是个朴实、谦逊而温和的人。宰相和中堂、那个小个子鞑靼代表以及前广东总督，是我们有机会接触的许多高官之中少有的几个脾气暴躁、冷淡倨傲和顽固不化之人。我们交往过的其他官员，不管是汉族还是满族的，在私底下都谈笑风生，自然亲切，友好随和。只是在公开场合和相互之间，他们才一本正经，对习惯礼仪一丝不苟。

　　这个民族的主要性格是一种奇怪的混合体，交织着高贵和卑劣、虚假的严肃和真正的轻浮、优雅的文明和极端的粗俗。对话表面上极其简单和明了，实际上却包含着一定的技巧和狡猾。欧洲人对此确实缺乏应对的准备。他们跟特使交谈时提出觐见礼仪问题的技巧，就是他们处理这类事务的范例。

　　他们几个装着偶然想到，说不同的国家有不同的服饰，真

---

　　① 当时的直隶总督是梁肯堂（1717—1801），字构亭，号春淙，钱塘人，不是满人。
　　② 长麟（？—1811）。1793年9月14日—1796年7月5日期间，接替福康安担任两广总督（全名为"总督两广等处地方提督军务、粮饷兼巡抚事"）。

是有趣。于是自然而然地作起比较来，并煞有介事地仔细审视我们的衣服。拐弯抹角地说了一大通之后，他们认为他们的好，做得宽松，不加捆扎，较为便利；而我们的呢，除了笔直站立之外，一定极其不舒服和麻烦，尤其是在行三跪九叩大礼的时候。可是呢，那又是惯例，凡是皇帝出场，人人都得遵行的。这一泛泛的暗示虽然很巧妙，却没被接受。于是他们继续比较他们的短裙和我们的马裤，他们膝盖多么灵活自由，我们的搭扣和袜带又多么碍事。这就引到了问题的关键。他们推荐说，当然是出于友好的关怀，我们应当放弃马裤，以免在觐见时感到不便。

在锲而不舍的谈判中，更准确地说，是强迫性的说服中，这个鞑靼代表花样百出，不过手段用尽也没能让特使无条件地接受清廷的觐见礼仪。宰相最后派他来通知特使，关键的问题终于解决，就行英国式的礼好了。但是，他又说，因为在中国是不可以吻皇帝之手的，所以特使不能仅仅单腿下跪，而是要双腿都跪下，以弥补那一部分英国的吻手礼。这个建议特使应当不会拒绝吧？他们真的是在最无足轻重的一点上倾注了过分的关注和精确，仿佛是在谈判一份和平协议似的，甚至比谈判一份和平协议还有过之而无不及。

由于我们觉得公然拒绝任何要求会显得缺乏教养，他们就认为每一项建议都得到了默许。他们毫不犹豫地许诺，但通常会找一些巧妙的借口和似是而非的反对理由让你失望。他们没有实事求是之心，毫无诚信可言，为了眼前的利益，出尔反尔绝不脸红。

他们无时无地不自诩武力强大，不显示极端的高傲。别国的优势显而易见，他们却置若罔闻。虽然已经退步到必需雇用外国人来订正历法和照料钟表，虽然已经惯于每年收到各种各样从欧洲来的精巧机械，他们却还是顽固不化，认定所有民族跟他们相比都是野蛮人。广州的一个中国商人有机会经常看到英国船，比本国的那些远航巴达维亚和其他港口的船优越，钦羡不已，决心仿造一艘。可是户部（Hoo-poo），即收取关税的衙门，接到了报告，不但命令他放弃这个工程，而且为擅自接受蛮邦式样而处以重罚。他们的民族自大到了如此严重的程度，以至于没有一样进口的物品，像我在其他地方所见的那样，保留着原来的名字。没有一个国家、一个人或者一件东西，不被冠上一个中国名字的，为的是使他们的语言，尽管贫乏，保持纯粹。

不同民族的问候语也许可以被看作是民族性格的反映。"老爷"（Lau-ye）是一个尊称，可以这么称呼朝廷的高级官员，因为这个体制反复灌输服从、尊敬和保护老人的基本信条。在下层社会，南方一些省份常用的问候语是"呷饭"（Ya fan），即"你吃了米饭没有？"因为普通百姓所能希望享受的最大幸福，就包括有足够的米饭可吃。这在荷兰也一样。荷兰人被视为好食之徒，有一句上午的问候语是所有阶层的人都常用的："Smaakelyk eeten！""祝你有一顿美餐！"这个民族的另一句普通的问候语是："Hoe vaart uwe?"即："行船可好？"显然是从共和国早期传下来的。那时候他们都是航海者和渔夫。开罗的习惯问候是"你汗出得好吗？"干燥而滚烫的皮肤是一种致命的疾病"一日热"的明确症状。我相信有些作者在比较傲慢的西班牙人和轻浮的法国人时注意到,前者步子高傲而坚定,态度僵硬而严肃,反映在问候中便是:"Come Esta?""你站得怎么样?"而"Comment vous portez vous?"即:"你行进得如何?"同样表达了后者的轻佻步伐和浮躁行为。

中国人在他们自己中间非常讲究礼仪,重视形式,疏忽了礼部所制定的哪怕最小的一个细节也被视为犯罪。持名刺拜访在我们是一种现代的高雅风尚,在中国却是有千年历史的普通习俗了,不同的只是中国访客的身份可以立即从名刺的大小、颜色和装饰上看出来。这些也会因被访者的身份不同而有变化。那位北直隶老总督给特使的名刺是一张大红纸,大到足以糊满一间中等房间的四面墙壁。

第五章　宫廷生活

清廷的总体特征——皇宫建筑——马戛尔尼勋爵笔下的觐见仪式——皇帝的万寿大典——木偶戏——滑稽戏——摔跤——烟火——荷兰使团所受的款待——中国舞台剧简述——极端的例证——令人发指的场景——乾隆的人生和性格——误杀亲子——自诩不朽——太监干政帮助了鞑靼夺权——太监目前的地位和职务——皇帝的妻子和嫔妃——皇帝死后她们的命运

概述了中国各阶层的状况之后，大清朝廷的主要特征和基本性质就大致清楚了。马戛尔尼勋爵已经精确地指出过，它乃是"一种奇特的混合，交杂着一贯的好客和天生的猜疑、形式的文明和实质的粗野、虚幻的顺从和真正的偏执"。这种性格贯穿于所有跟朝廷相关的各部，虽然会因各部长官的个人性格而稍有变化。至于我们那种与众不同的、真正高雅的礼仪，是不可能期望于东方的。这只要证诸他们所习惯的对待女性的态度就够了。虽然各部长官每天都在不同的议事场合相逢，偶尔也舍弃那种生硬而正式的官腔，在朝廷上却循规蹈矩，一丝不苟，那种做作和客套就像从未见过面似的。我们的那两位同僚朋友王大人和乔大人在宫里相见，按照帝国的礼仪，互相屈膝问候，那模样在我们看来极其荒谬可笑。

这些人虽然有时也在一起宴饮交际，我却相当怀疑他们之间会有任何程度的亲密关系。我们那两位可贵的居停主人在广州碰到一位老熟人，福建省某市的知府。他在河里的一艘花舫上招待他俩，我也被私下邀请了。一进船舱，我就看到三位先生身边各有一位衣着华丽的年轻姑娘，脸颊、嘴唇和下巴都抹了浓浓的胭脂，其余的脸蛋和脖子涂了白粉。为表示欢迎，每个姑娘都敬了我一杯热酒。筵席十分丰盛，菜肴品种之多是我至那时为止尚未在中国之旅中所见到过的。席间，这些姑娘吹笛吟唱，但是无论歌词还是乐器都没有什么可爱的。整个夜宴无拘无束，但是在散席之时，王大人特别叮嘱我不要谈论任何所见所闻。我猜想他是担心同僚会责怪他们不谨慎，让一个蛮夷见证了他们道德自律的松弛。那条花舫和姑娘似乎是特地雇来的。

朝会之日，皇宫广场上聚集了成千上万的朝廷高官和侍卫，个个锦衣绣袍，金银交错，色彩艳丽，秩序井然，鸦雀无声，庄严肃穆，确实壮观。

这种亚洲式典礼的壮丽辉煌只有在固定的节庆日，比如皇帝的寿辰、新年大典、耕耨大典，以及接见外国使臣等才能见到。使臣觐见又往往被安排在与某个大典一起举行。皇帝的万寿大典被认为是最壮观的，所有的鞑靼亲王和朝廷的文武百官都要到场拜贺。

除了上述庆典之外，为了社稷，皇帝很少在他子民中的汉人前露面。这点以后还会讨论。即使在上述庆典之中，他的活动也仅限于皇宫之内，平民是完全被隔离在外的。按照他们的节俭法规，皇帝居所的外观一点也谈不上壮丽辉煌。构成皇宫的殿宇以及其中的家具，如果略去那些彩绘、琉璃瓦和油漆不论，看上去跟平民的屋宇一样，同样缺少多余而昂贵的装饰。传教士和一些旅行家曾津津乐道北京和圆明园的宫殿多么宏伟壮丽。谁要是信以为真，那么一经目睹就会大失所望。这些宫殿跟该园的普通民居一样，全都是按照帐篷的式样设计的。所谓的壮观只是相对而言，是就数量而言；其数量之多的确可以自成一个小镇。它们的墙比普通民居的高，它们的木柱更粗，屋顶更大，不同的部分使用不同的油漆和彩瓦。可是它们没有一幢超过一层，又被简陋的小屋杂乱无章地簇拥着。

　　有些作者说过，英格兰国王居住的圣詹姆斯宫比欧洲任何君主的都差。在我看来，跟中国的皇家宫苑相比，圣詹姆斯宫总体上虽然逊色，其卧室、家具以及生活设施，还是大大地好过中国的。不错，中国宫殿的石头或黏土地面有的铺了英国绒面呢地毯，但是窗户没有玻璃，没有火炉、壁炉，也没有炉栅；室内没有沙发、书桌、吊灯，也没有镜子；没有书架、印刷品，也没有油画。他们的床上既没有帷幔也没有床单。一张木椅，或是坐落在一个凹室里的砖砌平台，根据季节，铺上席子和褥子，硬枕头或靠垫，就是全部卧具了。它们通常不用门，而是用竹丝编的屏风来代替。一句话，法国君主时代凡尔赛宫廷大臣的破旧居所，跟中国皇帝拨给其宰相在京城和圆明园的住处相比，简直就是豪华宫殿了。

在庆典时节，诸官上朝，各自在单独的小屋里吃饭。一张小方桌，堆了一碗碗米饭和各种菜肴。没有桌布或餐巾，没有刀叉或汤匙；一双小棍或者豪猪刺，就替代了所有这些用具。把碗端到下巴底下，用这两根棍把米饭拨进嘴里，从汤碗或菜碗里捞肉片。孤独地吃完饭，一般就躺下来小憩。在一个像中国这样猜疑重重的朝廷里，如果熟人聚在一起，会被猜疑为别有图谋，尽管事实上他们的相互嫉妒和猜疑使得一切合谋皆不可能。

因为对中国人所要求的侮辱性礼仪俯首顺从，加上始终居留在京城，荷兰使团比英国使团有更多的机会观察朝廷的礼仪和娱乐，所以我在此就利用该使团中一位年轻先生所记下的相关部分。他所记的是新年大典，其观察的准确性是可以信赖的。马戛尔尼勋爵大人慷慨地允许我从他的记载中，摘录了他所描述的觐见和万寿大典。以上两种，再加上我自己在圆明园的观察，就应该能相当完整地反映中国大皇帝的威严、兴趣和娱乐了。

勋爵大人写道：

9月14日清晨4点，我们由王大人和乔大人护送，骑马出发去上朝。行了约1个小时多一点儿，距我们下榻之处约3英里之遥，在园门口下马。然后，我们步行前往皇家营地，被带到一座为我们准备的巨大而华丽的帐篷。它位于皇帝的大幄一侧。在那儿等了大约1小时，鼓乐齐鸣，宣告皇帝驾到。于是我们出帐，在绿地毯上迎接。他坐一架由16人抬的无盖肩舆，被扛着旗幡、伞盖的官员簇拥着。他经过之时,我们跪下一条腿致敬,所有的中国人则都按惯例拜倒在地。一等他登上御座,我就趋前到了他的大幄入口,双手捧着盛英王信函的镶钻大金匣,昂首挺胸步上御座的阶梯,把它交在皇帝手中。皇帝接过去,递给了宰相,后者把它置于一锦垫之上。皇帝交给我他给予英王陛下的第一件礼物,一柄如意(Eu-shee),即和平与昌盛的象征,并表示希望吾王和他应当永远和睦相处。那是一种白白的玛瑙似的玉石,也许是蛇纹石吧,约一英尺半长,精雕细琢,极为中国人所珍视。但是在我看来,它本身并无多大价值。

随后皇帝给了我一柄绿色而弯曲的玉如意,也具有同样的象征意义。他也欣然接受了我的一对漂亮的镶钻珐琅表,看过之后就递给了宰相。

乔治·斯当东爵士——他的头衔是全权公使,在我死亡或不在的情况下代行职责,我就是这样向皇帝介绍的——这时走上前来,像我刚做过的那样,单腿下跪行了礼,然后呈上两支精致的气枪,也接到了皇帝所赠的一柄相似的绿玉如意。与此同时,其他礼物被送交我使团的所有成员。我们从御座的阶梯上下来,在皇帝左侧的一张桌子旁坐下。这时,鞑靼王公和满汉大臣按照级别,也纷纷在其他桌子就座。他们都穿着相应级别的朝服。桌子的罩幔掀开,露出了丰盛的山珍海味。皇帝从他自己桌上的菜肴中选了几样送给我们,附带一些烈酒。中国人称它为果酒,但却不是葡萄酿造的,而是从米、香草和蜂蜜蒸馏或提炼出来的。

大约半小时之后,他派人唤斯当东和我前去,亲手给了我们每人一杯热酒。我们当即一饮而尽,感觉非常愉快和舒服,因为这天早晨阴沉而寒冷。他问了些话,比如吾王的年纪。听了回答之后,他说希望吾王也能跟他一样长寿。他那时是83岁。他的神态庄严,但是彬彬有礼、和蔼可亲。他对我们的接见非常亲切礼貌,令人愉快。

宴席进行得有条不紊。典礼的每一个环节都是在鸦雀无声的庄严肃穆中进行的,在某种程度上类似于一种宗教性的秘密仪式。

出席这个大典的有3位来自塔兹(Ta-tze),即勃固[①]的使臣,还有6位来自西南卡尔梅克[②]的阿拉伯使臣。在持续了5个小时的典礼当中,皇帝大幄遥对的地方上演了多种多样的节目,如摔跤、筋斗、走索和戏剧之类。

9月17日是皇帝的寿辰。我们在清晨3点就出发了,由王大人和乔大人引导,伴着通常的侍从人员。在万树园入口处的一个大帐篷里歇息了约两个小时,用了水果、茶、热牛奶和其他点心。最后来了通知,说大典即将开始。我们立刻进园,看到所有的满汉王公大臣都身着官服,在御幄前列队。皇帝并未露面,而是隐身在一座屏风之后。我猜想他这么做为的是既可以看见和享受典礼,又可避免不便和打扰。众人的目光都注视着想象中皇帝陛下所在的宝座,似乎迫不及待要开始这一天的祝颂。缓缓地,庄严的丝竹、沉闷的鼓乐、浑厚的锣鸣从远处

---

① Pegu,缅甸南部城市,古勃固王国首都。
② Kalmucs,居住在高加索东北部和中国新疆北部的蒙古族人。

北海（1793年 版画） W. 亚历山大

升起。蓦地,鼓乐俱息,万籁无声。然后它们再次响起,穿插着短暂的停息。与此同时,有一些人来来回回在大幄前的舞台部分忙碌,似乎在准备什么戏剧性的行动。

最终,大乐队,包括声乐和器乐,同时以全力发出和谐的轰鸣,广场上众人立即齐刷刷地面对这位隐而不见的尼布甲尼撒[①],匍匐在地,而

> 他只在云雾缭绕的神龛中
> 稍稍逗留了片刻。

此歌或许可以被视为一种生日颂歌,或者是国歌,其反复表达的意思是:"地上的万民,低下你的头,低下你的头,叩拜伟大的乾隆,伟大的乾隆。"当时在场的众人,除了我们,都低下了头,随着歌声的重复一次次匍匐在地。我相信,这天早晨向中国皇帝陛下的幻影所表达的崇拜和敬仰,是无论古代还是现代的宗教仪式都无法相比的。这就是根据朝廷礼仪,每年庆祝皇帝寿辰的情形。这一整天里我们都没见到他,也没有任何大臣去见他;我这是猜想,因为他们跟我们是同时进退的。

典礼之后,皇帝派了宰相和一些大臣陪我们游览御花园。我们在一座宫殿里用了各式点心小吃、水果蜜饯、牛奶冰茶之后,有一批人抬着黄盒子列队走来。我们被告知说,盒里盛的是皇帝赐给我们的绸缎和瓷器。他们经过时我们频频鞠躬致谢。

---

① Nebuchadrezzar,古巴比伦国王。

我们还观看了中国木偶戏，那跟英国的几乎没什么两样。有一出说的是一个受难的公主被困在一座城堡里、一个侠客打败了野兽和龙、解救了她并跟她成婚的故事，以及婚礼庆宴、马上比武、格斗竞技之类的场面。还有一出滑稽剧，其中一些主要角色类似 Punch 和他的妻子、Bandemeer 和 Scaramouch[①]。中国官员说，这出木偶戏本是专供内宫女眷看的，作为特别的恩典送出来给我们观赏。其中有一场受到陪同诸官员的大声喝彩，我想它一定是宫廷里最受欢迎的一个节目了。

9月18日早晨，我们再次上朝，受皇帝之请去观赏中国戏剧和其他庆贺万寿的节目。戏剧表演从8点开始，一直演到中午。皇帝坐在御座上，面对舞台。而舞台有一大块前伸至乐池部分。舞台两侧的观众席既无座位也无间隔。女客在上层就座，前有纱帘遮挡，以便她们既可以欣赏演出又不被人看见。

到达不久，皇帝就派人来请斯当东爵士和我去见他，极其和蔼地对我们说，我们不该为看到他这样年纪还看戏而惊讶。其实他因为疆域辽阔，百姓众多，很少有闲享受这样的娱乐。我在答话当中曾努力引导话题到我们此来的使命上去，但是他似乎不愿深谈，而是给了我一个小小的旧漆盒，盒底是几件玛瑙和别的玉石，皆是汉人和鞑靼人所极为珍视的。其上是一本小册子，由他亲手所书所画。他要我把它们转交给吾王陛下，作为友谊的纪念，说这个盒子是他家八百年相传的旧物。同时他也给了我一本小册子，也是由他亲手写绘的，再加上几个槟

---

① Punch，一译潘趣，其妻叫朱迪，英国传统的滑稽木偶剧中的角色，两人时时争吵。后两者是意大利古代喜剧中的程式化角色。

椰荷包。他同样也给了乔治·斯当东爵士一个类似的荷包，又送给使团其他成员一些小礼物。随后，一些绸缎和瓷器被分赠给满蒙亲王和朝廷大臣。虽然这些东西似乎没什么价值，他们却是以最大的谦恭和感激之情来领受的。

　　戏剧表演品种多样，既有喜剧也有悲剧。有几部是接连上演的，而情节并无明确的联系。一些是历史故事，另一些则全然虚构；部分是吟诵，部分是吟唱，还有部分则全然是道白，没有任何器乐相伴，皆为战斗、谋杀和其他戏剧中常见的情节。最后一场大戏赢得了满堂喝彩，因而我以为它代表了最高的创作水平。就我所能理解的看来，它反映的是沧海和大地的婚姻。后者展示了她丰富多彩的物产，包括龙、象、虎、鹰、鸵鸟、橡树、松树和其他奇花异草。沧海也不甘示弱，往舞台上倾泻了他的宝藏，诸如鲸鱼、海豚、海象和其他海兽，以及船舶、礁石、贝壳、海绵和珊瑚。一切都是由演员装扮的，演得惟妙惟肖，令人叹为观止。这两大族类先分别在舞台上绕着圈子舞了好久一阵，最终合成一体，来到舞台前部。变换了几番花样之后，分左右雁行排开，让出前场给那条鲸鱼。它似乎是它们的总指挥。它蹒跚着前行，在正对着皇帝御座包厢的位置站定，张开大口，向舞台前端的凹坑里吐出成吨的水来。这些水很快便消失于地上的孔眼里。这一喷水表演赢得了最热烈的掌声。我身边的两三个大人让我特别注意这一幕，同时反复喊道："好！真好！"

　　下午1点差8分时我们散了，4点又回到行宫，观看晚上的演出。那是在草地上举行的，背靠一座大帐篷，或称大幄。

我们就是在那里面第一次觐见皇帝的。今天皇帝在我们到达之后不久就到了,登上御座之后便示意开始。这一次是摔跤、舞蹈、筋斗之类的表演,在我们看来非常笨拙和生硬,因为演员都身着中国服装,与此相配必不可少的是一双后跟有一英寸之厚的大靴子。不过那些摔跤手似乎都技艺精湛,像是从角力学校(Palaestra)出来的佼佼者。

一个童子爬上一根有三四十英尺高的杆子,在顶上玩了几个花样,以各种姿势稳住身子。不过他的技艺不如我经常在印度所看到的同类表演。

有一个伙计仰面躺下,然后先后抬起脚、腿和腰,使身子倒立成一直角。在他的双脚之上放了一口空的大圆缸,约4英尺长,2英尺半到3英尺的口径。他把缸托稳了之后,蹬得它团团转了一阵。然后缸里放了一个小孩。小孩先在缸口边摆了几个姿势,便钻出来坐到缸顶上,一会儿起身站立,一会儿朝天平躺,一会儿转身俯卧,玩了上百个诸如此类的花样之后才跳下地来,解放了底下的助手。

随后是一个男子上场,在每只靴子上扎了3根细长的棍子,又拿出6个瓷碟,每个直径约8英寸,用手持的一根小象牙棍把它们先后一个个顶在棍端转了一会儿,再依次放在那六根扎在靴子上的细棍上顶着旋转。然后他用左手拿两根小棍,以同样的方式顶了瓷碟,也在右手的小棍上顶了一个,这样他手脚上共有9个碟子同时在旋转。转了一会儿之后,他又依次一个个把它们取下,放在地上。整个过程中没有丝毫的慌乱或失手。

类似的表演还有不少,但是我没有发现任何一种可以媲美塞德勒—威尔斯剧团表演的筋斗、走索等杂技,也没有看到任何类似休斯和阿沙利露天游乐场上所能见到的绝技。我以前一直听说鞑靼人驯马的技术是超群绝伦的。最后的节目是烟火。在某些方面,它超过了我们曾经见过的任何一种。虽然在壮观、辉煌和多样性方面不及我们在巴达维亚所见过的中国烟火,但在奇思巧想、匠心独具上却绝对是无与伦比的。特别令我赞叹的是这样一件装置:一个5英尺见方的绿盒子,由滑轮吊到离地面五六十英尺高的空中,盒底突然打开,释放出二三十串灯笼。每个灯笼里都有一点色彩绚丽的火焰在燃烧,依次展开之后形成一簇至少有500只灯笼组成的灯海。这种灯笼在我看来是用薄纱和纸糊成的。这样的灯笼串展示重复了好几次,每次的色彩和图案都不相同。这个大盒子的四周又有相应的小盒,以同样的方式释放出浓密的烟火,交织出或方、或圆,或六角、八角和菱形的图案,一个个都流光溢彩,耀眼夺目。在我看来,多彩多姿确实就是中国烟火的长处。烟火展示的压轴之作是万花筒,也就是万花齐放。一时间,天上星月齐辉,地上万炮齐鸣,空中百花共舞,在万树园上空留下一团缭绕的烟雾,1小时之后才散尽。在观看表演的过程中,皇帝陛下叫人送来各色点心。虽然我们刚刚才吃过饭,朝廷的礼仪却要求我们把它们都分食了,因为这是皇帝陛下的赏赐。

中国宫廷最优秀的娱乐似乎主要也就是我所描述的这些,加上当天早上那些拙劣的戏剧。但是,不管我们如何不屑于这个朝廷的状况和品味,都得承认全部演出的总体效果中自有壮观威严之处。皇帝陛下面对舞台,端坐在御座之上,所有的文武大臣都身着礼服，在两侧依序排开，或立，或坐，或跪，无数的侍卫和仪仗站于身后。全场自始至终一片肃静，听不见一声随意的谈笑。"

以上就是皇帝的万寿庆典期间，英国使团在满洲鞑靼地区的热河行宫中所受到的接见和招待。现在我要描述一下荷兰使团被接见的方式，以及在新春大典上所演出的节目，根据的是上文提及的那份日记。

这份日记写道，在进京的途中，他们十分惊讶地发现，离京城越近，这个国家的景象和人民的状况越显得贫穷凄惨。泥土垒成的小屋和半生不熟的砖所砌成的屋宇都破败不堪，寺庙倾圮，泥菩萨东倒西歪，残肢四落，居民稀少。第二天他们进了北京城，结果又是住到了郊区，在一种马厩似的处所下榻。在此地他们受命进宫觐见，所穿还是饱经风霜的旅行衣衫，因为行李没到。拉载他们的小车跟他们的衣着一样残破寒酸。这种车子并无座位，他们就坐在车底板上，在宫墙之内待了整整1个小时，等待中国方面清理出一间空屋子来接待。进屋之后又待了一会儿，才有人抬来几块木板，上置几碗鱼、肉、菜肴。吃完这些，当天的拜会就结束了。

第二天早上5点钟，他们再次被召进宫去，带入一间类似于前一天的那种小屋，也是什么家具都没有。天寒地冻，温度在零下好几度。特使交涉了很久，屋里才生了一堆小火，还反复声明这是格外的恩典。按照中国的礼仪，所有外国使臣都得在室外恭候皇帝陛下的到来。

最后皇帝陛下坐着八人抬的黄缎大轿来了。他行近荷兰大使及使团成员所在的地方时，掌礼官命令他们都跪倒在地，并吩咐大使以此姿势，将盛放国书的金盒双手高举过顶。朝廷的副相向前接过国书，转呈给皇帝。与此同时，使团各成员按吩咐以头叩地九下，感谢中国皇帝陛下的开恩接见。

这一仪式结束之后，他们按要求尾随皇帝的大轿，行至园中一个结了冰的水池。皇帝换乘了一辆轻便雪橇，被拽到搭在冰上的一座帐篷里，大使和他的随员则被引至一座肮脏的茅舍，比猪圈好不了多少，在一个以石头和灰浆垒成的炕上坐下。这间屋子跟他们昨天居留过的一样，没有一件家具。他们被告知说，很快就会送东西来给他们饮用。他们提出这不是他们所习惯的用餐方式，这样的屋子也根本不适合接待他们这样身份的人。过了一会儿，他们被带到另一间屋子，比先前那间好一点，但也只是多了几把旧桌椅而已。烛台是小木块所做，蜡烛就插在几个钉子上。中国人给他们送来几碗炖肉，一双鹿腿，尽管是来自皇帝餐桌上的美味，却连盘子都不带，就这么扔在了光秃秃的桌上。为了感谢这一皇家恩典，他们又被要求按例行了三跪九叩之礼。

在他或者他的朋友出版于巴黎的日记当中，范罢览描述了他们被皇帝陛下赏饭的有趣方式："一小块肋骨，上面的瘦肉不足半英寸厚，一块肩胛骨上则什么肉也没有，还有四五块不知是脊椎骨还是羊腿骨，看上去已被啃过。这一堆乱七八糟的玩意盛在一个肮脏的盘子里端来，看上去更像是喂狗的东西，而不是给人吃的食物。这居然是一个皇帝给一个大使的赏赐！在荷兰,就是最不堪的乞丐在救济所里也会领到一份整整齐齐的救济粮呀!如果这真的是君王的剩菜,我们就是有幸啃完皇帝陛下所选中的骨头了。按中国人的说法,这是极大的恩典!"

这些荷兰先生们同样愤慨于接见场所的简陋和肮脏,接待人员的傲慢和无礼。时到如今,他们不再认为自己的褴褛行装不得体了,而是觉得正好跟这种场面相配。

用完了美食佳肴,当天的娱乐节目就在冰上开演了。皇帝乘坐的是一种轻便雪橇,以四条龙形支撑,由一组朝廷大臣前拉后推。朝廷的四位宰相各自坐着由低级官员推拉的雪橇。满朝的文武大员很快也到了,有的坐雪橇,有的穿冰鞋,还有一些人在冰上玩球,抢到球的人由皇帝给赏。这球随后被悬挂在一座拱门上,数个官员在滑过时张弓搭箭向其射击。他们的冰刀在后跟处截断,前端则呈直角上翘。可能是因为这种形状,也可能是滑冰者技术生疏,他们不能突然停下。每当滑到冰的边缘或者靠近皇帝的所在,他们总是一个接一个地摔倒。

离开这里之后,他们穿过几条窄街,两边的房屋破破烂烂,与宫墙的宏伟形成惊人的对比。就在一幢这样的破屋子里,他们拜访了和中堂,亦称阁老,即宰相。宰相在一间四壁空空的房间里,盘着腿,坐在一张藤编的装有脚轮的矮床之上。这位大富人的命运下文我还会提及。面对这个人,他们也被命令下跪行礼。他不愧是中国的宰相,截住一切引向正事的话头,只跟他们大谈路途的漫长,感叹他们居然以单薄的衣裳抵挡了严寒之类毫无实际意义的话题。辞别了宰相之后,他们又拜访了副相。此人的居所也跟前者相似。此后他们就回到自己在城里的下榻之处。在这个声名赫赫的帝国,两位宰相的居所以及御苑宫墙中央的屋舍也如此破败,他们对自己的住所就没什么可抱怨了。这一天的所见所闻给客人留下的印象是极端的惊诧,因为跟他们被误导的期望有天地之别。

第二天清晨不到 4 点,他们就又被那种小车载到宫中。在类似的空屋子里等候了 5 个小时,才有两三个大人来看望他们,但是态度冷淡轻蔑,趾高气扬。"我们又有了一次机会,"这位荷兰旅行家写道,"来感受这座皇宫建筑物的宏伟与简陋、其官员的高傲和卑劣之间令人惊讶的对比。"

经过这些会见之后,他们被冷落了两天。但是当皇帝派人送来一袋葡萄干时,他们被要求像往常一样,三跪九叩地谢恩。另一次是御厨送来一只小鸡,也要求行同样的大礼。一句话,不管是在家里还是在宫中,中国方面都认定他们必须坚持操练叩头,即屈膝跪倒、以头碰地的礼节。

1 月 26 日,使节们接到通知,说皇帝陛下要去祭天地,他们得候驾。他们遵命前往。天气凄冷,温度只有华氏 16 度。在路边从清晨 3 点直等到 6 点,皇帝才乘御辇经过。他们按例行了三跪九叩大礼后便回家了。

第二天,他们又被召到同样的地点,在同样的清晨时分,目送皇帝回宫,又再次行礼如仪。

29 日,他们再次奉召去路旁侍候皇帝的大驾。这次他是前往一座宝塔,亦称布达拉(Poo-ta-la),即一种寺庙或修道院。那里有一大批和尚,身穿黄色袈裟,共同过着禁欲的生活。皇帝从那里供了燔祭。神秘的祭礼过后,送出了给大使和使团成员的礼物，还有给荷兰国王的，计有小小的荷包、单薄的绸缎以及一种粗糙的类似于水手惯称为船旗的东西。为了表示对皇家恩典的感激，他们又被要求以头碰地。

30日，他们被通告说皇帝要去他的圆明园游览，他们也必须随驾前往。像先前一样，他们在路边向经过的皇帝按中国礼仪叩头致敬。

31日，他们被几个朝廷官员带领着在圆明园转了一圈，领略了宫殿楼阁的雄伟多样，花园水池的博大精妙。圆明园的风光即便是在深冬也十分可观，使他们大为满意。在其中的一座宫殿里，他们看到了马戛尔尼勋爵上一年带来的几种礼物。它们被漫不经心地弃置在一大堆别的东西中间，很可能从来都没见过天日。那辆精工细做的、即使在伦敦也是众人瞩目的哈切特轻便马车，在此却被毫不在意地扔在一辆他们那种简陋笨拙的马车后面。他们佯装更爱自己的那一种。变幻无常如儿童，玩腻了的玩具必定会被扔在一旁，再捡起什么新的玩意；或者说，在这个事例上，这两种车是被故意放在一处的，以向欧洲人表明，中国人并不看重他们所炫耀的东西，能以简单而便宜的东西取得同样的功效。这虽属猜测，但根据其性格，可以说是虽不中，亦不远吧。

荷兰大使及其使团成员接下来领略了大清帝国的殷勤款待：欣赏其宫廷娱乐，主要也就是由杂技演员所表演的体操、走索以及哑剧。剧中的主角是披着兽皮的人，四肢着地，代表野兽，一批身着马褂的孩子尾随捕猎。这种追逐、音乐以及走索表演使得皇帝龙颜大喜，对演员大加赏赐。隐身在宫殿上层软帘之后的皇后和嫔妃窃笑连连,显然也十分欣赏。虽然时值午间,整个演出还是以五彩缤纷的烟花收场。散场时中国人一个个都是心满意足的模样。

2月4日恰逢月食,这给了荷兰使团一个机会在家小憩,尽管一大早还是被召到宫里去了一次。皇帝和大臣们这一整天都忙于虔诚地求神保佑,不要让围绕月亮徘徊的巨龙把它给吃了。忧惧尽释之后,第二天就安排了一场演出来庆贺。使团受邀出席。一番杂耍和孩子气的玩意表演过后,上演了一出表现龙月交战的大戏。二三百个和尚挑着高挂在长棍上的灯笼,蹦蹦跳跳地变换着各种各样的队形,一会儿是在平地,过一会又跃上了桌椅,令皇帝陛下和他的侍臣喜笑颜开。

2月15日,荷兰使团离开了北京。他们在那里居留了36天,几乎没有一天得到休息,总是奉诏在一年里气温很少高于零下10或12度的严冬,在一天里最不适当的时刻,去侍候皇帝和朝廷大臣,因为他们觉得合适;去行那种令人尊严扫地的三跪九叩大礼,至少在30个不同的场合。这种无条件的顺从却没有换来一件实质性的回报,只有皇帝的一句赞词:很好,你行了跪拜之礼以表敬意!最后,他们被逐出京城,一句也不许谈任何公干,一句也没被问到他们此来的任务。事实是,中国人理所当然地认定,他们是来向他们的大皇帝进贡的。

我所引用的这份手稿详细描述了所有的戏剧表演、戏法和杂耍的花样、杂技师的技艺。因为跟马戛尔尼勋爵所描述的、英国使团在鞑靼所观看的非常相似,所以我不再重述。中国戏剧的水平和清廷的品味至此已不必再多加证明了。

不过我以为，清宫的娱乐一定比鞑靼征战时代退步了不少。粗犷而朴实的鞑靼人更适合于从事舞蹈、骑术、摔跤以及杂技，而不适合于从事以吟唱和念白见长的一般戏剧，后者跟柔弱而彬彬有礼的汉人的天赋和气质更为相宜。我的这一看法源自汉人官员中非常普遍的风尚，即畜养自己私人的戏班。他们有时待客，上演的可不是上述的那类杂耍，而是真正的戏剧。在跨越中国的途中以及在广州，我们受到过好几次这样的款待。"表演的目的，"正如我们不朽的诗人①所说，"无论是最初、过去、现在，甚或将来，都是像镜子一样反映现实。"所以此时对这种表演做一简略的介绍或许不算离题。

所演剧目的题材大多是历史性的，讲述的都是远古时期的故事，因此剧中的服饰跟中国古代风俗一致。虽然也有反映鞑靼征战的戏，但是绝无此后的。舆论偏爱古代戏。也有喜剧，其中总会有个丑角，他的怪相和插科打诨跟我们喜剧中的小丑一样，总能博得观众的满堂彩。他们的戏剧对白，不管是正剧还是喜剧，多为平铺直叙，偶尔也有一点抑扬，以表达激情或抱怨。说白间歇地被尖厉的音乐打断，一般都是吹奏乐器。停顿之处毫无例外由一片稀里哗啦声填补，加上铿锵震耳的锣鸣，有时候是铜鼓。紧接着往往是一曲咏唱。喜悦、悲伤、愤怒、沮丧、疯狂，在中国舞台上皆试图由唱段来表达。我估计意大利歌剧的崇拜者一定会气愤于中国戏剧的表现形式，因为它们似乎是对这种时髦的表演艺术的讽刺。中国舞台上也不乏花腔女高音演员，不过实质上，正如天才而幽默的马丁·舍洛克借

---

① 指莎士比亚。

用一位法国女士给她好奇的女儿的解释：这种人跟男人的不同，恰如阉牛跟公牛的不同。这样的人物确实更适合于中国的舞台，因为该国的风俗禁止妇女在公共场合抛头露面。

情节的一致性被保持得很好①，以至于事实上他们从不换布景，当然想象之中地点一定是经常变换的。为了帮助想象，他们所采用的办法真是十分离奇。如果必须派一位将军远征，就让他骑一根竹竿，绕着舞台转上两三圈，气势汹汹地挥舞一根小鞭，唱上一段。唱完了之后停下，等到想象中的征途表演完毕，他再重新开始吟诵。背景的空缺有时以剧外人来填补，恰如语言学家所谓的拟人法的反面，以人拟物。比如要攻打一座带城墙的城市，一队士兵就在舞台上聚成一堆，进攻的一方便从他们身上爬过去。这叫人想起尼克·伯顿②的应急手段。"某些人必须扮成墙"，所以"叫他涂上石灰，或者泥巴，或者其他什么玩意来表示吧"。

观众对呈现在眼前的戏剧人物绝不会有疑问。就像在古希腊戏剧以及我们模仿它们的一切旧戏当中那样，为了让观众知情，所有的角色都会以适当的念白做自我介绍。

至于时间，一出戏有时候会包括整个世纪的演变，甚至跨越两倍于此的一个朝代。这种荒谬性给了伏尔泰机会，来比较他所认为是如实翻译的《赵氏孤儿》(Orphan of the House of Tchao)和"莎士比亚的那些被称为悲剧的荒谬喜剧"。可是，

---

① 这儿参照的是欧洲古典主义戏剧创作的基本规则"三一律"，即情节、时间、地点的完整一致。

② Nick Bottom，莎士比亚喜剧《仲夏夜之梦》中的人物。

尽管他不理解，这些作品将继续被满腔激情和喜悦的解人看作喜剧，而他的《中国孤儿》（Orphan of China）连他本国的崇拜者也免不了会遗忘[1]。

普雷马尔神父（Father Premare）这部拙劣的剧作很难被称为译作，既没有精湛的台词，也没有热烈的感情，又没有生动的人物。它只是一连串不自然的，至少可以说是极其不可能的事件，只能供儿童观赏，却无法激起一丝一毫的同情，然而又蔑视了那些戏剧爱好者的品位。该剧实际上是借助一条狗来结尾的，但是这一部分的故事是经由讲叙、而非表演完成的；至少在这个例子上，中国人的品味尚未堕落到这样的地步，以至于真的让一只四条腿的畜牲登上舞台。

这出戏跟另外99种一起刻成一部书[2]，被视为中国戏剧的经典剧目。然而跟我们一样，他们抱怨一种堕落的品味在现代作品中大行其道，使之远远不如古代。事实的确如此，当前的中国舞台上各种各样的粗俗淫秽都受到鼓励。一批名角常常从南京去广州演出，似乎大受十三行的商人及其他富绅的欢迎。有这种演出时，英国人偶尔也在场。他们的保留剧目中有一出是最受欢迎并反复上演的，其主题和表演方式极有特色，以至于我忍不住要评论几句。

一个女子受到诱惑，要谋杀丈夫。她趁丈夫熟睡之际，用小斧子砍他的额头。丈夫出现在舞台上时，眉眼上方是一大道

---

[1] 伏尔泰根据《赵氏孤儿》的故事改编或曰重新创作的五幕剧，又名《孔子之道五幕》。

[2] 指明臧懋循编《元曲选》，一名《元人百种曲》。

泪泪流血的伤口。他摇摇摆摆地唱了一曲,悲叹自己的不幸,直至血尽,倒地而死。女子被抓住,送至衙门,被处以活剐之刑。在随后的一幕里,她出现在舞台上,不但一丝不挂,而且整个被剥了皮。此人——阉人——裹身的薄薄一层东西如天衣无缝,又描绘得栩栩如生,表现了被剥了皮后令人作呕的景象。就在这样一种状况下,这个角色在台上唱了,更准确地说,是哀号了近半个小时,试图打动3个坐在阎罗殿上将决定她未来命运的判官,即3个类似于埃阿科斯、米诺斯和拉达曼提斯那样的神灵[①]。

人们对我说,很难再看到比这出戏里的这个角色更下流、更粗俗和更可恶的人物了。这出戏如果是意在"作为反映现实的一面镜子",那它所反映的现实便是其最丑恶、最野蛮和最不文明的状态,与中国人所夸耀的高尚道德、极端风雅、精致品味,以及文质彬彬的外表大相径庭。它实际上跟他们真实生活中的其他行为一起,增强了我通过观察得出的一个结论,即这一切与其说是存在于人们的心灵里,还不如说是只存在于国家的箴言里。正如我在谈到他们的孝道时已经指出过的那样,除了偶尔的例外,这一结论可能还普遍适用于大多数文明和道德习俗。

不过,一个中国人在看过哈利昆[②]骷髅戏后也可能会有类似的反应。这种戏近年来充斥了我们自己的舞台,幽灵鬼怪以及血淋淋的僵尸都被招来以壮场面。倘若不是因他们其他那些

[①] Aeacus, Minos, Rhadamanthus,皆为希腊神话中的人物,死后成为冥府三判官。
[②] Harlequin,英国喜剧中的一个诙谐角色,源于16世纪的意大利喜剧。

常演不衰的更不道德更加淫秽的剧目，我是不会从一出活剐女子的戏这样一个特例来对他们的品位做出总体上的判断的。这些剧目内容之粗俗下流，趣味之低级肮脏，达到了叫欧洲观众有时候因太令人作呕而被迫半途退场的程度。那样的东西是我所不忍描述的。我也不知道还有什么类似的场景可以拿来作相当的比较，除非是狄奥多拉①的下流无耻。根据普罗科匹阿斯②的描述，那是在查士丁尼一世③时期的罗马舞台上曾经上演过的④。鼓励这类东西之人的道德心一定沉沦得极深，完全丧失了一切文明教养。这些以及类似的场面或许可以被视为摒弃妇女对社会应有的影响而产生的恶果之一。

只有不顾事实和失去理智的人，才有可能赞美北京宫廷娱乐的高雅和精致。那些源于鞑靼人的节目，无法跟勇敢的古罗马人在圆形竞技场上所展示的高尚的力量和敏捷的竞赛相比。同样，汉人的普通戏剧也不能与欧洲更加柔和而又更加精巧和更加理性的同类戏剧并论。不错，我们知道罗马帝国衰落时期的舞台表演跟中国的一样粗糙野蛮。一开场他们也在宏大的舞台上展示奇特而美妙的自然风物。森林中百鸟齐鸣，岩洞里虎豹出没，平原上狮、象、犀牛、鸵鸟以及其他珍禽异兽漫游，就如非洲原野那样。这一切被同时带进了竞技场。如果大地的丰饶还不足以令

---

① Theodora（500?—548），拜占庭皇帝查士丁尼一世之妻，马戏演员出身。
② Procopius（约500—565），拜占庭历史学家。
③ Justinian I（483—565），拜占庭帝国皇帝（527—565）。
④ 参见爱德华·吉本（Edward Gibbon，1737—1794，英国历史学家，著有《罗马帝国衰亡史》。——译注。）在"查士丁尼一世"条下，有普罗科匹阿斯出色叙述的翻译。——原注

人满意,那大海也必须进贡。于是竞技场被改造成一片汪洋。最终,大地和海洋结为一体,制造了一场万物的竞争,实在可以跟中国的媲美。据拉丁诗人卡尔普尔尼乌斯[①]的描述:

林间猛兽不得擅美,
海牛与披毛戴角的共同搏斗,
而海马也展开了奇形怪状的竞赛。

简而言之,目前的中国娱乐绝大部分显然十分幼稚,或者说是十分低级和粗俗。就精致、趣味和合理性而言,只能与英国乡村小镇集会上所演的杂耍和木偶戏相比。在魔术、杂技、走索、骑术和体操等方面,他们极大地落后于欧洲人;但是在烟花的多彩多姿上,他们大约可以居世界之冠。在所有其他方面,中国首都的娱乐似乎都不足称道,根本不适合宫廷的那种伪装的严肃庄重和一般民众的文明状态。

老皇帝很少观赏这种娱乐节目,就像他告诉马戛尔尼勋爵的那样。事实也是,考虑到本朝统治的方方面面,这个帝国的辽阔疆域和几乎数不清的子民,他一定是朝惕夕虑,日夜操劳;而过去的四个君王也一定耗费了他们所有的时间、精力和才干,以保证取得超越前朝历代的无与伦比的丰功伟绩。83 岁的乾隆毫无一丝龙钟老态,有着一个身体健壮、精神矍铄的 60 岁之人的外表。他的眼睛漆黑,目光锐利,鼻子鹰钩,即使在如此高龄,面色仍相当红润。我估计他身高约 5 英尺 9 英寸,腰板极

---

① Calpurnius,古罗马诗人。约活动于公元 1 世纪前后。

其挺拔。虽然83岁的他既不算肥胖也不算强壮，但不难看出他曾经有过一副强壮的体魄。他的精力充沛，一生的操劳都没能令其衰弱。像所有的满族鞑靼人一样，他热爱狩猎，从不错过每年夏季举行的操练。他有射箭能手的美名，只稍逊于祖父康熙，后者在其遗书中夸耀说，他可以拉开150磅的硬弓。

他头脑的活力和思维的敏捷也不逊于他的身体。他心思缜密，行事果断，所以似乎无往不胜。他善良爱民，就像在所有面对臣民的场合所显示的那样。他在灾荒时期减免赋税，救济饥民，同时对他的敌人睚眦必报，残酷无情。急躁而固执，有时候使他断事偏颇，处罚过严。他的暴躁脾气曾经给自己造成了深重的痛苦，据说在他心灵里留下了阴影和忧伤，一生从未完全愈合。

在统治的中期，他去自己帝国的中部做了一次巡察。在苏州府（Sau-tchoo-foo），他看中了一个才貌双绝的女子，有意带回京城去。苏州的美女天下闻名，通常都是从婴儿时买来，调教之后再卖给富人之家。皇后通过一个太监得知皇帝有了新欢，害怕今后失宠，郁郁不乐，几天之后便以一条白绫自尽了。皇帝听到这个伤心的消息十分沮丧，立即返京。他的一个儿子，非常可爱的一个年轻人，担心招致父亲的不快，不知道在迎见他时穿什么服装才合适。如果穿哀悼母亲的丧服有可能冒犯父亲，因为是他导致了母亲的自尽；要是穿官服则有违于守母丧的礼制。儿子就此两难处境请教自己的老师。老师像一个真正的中国人那样，劝告他把两种都穿上。他遵教而行，不幸的是把丧服穿在了官服之下。此时的乾隆一片爱心又回到了过世的皇后身上，深悼其命运的不幸，一见面前的儿子没有服丧，便认定是不孝，恼怒之下，猛踢了一脚。很不幸，这一脚踢在了儿子身上的一个要害部位，叫他痛苦了几天，最终证明乃是致命的一脚。

他另外 4 个活下来的儿子从未分享到他的信任或权力。在他晚年，宠幸和大权集于宰相和中堂一身。他笃信宗教，每天早上都要礼佛。登基之初他立下过誓言，如果上天保佑，让他主政满一个甲子，即 60 年，他就会自动引退，让位给下一位继承人。在大功告成之时，他严格地履行了自己的誓言。他的信仰之虔诚可以部分地从他在远东鞑靼地区捐赠修建的数目众多、宏伟壮观的寺庙推断出来。热河的布达拉，即佛僧修道之处，就是其中最可观的一处。据说由于真的有幸如此长久亲政，他晚年自诩是喇嘛或佛在人间的化身。

"不管你会认为这样的自大是多么荒唐出格，"马戛尔尼勋爵写道，"我们从历史知道，即使是最高明的理智也可能会被繁荣昌盛所扭曲。人心不满足于现世的荣华富贵，有时就期望于来世的健康幸福。如果亚历山大可以不屑于认朱庇特、阿蒙神以外的人为父，如果众多的罗马皇帝可以在有生之年侵占神坛和牺牲，如果就连在伊丽莎白女王统治之下，也有一位英国贵族[①]鼓励人们相信，他是天鹅的后裔，接受对他那羽禽血统的献辞中的赞美，乾隆的这种类似的迷狂也就同样是可以原谅的了。他统治的长久和幸福，他无数子民的绝对臣服，他身体的健康和精力的充沛，使得他到那时为止，都见不到叫其他人时刻感受到人世悲惨和生命脆弱的东西。"

[①] 指白金汉公爵，参见莎士比亚的《亨利八世》第一幕第二折。——原注

乾隆皇帝（1793年 版画）　　　W. 亚历山大

直到病危，他还是不管冬夏，每天凌晨3点即起。他一般先服用一些有兴奋作用的食物来补胃，再去他的庙里礼佛。此后他阅览大臣的奏折。这是一些文武大臣分别从各自的衙所直接送呈御览的，而不是通常送交六部的那种。在7点左右，他饮用早点，有茶、酒和甜食，同时跟宰相商讨国事，在正式的朝议之前就重大事务下达指示。接下来便是早朝，通常有阁老，即六部大臣和其他朝廷大员出席。在11点钟又吃一次点心。公务之后，他或是去内宫散心，或是在御苑内散步。通常在3点与4点之间吃晚饭，饭后回到自己寝宫，读书写作直至就寝。一般以日落为准，很少例外。

他坚信自己长期的健康主要得益于早睡早起。这一信念在我们国家也已变成一种箴言，而箴言通常都是有事实根据的。已故的曼斯菲尔德勋爵，在很多年间都要求来见他的寿星禀告他们的特别生活方式，好供他归纳出长寿之道。这一调查的结果是，他无法在饮食的节制和放纵方面得出任何推论，只有在一点上所有的人完全一致，那就是早起。

乾隆在1796年2月执政满60年之后退位，把中国的御座让给了他第15个儿子，即目前的嘉庆。他死于1799年2月，寿享89岁。

满洲人入主中国之后，发现朝廷大臣皆由太监充任，内宫也充斥着这帮家伙，于是立即遣散了绝大部分，以受过良好教育和才能出众者取而代之。可是，在承袭了被征服王朝的法律和礼仪之后，维持后宫的正常运作又势所必然地要保留一定数量的太监。目前在所有宫苑中的太监也是数不胜数，就跟当年明亡之时一样，但是没有一个受到身居要职的抬举。不过他们自以为身价比平民要高出百倍，一串钥匙或一把扫帚就令他们拥有了官老爷的做作姿态和傲慢无礼。

这些太监分成两类。一类是仅被阉割了而永远不能有做父亲的福分，另一类则必须丧失男性的一切特征。前者被用来照管宫殿苑囿，以及做保证皇宫正常运作的那些工作。后者按传教士的叫法是 Rasibus①，被允许进入后宫。这些人要涂脂抹粉，改换装束，像女子一样搔首弄姿。他们的主要职责也就是服侍宫中的女眷。最受宠幸之人跟皇帝同睡一室，以便随时招呼。有此之便，他就发现有无数的机会来左右主子，打击异己。朝廷的六部大臣因这些小人的播弄而受辱的例子并不少见。

他们同样被居住在宫中的皇子、文武百官和宫中雇用的传教士所憎恶和害怕。后者发现有必要经常给他们送礼，有时还得送大礼，尤其是对那些皇帝陛下的贴身太监。如果这些先生碰巧随身带了表、鼻烟壶或者其他小玩意，只要太监喜爱，那就别无选择。传教士一得暗示，只有求他们笑纳，因为跟其分享财产是保持友谊的唯一办法。一次失礼曾叫某欧洲佬大受损失。这位负责照料宫中钟表的先生告诉我，那个掌握着宫殿钥匙的老太监经常在夜里进去，故意破坏机械，好让他费神费钱修理。这种事发生得多了，他终于发现了防止的诀窍。尽管所费不赀，但总比不断地修理那些被恶意破坏的机器损失要小一些。

中国太监染有一种恶癖，使他们有别于他国的同类。不管是抬轿的还是扫地的或者是可出入内宫的太监，几乎没有一个

---

① 法文，意为接近的，贴身的。

不在家里养女人的。那通常都是从穷人家买来的女儿,因而被他们视为奴隶。很难想象在生活中还有比一个太监的女奴更为悲惨、更受羞辱的状况了。不过对这些女子而言,好在这个国家里人的智力并不十分活跃。好几个传教士告诉过我这一现象,我也确有充分的理由相信,甚至到现在仍然相信。

正大光明殿的管领太监有一次带我去他的住宅,进门之前让我在外稍等,以便他在里面略做安排。那意思就是等他把他的女人打发走。我婉言道破这一层意思,他也没有丝毫不快。作为宫中女眷最宠爱的太监之一,他无疑是个"红太监"。他是世界上最变幻无常的人物,有时候极为谦和健谈,有时候愠怒阴沉,不肯屈尊说一个字。只要他认定受了冒犯,那就绝对要弄些小花样报复。我猜想他也是厨房的监工,因为我们伙食的质量和数量通常都取决于他心情的好坏。当特使对觐见的礼仪提出异议的消息到达圆明园时,他比往常更易发火,自以为有了高尚的报复理由。在正大光明殿内安放礼物,我们力求位置合理,利于展示。这已经够头疼的了,这个老家伙却决心给我们制造更多的麻烦。他打乱了已经定好的安排,要求把它们整个安放在殿的一头。我提出异议,他便假托握有皇帝的诏令,无论如何都得照办。他的理由是,"这样皇上可以从宝座上一眼就看遍所有的礼品,不必费劲转动脑袋"。

圆明园中众多的这类家伙使得我的居留极其不舒畅。他们似乎毫无疑问受命要监视我们的一举一动。如果走出所住院落,即便只是几步之外,我也确信他们中有人在尾随监视。要是我坚持往外走,那一定会把全园搅得天翻地覆。有一天,我无意间走入一丛似乎连接着女眷住处的灌木林,没走多远便听到了林中的几声尖叫。我马上辨认出是那些太监的嗓音。他们气喘吁吁地追上我。那位厨房老朋友对我的鲁莽行为怒不可遏,说这让他有掉脑袋的危险。我以为他是言过其实了。

太监和女人是皇帝闲暇时唯一的陪伴。后者只有一个人有皇后的封号,其下是两个妃以及她们众多的侍女,构成后宫的第二阶级;第三阶级有 6 个嫔和她们的侍女。他的这三级后宫共附有 100 个夫人,通常称之为妾,尽管她们跟其他人一样,在法律上都属于后宫的一部分。她们似乎跟古犹太人的女仆同属一类,有着相同的称号。她们的子女都被认为是皇胄,但是优先继承权一般都给予皇后所生的男孩,如果有的话。不过不管是从本族还是从外族当中选,皇帝拥有最终决定继承人的权力。公主一般都下嫁鞑靼亲王和其他鞑靼贵族,极少下嫁汉人。

新皇帝登基之时,朝廷高官如有女儿被选入后宫,就自认为是极大的荣幸。像欧洲某些国家的修女一样,她们将终生生活在宫墙之内。不过在中国,这样的命运在某种程度上是一切女人所共有的,跟欧洲的类似状况相比,较易被人接受。在欧洲,两性原则上拥有同样程度的自由。中国的习俗则赋予父母或族人权利,把女子卖给从未谋面的男人,从不预先征求其同意。把她们托付给一个皇子绝不会受苦,而做妾也不是什么羞辱,因为每一桩婚姻在这里也就是一种合法的卖淫。君王死后,他的所有女人就被迁到一座与世隔绝的宫里去。这种地方一般称为冷宫,揭开它的隐喻,也就是"禁欲之宫"。她们就注定要在那里度过余生了。

第六章　人文艺术

以为中文象形的观点——黑格博士的失误——词源比较的谬误——例证——中国方块字的本质——其困难和歧义——著名的古文物家因好奇而导致的错误——获取方块字的密码——口语——与鞑靼字母相比——中国文学——天文学——年表——60年循环——地理——算术——化工技艺——蒸馏法——陶器——丝绸生产——象牙——竹——纸——墨——印刷——机械——音乐——绘画——雕塑——建筑——北京的英国使馆——长城——大运河——桥梁——坟墓——自然物理——医学——庸医中药学——传染性高热——天花——眼炎——性病——产科学——外科——格里医生对他们的医学知识的看法——威廉·斯通先生对他们的民族性格的看法

即使没有风俗的踪迹可循，也没有权威的典籍可信，仅汉字一项就足以证明中华文明的源远流长了。汉语是如此独特，与任何非汉语衍生出的语言之间的差别是如此巨大和绝对，以至于在它与地球上人们所知道的语言之间，不论是在字形、结构方式,还是在惯用法上,都找不到丝毫的相似性。可是,一些作家,有些还是声望卓著的作家,认为从汉字当中可以寻出与古埃及废墟中发现的象形铭文之间的某种渊源关系;另一些人则认为它是象形文字的变体,每个字都是所要表达的意思的象形或会意形式,换句话说,是所要代表的事物的抽象描述。为支持这一观点,他们巧妙地选了几个可以通过笔画的增减,或扭直为曲,或变方为圆,就能达到象形或会意效果的字为例。比如"田"字,意思是一块耕地,他们认为它是围场的象形,突出者为田埂,而偏巧中国并没有围场。又如"口",意思是"嘴",他们认为字与物十分相似;"上"和"下"则准确地标明了位置。再如"人"字,按照他们的说法,明显是人的象形。然而就是这个字,中间加一横,成了"大",虽然因为有了手和脚,其实更像人形,却是抽象的量词;再加第二横就成了有形的或者说是可见的"天"。它们之间,以及与"人"之间,是很难找出可以类推之处的。至于"犬"字,其意思是"狗",则更不用说了。

的确,某些现存而尚未废止的古字,是采用了粗略的象形手法。例如,一个圆形代表太阳,一个新月形代表月亮,但这些似乎一向只是被用作简略词,与我们的历书和天文计算所用的手法相同。同样,中国的国土被设想为方形,中间加一条垂直线,以符合他们大地为方、其国居中的观念。以上就是些也许可以被视为象形的字符。还有,数字如"1、2、3"被写成"一、二、三",自然也完全方便地达到了目的,也许比任何其他字更为显明。依照普遍的计数习俗,即用手指数数,个位数数完之后，中国人的动作就是把右手食指垂直放在左手小指上代表"10"字，也就是数字"十"。

在此，我必须提及哈盖尔[①]博士的《汉字的基本释义》一书。在这部著作里，他提出了一个最骇世惊俗的观点，就是从其想象中存在的两国数字及其读音的相似性出发，证明古罗马与中国之间的联系。他的证据是，中国人用横线一、二、三表示1、2、3，罗马人用相应的竖线Ⅰ、Ⅱ、Ⅲ。罗马人把数字10设计成倾斜的十字×，中国是水平的十字十。这种数字形式是那么简单、那么自然，几乎一切民族都使用了它，所以其相似只是一种巧合，绝对不足以证明使用它们的民族一定在某些时期有过交往。可是哈盖尔博士似乎就是这么想的，并且进而声称罗马的三个主要数字Ⅰ、Ⅴ、Ⅹ，即1、5、10的汉语发音与罗马字母相同。这一论断虽属奇妙，却不正确。不错，1和5的汉语发音类似法语的 Y 和 ou，人们可以假定其源于古罗马字母 I 和 V。然而就 10 而言，他说汉语读成 xe。则完全错了。北京人把 10 发成 shee，广东人是 shap。这种错误似乎是哈盖尔博士被汉语和葡萄牙语的一些词误导而致，因为后者的字母 X 发音类似于我们英语的 sh。毋庸置疑的是，两国所使用的某些数字有些是外形、有些是发音的相似性不管有多大，都只能认为仅仅是一种偶然的巧合。

自葡萄牙人绕好望角航行之后，他们的传教士写下了对

---

① Joseph Hager（1757—1819），德国汉学家，在牛津大学任过德文教授，也在意大利帕维亚教过东方语言。本书提到的著作被视为英语中第一本系统研究汉语的著作，原文是作为由拿破仑资助编的一本汉、拉丁、法语词典的前言。词典编了四年，无疾而终。

中国的最早记载，中国专有名词至今还是以他们的语言拼写的，因而导致一些语源学家犯了巨大的错误，不仅在 X 上是这样，而且在以 m 结尾、以 h 开头的字上更是如此。前者被发成 ng，后者则伴有很强的送气音，像 sh 一样。于是清朝第二任皇帝的名字在欧洲最普遍的写法是 Cam-hi，在中国却被普遍读成 Caung-shee（康熙）。

博学的哈盖尔博士似乎对自己的下一个推测不甚满意。他说罗马人表示 5 时是简单地把 X 一分为二，中国人也一样，把古汉字 X，即十放在两条横线之间写成，似乎把十分成了两份。黑格博士似乎忘记了他在此处所用的是罗马形式的十，而不是中国人的十。而以把一样东西放在两条线之间来表示将其一分为二也绝对是奇怪的。但饱学之士在构建某一系统时是很少能避免谬误的。汉字的 5 是五。

在一切推论当中，从语源比较而来的大概是最虚妄的。倘若允其成立，则不难证明汉语与地球上的每个民族的语言都有关系。汉字是完全的单音节，每个字都以元音或流音结尾，同时，它又缺少我们的字母中的几个音，所以必然不能产生大量独特的字音。事实上，它只有 300 个，正是一个欧洲人所能清晰地发出、明白地分辨的那么多。于是，同一个字音顺理成章地必然具有丰富多样的含义。例如，有 51 个汉字都发 ching[①] 这个音，每个字的含义都不同，甚至相反。因为其他语言中碰巧有个字发音类似 ching，也正好拥有 51 个中国 ching 字中某一个的相

---

① 汉语拼音应是 qing。

近含义，就企图据以证明两者的渊源关系，无疑是荒谬透顶的。

希腊文中多有中国字音，kuwv，即狗，汉语中有两个字：狗（keou）和犬（keun），指的是同一种动物；EV，即好，与汉语的 hau 差不多，表示相同的品质特征；而冠词 Tò 与 ta、be（它，彼），即 that，相距不远。希腊人和罗马人都会在 go（我）中辨认出第一人称 weyw 或 ego，go 有时又发成 ngo。意大利文表肯定的 si 与汉语表示同意的 shee（是）或 zee 非常相近。法语的 etang 与汉语的 tang，意为池塘或湖泊，几乎并无二致，它们表否定的 pas 和 poo（不）也相去不远。对于语源学者来说，以 Lex、Loi、Le、Lau 与 Leu、lee、（律）即法律为例作相似性的比较，将会误入歧途。英语 mien，即面容，与汉语的面（mien）所表达的概念一模一样，而且我们的 goose 也许可以说是从他们的 goo（鹅）来的呢。sing 在汉语中是唱（chung），与我们的 chaunt 非常像。汉语唤猫为 miau，霍屯督人也是如此。在马来语中知道一词是 tau，汉语相应的单音节动词也是道（tau），尽管他们在交谈时一般用复合词知道（tchee-tau），这两个字单独的意思也是一样的。苏门答腊人称母亲为 mau，中国人说 moo。许多人也试图以这些同样无力的根据作语源学的比较和推论。倘若我没记错的话，异想天开的布赖思特先生就把 gate 一词视为印度语 ghaut，意为山间小溪的派生词。这绝对是大大歪曲了我们这个小单音词了。我们的 shallow 或 shoal 是否来自于汉语呢？因为汉语 sha-loo 的意思就是平坦的、有时会被潮水淹没的沙滩。一位著名的古文物学家在试图证明汉语与爱尔兰语的相似性时，犯下了可笑的错误，大多是因为所依据的汉字是以欧洲字母拼写的，他以为其发音也跟本民族词汇的发音一样了[1]。

不过,我必须告诉那些语言学家,中国几乎没有两个省份是使用同一种口语的。陪同我们的京官及其随从与南方省份的船工交谈都须有翻译。汉语的文字是一样的,但其名称或发音却是多变的。倘若一种发音像写法一样固定的话,那就可能是贸易交往所促成的,至少在数字的发音上就是这样,一定是从一地传到另一地、从帝国的一角传到另一角,重复了成千上万次的结果。让我们以中国最大的城市北京与广东为例吧。

	Pekin	Canton		Pekin	Canton
1.	Ye	yat	11.	fhee-ye	fhap-yat
2.	nl	ye	12.	fhee-ul	fhap-ye
3.	fan	faam	20.	ul-fhee	ye-fhap
4.	foo	fee	30.	fan-rhee	faam-fhap
5.	ou	um	31.	fan-fhee-ye	faam-fhap-yat
6.	lou	lok	32.	fan-fhee-ul	aam-fhap-ye
7.	tchee	tfat	100.	pe	paak
8.	pas	pat	1000.	tfien	tfeen
9.	tcheu	kow	10,000.	van	man
10.	fhee	fhap	100,000.	fhe-van	fhap·man

既然在这个高度文明的帝国,南方和北方的口语在数字上都如此悬殊,无一例可被语源分析的花样[2]用来证明两者的相

---

[1] 为满足那些爱好从词源学角度比较汉语和其他语种的人的好奇心,我在此附一个中文词表,所选之词有些表示造物主所造的最惊人的东西,一些是自然之物,还有一些是大多数民族都熟悉的常用物品的名称。这些字最有可能保留了原始的名称。我所用的是英语的拼法。(见原文243—244页)——原注

[2] 诸如加、减、音变、字母甚至音节的变位之类。所以韦伯先生所谓的希腊的 yum 源于汉语的 nu-gin(女人)就不言自明了。——原注

似关系；既然北京人的"一"会被广东人读作"二"，我们就知道那些论证一切现代语言都源于东方语言的博学而艰深的学术论文是多么荒谬可笑了！

不论我们发现汉语和其他语种的发音有多么相似，其文字的写法却没有丝毫的相似之处，而是完全独特的。无论是埃及的铭文还是巴比伦砖上的楔形文字，或花押字，其与汉语的相似性都不比希伯来文与梵文之间的相似性更大；它们之间存在的唯一相似处是均由点和线构成。在汉字的结构上也没有发现任何蛛丝马迹。如果说历史上曾经有过以象形文字来表情达意的阶段，那它也早已退位给约定俗成的、有系统的一组多样的符号了，有规则而持久不变，正如欧洲语言的发音形式是从这些语言的字母中产生的那样。

世界历史上这类例子不胜枚举。在人类文明的萌芽时期，大多数民族都是力图以描画物体的形象来固定和保存由此产生的概念的。埃及僧侣用这种图形符号来记录其宗教奥秘。西班牙人第一次踏上墨西哥国土时，墨西哥人把消息画在布上向他们的君主蒙提祖马报告。在没有语言帮助的情况下要传情达意，把头脑中闪过的图像画下来是最自然不过的方法了。在本次旅程中，我和一位炮军军官被派去视察交趾支那海岸的科老（Collao）小岛。我们为了让当地土著明白想要些家禽，就在纸上画了只母鸡，很快便如愿以偿了。一个土著借用这一方法，在鸡后面又画了一只蛋，我们点了一下头，就得到了我们所需要的数目。或许是人类中最原始的波斯杰斯曼（Bosjesman）霍屯督人，还保留着在洞穴岩壁上画它们特有的图案的习惯。我参观过一些这样的洞穴，曾经认为那是他们消磨时光的产物。后来想到这类岩画中大多可见荷兰佬（他们像捕猎野兽一样捕猎那些可怜的家伙），他们形态各异，有的手中持枪，有的开火射杀土著；马车有的正在行进，有的停着，公牛卸了轭，荷兰佬在睡觉；这些图画后面通常会有一组线条，似乎是记数符号，所以我便倾向于认为，他们用这种方法向同伴通报敌军数量的多少及危险的大小。所画的动物一般都是在图画所在地区常见的。这对于一个以狩猎为生的民族来说，也许是另一种重要的信息。

中国人在古代尚未有其他方法的时候，跟秘鲁人一样结绳记事，留下了时代的记录，但是没有任何使用象形文字的记载。如果事实确实如此，其书写符号的遗存现在就只能从汉字的偏旁部首，也即其最基本的文字，尤其是那些用来表示大自然最显著的事物的文字当中来追寻了。我们现在就来谈谈这些字。在大约212个左右的这种偏旁部首字当中，以下是最简单的一些。在我看来，其中没有一个表现为象形的。

人 gin，人　　　　　方 fang，空间或一块地

口 koo，嘴　　　　　月 yue，月亮

土 tee，地　　　　　日 jee，太阳

子 tse，儿子　　　　木 moo，树

草 tsau，草　　　　　水 swee，水

山 shan，山　　　　　火 ho，火

心 sin，心　　　　　石 shee，石头

手 shoo，手

其余的那些部首字则更不可能像它们所表示的事物了。所以，没有理由说中国人曾使用过象形文字，或者更准确地说，称他们现存的文字演变自象形文字是毫无根据的。人们普遍相信这样一个传说，是伏羲创造了汉字的构造系统，而且更加相信，这一系统沿用至今，没有经过大的改动。可是，他们是把他们所知道的一切发明都归到伏羲名下的，所以贝利先生天才地推测说，伏羲一定是个外国人，是他首先教化了中国人，因为艺术和科学的开花结果是不可能集中发生在一个人的一生当中的。

在漫长的年代里，字形发生过许多变化，但是其构造原则似乎贯彻如一。为便利起见，有些特别的赘字被取消了。文人在书写长文时采用了一种连写字体，字形发生了极大的变化，或化直角为弧线，或省略部分，或两部合并，以至于在粗人看来完全是另外一种语言文字。不过我敢说，汉字两千年来不仅未有根本性的改变，而且未从任何一种现存的语言中借用过一个字。

作为证据，请看自欧洲人发现中国以来，输入的每件新东西都有一个中国名称，完全抹去了它在本国所有的原名。甚至连国家、民族以及个人的名字也都被改掉了。于是欧洲被叫作"西洋"，日本被称为"东洋"，印度是"小西洋"。英国人被叫作"红毛"。访问过中国的法国人、西班牙人、葡萄牙人等，也莫不给予一个完全不同于其欧洲名字的称呼。这种保留其本国贫乏文字的固执，使我常常想到约翰逊博士[①]对中国人的看法。

---

① Samuel Johnson（1709—1784），英国文学评论家、词典编纂家、诗人。

他在其所编的词典前言——一篇绝妙好词——中这样说道:"如果一种语言经久不变,那个使用这种语言的民族极可能是稍稍高于野蛮状态,并与世隔绝,语言的使用也仅仅是为了生活的便利而已。"

汉字的发明尽管也是一种天才的创造,比起字母的创造来,却只需要极浅的智力。在某些人看来,字母的创造是如此伟大,只能归功于神的启示。不过,汉字或许可以被认为是最接近任何一个国家的文人学士所寻求至今的一种世界语。每个字都一目了然,不仅简单,而且意义丰富。我们的同胞约翰·威尔金斯[1]的世界语系统在所有方面都跟汉语相似,所以用它作参照能有效地理解汉语的性质。不过,我们同胞的世界通用语比汉语更有系统,更富哲理。

某些表示简单事物或概念的符号,可以被视为汉语的字根或词源。它们数量不多,不超过 212 个。该语言中每一个字都会用到其中一个字根或它的简略形式,因此它们可以被视为构成该字的关键符号。人的目光很快就习惯在最复杂的字当中寻找这种关键符号。汉字笔画最多的有六七十个不同的点画。直画、曲画和点是所有汉字的基础。通过不同的组合,汉字根据需要不断扩展,最终有了近 8 万个不同的字。

从他们字典的编排方式可以看出这一独特语言的性质。所有 212 个字根,或曰部首,都清楚明确地标在书页的天头上。从最简单的,或者说是笔画最少的开始,直到笔画最多的。在

---

[1] John Wilkins(1614—1672),英国语言学家、天文学家。1668 年出版讨论世界通用语的专著。

书的页边上标上数字1、2、3等等，以表明在当页可以找到天头上的部首结合相应的1、2、3画所构成的字。一个学生碰到不认识的字，他意识到该字属火部，除此以外还有6画，他就把字典翻到天头有"火"字的部分，然后检视页边，寻找数字"6"，这样就会很快找到那个字。因为所有属于火部，有其他6画的字都会按顺序列在此处。每个字的后面，都以假定大家都最熟悉的其他字指示该字的读音。中国人为了传达这种信息，还发明了一种粗劣的注音法，把一个单音字分解成两个音节，再把两个分解后的音节组合成一个新的单音字。[①] 举一个例子就可以解释这种注音法。假如要找的字是ping，没有一个单字足以简明地注出它的读音，那它的后面就会立刻注上两个众所皆知的字，pe 和 ing。可是因为每个汉字都是单音节，自然就得把 pe 和 ing 压缩成一个音节，念成 ping。注音之后就是字义或释义，用的也是最简单明了的字。

不错，汉语学到相当程度之后，许多字的一般意义仅凭目视就可以猜出个大概，因为它跟部首的意义或近或远都有些关联，尽管常常只是在比喻或借代的意义上。这就像自然史中物的分类一样，每一种都可在相应的类属中互为参照。比方说，表示"手"和"心"的这两个字是部首，所有有关艺术、手工业和制造业的字就排在手部，而一切有关激情、爱慕和感情的字就归心部。表示一体、一致和和谐之类的字都归表示单位的"一"部。于是，如果我看到一个字由两个简单的字根"一"和

[①] 似指汉语的反切。

"心"组成，就可以毫不费力地断定它表示"一致"的意思。但是如果有一个否定的符号加在这个字里面，字意就反过来成了混乱或异议了，即"不一心"。许多人名都有"人"字旁，一切外国人名都有个"口"字旁，它马上表明这个字是人名，只用来表音而无特别的意义。

这些字根或部首尽管有时左置，有时右置，有时在上，有时在下，对一个对汉字知之甚少的人而言也并不像哈盖尔博士所想象的那样难辨认。不过这只是汉语学习中最容易的一部分。困难在于复合字中字根的省略，以及它们有时候所有的比喻义，导致晦涩不明，歧义纷生。

同样不幸的是，哈盖尔博士自以为发现了汉字按笔画多少的排列法实在不成次序，他举的例子是"毋"和"田"这两个字。他不明白为什么"毋"是在 4 画之列，"田"却是在 5 画之列。不过中国人可不像博士越界去评论一种他知之甚少的文字那样不守规矩。按照中国字典的排法和汉字的基本书写规则，上述第一个字是由"竖横""横竖""横""撇"四笔组成，而田是由"竖""横竖""横""竖""横"五笔组成的。

最常出现的偏旁是"手""心""口"和五种基本元素"土""气"①"火""木""水"。"人"也是常见的一个偏旁。

汉字的构造蕴含着相当高的智慧，而对一个外国人来说，对其加以解析不啻是一种极大的快乐。这就正如面对一个欧几里得的命题，有必要把整个过程求证一遍，才能正确理解它所

---

① 原文如此。中国五行中有金无气。

指代的图形。对于汉字,你必须先明白一个字的各个组成部分的含义,然后才能理解它的字义。不具备这种知识就试图记住它们,无疑会耗时费力,对大脑而言几乎是不可能的。事实上,即使具备了这种知识,对一个字的所有组成部分都非常明白了,由于字义有时候深藏在比喻之中,有时候暗含在特殊的风俗习惯或思维方式之中,所以还是晦涩不明。比如,或许不难理解象形的字"日"加"月",表示的是巨大的光和亮,但是,"福"字的构成就不那么容易明白了。它由表示神或鬼的"示"、数字"一"、表示嘴的"口"和一块"田"组成。这个字在汉语里意思跟我们语言中的 comfort(舒服)一样。表示居中的"中"加上"心",不无道理地被用来表示忠诚的"忠"。同样有道理的是"心"加上一个表否定的"亡",就表示"无心""无意"了。但是很难找到理由来说明,为什么表示官位等级的"品"要用3个"口"组成,摆成作为当铺招牌那3个球的样子;为什么4个"口"当中加一个"大"①字指的是一种器具或机器。"男"字又为什么由田和力组成呢?莫非是男性有力气,并且只有男子才能继承田产吗?不过,口舌便给的唫②字,由一个"金"和一个"口"组成,我们很容易理解,因为它正像我们把辩才无碍说成 silvertongue(银舌)一样。

如果中国人一直保持了他们最初造字时所表现的天才和智慧的话,汉语就会是世界上最有意思的一种语言了。但事实完全不是这样。新字每天都被创造出来,考虑的只是便利,而非

---

① 应为"犬"字。
② 唫字本义为"闭口不言",显然不符。疑为其另一义,即"吟"。

明白易懂。

　　自上述可见，汉字是一字一义。它的含义能通过其明显的义符得到理解。但是，不管一个字由多少部分组合而成，只能有一个音节，虽然各个部分单独成字时自有独特的发音和含义。所以，"福"虽然由四个不同的符号组成："示""一""口""田"，但只发一个音，Fu，不像其中任何一个的发音。

　　一般语言所富有的语音和语调的变化，在研究汉语时却不必考虑。他们对聋哑人说话也声音洪亮，仿佛这种最博大精深的语言能够给人所有的感官充分的快乐。事实上中文是一种完全供目视而非耳闻的语言。一张乐谱，放在几个不同的欧洲国家的人面前，每个人都会以同样的键盘、同样的节拍、演奏出同样的旋律。同样，汉字可以被日本人、东京（Tunquin）[①]人和交趾支那人一样地理解，然而他们各发各的音，互相完全听不懂。这次旅途中我们在昆仑洋（Pulo Condore）[②]停留时，当地的交趾支那人跟我们的汉语翻译通过书写交流并无困难，尽管他们互相一句话也听不懂。

　　凭借一本好字典和适当的记忆力，外国人通常也能学会一些。但是因常好作比喻，多用典故，使得他们最好的文章也极其晦涩难懂。学习这种文字的人，还面对一重困难，即为了方便而出现的简体字。它使得汉字原来构造当中的关联被切断了。简而言之，这是一种意在言外的文字，尤其以所谓的文言为甚。要掌握它，只能通过掌握其人民的风俗习惯、思想观念一途。

[①] 越南河内的旧称，亦代表越南北部。
[②] 又称昆仑山，南洋七星洲群岛中最大的一座。

就连那些在这个国家度过了其人生的最好时光、受雇于宫廷的传教士,也常常在翻译和起草公文的时候茫然无措,而这又是在接待欧洲使团的时候免不了的。

令人惊讶的是,耶稣会士在欧洲出版了那么多赞扬中国的伟大和壮丽、中国文化的博大和精深的文字,却仍然没有几个人愿意费心去学习这个优秀民族的语言文字。以至于罗马一个号称精通汉语的教授[①],据说把他的一个埃及女神伊西斯半身胸像上的文字误认作汉字。事实是这个胸像和上面的文字都是都灵一个当代艺术家的想象之作。在英国,我们对中国语言和文学的了解比大陆上的人更少。不久之前,在爱尔兰的一个沼泽里发现一些中国铜钱,铸于清朝,镌有已故的乾隆皇帝的名字。这引起了极大的兴趣,被送给一个勤奋的古文物家做鉴定。此人的研究成果一向被视为该岛古代历史和语言领域中的权威。既不识中国文字,又未见过中国铜钱,他自然就把它们跟他所知的语言作比较了。他的结论是,铜钱正面的四个字是古叙利亚文,背面(是满文)似乎是星象或驱邪之符。他没有解释其意义。

正面:乾隆(皇帝的名字)通宝　货币价值

背面:钱　铸钱的王朝或朝代

另一枚铜钱上的满文他猜是 pur,可译为 sors,即签。所以他断定这些铜钱要不是腓尼基人进口到爱尔兰的,就是在本国制造的。如果是后者,那么爱尔兰人一定曾经有过一套东方的

[①] Pauw 先生。——原注

字母。"不管是哪种情况,"他声称,"这些圣牌对证实爱尔兰古代史的贡献,要比这个领域内至今所有的一切著作都大。"

我从《爱尔兰文选》中摘出这个例子,意在说明,既然那么优秀的学者和卓越的文物家都犯了那么大的错误,可见即使是饱学之士,对中国文字和语言的知识也是多么贫乏。

中国孩子一般在 6 岁左右开始学习汉语。第一阶段是死记硬背一定数量的汉字,也就是说不必理解其含义。其结果就是在五六年间,除了辛苦和困难,脑袋里并没有增加任何思想和概念。因为汉字的读音,如前所述,跟其含义是没有任何关系的,所以,51 个不同的汉字,所指皆不相同,却同样发 ching 这个音。要是同一页上有 10 或 12 个字都发 ching,这个学龄的孩童此时并不要辨识不同的意思。他的目标是习得字音而忽视字义。他们告诉我说,一个合格的学者应能把儒学的大量经典烂熟于心,以至于一听到某句话,就能辨识出是在某章某节,尽管并不了然它的意思。下一步就是学写字,以描红开始,即用毛笔蘸墨在红模字上描着写。一旦能大体准确地描写出这些基本字,他们就要在白纸上临摹了。这样的练习要占去他们生命中的 4 年甚至更多时间。于是,一个 14 岁或 16 岁的少年,也许会写会读大量的汉字,却不会准确分辨它们的含义。我建议采用相反的教学方法,先教偏旁部首的含义,其次是分拆合体字,然后是字音,或者齐头并进。

不错,我国公立文法学校的教学方法也受到类似的指责。我们的年轻人把他们生命的黄金时段,在官能日趋活跃,富于创造力的大脑最适合接受和保存印象的时候,浪费在钻研他们绝不可能理解的玄奥的拉丁语法上了。死记硬背那些词尾变格、动词变形和语法规则，只能招致迷惑和厌恶，而不是启迪或愉快。语法或者语言中的哲理部分，只有益于该语言的精妙和准确，并不是孩子的学习对象。在所有上述例子中，要学的语言皆由学生们日常使用的普通口语组成，所以反对从语法入手的建议有其道理。但是，在欧洲学习希腊和拉丁语，在中国学习书面语——它跟口语相差甚远，皆不属这种情况，长久的训练或许才能达到准确掌握的目标。①

但是，欧洲青少年学习拉丁语比中国的同辈有一个实质性的优越条件。他用所掌握的其他语言每天都在学得新的概念。他的母语令他有读得懂的又寓教于乐的书籍。不必一一列举每天吸引他的多种多样的事物，我有足够的理由断定，《鲁滨逊漂流记》（除了极小部分内容，这是最适合孩子的优秀读物了）会向他们揭示，在父母无微不至的关爱停止之后，他们将会面对无数的困难；尽管许多事情看起来难不可当，却很少是不可实现的。人的身心有巨大的潜力，只要耐心、勤奋、谨慎、深思，再大的困难也能克服，再大的危险也能躲避。他的《汤姆·琼斯》，尽管在一些部分中，人类的失败是在可爱和诱人的外衣下出现的，在整体上一定会给他留下慷慨是美德的生动印象，也

---

① 中国方式的缺陷可以从小斯当东爵士的经历得到印证。他在 12 岁的年纪，用了 12 个月多一点的时间，不但习得了足以进行一般会话的词汇，而且学会了娴熟、准确地书写汉字。他作书工整而迅捷，赢得极大的赞叹。所以，使团跟清廷之间的外交公文，中国人因为事关重大而不敢经手，都是由他来誊抄的。不过，值得指出的是，他的同龄人中具备如此才能和专注，并拥有充分学习资源的人是不多的。——原注

不可能不激起他对背信弃义、自私自利、残忍凶暴的义愤。中国的青少年在枯燥地学习代表事物名称的汉字时却没有这种调剂。除了母语之外他一种外国语也不懂。

一个中国人所受教育的最后一步,是用上面提到过的方法,借助字典来分析汉字。直至此时他才第一次开始掌握书面文字的用法。通常都是以他们著名的哲人孔夫子的语录为初级教材。先从修身入手,宣扬德行,针砭丑恶,确立处世为人的准则。接下来是学《中庸》,其文体类同塞内加①的箴言。然后是为官之道和律法节要。一般要到22岁,他才学完这一切,取得初等学位。不过,要想得到任何高级官职,他必须至少再学10年。

从他们的书面文字以及教育模式,人们自然会得出结论,任何纯理论的学科都不可能有多少进展,尤其是在它们对官场的升迁毫无帮助的情况之下。为取得官职而必须通过的考试,其范围主要局限于语文知识,而且刻板严格到无以复加的地步。考生被关在一个个单间里,被搜过身,以保证没有夹带片言只字。允许他们带的只有笔墨纸张,并要在限定的时间之内各自完成命题的作文。文章的高下由考官,亦是学者取定,所依据的大致是以下几点:

字迹工整无误,

遣词用字雅致得当,无俚俗词语,

一篇文章中没有重复之字。

什么样的题目以及怎样处理这种题目反而是次要的,不过

---

① Seneca, Lucius Annaeus(前4—65),古罗马哲学家、政治家和剧作家。

一般而言，从道德和历史看手会得到高分。以下这个故事是一个传教士，我记得是葛鲁贤[①]神父说的，如果是真实的话，中国文学的状态就不必再多加解说了。"一个应试的考生无意中写了一个简体'马'字，结果不但整体而言非常优秀的文章被剔除不评，而且受到考官尖刻的挖苦，诘问他说，一匹一条腿也没有的马怎么走路？"

口语的构成极其简单。每个字都是单音节，动词、名词都没有变格，不分性别、语态、时态。除了少数以 l，n 或 ng 结尾的词之外，大多数单音节字一律以辅音开头，以元音结尾。在一个欧洲人看来，这些字不超过 350 个。但是在中国人看来，由于自幼所学，具有更强的发音能力，于是可以调整音调，把一个单音字发出五种或六种不同的音来。于是，他至少可以说出 1200 或 1300 个基本单字，加上复合词之后，便足够随心所欲地表达了。

我之所以能就这个有趣的题目作出准确的评论，是蒙斯当东爵士所赐。他在这方面给我提供的信息，是我无论如何也感激不尽的。他拥有一本最好的汉语词典手稿，从中他不辞辛劳地归纳出所有的汉语单音字，加上变调或重音，由此组成任何舌头所能发出、或任何耳朵所能分辨的语音。第一栏是词头，或曰词根；第二栏是词尾的数量，或者一个单音字词头之外的其余部分的数量；第三栏是单音字经过抑扬顿挫之后所能有的变化。

---

① Abbe Groszier（1743—1823），法国汉学家，又称格鲁贤。

首字母，效能	词尾音的数量		抑扬或变调
1. Ch 如 Child	20	131 个	包括有送气音的
2. F	10	30 个	没有送气音
3. G	11	32 个	没有送气音
4. H 和 S 之间	36	114 个	全是强送气音
5. Y	16	61 个	没有送气音
6. J 如法语的 Jour	14	34 个	没有送气音
7. K	37	206 个	包含有送气音的
8. L	25	66 个	没有送气音
9. M	22	58 个	没有送气音
10. N	23	56 个	没有送气音
11. O	1	2 个	没有送气音
12. P	21	104 个	有送气音的
13. S	29	86 个	没有送气音
14. T	17	105 个	包含有送气音的
15. Ts	28	147 个	包含有送气音的
16. V 和 W 之间	13	39 个	没有送气音
17.（合计）	342	1331	

于是，在汉语口语中，欧洲人或许可以发出 342 个单音，而中国人借助抑扬顿挫的四声变化，能发到 1331 个单音。据说汉语书面语包括了 80 000 个字，每个字都有一个读音，于是，平均每个读音会有 60 个含义不同的汉字。因此，一篇文章如果光听，可能完全令人莫名其妙，只有读才能理解。这种为数众

多的同音异义字，如果没有上下文，可以说是根本不可意会的。

在日常生活中，需要借助微妙的四声来辨别的1300个音，可以广泛地出现在约15000个字中间，也就是说，一个单音平均用于12个意义不同的字上。这种同音字的反复出现，毫无疑问地导致了会话的误解，并常常引起荒谬的错误，尤其是对外国人来说。一个严肃的传教士在一个农夫家借宿，想借一领席，主人却领来了媳——一个年轻妇女。这两样东西截然不同，两个字的发音却并无差别，所以用的时候要加修饰词才行。

我们学说他们的语言时，常常出现的同音异义字成了我们向导每日的笑料来源。碰到同音异义字，中国人会用手或折扇凌空比画出这个字或者它的部首，立刻就让人明白了。

不过，因为有这么多的单音字，就像我分析过的ching那样，有不少于50个异义字，靠抑扬顿挫的声调来区分，就连中国人也不可能都一清二楚，所以一般就要组合成复合词，即加上另一个跟前者相关的单音字，使得其意义一听即明。比如说单音字"父"，同音的字有许多，因此加上一个"亲"字，其意为"亲属，家人"。所以中国人在说到父母的时候，一定说"父亲"和"母亲"，而在书写的时候，"亲"字就被认为是多余的了。"父"这个字跟其他Fu音字的区别是非常明显的。

这种语言的语法可以简述如下。名词没有变格；以助词"的""地"形成所有格，而且总是跟在名词后面；前面加"与"为与格，也可在前面加"同"或"从"为离格。比如：

主格 爱

所有格 爱的

与格 与爱

宾格 爱

离格 从爱

复数也一样,如:

给我你的书

去与人

你同他来

形容词也由名词来的所有格构成,如"白——白的","热——热的","理——理的","好——好的"。但是当形容词处于名词之前时,助词"的"就省略了。如:

好人

白马

热水

名词复数是由前置具有复数意义的字来表示的,如"多人""多多人""众人",有时则以重复这个字来表示,如"人人"。

形容词的比较级是在它前面加"更"字来形成的,如:

柔——更柔

好——更好

你的书新——我的书更新

最高级以不同的助词加在形容词前,或加在形容词后来表示,有时候也以重复形式表示,如:

好好的

黄黄的

人称代词有：

我、你、他，我们、你们、他们

它们以跟名词同样的方式，加上"的"或"地"，形成所有格，如我的、你的、他的，我们的、你们的、他们的。

动词同样也既没有变格也没有变形。时态仅限于3种，即现在、过去、将来。现在就是动词本身，如"我来"中的"来"。过去时是以加助词"了"表示，如"我来了"。将来时是把助词"要"加在动词之前，如"我要来"。如要表示非常肯定，则再加合成词"愿意"在动词之前，如"我愿意来"。不过，应当指出的是，虽然这一些和其他的用来表示时间状态的助词在日常口语中是必需的，在雅致的书面文章中却完全都省略了，这是造成外国人学汉字感到困难和迷惑的又一个因素。

两个否定词"没"和"不"在口语中用处极大。前者通常与"有"合用，总是表示不足或缺乏，如"没有奶""没有茶"等。"不"通常表示相反的性质，如"不好——坏""不热——冷""不大——小"。朋友间常用的问候语是"好不好？"

我给本书设定的范围不允许我对这一语言进行更深入的探讨。以上所述可以算是其书面语的概况和其口语的简单结构。现在我要简单介绍一下满族语言的性质和结构。如果目前的这个家族在龙椅上再坐上1个世纪，满语很可能取代汉语，或者至少成为宫廷语言。在发音上，它饱满、洪亮，又相当悦耳，比其他东方语言更接近希腊语。它有许多被汉语摒弃了的字母，特别是B和R。它是字母化的，或者更恰当地说，是音节化的。

其不同的词类可以表示数、格、性、时态、动作、情绪，以及其他偶有属性，跟欧洲语言类似。这是通过词尾的变化、前置词或插入成分来实现的。满语文字极其优美，书写时跟汉语一样，是竖行直写，不同之处在于是从左边而非右边开始的。

该语言以 12 组单音为基础，经由不同的组合，构成其全部文字。

它们的区别在于尾音。

第一级以 a, e, i, o, u 结尾，发音与意大利语如出一辙。

第二级以 ai, ei, iei, oi, ui 结尾。

第三级以 ar, er, ir, or, ur, air 等结尾。

第四级以 an, en, in 等结尾。

第五级以 ang, eng, ing 等结尾。

第六级以 ak, ek, ik 等结尾。

第七级以 as, es, is 等结尾。

第八级以 at, et, it 等结尾。

第九级以 ap, ep, ip 等结尾。

第十级以 au, eu, iu, ou 结尾。

第十一级以 al, el, il 等结尾。

第十二级以 am, em, im 等结尾。

首字母有：A、E、F、H、I、K、L、M、N、O、P、R、S、T、U、Y。

附页是满语的手写体。

	a	e	i	o	u
1st Clafs.					
2d Clafs.	ai	ei	ici	oi	ui
3d Clafs.	ar	er	ir	or	ur
4th Clafs.	an	en	in	on	un
5th Clafs.	ang	eng	ing	ong	ung
6th Clafs.	ak	ek	ik	ok	uk
7th Clafs.	as	es	is	os	us
8th Clafs.	at	et	it	ot	ut

9th Clafs.	ap	ep	ip	op	up
10th Clafs.	au	eu	iu	ou	qu
11th Clafs.	al	el	il	ol	ul
12th Clafs.	am	em	im	om	um

首字母有各自的符号，与词尾符号结合之后——通常是放在词尾符号的最上面，构成所有的单音字。再经由各种各样的组合，便形成了满语的一切文字。

对中国的文学水平和科学进展，我无话可说。汉语的性质本身就几乎足以证明了。至于文体或哲思方面，在过去的两千年里可以说并无多大进展。事实上，不论现在还是过去，帝国上下对早于基督 450 多年的、他们伟大的哲学家孔夫子所收集和评论过的五部经书，充满了太多的敬畏，做了太多的钻研，我或许还可加上一句，有着太少的理解。这些经书在它们产生的年代确实是了不起的著作。它们跟其他不多的几部先哲的著作一起，据中国的历史记载，逃过了野蛮的秦始皇的焚书之劫。那是在基督诞生前 200 年左右，这位暴君下令将除医书和农书之外的一切学术著述，统统付之一炬。其理由十分荒谬，据说是为了让他的子孙认定，他是统治中国的第一个有文化的皇帝，就以这种诡计使得一切好像都是从他开始的。

这一事件是否发生过实在大可怀疑，因为假定它发生了，那么随之而来的推论会是，当时的学术成果一定相当有限。不然的话，实在难以相信，一个人，在其统治的末期，竟然能够把散布在幅员辽阔的国家之各个角落，而其文明程度又据说是非常高的民众当中的所有文学和艺术作品搜罗无遗。此外，这个国家里还有其他独立的侯国，对此他只有很弱的控制力，甚至一点也没有。所以，他的焚书之举很可能对文化学术并没有造成多大的损害。哈里发奥玛[①]当年曾下令，摧毁由托勒密家族从世界各地搜集来的文化精品建成的亚历山大图书馆。但是，这个暴君虽然有力量让科学著作永远湮没，却没有力量销毁这些著作赖以产生的科学原理。这些原理此后传遍世界。埃及和希腊的学术经亚历山大携带进入亚洲诸国，并在那里进一步繁荣昌盛。托勒密七世的残暴压迫，逼得亚历山大人放弃这个经年累月流淌着城邦公民鲜血的城市，在希腊城邦和亚洲的不同地区找到了避难所。即便是这个嗜血成性的暴君，在其残忍的天性之中还假装有，也确实表现出了对文学的热爱，甚至在他统治期间，艺术和科学也十分繁荣。因此，在此期间，从埃及首都来的移民是所有避难者中最受重用的人。中国则不同，由于南面是丛山密林，北面是浩瀚沙漠，这个帝国跟亚洲其余部分几乎无法交流，再加上对外国人的反感，在欧洲和非洲已经蓬勃发展的艺术和科学的进程在此似乎毫无影响。他们的早期历史也没有跟印度交往的记载。这种交往要到公元之后，佛教经由西藏传入中国才开始。

尽管中国历史上的焚书浩劫是否发生过大有疑问，五经的古典和权威地位却似乎是不可动摇的。考虑到产生的年代，它们确实反映了一种高度的文明。在这个国家，艺术、科学和文学被认为毫无进展，而五经让人相信，它们岂止是原地不动，简直是向后倒退。这五部著作的名称是：

1.《书经》：诸国历史文件和事迹编年史，始于公元前

[①] 'Umar Ⅰ（584—644），阿拉伯帝国第二任哈里发（634—644年在位）。——译欧麦尔一世。

2000 年。

2.《诗经》：颂诗、民歌及谣谚。大多数富含隐喻，极其晦涩，含义多由释经者臆测而得。

3.《易经》：伏羲完整或不完整的线段（八卦）。中国最古老的遗物，而且可能是书面语的最早尝试，而今已全然不可解。

4.《春秋》：即春和秋，鲁国的历史，主要出自孔子之手。

5.《礼记》：仪典和道德义务。由孔夫子编定。

伏羲的八卦连该国最伟大的哲学家也迷惑不解，现有一切注解都不令人满意。博学多才的莱布尼茨①自以为在那些线段里找到了二进制的算术系统。该系统只要借用 2 个数字，一个 0，一个 1，1 代表 1，10 代表 2，11 代表 3，100 代表 4，依此类推，就能做一切算术了。有必要指出的是，若将此系统付诸实践，会带来多少不便！二进制在算学家看来，充其量也只不过是一种哲学游戏，可是它被发现的消息，让当时正忙于解读伏羲八卦的耶稣会士白晋②欣喜若狂，向全世界宣布，莱布尼茨已经破译了伏羲八卦之谜！

罗马教廷的传教士由于太习惯其宗教中大量存在的神迹，以至于在其他民族中碰到任何他们不理解的事物，便断定也都是神迹。因此，下列中国人按某些龟背上的图案描绘而成的规则图形，被上述某些先生臆断为包含着中国哲学中最高深的哲理（这些龟被中国人称为神龟）。它们概括了一切完整和不完整，代表了天地之数。诸如此类莫名其妙的术语，很显然，是

---

① Gottfried Wilhelm Leibniz（1646—1716），德国数学家、哲学家。
② Joachim Bouvet（1656—1730），又作白进，字明远。法国传教士。

他们自己和读者都不知所云的胡言。

据说在龟背上发现的线段①如下:

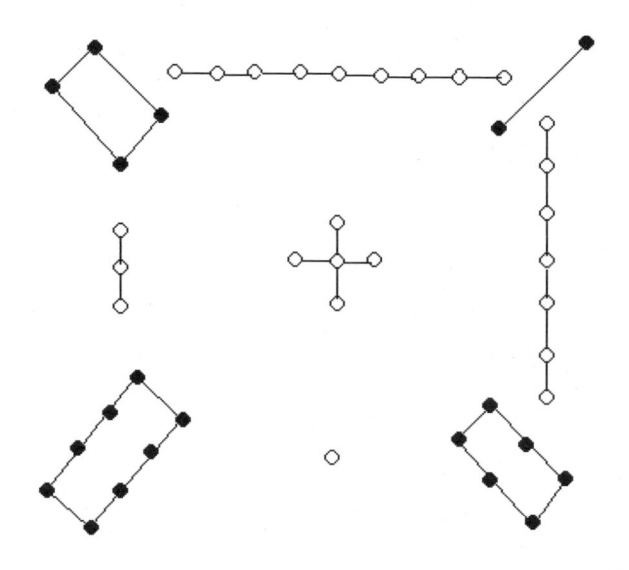

谁都能一眼就看出来,这个图形就是学童们所玩的魔术方块,也就是把9个数字排列成无论从哪个方向相加,都等于15。即:

```
4    9    2
3    5    7
8    1    6
```

所谓完整或不完整的数也就是奇数和偶数,由实心和空心的点来区别而已。以类似的方式,我倾向于相信,中国书籍中

---

① 指洛书。

所有的排列这些点的几种方式，实际上也就是 9 个数字的不同排列组合而已。

大部分其他经书已经在法国翻译了。但是可以说，由传教士翻译的所有中国经典都披上了欧洲的外衣，与其被当作译文，还不如说是再创作。不错，逐字逐句地直译可能无法理解，但是传达原意跟进行注释完全是两码事。威廉姆·琼斯爵士声称，正确对待亚洲诗歌的唯一方法，是先逐字逐句直译，然后重写为韵文。于是，最枯燥无味的东西到了他的生花妙笔底下也成了婀娜的美人。以下的诗句来自《诗经》中的一篇，可以为证。据推算此诗约写于荷马时代，由 15 个字组成。[①]

桃树（1）多美（2）多雅（3）叶子（4,5）舒展（6）悦人（7）如此美人（8,9）来到新郎家（10,11）服侍其全家上下（13,14,15）

这是相当忠实的直译，除了完全必要之外没添加更多的成分。威廉姆·琼斯的意译如下：

快乐的春之女，花园的皇后，
你的桃树迷住了游离的目光；
芬芳的叶子是多么浓绿哟！
它的花朵哟，又是多么鲜亮！

[①] 当指"桃之夭夭，其叶蓁蓁。之子于归，宜其家人"，应是 16 个字。见《国风·周南·桃夭》。

淡淡的是青春的新娘的笑，
在爱和清醒的美德导引下，
操持她的新家，
她丰盛的酒席周围弥漫着祥和欢乐。

已故的乾隆皇帝被认为是当代最杰出的诗人之一，其最出名的作品是一首颂扬茶叶的诗，被描绘在举国上下所有的茶壶上。以下是逐字的直译，只添加了理解所必需的助词。

慢火上的三足茶壶，颜色纹理苍老久远，其中清澈的雪水，烹到鱼肚翻白，鳖虾转红；注入放了精选好茶嫩叶的玉杯（一种特别的瓷器）。让杯中缭绕的水汽蒸腾如云，散至只剩一层薄雾覆盖水面。悠闲放松地品尝这珍贵的饮料吧，它将驱除五种烦恼。此法所烹的茶水，怡人醒神，妙不可言。[1]

他还写过一首长诗，颂扬沈阳城。这首诗已经被传教士翻译了，看上去比颂茶诗高明。没有对中国语文的深刻理解，是很难评判那首颂茶诗的高下的，因为这首诗的盛名或许主要来自辞藻华丽，而非音律、字义或写实。对欧洲人而言，中国语文算不上优雅：它缺乏令欧洲语文雅致而有活力的一切小附加

---

[1] 乾隆写过60多首咏茶诗，如《观采茶作歌》《观采茶作歌之二》《坐龙井上烹茶偶成》《荷露烹茶》《再游龙井作》等。这里从英译很难还原为特定的那一首。

成分。在汉语里，表达的优雅全凭选字，而不靠选择和排列那些单音。在中国人眼里，一个蕴藉着美好意义的字会引起同样的愉悦感觉，就像一条以符号表示的普遍定理在数学家眼中一样。但是，在这两个例子当中，人都得具有一定的学识才能领会这种简洁之美。中文口语中也鲜有助词。"英语好，汉语更好。""今去，明来。""海无边，江无底。""好，不好。"这些就是欧洲人看不出优雅的表达模式。

诗歌之所以不可能成为中国人最热烈的爱好，或者说没有成功地培育出这种爱好，除了语言本身的缺陷，还有一个原因，就是我们所见的这个社会完全排斥爱情。在这个国家里，一个男人仅仅是为了必要，为了有财产继承人，传宗接代，或者是因为法令使独身为羞辱而结婚的。两性之间因互相爱慕而产生的柔情蜜意在中国人的心里是没有一席之地的。而恋爱中的心正是诗歌之所以迷人的源泉。他们也不是可以产生勇士的民族，因为战争跟爱情一样，也是诗人偏爱的主题。

相对诗歌的高雅，这种语言更适合于简洁的道德箴言文体。孔夫子的道德箴言反映了他是一个杰出的思想家，在任何时代、任何国度里都会受到崇拜。下面是能代表其主题、风格和形式的一些例子。

"处世之道一也：诚心、敬意、竭力、守道——己所不欲，勿施于人。"

其情感和借以表达的文字跟我们宗教的创立人的是多么的一致啊！我们宗教的"道是愉快之道，一路都是平安"。

"立身当遵五常：父子有亲，君臣有义，夫妇有别，长幼有序,朋友有信。"

"君子之道三:慎思,博学,笃行。"

"不患人之不己知,患不知人也。"

"其身正,不令而行;其身不正,虽令不从。"

"吾日三省己身。"

"国之成功在勇而不在水火,吾从未见有勇之国消亡。"

"君子不取巧,必专正道,坚定不移。"①

在简单介绍了他们的语言和文字之后,我该进入下一步,谈谈他们的艺术和科学的现状了。我不但跟传教士交流过,而且也跟一些最博学的中国人探讨过,因而可以就这些题目发表意见。我的评论当然会是非常一般化的。具体细节不是本书的性质所能允许的。在所有的科学分支当中,天文历算是中国人表现为最重视又最无知的了。在一个如此庞大的社会里,能够相当精确地注明季节的循环和特定的节气,确实必要,因而一定很早就得到重视。我们发现,他们自历史的初期就设立了国家一级的天象观察机构。可是这一学科的进展是如此缓慢,以至于该机构的唯一职能,如果能称之为天文学的话,早就被交给外国人执行了。而外国正是他们假装不屑一顾的野蛮人。这一机构的主要工作是编制和发布一部全国通用的历书,给宫廷提供举行重大举措的合适时间和季节。就连王公贵族结婚,钦天监的官员也必须选定一个吉日,让他们举办大典。这种吉日会正式在《京报》上发表。

---

① 以上引文有的是从《论语》《中庸》和《孟子》中找到的完全对应的,有的略有不同,还有的一时不能确定,只好按英文硬译,仅供参考。

在这一重要的历书上,跟希腊和罗马的年历一样,标明了一年中所有所谓的吉日和凶日,预测天气,什么日子合适服药、出行、婚宴、动土,以及适合举行其他重要活动的特别时辰。在这个令人敬畏的机构里,中国官员掌管的是占卜那一部分。这些人是每年通过挑选后来执掌这一重要工作的。这些学士,这是他们的自称,是真的相信这种荒谬的占星术,还是认为出于政治考虑,有必要鼓励和遵从民间迷信,我不愿妄加论断。不过,要是说他们确实掌握了种什么高深的本事的话,那也就是在这样一种闹剧中,表演得十分虔诚和严肃。这种传统毫无疑问已持续了很久,足以让他们发现,驾驭大众,舆论比权力更为有效。

对有修养的智者来说,天象是自然界最壮丽、最宏伟的奇观;对愚昧和迷信者来说,那却是最令人敬畏的景象。各国的普通百姓,不论长幼,都认为天上的两个最大的发光体偶尔失去光芒,是某些特异事件的预兆,而社会里更明智的群体则会利用这种迷信观念。泰勒斯[1]据说能推算公元前600年的日月食。他当然知道日月食的成因,可是他的同胞却对日月食充满了迷信和恐惧。普鲁塔克[2]声称,伯里克利[3]跟从阿那克萨戈拉[4]学会了怎样克服各种天象在蒙昧人心中会引起的恐惧。他应用这一知识的一个有力证据是,在他远征伯罗奔尼撒时正好

---

[1] Thales(前624—前547),古希腊数学家、天文学家,据说曾准确推算出公元前585年的那场日食。
[2] Plutarch(约46—120),古罗马哲学家、历史学家、传记作家。
[3] Pericles(前495—前429),古代雅典政治家。
[4] Anaxagoras(约前500—前428),古希腊唯物主义哲学家。

碰上一次日食，突然降临的黑暗被视为这次远征的凶兆，导致了普遍的惊恐。伯里克利发现自己战舰上的领航员惊惶失措，便用自己的斗篷挡住他的眼睛，问他是否觉得这对他刚才所做的事情形成了什么警告或凶兆？领航员给了否定的回答。伯里克利说："那么，另外一个东西跟我的斗篷一样，只是更大，可以掩盖太阳的光亮，这两者又有什么区别呢？"同样无可怀疑的是，亚历山大大帝在一个类似的场合，即阿比拉①之战前夕，下令祭奠太阳、月亮和地球，即导致日月食的三大力量，其原因也仅仅是迎合军队士兵的迷信思想。假设他对日月食的成因一无所知将会是对这位伟人的亵渎。这对中国朝廷也同样适用。不管是出于无知还是计谋，他们仍然在遇到日月食时，庄严隆重地举行那种2000多年前埃及人、希腊人和罗马人的相同或非常类似的仪式。当月亮因蚀而暗淡无光时，他们的鼓号齐鸣，以为这样的喧闹会有助于月神战胜入侵的邪魔。

巨蚀暗淡了邻近的星球，
吹打起来吧，我们一切的军乐；
号角、喇叭，无论银、铜还是铁的，
再敲响一千面战鼓，来帮助她战斗！

在这种场合，中国人还会狂击铜锣，以便人人知晓这一事件，而月亮也就不会失去照例会有的音乐的帮助，来吓走或转

---

① Arbela，古代波斯一城市，即现在的 Erbil。亚历山大大帝于公元前331年在其附近打败波斯的大流士三世。

移他们想象中侵吞月亮的恶龙。各大主要城镇的地方长官奉命要根据朝廷颁布的历法，通告市民日月食发生的时刻。我们在通州的时候，正碰上一场预测了大致时间的月食，大街小巷都贴了布告，各色官员一律素服，所有店铺当天全都闭门歇业。荷兰使团在京期间，1795年1月21日也发生了日食。那天正好是他们的正月初一，是帝国上下按例会普天同庆的最大节日，也恐怕是唯一的平民百姓会停止一切劳作而享受的日子。大使及其随员本来已奉命按惯例在清晨3点进宫朝见。到了宫门却被告知说，那天将要发生日食。那可是一件最坏的事，预示他们国家会有一个凶年。于是，皇帝将会三天不视朝，百官皆服素。全国上下这天原本该有的一切宴饮娱乐都暂停了。

　　日食发生之前，钦天监成员和其他文人学士都齐聚在皇宫附近，人手一纸日食过程的草图，以便印证日食的预测是否应验。不过这些人并无验算日食时间及其过程的兴趣，否则钦天监官员就有麻烦了。因为没有测时精确的仪器，小错是不可避免的。日食开始时，他们个个跪倒在地，叩头九下，同时锣鼓喧天，号角齐鸣，意在吓跑吞食太阳的恶龙。

　　仅根据这种荒唐夸张的仪式，推论他们对天文学原理一无所知也不失为公允，更何况他们近期的历史还提供了充分的证据。13世纪，蒙古鞑靼人成吉思汗首次进入中原，此后他的继位者忽必烈汗完成了对这个国家的征服。当时他们的历法一片混乱。他们既不能规范计时，也不能确定各省的边界，甚至都不能断定不同地区所有土地的分配。根据他们的编年史，忽必烈遍邀天下学者出入其宫廷，既有基督徒也有穆斯林，主要是后者，大约还有从古代就定居巴克特里亚①的希腊后裔。通过他们，中国有了许多重大改进。他重订了历法，纠正了天文观察中的错误，从巴尔干和撒马尔罕引进了各种各样的数学和天文仪器。当时中国人所用的皆为粗劣之物，观测天体运行不可能达到令人满意的精度。他还修了那条贯通帝国南北的大运河。这一工程立意在便利交通而非以宏伟和壮丽来炫耀。

在欧洲早期出版的一些有关中国的著作中，我们可以找到某些仪器的描述，据说是在南京附近。仔细考察这些仪器，他们似乎都是为了被置于北纬37度的特定位置而建造的，此后它们被用在北纬39度55分的北京和32度4分的南京，因而其观察所得的数据必定是完全错误的。它们被置于远离其设计本意的纬度这一事实本身，就足以证明中国人在这一领域的无知。鲍弗先生对这些仪器做过一个最有说服力的假设。他认为它们出于巴克特里亚的巴尔科（Balk），由一些在亚历山大大帝的继承者手里获得该地区统治权的希腊人所造，然后在蒙古人统治时期流入中国。

元朝灭亡后，蒙古鞑靼人很快就被驱逐。非常可能的是，与其同时，那些曾经作为传递西方文明使者的学人也都一同流失了，因为当满族鞑靼再次征服了帝国，执掌了朝政之后，第一任皇帝顺治便在他1650年颁布的诏书中声称，自从蒙古人被驱逐以来，中国人就再也没能制定出一份正确的历法，他们的天文记录和编年史错上加错，层出不穷。

---

① Bactria，古希腊人对今兴都库什山以北的阿富汗东北地区的称呼。中国史籍称该地区为大夏。

后来，一些伊斯兰教士再次被起用来制定历法，不过最终这个职权还是被移交给了一个中国人，而这个不幸的历法制定者偏巧又加错了闰月，把本该只有12个月的1670年变成了13个月。这一失误对那些正好在京师的天主教传教士来说恰如天赐良机。他们看准了，让鞑靼人相信中国人在治国理政方面一无所知，作用不大，这对他们有利无弊，而现存的偏见更能推波助澜，所以胜算在握。简而言之，欧洲人成功了。那年的历法被宣布有错而收回，重印新版。而那个可怜的制定者据说被绞死了。

于是，4个德国耶稣会士被任命去顶替钦天监的空缺。身为饱学之士，他们证明了自己对朝廷大有用处。在他们之后，葡萄牙人被选中继任历法的制定工作，其中3人如我所述，已在这一重要机构里备受尊崇。这些先生们运气不错，中国人没有任何手段来发现他们计算中的细小错误。我在圆明园见到并跟一些他们的大学士交谈过，我敢说，不管他们是汉人还是满人，没有一个有一丝一毫的天文知识，也没有一个能解释各种各样的天体现象。在他们来说，天文学完全是一些占星术的行话，他们仍然坚信他们的大哲学家2000多年前所创立的学说，即"天圆地方，土为中央，北水南火，木东金西"。他们认为星星像钉子一样，跟地球成等距离地钉在蓝色的天穹之上。

至于该国史籍所载的无数日月食现象，仅仅是发生时的观察记录，并非预测或计算的结果。尽管在这方面以往的成见对他们有利，现实是中国人似乎并不具备预测日月食的能力，从来都没有。柏应理[①]神父出版的那份著名的中国历表，已经被

[①] Phlippe Couple（1624—1692），比利时耶稣会士，1658年同南怀仁等三人一同来华。

揭穿是抄袭第谷丹①的。卡西尼②发现马蒂纳斯③发表的中国的日月食记录错误百出,其重现的可能完全不存在。事实上也只有如此,历法的错讹必定导致历史记录的篡改,以使它们保持一致。

要是传教士们真的乐意为中国人服务,而不是以对该民族的大吹大擂误导世界,不花那么多的时间把一套对数表译成中文,供当朝第二代皇帝康熙使用——他们伪称他热爱数学,爱到了把对数表挂在腰带上寸步不离的地步——就应当教中国人学习和使用阿拉伯数字,这种数字的组合和计算之便是中国人自己的语言所无法比肩的,应当教导一小部分中国的年轻人掌握算术和代数的原理。对于这种疏忽,人性可以是现成的托词。让这个帝国的人分享他们所有的知识,意味着放弃这种高级技能让他们在这个大帝国中所占有的优势和取得的声誉。要他们这样舍己助人无疑是强人所难。

让我们反思一下,从尤利乌斯·凯撒④时代到格列高利⑤教皇改历,欧洲记录了多少不期而遇的日月食,导致了多大的困惑和疑难吧。于是我们就很容易理解,这个国度的子民对天文学的基本原理一无所知,完全靠外国人帮助才能行使朝廷最重要的一项职能,其历史记载中的错误必定少不了。

他们自己发明和发现的每一样东西都带有鲜明的原创性,

---

① Tycho Brahe(1546—1601),也译第谷,丹麦天文学家,创建世界上第一座大型天文台,做出当时最精确的天文观察。
② Giovanni Domenico Cassini(1625—1712),意大利数学家、天文学家。
③ Martinez(1568—1606),中文名黄方济,葡萄牙耶稣会士,1591年来华。
④ Julius Caesar(前100—前44),罗马将军、政治家及作家。
⑤ GregoryXIII(1502—1585),第十三世教皇,1582年改革历法,形成今日的公历。

因而绝不会被轻易混淆。其语言便是该国最毫无疑问的土产，航海的罗盘也是如此。他们的年表有一个周期表作为辅助，对此我相信没有人会质疑他们的原创性。他们的编年史回溯到黄帝时代，即伏羲之后的第三代。这种周期由60年组成，跟日月的运行没有关系。这跟印度人的周期表相同，但印度的周期表只在本世纪才被用来区别时代和纪年。他们不是以第一、第二、第三来命名周期中的年，而是使用两组汉字。一组有10个，一组有12个。第一组称为十干，第二组称为十二支。一干一支构成某年的名称。把干支进行不同的组合，便构成60个独特的名称，形成完整的60年一循环。

为了帮助那些不谙数字组合的人理解这一周期表的性质，我们可以借数字 1 到 10 来代表十干，用字母 a 到 m（i 不计）来代表十二支，排列成下面这样一个图形，并把 a 作为圆的起点。

假定这些字母和数字是汉字，任何一个周期的第一年就是1a，第二年是2b，第三年是3c，依此类推，直到10k，即第十年。第十一年将是1l，第十二年是2m，第十三年是3a，第六十年是10m，整个周期结束于此。虽然他们的历史记录一直使用这一周期表，但是公共活动的日期却从不用它。它们仅用来表明朝代的时间，诸如某朝某皇帝之第一、第二、第三年的第一、第二、第三个月的第一、第二、第三天之类。

他们不但在天文学方面落后，地理知识也同样有限，跟前者倒是匹配。他们认为自己的帝国占据了地球上四方平地的中央位置，其余都是岛屿。耶稣会士首次进入中国时，发现他们的地图粗劣不堪，错误百出，连他们自己国家的也是如此。它们不成任何比例，一条山脉可以占满整个省，这一条河流可以冲走另一条的一半。他们现在的整洁准确的本国地图，是耶稣会士数年勤奋地对全帝国实地勘测后绘制的。

虽然汉语不适合算术，却适合精确的代数运算和形象的几何表达。不过，对这两种学科，汉语从来都没起到过促进作用，因为该国对它们都一无所知。他们的算术是机械的，从高高在上的大学士到柜台后最卑下的店员，算数所用的是同一种器具。这种器具叫算盘，其运算过程非常直观。它是一个木框，由一根横杠分隔成一大一小上下两格。横杠上垂直地插入数目不等的铁柱。每一根铁柱上大格里有五颗活动的算珠，小格有两颗。这些铁柱可以被看作是数字表里按10倍上升或下降的值。如果大格里一根铁柱上的一颗珠升到紧贴横杠的位置，代表1，在它右边柱上的一颗就代表10，再往右的一颗就是100。同样，在它左边柱上的那颗代表 10 分之 1，其次为 100 分之 1。在同一根铁柱上相应的小格里的珠代表 5，50，500，或 10 分之 5，100 分之 5，1000 分之 5。小格中每颗算珠的值总是大格中的 5 倍。

在下列图形中，假设 X 为个位格，其右的柱依次代表上升的十位数，其左的代表下降的十位数，这一算盘上算珠的位置所表示的就是 573 916.070 5。

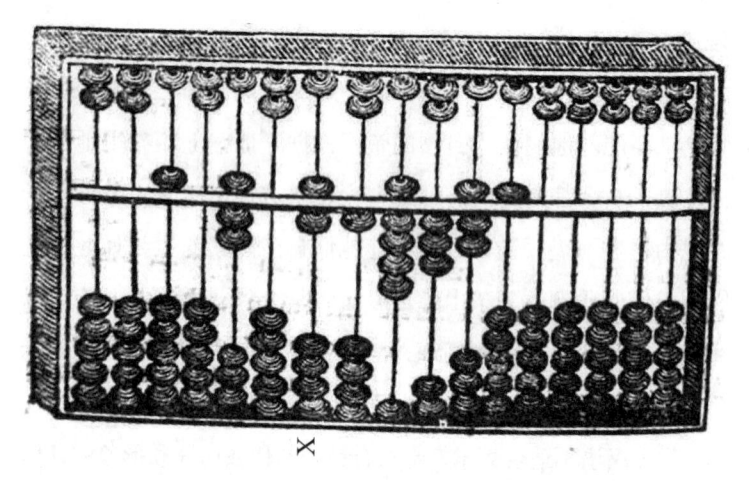

很明显，这是一种十进制的算术系统，运算方便而简单。真希望欧洲能普遍使用它，而不是如目前似的使用无数不同的方法，即便在同一国家的不同省份也各行其道。算盘也会是一种良好的教人算术的工具，尽管说来似乎矛盾，这种算法，恰如中国人所使用的，也如他们的书面文字一样，更注重用眼，而不是用心。简单地加减算珠，它们所在的位置立刻就显示出运算的结果。这一发明，我认为应当公平地归于中国人。有人将它跟罗马的算盘（abacus）相提并论，对此我没有理由认同。

有一种说法很可能非常接近事实，即为生活提供必需、便利和奢侈物品的技艺，很少是先由学者的探索和劳作得出的。一般都是由艺术家的天才、各行各业普通工匠的偶然或持续的发现提供材料，学者再据此进行归纳推理，深入研究，有时便灵光一闪，发现了取得同样结果的更简捷更高明的方法。所以学者与其被称为发明者，还不如被称为改进者更加恰当。对这一不太光彩的事实，中国人可以在艺术和制造业方面提供很多有力的证据，尤其是与化学有关的操作上，尽管化学作为一种科学在此地说不上有，充其量也只是化工技术的一些普通实践而已。虽然不具备有关物体的亲和力、吸引或聚合等理论知识，他们却会用装了明矾的竹筒在河水里搅动几下，使得水马上就澄清了。这种让泥土颗粒沉淀的简单方法是经验教会他们的。他们知其然之后，却没有再费心去揭示这一现象的所以然。

同样，他们非常了解用蒸汽浸泡某些物质所能取得的效果，知道蒸汽的温度大大高过煮沸的开水。可是，尽管他们多少年来都一直在使用一种类似于"帕潘蒸煮器"的容器来收集蒸汽，软化牛角，制作他们那种薄而透明的大灯笼，却似乎从没发现蒸汽被压缩后的巨大能量，至少从没想到要利用这种能量来做畜力所不及的工作。他们从大自然的动、植、矿三界提取了绚丽的颜料，也深谙调配之艺，能创造所有的中间色，以最丰富生动的色彩点染他们的丝绸、棉布和纸张。可是，他们没有色彩理论。

他们熟知炼铁之道，铸铁的模具又轻又薄。他们有粗浅的炼钢知识，但其制品绝不能跟欧洲的相提并论。我不说跟英格兰的相比，因为后者在制造业的几乎一切方面都是举世无双的。

尽管他们的铸铁模具看上去又轻又好，也以煅烧来除去一些脆性，可是他们使生铁变成熟铁的工艺是不完美的，所有的锻铁成品因而都是非常低等的。不仅仅制作粗糙，金属质量也低劣。他们生产的其他金属制品则大多属于中上水平。他们的小银饰尤其精致，酒具美轮美奂。

火炮的使用方法，他们声称早已熟悉。在13世纪成吉思汗进入中原时，据说双方就都动用了火炮、炸弹和地雷。可是在1621年，当澳门要送给皇帝3门大炮时，却发现必须派3个人一同前去，好教导中国人如何操作它们。我倾向于认为火绳枪的引进也是新近的事，因为它们不像其他中国人发明的东西，带有原创的印记。相反，它们完全是老式葡萄牙火绳枪的式样，与那些仍然作为商品从葡萄牙出口到交趾支那的毫无二致。不过，中国人毫无疑问早在基督时代之前就知道使用火药了。

在一本古老的兵书里，有一段如何用装满火药的飞雷骚扰敌营的详细描写。不过这本书没有提到火炮。一般用火药做的烟火，含有锌、樟脑和其他配料，多种古代文献都有记载。很显然，硝石爆燃的现象首先是在那些天然硝石大量存在的国度被人发现的，就像在鞑靼和西藏高原、印度和中国的广袤平原那样。不过，中国人生产的火药极差。他们没有专门的工厂，而是各人造各人的。事实是每个士兵的职责之一便是准备他自己的火药。据王大人告知，通常的配方如下：

50磅硝石

25磅硫磺

25磅木炭

他们没有像欧洲人那样使火药颗粒化的工艺，用的就是粗劣的粉末，常常会结块，变成坚硬的一团。硝本身不纯（似乎不知道提取其中含有的普通盐的方法），又听任它暴露在空气中吸收潮气，因此不适合使用。这大约就是他们反对使用火绳枪的缘故之一。

我已说过，指南针、火药和印刷术三大发明，在欧洲是紧随着著名的旅行家马可·波罗的回归而出现的。当耶稣会士教授康熙欧洲的某些科学时，他不无得意地说，中国人普遍使用了近2000年之后，欧洲人才知道罗盘、印刷术和火药。就火药而言，很明显，我们的同胞，罗杰·培根[①]对其配方就很熟悉。他的著作中不止一处提到，用硝石和其他材料产生的火光可以照亮很远的地方。有一处他声称，用硫磺、硝石和别的材料（此处他用了几个粗词作掩饰），合成的东西能制造出雷电的效果。培根死于1292年，马可·波罗回到欧洲是1295年，所以他不可能是从这位威尼斯旅行家那儿得到任何导致这项发明的线索的。

倘若中国人在他们历史的某一阶段掌握了铸造大型火炮的技术，并在战争中加以使用，他们是绝对不可能让它失传的。而很确定的是，两位耶稣会士，汤若望和南怀仁，曾费了极大努力教他们铸造火炮的技术，他们却至今也没有长进。我注意到，北京一个城门附近丢弃着几尊形状丑陋、比例失调的火炮。它们跟那些广东边境的同类，以及杭州府那几尊12磅、各自有木棚遮盖的火炮，就是在这个国家所能见到的所有的大炮了。至于已故的皇家炮兵上尉帕里什所画的那种（见附图），到底是

[①] Roger Bacon（1214？—1294），方济各修士，中世纪实验科学的倡导者。

中国人自己发明的还是借鉴于其他国家的,我无法确定。这种火炮在中国有一些城市的城门口可以看到。①

约 100 年前随俄国大使访问过中国的贝尔先生称:"在长城的尽西端,看见成百座大炮堆积在一座烽火台上。每座都是 3 到 4 件铸铁,由同样材质的铁箍固定在一起。"中国人或许真的像印度人一样,在汤若望和南怀仁的时代之前就能用煅铁造炮了,其方法就是像贝尔先生所说的那样箍起来的。

---

① 在欧洲,这项发明一般都归功于德国僧侣施瓦茨,时在 1354 年。然而这是大有疑问的,因为有充分的证据表明,火炮在 1346 年的克雷西之战中已付诸使用。而据沃森主教引用的,玛丽安娜所描述的,1342 或 1343 年西班牙人围攻阿尔及尔之战,"摩尔人对基督徒所使用的铁弹十分恼火"。他还说:"这是有史以来首次提到火药和弹丸的使用。"因此,火药极有可能是某些阿拉伯人从东方引入欧洲的,施瓦茨不是发明者,尽管他可能是第一个发布这一发明的人。——原注

他们一有机会就鸣礼炮致敬，但都毫无变化地一律用3根小爆竹，或者叫枪管吧，直插在地上来放。就连这样的小玩意，士兵也害怕极了，要用导火索联起来引燃。帕里什上尉用作为贡礼的两门野战炮表演快速连发时，中国官员冷冷地说，他们的士兵也可以做得一样快一样好，甚至更快更好。马戛尔尼勋爵问前广东总督是否想看看他的卫兵操演队形变换，就如在欧洲常做的那样，他以同样冷漠的口吻回答：他在鞑靼前线身经百战，这种东西有什么新鲜的。尽管事实可能是，他此前还从没见过一杆火绳枪。就是这种荒谬绝伦的自大和对他国的藐视态度，叫这个民族目空一切又冥顽不化。我们的确可以断言，任何外国人带来的东西都别想引起他们的羡慕。无论什么官员来观赏礼品，只要有我们的人在场，他们总是装作漫不经心地一眼带过，仿佛这种东西已司空见惯。

一位曾在中国旅行过的法国医生说，他在全中国都没见到过一个蒸馏器。可是，蒸馏技术众所周知，广泛使用。他们的烧酒（意思是烧过的酒），就是一种从各种谷物，最常见的是从大米中蒸馏出来的烈性酒，带一股强烈的焦臭味，跟名叫威士忌的苏格兰烈酒差不多。把米放在热水中泡胀后，加水并混入加了由米粉、甘草、茴芹种子和大蒜配成的曲醅。这种曲醅不仅能加速发酵，据说还能增添一种特殊的风味。这一混合物经蒸馏后，便做出烧酒。它被认为是最好的亚力酒的原料，在爪哇毫无例外是由中国人制作的。它其实无非是上述烈酒的精馏物，加了蜂蜜和可可汁而已。在蒸馏之前，这种液体就叫曲，或曰米酒，此时淡而无味，难以下咽。葡萄在各省都长得极好，

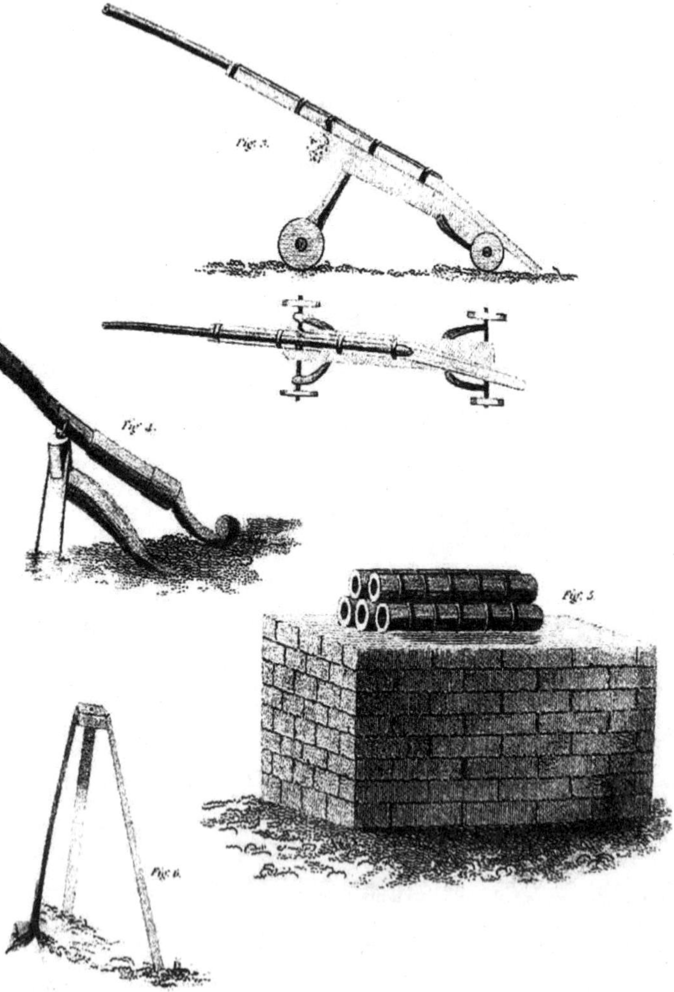
Fig. 3.
Fig. 4.
Fig. 5.
Fig. 6.

即使是远在北方的北京也是如此。但葡萄栽培并不受到鼓励，葡萄汁也不用来酿酒，只有首都附近的传教士是个例外。

陶器的制作，仅就材料的配制而言，他们已经达到了任何一个国家都无法攀比的完美程度。日本是个例外，他们不仅在这一工艺，而且在所有漆器和上光器具的制作上都胜过了中国人，其制品在中国也都索价昂贵。中国的瓷器之美，在很大程度上得益于大量的人力投入和重视花色品种的设计，以及不同物件使用不同的材料配方。一般而言，他们使用的是一种高级黏土，叫作"高岭土"，属皂石一类，一种主要由石英构成的花岗石，叫作"白腾石（Pe-tun-tse）"，所含云母的比例极小。这些材料经仔细地碾磨淘洗成为膏状，然后做成坯。每一件瓷坯都放入一个陶盆后再进炉。尽管步步小心，还是常常会有整炉的瓷坯塌成一团，烧成玻璃化的一堆废物。所以说这一艺术仍然要靠运气。不管是中国人还是日本人，都不能夸耀他们的制品形式优雅。古希腊和罗马花瓶那种无可比拟的形式，经由天才的韦奇伍德[①]先生引入现代工艺，是中国的作品所无法媲美的。没有什么能比他们的瓷器上所画——更确切的词或许是涂抹——的人物或其他形象更粗劣、更无创意的了，虽然那往往出自劳工的妇孺之手。我们有明显的证据表明他们可以做得更好，比如从英格兰输出一种图案，广州的工匠就一定会一丝不苟地复制出来。他们所上的釉色则是他人无法模仿的。

他们本来完全不懂玻璃制造。直到上个世纪，一个从事玻璃制造的法国家庭才在耶稣会士的介绍下来到北京，要为这个

---

① Josiah Wedgwood（1730—1795），英国陶瓷品牌创建人。

国家引进玻璃制造工艺。这一努力后来失败了，那家企业在管理者死后也倒闭了。在广州，他们把破旧的玻璃制品熔化后制成新物品，也学会了在玻璃表面镀一层银，特别用来做梳妆镜。他们一般的镜子则是磨光了的金属，明显是铜和锌的合金。

朝廷傲慢自大，假装对任何新的或外国的东西都不屑一顾，对新的发明创造，不管多么天才奇巧，普遍缺少鼓励，因而极其严重地妨碍了艺术和制造业的进步。人们不必天才构想，也无须灵巧动手。然而他们的模仿能力则是公认的高超。这一点我们在圆明园看到好几个例证。那架工艺复杂，由数百个部件构成的玻璃枝形吊灯，被两个此前从没见过这种东西的中国人，只用了半个小时，就把它拆散了。然后，又以同样的效率和灵巧将它安装复原。原来帕克先生以为有必要让我们的技师来个几次，指导他们拆装，以免出错。那个天象仪的大穹顶需要一大块弧形玻璃。我们的两个技师借助金刚石，试了三次，碎了三次。一个中国人却一下就割成了。他是在人背后操作的，也说不清楚是以什么办法做成功的。就边缘的参差不齐来看，我估计那不是切割而成的，大概是用水或其他液体画上线，再用热烙铁烫后用力扳开的。一个众所周知的故事是，广州的一个中国人第一次见到欧洲钟表，就能成功地仿造出一只来，唯一需要我们提供的是主发条，因为那是他做不出的。现在，他们在广州和伦敦，以三分之一的费用大批生产这种精巧的机械表。而曾几何时，成千上万的这种表是从考克思和默林的仓库运往中国的。中国人的头脑聪颖敏捷，双手小而灵巧，天生就适合做精致的工作。

丝绸生产在中国历史悠久，早到连史书都无法确定始于何时。但是棉花首次从印度北部传入中国南方各省的年代，他们的史书有明确记载。一般被称为南京棉的布就是用那种棉花织成的。据说，这种棉花在南方各省种植了两三年后，就失去了它特有的黄色，大约是气候炎热，日照过长的缘故。我在好望角栽种过这种棉花。在同一块地上，每年用新出的种子，三年之后它们的棉蕾还是跟第一年一样饱满，花的黄色也同样鲜艳。一般而言，他们大部分的丝绸和棉布生产工艺似乎多年来一直没有改进。既缺乏朝廷的适当鼓励，又墨守成规，使得他们的纺织品面目一成不变。

在他们所掌握的一切技艺当中，可以被视为至善至美的大约就是牙雕了。在这一方面，他们举世无双。号称工艺和制造技术摇篮的伯明翰，一直在试图用机器仿雕中国式的象牙扇和其他物品，虽然别出心裁，却至今也没有达到那种程度，其作品也无法跟中国产的竞争。中国象牙扇面的精细透雕美轮美奂。扇骨似乎是一片一片手工雕成的，因为不管是带武器的盾形徽章还是花押字，只要提供图样，他们就能在最短的时间内毫发不爽地制作出来。最外侧的扇骨满是轮廓清晰的浮雕，其精美非手工莫属。这类折扇中最精致、最美观的也能在广州花5到10个西班牙银元买到[①]。一个实心的象牙球，上面开一个直径不到半英寸的孔，他们能雕出9到15个不同的中空球来，一个套一个，每个都活动自如，团团转动，球面都刻成折扇上的那种

[①] 我知道，那些意大利象牙制品，雕有带着房屋、树木和人物的风景，有时精细到只能用放大镜才能看清楚，可能会被人提出来跟我争辩。可是，一个孤寂的隐修士为消遣而产生的作品，是无法跟一个普通的中国工匠借以谋生的作品相提并论的。——原注

透雕。这种费心费力的小玩意只卖很低的价钱。庙宇、宝塔和其他建筑的模型都有用象牙精雕而成的。刨削下来的象牙薄片,混以羽毛管,被他们编织成精致的篮子和帽子,轻巧柔韧,一如以稻草编织的。简而言之,儿童的玩具,各种小摆设、小玩意,在中国比在世界上任何国家都制作得更精致、更便宜。

那种优雅的名叫竹子的苇类植物的用途可谓一言难尽。他们的桌椅板凳、屏风床架,还有许许多多的家具,完全都是用这种中空的芦苇做的,其中不少样式新奇,形制美丽。它在船上用作桅、帆、缆、索,也用来捻缝。在农业上,做大车、小车、手推车、水车、篱笆、米袋,以及其他形形色色的用具。新生的笋是食物,老竹的纤维做香芯。它既装点王公的庭院,也覆盖农夫的寒舍。在官吏的手中,它是举国敬畏的刑具。一句话,中国人什么地方都能用上竹子,要不是整根地用,就是削成片用,或者劈成缕编绳,或者浸成糊造纸。

昔日有一位智者说过:"太阳底下无新事。"一位有同感的现代天才学者[①]写了一本书来证明,欧洲近期的发明创造皆古已有之。用草做纸,在欧洲或许是新鲜事,在中国则历史悠久。水稻以及其他谷物的茎秆,桑树皮,棉秸,大麻,荨麻,还有其他各种各样的植物和材料,在中国都被用来造纸。单纸的尺寸,可以大到中等大小的房间一面墙的程度。用于书写的更高级的纸,表面光洁得跟羊皮纸一样,上了一层高浓度的明矾水以防止洇墨。很多老人和小孩以洗涤写过字的纸来维生。这种洗过的纸被捣烂煮糊,做成新纸。而洗出的墨也被收集起来再

---

① Mr. Dutens(达腾斯先生)。——原注

用。就这一物品而言，他们的制作技艺绝对是我们国家师法的榜样，根本不必再加赘语。不过，中国人承认，朝鲜人很多世纪以前从他们这里学会了制墨，屡有改进，现在已后来居上了。

就印刷术来说，中国拥有悠久的传统，这是毫无疑问的。可是他们再也没有超越木版印刷的水平。不错，汉字的性质使得活字印刷几无实践的可能。虽然汉字的偏旁部首字相当简单，数目有限，要把它们拼在一个框里，构成众多它们所能构成的合体字，则困难重重，似乎难以克服。

跟他们的其他发明一样，水车在欧洲已经大为改善，成了战舰和其他大型船舶的基本组件，在中国却还处于它的原始状态，最重大的改进只是用木板或编织筐代替了草把。它的功用一直没有超出把水从一个水塘提升到另一个来灌溉农田的范围。其尺寸有大有小，有的用牛拉，有的用脚踩，还有的用手摇。

使用机械力量所能取得的巨大效益在他们不是不懂，就是故意不理。在这么一个人口众多的国度里，机器可能被视为有害无利之物，尤其是在至少十分之九的民众必须靠劳力来生存的状况之下。使用机器以省力节时的好处，是否足以消除引进机器可能给个人带来的短暂苦恼和忧虑，在他们心目中根本还是一个疑问。不管出于什么原因，在这个国家还看不到这样的机器。给皇帝的礼物当中有一具气泵装置，各种可以组建成电气实验装置的构件，还有一架装在钢柱上的完整的机械力模型。皇帝的目光偶然地扫到了它们，问一旁伺候的太监，它们是干什么的。这个肢体残缺的人虽然每天都在学习这几件礼物的性能和用法，为的就是在展示给他主子看的时候有话可说，这时却无法让皇帝陛下明白它们的用途。"我猜啊，"这个老太监说，"它们是供我的重孙子玩耍的。"

滑轮的功效他们是懂的，所有的大船上都有，但是都只单个使用，至少我还没见到过任何滑轮组。杠杆原理他们似乎也十分清楚，所有值钱的物品，就连金银，也是用提秤来称量的。齿轮和齿杆被用于构建他们的自走玩具，用于以水力推动的碾坊。但是没有一种机械力被大规模地用来减轻劳力，节约时间。他们有关艺术和制造工艺的一切设计，最大的特色是简单。每个工匠的工具都设计得极尽简单之能事，又都能一物多用。所以，铁匠的风箱，也仅仅是一个中空的木箱和一只活塞，放在炉边吹火，空下来就是他的座椅，又是他装其他工具的箱子。理发匠的竹筐既装了他的一切用具，又是客人的座位。细木工人用他的直尺当拐杖，装工具的柜子又用作他的工作台。街头小贩的货箱和一把大伞就足以展示他的一切货物并构成他的小铺了。

对这个国家的艺术很难置词。他们的诗歌，无论是古代的还是现代的，我都举过例了。不过我认为必须公平地再次声明，对于亚洲的文学创作，欧洲人无法形成中肯的判断。尤其是汉语作品，因为这一语言本来就拙于听说，再加上神秘晦涩的隐喻，往往一个句子或一组概念被浓缩在一个单音节词里。它的美最适合于也只适合于看。

至于其他两种姐妹艺术，绘画和音乐，我或许可以提供较为明确的意见。后者可观之处不多。音乐作为一种科学尚不成熟，它既不被视为一种高雅的技能而加以学习，也不被当作一种上流生活而加以实践，只有那些调教了供出卖的女子和以卖艺谋生的伶人是例外。就如中国人的观念异于所有其他民族那样，这些女人通常习演管乐器，如小箫和小笛，而男人最爱的乐器是吉他或类似的弦乐器，有些是双弦，有些是四弦，更有七弦的。太监和低贱之人常操此业。演奏的好坏似乎凭各种乐器合奏的声音之强弱而定。他们称之为锣的响器很适合这一目的。这件乐器像一口凹底锅，或者更像锅盖，用一把包了皮革的木槌敲打。其成分据说是钢、锡和铋。他们还有一种单簧管，三四种号，以及一种类似提琴的弦乐器。

他们的笙是一组高低不等的竹管，类似排箫。音色不算难听，但制作太粗糙、太不规则，似乎无法缩小到任何尺寸。他们的铜鼓一般都像木桶。上述这些，再加不同大小悬在木架上的编钟，构成了他们的圣乐。

他们还有一种乐器，用割成木匠所用的直尺形的石片，吊角挂在木架上。我所见到的那些好像属于矽石类，就是通常称之为片麻岩的一种板岩。凯瑟克（keswick）博物馆有类似的乐石，是从斯基道（skiddaw）山脚的一条溪谷中采来的。不过它们看起来含有细小的黑电气石。

他们的史官确实可以夸口，说普天之下的物产都贡献给了帝国，来完善他们的乐器系列：动物的皮革、植物的纤维、金属、岩石、陶器，都被用来制造音响了。他们的乐器确实种类多样，形制各异，材料丰富，不过对欧洲人的耳朵来说，没有一种是可以忍受的。

广州有一位英国绅士，费了很大工夫收集这个国家的各种乐器。附页就是它们的图形，不过他的收藏目录并不完全。

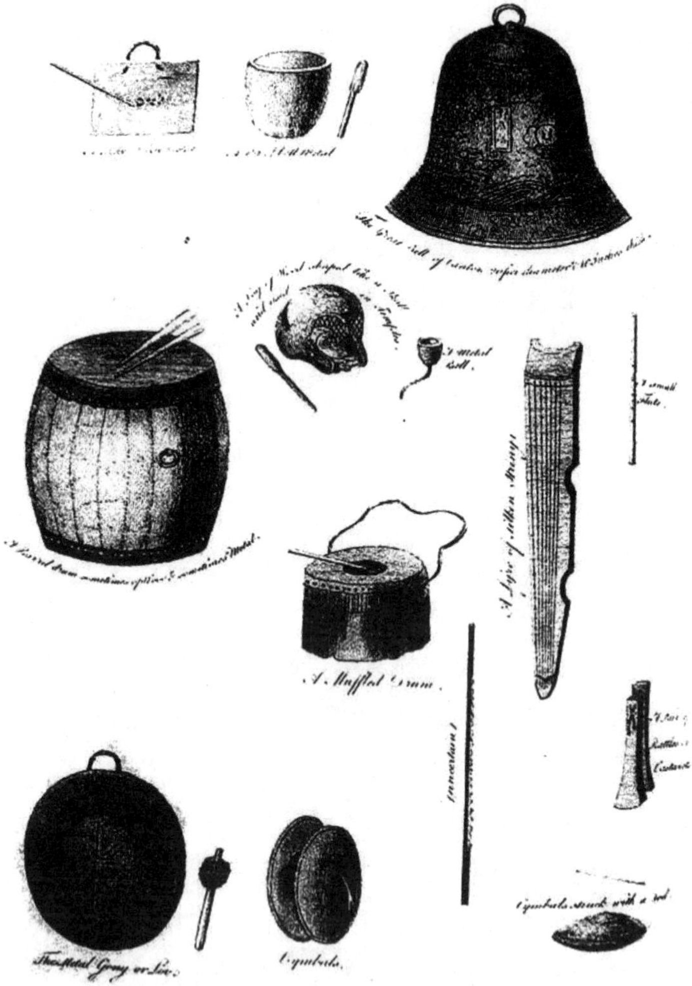

第六章 人文艺术 | 227

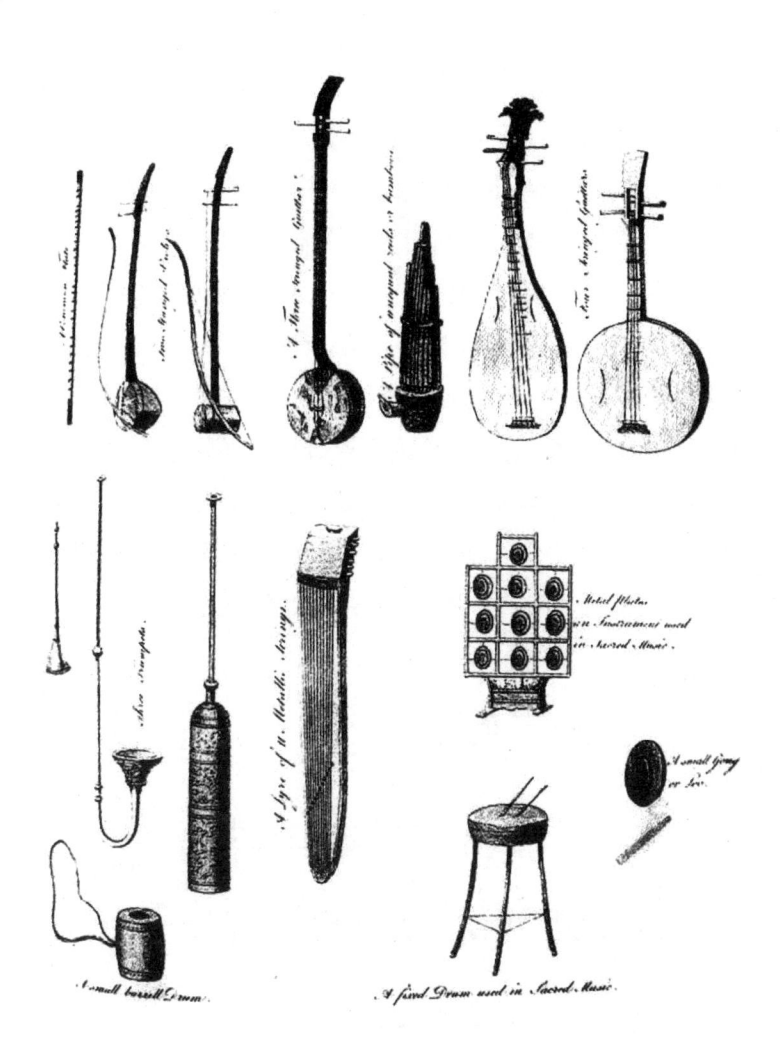

中国乐队通常只作齐奏,或者说努力去齐奏。有时候一件乐器就承担八度音域。但是他们从不尝试分部演奏,使他们的这一艺术仅限于歌曲,如果我可以大胆用这一美名来称呼那种刺耳的混响的话。他们没有丝毫的对位概念,即分部演奏。也难怪,这一发明是高雅的希腊人也从未取得的,欧洲人和亚洲人也都是直到僧侣时代才知道的。

很少有中国人可以被称得上是带着感情或悲伤唱歌的。以一种吉他类的弦乐伴奏,他们唱下列这一首歌赞美茉莉花。这也是整个国家似乎最流行的一支歌。这支简单的歌曲被希特纳先生记录了下来,据我所知,已在伦敦发表,但加上了符头、符尾、伴奏,以及所有欧洲音乐所具备的精致,所以它已经不能算是中国简单歌曲的代表之作了。在此我让它恢复朴素的面貌,就如中国人所演唱和演奏的那样,并附上第一段歌词和逐字的译文。

MOO-LEE-WHA.

第六章 人文艺术 | 229

MOO-LEE-WHA.

I.

Hau ye-to ſien wha,
Yeu tchau yeu jie lo tſai go kia
Go pun tai, poo tcboo mun
Twee tcbo ſien wha ul lo.

II.

Hau ye to Moo-lee wha
Man yuen wha kai ſoy poo quee ta
Go pun tai tſai ye ta
Tai you kung kan wha jin ma.

Literal Translation.

I.

How delightful this branch of freſh flowers
One morning one day it was dropped in my houſe
I the owner will wear it not out of doors
But I will hold the freſh flower and be happy.

II.

How delightful this branch of the *Moo-lee* flower
In the full plot of flowers blowing freely none excels it
I the owner will wear this gathered branch
Wear it yet fear, the flower ſeen, men will envy.

直译

I

多好看 这 枝 鲜 花

早 晨 一 天 落 进 我的 家

我 这个主人 戴 不会 到外 门

但 我会 捻鲜 花 并 快乐

II

多可爱 这 枝 茉 莉 花

满 园 花 开 自由地 谁 也超不过 它

我 这个主人 要戴 这 簇 枝

戴 它又 怕, 花 看见, 人 妒羡。①

我以为再增加几首其他流行歌曲也不错,那也是广州那位绘制中国乐器的先生记录下来的。

上页注① 好一朵茉莉花,好一朵茉莉花
　　　　满园花草,香也香不过它
　　　　我有心采一朵戴
　　　　又怕看花人骂

　　　　好一朵茉莉花,好一朵茉莉花
　　　　茉莉花开,雪也白不过它
　　　　我有心采一朵戴
　　　　又怕老人笑话
这是现在我们可以见到的歌词,似乎不同于直译的。录以参考。

No. III.

232 | 我看乾隆盛世

No. VII.

No. VIII.

T T

No. IX.

[乐谱]

他们没有其他记谱的方法，只会用一个字来表达音阶上的每一种音符。即便是这种不完美的方法也是从耶稣会士佩雷拉[①]学来的。他们假装不喜欢特使的乐队，胡说其演奏的不是音乐而是一团噪音。可是皇帝的首席乐师费了九牛二虎之力，在大张的纸上描摹那几件乐器，包括尺寸大小，注明乐孔、螺丝、琴弦和其他部件的位置。这些是他们认为复制所必须知道的。

导致阿米奥[②]得出下列论断的原因很难确定。他说："为了完善音阶，中国人不怕进行最费力的几何设计和最枯燥繁复的数字运算。"想必他一定知道，他们对几何一窍不通，他们的算术尚未超越算盘的阶段。另一位耶稣会士的大胆而毫无根据的断言与此性质一致："中国的音乐体系被希腊和罗马人所借鉴，早于荷马和俄耳浦斯时代。"

---

① Thomas Pereira（1645—1708），中文名徐日升，字寅公，葡萄牙人，来华后任过康熙帝的音乐教师。
② Joseph-Marie; Amiot（1718—1793），中文名钱德明，法国传教士。

至于绘画，他们只能算糟糕的涂抹匠，既不能正确地勾勒许多物品的轮廓，也不能正确地描绘物品的明暗，赋予它们自然色彩。不过对某些花卉、禽鸟和昆虫，他们能描摹得相当精确和美丽，欧洲人力所未及。

他们不懂在画布上借缩小尺寸、减淡色彩，以及透视法来显示距离。在圆明园，我看到两幅巨大的风景画。就轮廓而言，它们还过得去，但是太注重细节，却没有任何强烈的大团光影，而这正是一幅画产生力量和效果的主因。又不按透视规则，无意表现正确的距离远近。不过我还是忍不住猜想其中有欧洲人的手法。

那个掌管钥匙的老太监，在我看这些绘画的时候老是问我，他的同胞是不是杰出的画家。有一天我赞扬了几句这个画家的才能，他就带我进了这间屋子的休息室，打开一个带基座的柜子，煞有介事地声称，他将给我看几样会令我大吃一惊的东西。他取出几本大画册，里面全是画像，风格高超，上了水彩，描绘的是该国各行各业的人物面貌。不过，它们仿佛是楞戳在纸上似的，神情呆板，既没有阴影或前景，也没有距离感，毫无生气。每幅人像的对页是满文和汉文的解说。翻过一本之后，我在最后一页上发现了一个名字：拉斯忒里昂[1]。这一下就豁然开朗了。回头再看大堂里的巨幅绘画，我发现每幅画的角落里都有同样的签名。在翻阅画册时，老太监不断地问，欧洲有人能像中国人画得这么好吗？我指给他看那个签名，重读

---

[1] Giuseppe Castiglione（1688—1766），中文名郎世宁。意大利传教士。

Castiglione 这个词,他立即合上画册,放回柜子里。从此以后,我没法说服他让我再看一眼了。

经打听,我得知郎世宁是朝廷里极为有名的传教士。他作过不少画,但都是由皇帝特旨按中国习惯描绘事物,不许像欧洲画有大块阴影,远处的事物只隐约可见。一位传教士告诉我,皇帝的意思是,视力的缺陷并不构成描绘出的自然现象也不完美的理由。皇帝的这种观点跟他的一位大臣的评论一致。他前来观瞻英国女王的肖像时,指着鼻子的阴影部分说:"真可惜呀,好端端的脸上怎么给弄脏了一块!"

欧洲画家吉拉蒂尼[①]出版过一册中国游记,十分不屑地声称,中国人对绘画一窍不通。他还说过一句话,与其说是实事求是,不如说是任性夸张,"中国人只配称银子,吃米饭。"吉拉蒂尼画了一幅列柱,按透视法逐渐消失于一点。这让中国人极为震惊,断定他是走火入魔了。他们走近画布,以手触摸以确认他们所见的确是在一个平面上。可是,他们又坚持说,表现距离是最不自然的画法了,因为在画布上是没有、也不可能有什么距离的。

对中国的绘画现状似乎无须再说什么了。皇帝最宠爱的画师,无疑是京师同行中的一流或最出色的角色。他被派来描摹将要送给时在热河的他的主子的重要礼物,作为礼单的辅助说明。这个家伙对着以美丽的汉白玉雕像为基座的瓦利埃米座钟,试画了几次都不成功,便来求我帮助,却又佯装出一副这对他

---

① Giovanni Gherardini(1655—约 1723),意大利画师。中文名聂云龙,约 1700—1704 年为清廷服务。

无关紧要的态度。要说服他相信我本非画师，犹如对牛弹琴，他坚持要我证明给他看。最后他心满意足地得到了一幅极为粗劣的铅笔草图，拿着去摹写，也就是用中国墨笔描绘了。这个机器的每一部分他都一笔不苟地描摹了下来。可是他反复临摹那些支撑时钟和温度计的裸体人像却都没有成功。这位中国画师的失败，可能是由于人体的比例和优美曲线确实难画，也可能是因为我们对此较为熟悉，更容易觉察他描摹的缺失，而这个国家的人体都隐藏在宽松多皱的袍子里，他全然陌生。到底是什么原因，还是让我们本国的艺术家去判定吧。不过事实正如我所说的，他描画人体的尝试极其糟糕。

至于那些常常被带回欧洲的美丽的花鸟鱼虫，乃是广州艺术家的作品。那里惯于仿制印刷或手绘的图片，不是用于瓷器上，就是作为商品出售。他们习得了比内地同行更高的品味。全白的瓷器被大批运到广州，添上购买者自己喜爱的图案。这种样品证明他们不是低劣的抄袭者。不过上文已指出过，他们所画的自然界的物体统统是不准确的，常常可以看到一种植物上开的是另一种花，而叶子又是第三种的。从前那或许是他们所用的样本就是错的，因为他们以为自己可以改善自然。但是自从发觉外国人大量需求自然绘画之后，他们对描绘可能受欢迎的物体的要求便严格起来。我们发现他们确实是一丝不苟的复制家，不仅仅画出一朵花的花瓣、雄蕊、雌蕊的准确数目，也画出叶片的数目以及花枝上的刺或结疤。他们甚至数出鱼身上鳞片的数目，在画中如数呈现。他们模拟自然界艳丽色彩的本领也是无人能及的。我带回家的几幅花鸟鱼虫画，人人都惊叹其形态和色彩逼真。不过它们缺乏正确运用光影所产生的效果。欧洲的彩色印刷画送到广州，被他们极其忠实地仿制。不过，在这么做的时候，他们不加任何自己的判断。所有的缺陷和污点，不管是原本就有的还是无意造成的，他们都照画不误。作为纯粹的模仿者，他们对样板作品中的艺术感染力浑然不觉。同一个画匠，今天可以雇来仿画美丽的欧洲画片，明天也许就去画荒谬无比的中国画了。

广州港市的艺术无论有多大的进步，对内地和京城似乎都毫无影响。其原因，与其说是如传教士所声称的那样，举国追求绘画的风尚会导致无人劳作，不如说是专制君王以及他的大臣的傲慢自大。正因为如此，他们才驳回了郎世宁意欲建立一所画院的建议。

在一个绘画地位低下的国度里，期望雕塑有所成就便是缘木求鱼了。常常能在他们的桥栏上和寺庙里，看到怪诞的臆想之物和扭曲了的自然景象。寺庙的壁龛里充斥着泥塑的巨型神祇，有的涂抹了艳丽的色彩，有的贴满了金箔，有的上了清漆。跟他们的画像一样，这些塑像也绝不准确。偌大的帝国没有一座雕塑、一根方柱或圆柱值得一提。城门附近往往有巨大的石头或木头牌坊，上有铭文，意在旌褒某些杰出人物。不过它们既算不上雄伟，也称不上漂亮。有些传教士叫它们凯旋门。不知什么原因，我倒觉得它们更像绞刑架。

这些纪念性建筑的目的在它们的有些铭文中会有说明。

钦旌

百世流芳

致仕　静养

　　圣旨

　　福寿永康

　　乾隆五十年八月吉辰，奉旨为百零二岁

　　老人梁天柏立

下面两座牌坊为旌表节妇，其品行被中国人认为是难能可贵的。

　　钦旌

　　冰清玉洁

　　圣旨

　　节孝流芳

　　至贞至贤

他们的建筑整体既不美观又不结实，设计既不高雅又不实用，且无固定的比例，外观丑陋，工艺粗劣。他们的五层、七层和九层宝塔的塔檐是最引人注目的事物，但似乎是印度同样塔形建筑的仿制品，或者更确切地说，乃是它们的同类。它们也是设计既不尽善，做工也不尽美。事实上，由于这种缺陷，半数以上的宝塔尽管并无年代久远的迹象，却已呈现为废墟状。基尤[①]内就有一座这种无用而奇异的建筑的样品，在各方面都

---

① Kew, 伦敦附近的皇家花园。

不比我在中国所见的最好的宝塔差。这种建筑的高度和材料的低劣，跟他们为自己低矮的房屋辩护的理由——以免在地震中房塌人亡——相抵触。事实是，他们的屋宇处处有帐篷的影子。弧形的屋顶，木柱形成环绕粗劣砖墙的柱廊，明白地透露着它的起源。这种原始的形制他们从来不敢偏离逾越。他们的寺庙也大多按同样的形制建造，只是加了第二重、有时是第三重檐，一重叠一重。构成柱廊的木柱通常都是落叶松，长短直径没有固定的比例，无一例外地漆成红色，有时罩上一层清漆。

因为没有哪两个国家的习俗和时尚是一样的，许多人便认定世上并无真正的品味一说。鼓吹品味出于习俗的人会说，支撑多利亚柱头的圆柱比支撑科林斯柱头的短一倍，其中并无令人信服的理由，只是看惯了这样的构造，便视为理所当然。这两种特别的圆柱各自的美或许部分是因为坚守了固定的比例，但是必须承认，在大多数自然的杰作当中，部分之间尽管没有固定的比例，因为和谐一致，一样赏心悦目。哪一棵树是漂亮的树，哪一株花是优雅的花，虽然其枝干、花茎之间并无固定的比例，人们也少有异议。所以，单单比例一项并不是构成美的充分条件。不僵硬、没有从直线到弧线的突然转折也是必要的。变化应当是柔和的，在特定的部分看不出，在整体上却又隐约可见。功效也须被认定是美的要素之一。中国的柱子支撑着巨大的屋顶，既没有柱础，也没有柱头，更别提部件的对称、调节或特殊的功效了。那些趴在屋顶和檐角龇牙咧嘴、身形巨大、形态怪异的狮、龙、蛇像，同样不能显示好品味、功效或美感。

他们的一位崇拜者说："中国建筑虽然跟欧洲无关，虽然没有从希腊建筑借鉴什么，但自有它独特的美。"它的确独特，传教士也可以自信地标榜，独有他们才能发现"皇帝的住处真正是宫殿"，其"规模的巨大，布局的对称，装饰的堂皇，在在昭示其主人的伟大"。

首都王公大臣的宅邸跟商贾之家并无多大差别，只是占地更大、有高墙围绕而已。我们在北京的下榻之处就是这样的一座宅邸。其面积是300乘400英尺，隔成10到12个院落。每个院落有2间、3间或4间帐篷式屋子，建在庭院里约3英尺高的石基之上。庭院铺砖。红色的木柱构成的游廊连接着每一座房屋、每一个庭院，所以整座宅邸的每个部分都可以不必遭受日晒雨淋地走到。游廊的木柱约有900根。大多数屋子都露着椽子，有些加了一层轻巧的以竹片加灰泥做成的天花板。女子的闺阁是两层楼，不过上层不见天日，比我们普通的阁楼差。地面或砖或泥。窗户没有玻璃，代替的是油纸、绸纱、贝壳或牛角。有些房间的角落里有坑，上盖石片或木块，用作火炉，像古罗马的屋子一样，产生的热气经由地下或墙身中的烟道流通。墙一般都用沿海所产的贝壳制成的石灰涂白。有一间屋子据说是戏楼，舞台在中央，前方有一排廊柱。一片水面上仿游艇式样建了一座石舫。一个庭院里堆起一座石山，峰峦峭壁、悬崖洞穴，俱按自然面貌呈现。山坡上是他们摆放心爱的花卉和树木盆景的地方。他们以制作扭曲的树木盆景而闻名于世。

全中国都没有一座盥洗室，也没有一个体面的方便处所。有时候在角落里有个坑，上盖木板，不过大多数时间他们是用口小肚大的陶罐。在我们下榻的大宅院里，有一座带墙的小室，地上是一排砖砌的方形小坑。

在宝塔之外，最引人注目的就是城门了。它们一般都是四方建筑，拱形的门洞升高几层，像寺庙一样，覆盖了一重或数重飞檐。这个国家最令人叹为观止的杰作是分隔北部鞑靼的长城。它完全是按北京的城墙式样建造的，中间是土，面上砌砖或石。这一工程的惊人之处不在它的设计施工，而在于它的长度，约 1500 英里，既绵延于两三千英尺高的大山之巅，也横跨深谷和河流。已故的皇家炮兵上尉帕里斯已经如实而准确地画下了长城及其烽火台的立面、平面和剖面图，再加描述就属多余了。那些图可以在乔治·斯当东爵士有关使团中国之旅的大作中找到。

就是那个据说曾野蛮地焚书坑儒的皇帝建造了这一工程。其宏伟巨大，举世无双，连埃及的金字塔也无法比拟，因为后者当中最大的也只相当于中国长城极小的一部分。它的宏大，我相信从来没有被质疑过。其长 1500 英里，其宽始终都跟英国使馆相似。英格兰和苏格兰所有的房屋，假定它们是 180 万，平均每所有 2000 立方英尺的石料或砖瓦，其总和才勉强相当于中国长城的墙体耗材。其高耸的砖石烽火台尚未计算在内。单单是它们，假定确实是按一箭之遥的距离连续建造的，其所耗的砖石就会相当于整个伦敦的。再用一个比方来说明这一宏伟建筑的庞大，那就是，其所耗材料化为各高 6 英尺、厚 2 英尺的双墙，足以绕地球表面两圈！要说明的是，这一计算包括了墙心所填的泥土。

再说另一样事物。对此，伟大的约翰逊博士认为他可以，任何人处于他的情况也可以引以为傲地说，他的祖父亲眼见过！它在宏大上一点也不低于、在效用上却远胜于长城。那就是一般所称的大运河，一套就长度和规模而言，在世界历史上无与伦比的内陆航运系统。我可以把握十足地说，就庞大而言，我们英格兰最发达的内河航道，跟它纵横中国的巨大河道相比，就相当于一座公园里的鱼塘跟温德米尔湖①相比一样。汉人把这一工程的历史说得比长城还要早好几个世纪，鞑靼人则声称它是在13世纪元朝时才首次开通的。可能的情形是，一个柔弱而丢脸的朝廷曾任凭它毁坏失效，是更积极的鞑靼统治者使它改头换面重获新生：目前它看不出任何历史悠久的痕迹。桥梁、防洪闸的石礅、码头，以及堤坝的挡土墙都相当新。

不管它最早是由汉人还是鞑靼人所建，这一工程的构想和建造方式都反映了高度的科学和创新水平，这是我认为目前无论是在汉人还是鞑靼人身上都看不出来的。该国的主要地形和其他有利条件极大地促成了这一工程，但是高超的技术水平和管理艺术，以及大量的劳力，在整个工程中也是显而易见的。

我将努力用最简单的几句话，概要介绍这项宏大工程据以实施的主要原则。中国所有著名的河流都从西藏北部鞑靼高原发源，自西向东流经这个帝国的平原地区入海。这一内河航运系统则从北到南，横贯这些大河，稍小些的河流则并入运河，成为它持续不断的水源。

三条大河，即北部的御河、中部的黄河和南部的长江，与运河交汇，将过量的水带入大海。前者是大运河主河段的供水者，后者则是排水者。在调节运河的总体水位和供水小河的不

---

① Winandermere，英格兰湖区中最大的一个，长达17公里。

中国长城（1793年 版画） W. 亚历山大

同水位关系时，一定会碰到一些困难。尽管该国地形有诸多有利因素，在许多地方还须深挖 60 或 70 英尺，在另一些地方则要在湖泊沼泽周围筑起堤坝。

就大运河的长度和规模而言，没有统治民众的绝对权威，是不可能完成这么一个仅次于长城的伟大工程的。那些巨堤有时候环绕直径达几英里的大湖，堤中的水位被抬至高出地面很多。在这样的地方，我们有时发现巨大的沟渠中水流时速可达 3 英里。运河上很少地方是呈水平静止状态的。某一天我们见它以每小时一、二或三英里的速度南流，第二天又北流，甚至常常是同一天内，它有时是静止的，过一会又朝相反方向流动起来。这种水位调节是由隔一定距离就有的水闸控制的。如果形势需要，它就将水位升高或降低几英寸。这种闸门仅仅是一些厚木板，横切在两岸的石磴企口中上下移动。在有闸门的河段，这种石磴把运河的宽度缩小为大约 30 英尺。除此之外，600 英里的滔滔运河上再无一个船闸或障碍了。

这一杰作中最令人瞩目的部分将会在下一章，我们横贯帝国的旅途描述中再说。

这一大动脉以及其他河流沟渠上，有大量各式各样的桥梁，有的像哥特式的尖拱，有的是半圆，还有的像马蹄。有些桥拱高到 200 吨的大船也可以驶过而不碰到桅杆。他们的桥有 3 拱的，有 5 拱的，有 7 拱的[①]。横跨大运河的桥轻盈悦目，不过就工程设计而言，它们不太结实。每块石头有 5 到 10 英尺长，按照桥

---

① 有一座桥带 91 个拱，下一章将有描述。——原注

拱部位的要求切割成形，因而不存在拱顶石。木制的拱肋贴着拱桥的凸面用铁棍跟拱石结合在一起，再牢牢地固定在桥的基础部分。不过有时候它们不用木头，而是将弧形的石块铆入横向的长石条中，如附图所示。那是亚历山大先生的精确画作。

图中，1. 切成弧形的拱石，10 英尺长

    2. 巨石　长度跟桥宽齐，2 英尺见方

    3. 拱石　7 英尺长

    4. 同上　5 英尺

    5. 同上　3 ½ 英尺

    6. 同上　3 英尺

    7. 同上　3 英尺

    8. 8 与 2 号石类似，整块镶入桥座，

    9. 9 与桥柱铆接，把桥维系成一个整体。

不过，还有一些拱桥跟我们的一样，石块较小，朝一个中心成拱。已故的帕里斯上尉告诉我，砖石建筑之冠是长城，古老的烽火台上的拱和穹形结构都极尽其妙。于是，我们或许可以有把握地断定，早在希腊和罗马人之前，中国人就在享用这一有效而优美的建筑形式了。不管是埃及人还是波斯人，似乎都不曾在他们的建筑上使用过这一技术。底比斯和波斯波利斯的废墟遗迹当中没有拱，巴尔贝克①和巴尔米拉②也没有。在圣奥古斯丁时代之前，罗马人也没有在他们辉煌的建筑中使用过拱。这些民族所有的巨大而优雅的圆柱均由笔直的柱顶过梁衔接，其大小跟圆柱不相上下。在印度的地下发掘中有凿山而成的实心拱，但一到以石块砌拱、让屋宇叠建在圆柱之上，柱顶以上的石块就被叠置为倒台阶状，直到在两柱之间的中心点交会，远看跟哥特式尖拱一模一样。也许哥特式尖拱就是由此而得到启发的。如果我们承认中国的长城是有那么古老（人们从来没有确凿的理由来否定他们的说法，仅有的一个，即马可·波罗对此并无片言只字，也十分可疑，很容易被驳斥），那么中国人称拱是他们的发明也是言之成理的。

他们的墓地，即死人的居所，比活人的展示了更丰富的纪念性建筑风格。有些人确实把他们的祖先埋进了其生前所居住的屋宇，只是规模缩小了而已。另外一些爱用四方形的墓穴，并极尽想象之能事来加以装饰。还有的则用六角形或八角形的

---

① Balbec，黎巴嫩古城，其太阳神庙为古罗马建筑，代表了西方古建筑的高峰。

② Palmyra，叙利亚的一个古迹。

来掩埋死者。中国人的坟无规则地呈圆形、三角形、四方形或多角形。不过,贵族之坟的常见形制包括三层平台,一层高过一层,以圆墙围绕。墓室的门,或者入口,开在最上一层,上面刻有合乎身份的铭文。他们生前所拥有的奴仆、牛马和其他生物,在他们死后被刻成画像,装点他们的坟墓。

> 英雄生前所乐所爱,
> 香车、骏马、宝剑,
> 死后件件随身。
> ——皮特(Pitt)

上述种种使得在此重申自然科学的任何一个学科,在中国都没有成为一种研究对象或专门学问,似乎是多余之举。这个民族在人类早期就达到了那么高的文明程度,自然物理在实践中的那些最明显的效用,肯定逃不过他们的眼睛。可是他们满足于那些实践效用,不再做进一步的探索。对气体力学,流动静力学,电学,磁学,他们可以说是一无所知。他们的光学知识仅限于用水晶凹凸镜来协助放大物体,聚集阳光,在小物品上成焦,以点燃易燃物品。这些镜片是先以锯锯开,再用晶石粉末打磨的。打磨钻石,他们使用的是坚硬的晶石粉或金刚砂。为了把不同的石料切割成一组组的人物、房屋、山岭,有时候是一整幅风景,他们发现了省工省力之道,不过那是出于一种减轻困难的决心,而不是出于发明创造的愿望。这种艰苦劳动的杰作之一,由查尔斯·格雷维尔阁下所收藏,值得一提。那是一组造型优美，当中挖空，装饰华丽的瓶。外表是叶饰和人物浮雕，风格类似古老的多彩浮雕，带有活动的提环，立于基座或者支架上。它们是由一块块整体透明的水晶雕成的。这样一件费工费力的东西大约是以几块钱在中国买的，又以30英镑在伦敦出售。其实，在伦敦，就是花多少倍的价钱也是买不到人做这种东西的，更不必说是否有人能做得出这种东西。

他们的眼镜，就我所见，全都以水晶为镜片，以牛角、玳瑁或象牙为架。单片的显微镜使用普遍，但是他们从未想到用叠置的两片或更多的镜片来进一步放大物体。说来也是，这种发现在欧洲也是因偶然而非科学探索得到的。

我在圆明园见到过一个粗劣的幻灯，一个暗箱。无论哪一个，尽管明显是中国工匠所造，却似乎都不带有该民族发明的标志。我更倾向于认为，它们是早期耶稣会士在朝廷上炫耀的试验品，为的是叫皇帝欣赏他们的精湛技艺，提高他们作为饱学之士的声誉。他们或许可以把中国皮影（Ombres Chinoises）称作他们的发明。他们制作烟火的天才可以被认为是远远高于至今为止欧洲所能展示的。

烟枪的众多附件当中有一块凸透镜，他们习惯于用它来点烟，所以我们带来给皇帝的礼物当中，那块由舰队街的帕克先生制作的大点火透镜，并未引起中国人的赞叹。制作这么大一块完美无瑕、威力强大的透镜的困难，他们并不理解，因而也不欣赏。当太阳的位置在子午线以上40度时，短短的4秒钟，它所聚集的能量就把一枚他们的铜钱完全熔化了。尽管如此，也没能在他们愚昧的心目中引起惊讶。他们仅有的一个问题是，这个东西是不是水晶的？听说是玻璃的，他们就带着鄙夷的表情走开了，仿佛在说，一块玻璃也值得给我们的大皇帝吗？宰相和中堂想让我们看看他是多么熟悉这样的玩意，从容地往聚焦点上点他的烟斗。要不是我猛地推了他一把，他的缎袍大袖一准就烧焦了。可是他全然不察所处的险境，满不在乎地走了。

的确，我们在选择许多珍贵的与科技有关的礼物时，极大地高估了他们的知识和学养。他们毫不尊重他们所不理解的东西，艺术品只能激起他们的嫉妒，伤害他们的自尊。今后再派使团去北京，我将推荐金银和钢铁，小孩的玩具和饰物，或许再加几件德比郡晶石样品，以及最好的细平布和克尔塞梅尔短绒大衣呢。在目前的状态下，任何在艺术和科学上出类拔萃的东西都不是他们所能欣赏的。

减轻人类的苦难，缓解人体常有的病痛，一定是文明社会最早的科学之一。所以，我们在古代王国的历史中发现，治病救人的医师甚至受到崇拜。阿喀琉斯[①]和埃斯科拉庇俄斯[②]的导师喀戎[③]，被送上了天，至今还在以人马星之名闪烁。在这些我们称之为原始的国度里，这些拥有清淤、消肿、疗伤的神技，换而言之，就是能减轻痛苦的人，受到了同胞异乎寻常的敬重。但是，中国人似乎与所有其他民族，不管是开化的还是野蛮的，观点不一，对医术毫不尊重。他们没有建立过公立的医校来研究医学，学医也不能获得荣誉、地位和财富。一般只有低贱之

[①] Achilles，古希腊神，力大无穷，除脚踵外浑身刀枪不入。
[②] Aesculapius，古希腊医药神。
[③] Chiron，古希腊神话中半人半马的怪物，博学多智，以医术闻名。

人才去行医，宫里的太监也被视为第一流的医生。

根据他们自己的记载，公元前200年之前，始皇帝一把火烧尽了天下的学术著作，医书却幸免于难。可是他们目前最好的医书也只能算是植物志，仅仅为某些植物正名，罗列它们的特性。熟知这些草木之名和它们假定有的功效，便是做一个医生的充分资格了。最常用的草药有人参、大黄和茯苓。

他们的药典里还有一些出于动物界和矿物界的制剂，前者中他们用了蛇、甲虫、蜈蚣、蚕蛹以及其他昆虫。芫菁科昆虫和蜜蜂被用来治疗水疱，后者中他们有时在处方中加硝石、硫磺、朱砂和几种其他东西。鸦片也入药，但是更普遍地被用来强心提神。尽管进口这种毒药是被严禁的，可是就如我已说过的那样，在海关官员的纵容下，每年都有大量的鸦片从巴基斯坦和欧洲走私进入这个国家。

他们既不掌握、也不认为有必要去知道人体生理学，即解释人体构造的学说，对病理学，即疾病成因和后果的了解，也极其有限，经常是荒谬和错误百出的。他们假定，大多数病症真的可以借由把脉来发现，认为脉象跟一套荒诞无稽的经络系统是一致的。尽管耶稣会士毫无顾忌地声称，中国人早在欧洲人之前就知道血液循环，实际上他们对此一无所知，却想象人体的每一个特殊部分都有一条特殊的经脉，它们又都跟手臂上的脉息息相关。心脏有一条经脉，肺有一条，肾也有一条，依此类推。医生的技艺就在于通过手臂上相应的经脉发现人体的主要经脉。那种在诊病时虚伪而无意义的把脉仪式绝对地荒谬可笑。

在舟山我吃了大量未成熟的水果，得了假霍乱，上吐下泻。向舟山长官讨一些鸦片和大黄，他立刻派来了他的一个医生。此人表情严肃沉重，就像伦敦或爱丁堡医生检查一桩疑难病例似的。他双目凝视天花板，同时握住我的手，自手腕起，逐渐移向胳膊肘，以手指时重时轻地按压，仿佛在弹羽管键琴似的。这一表演持续了大约十分钟，然后他松开我的手，在庄严的沉默中宣称我的不适是出于饮食与脾胃不调。我不该自以为是地断定，他的诊断是出于其把脉的技艺，还是逆推自所求药物的效用，或者是凭他多年行医的经验。

因为离开了这个国家，不必再像其他传教士注定要在此终老而小心谨慎，李明[①]很明确地说，中国医生在下诊断之前，总是想方设法不动声色地打探病人的症状，因为他们的名声首先在于说准病情，其次才是治愈病人。他进一步讲了他朋友的故事。此人得了肿病，去看一个中国医生。这位先生一本正经地告诉他，那是由一条小虫引起的，如果不以他的神技捉出来，最终会导致坏疽，必死无疑。果不其然，敷了几天草药泥，肿消了下去之后的一天，这个医生神不知鬼不觉地在取下的草药泥中放了一条小蛆。这说明他的捉虫之技对他来说是十分重要的。不过，李明的故事并不总是可信的。

僧道之流也行医，制作具有各种功效的膏药，有的排毒治病，有的驱邪去魔，还有的据说能催情。所有这些，尤其是最后一种，在富豪当中大受欢迎。在这一方面，中国人跟大多数

---

① Le Compte, Louis Diannie（1655—1728），法国来华传教士，著有《中国近事报道》。

文明源远流长的民族一致，他们的僧道通常都兼医生之职。每个城市都充斥着这种江湖郎中和秘方贩子，借大众的愚昧轻信混饭吃。广州的大街上有过这样一种表演。一人兜售专治蛇咬的药粉。为了叫观众相信它立竿见影的神效，他随身带了一条众所周知的剧毒之蛇。他把蛇嘴放在自己的舌尖上，舌尖马上迅速肿胀起来。几分钟之后它肿得嘴里都放不下了，还继续肿胀，直到好像要胀破似的，伴随着白沫和血水，惨不忍睹。在此过程当中，这个江湖郎中显得痛苦万状，激起了所有围观者的怜悯之心。到了表演的高潮，他在鼻子和肿胀的舌头上撒了一些他的神药，舌头便渐渐小了下去，其他症状也消失了。虽然在城市里，人被蛇咬的几率不会大于十万分之一，在场的所有人还是纷纷解囊买这种神奇的药粉，直到一个老于此道的家伙恶意地暗示道，刚才那一幕恐怕是藏在嘴里的一个猪尿泡的杰作哩！

蛇咬中毒的通常疗法是局部敷以硫磺，或以捣碎的咬人之蛇的蛇头。这种荒唐的疗法在不同的国家，其相距之远可以是一在赤道、一在北极，不约而同地存在，真是不可思议。一位罗马诗人写道：

咬人的蛇头，
也能治它咬的伤。

霍屯督人裸露的双腿常被蝎螫。他们毫无例外地尽力去抓咬他们的蝎子，捣碎后敷在伤口上，坚信其能治蝎毒。爪哇岛上的土著爪哇人绝对相信这种治疗的功效。上述作者就这种虫螫写道:"人说敷在伤口上,毒气皆排光。"

根据男女授受不亲的教条,绅士触摸女人之手实为大逆不道。为了不失去诊费,尽管那一般只是50大钱,即6先令8便士的二十分之一,中国医生居然想出了一个天才的办法来感觉女子的脉搏。这就是在女病人手腕上系一根丝线,通过板壁上的小孔,伸到隔壁医生那里。医生以其手感触这根线,一本正经地沉思默想良久,以判定所患何症,该用什么药。不过在宫里,一些可靠的太监或有殊荣,可以直接为嫔妃把脉。

在所有的城市里,普通民众都挤在狭小的居室内生活,街道也狭窄而拥挤,尤其是个人卫生习惯不良,使得接触传染性疾病经常发生,往往令一大家人死绝,类似于瘟疫。尽管气候温和,北京比帝国其他部分更常发生接触传染性热病,大量人口死亡。在南方省份,这种病既不常见,又不那么致命,我认为在极大程度上要归功于当地大众普遍的生活习惯。他们贴身穿植物纤维的布料,较注意清洗,因而比穿动物皮毛更有益健康。换句话说,棉麻比丝绸羊毛更适合于贴身穿,只有最具备清洁习惯的人才例外。另外,南方人不论日夜都保持良好的通风,也有效地消减了住处和身体不洁导致的恶果。在温暖的天气里,他们的门只是一扇竹编,窗户不是洞开就是只有一层薄纸。尽管个人卫生不良,他们却很少患麻风或皮肤病。他们声称从不知有痛风、结石和砂尿症,并把这归功于饮茶。我们的一些医生赞同这一意见,说自从引进了茶叶、喝茶成为普遍的习惯之后,皮肤病在英国比此前少了许多。对此,其他一些医生则归功于普遍使用亚麻布，这或者更符合实情。不过，这两项也许同时都对这种令人愉快的结果起了积极作用。

无论何时，只要天花暴发，总会造成巨大而不幸的灾难。对这种疾病，他们号称能分成约 40 个不同的种类，每种都给予一个别名。如果是良性的那种暴发，接种，或者更准确地说，人为地染病，便是常用的疗法。通常的做法是把蘸有病人脓液的棉花球塞进鼻孔里，或者穿上病人的衣服，或者跟病人同睡一张床。但是他们从不进行皮下种植。这种致命的疾病，据该帝国的历史记录，在 10 世纪之前是无人知晓的。它大约是由阿拉伯人传入的，因为 10 世纪时，在波斯湾与广州之间有大量的贸易活动。那些阿拉伯人在不久前侵略和征服东罗马帝国时，从撒拉逊人那儿染上了这种病。这同一种病也是疯狂的十字军东征赐予欧洲的礼物之一。从那以后，人们对怎样根除它一直一筹莫展。直到 17 世纪末，人们幸运地发现了宝贵的牛痘，或者说是普遍地使用了很久以前就一直被应用于个别地区的接种牛痘之法，才使得最终消灭此病的希望见到了曙光。

据说在有些省份，下层民众患有严重的眼疾，而这种地方病被认定是大量食米造成的。这种说法显然是没有根据的，因为印度的诸民族几乎全都以这种谷物为主食，并没成为此病的受害者。在埃及，无论是古代还是现代，患眼病的和盲人都比中国多，可是非洲人既不种稻也不知道有稻。稻谷要到哈里发王朝时才从东方引进。这种疾病如果真的在中国普遍存在，那也恐怕是因为他们居住在拥挤低矮的房屋里，每天烟熏火燎，计时也是以焚烧檀木屑做成的线香，又普遍吸烟；还因为住处附近集聚的垃圾散发出的臭气或毒气。这一视觉器官可能也因为他们经常洗脸的习惯而松弛，易于受到疾病的侵袭。他们即使是在酷暑季节也用热水洗脸。不过，我得声明，在漫长的旅途之中，我们只见到很少几个盲人或患有眼疾的人。

在对他们的社会状况做了上述简介之后，不难推论出因纵欲乱交而产生的性病在中国不会太常见。事实上他们对此知之甚少，治疗之法几乎没有。对少有的几个病例，他们是任其发展，等到全身症状出现，便断定那是一种无法可治的麻风病了事。到达广东省最北部的一个地方时，我们的一位向导疏忽大意地在烟花巷过了一夜。那里的女子是经官府许可以卖笑为生的。就在那里，他似乎染上了梅毒。在饱受痛苦和惊吓之后，他对我们的医生描述了病情，至于此病的性质和起因则一无所知。他是个40岁的壮汉，体魄强健，性情开朗，曾经是一个军官，在从北鞑靼到印度边界的不同省份辗转征战过，却一直都不知道有这样一种病。从这个以及其他类似的例子，我得出结论，尽管这种病在京师甚至这儿也偶有发现，但极为罕见。它最初当是不久前在舟山、广州和澳门发生的。那里有大量沦落风尘的女子，靠向各国水手卖身维持生活。中国人有时候就称这种病叫"广东疮"。

男医生从来不许给孕妇开药。女人生产，男人待在产房里被认为是极大的犯冲。所以如果碰上难产，一切就全靠留在其中的女人对付了。全中国没有一个男性接生者。不过这种状况并不影响中国的人口数量。他们绝难相信，在欧洲男人也可以从事这种在他们心目中毫无例外应由女人担当的职业。

关于人体结构和一些部位的力量和功能的正确知识，只能经由解剖获得。可是这种研究会令胆小的中国人脆弱的神经断裂。所以别指望他们会常做外科手术，也别预期这种手术会做得很漂亮。了解了他们的律法，也看到两三个案例所反映出来的效果，我觉得足以解释为什么他们的外科技术会如此低下了。就连最简单的手术也没有人踊跃去做，因为他不但要承担手术立竿见影的风险，还要附带接受那个40天的缓期保险。

他们常常能成功地完成简单的复臼续骨手术。但是碰上复杂的症状，病人一般只能听天由命。他们从不做截肢术。在整个旅途中，我们遇到过数百万人，我不记得见过一个缺手断脚之人，连残疾之人也极其少见。因而我认为，不是意外伤害不常有，就是严重受伤者多半丧命了。

中国人极其害怕锋利的刀具，害怕到连放血手术都不能接受。不过放血治病的原理他们是接受的，因为他们也用刮痧、拔火罐的方式来放血。对某些病症，他们用小而尖的热烙铁烙皮肤。有时候用银针扎过之后，再烧艾蒿叶来灸该部位，跟日本人的做法类似，用以治疗甚至预防一些疾病，尤其是痛风和风湿。前者据说中国并不存在。掏耳朵、割鸡眼、松关节、捏鼻子、捶肩背之类，则是理发师的附带职业。每个城市都有成千上万的人凭这些手艺维持生活。

简而言之，中国人的医术可以借用格里高里医生据他从朋友吉兰医生处获得的信息而得出的结论来概括："这个地球上最伟大、最古老、最文明的帝国，这个在2000年前未开化时就跟目前的新西兰一样伟大、繁荣、文明的帝国，目前却无法为他的子民提供良好的医疗服务。这种服务是一个聪明的16岁男孩,在一个医术良好而又敬业的爱丁堡外科医生处,做了12个月学徒就能够提供的。"他继续说道:"如果中国皇帝,一个统治三亿三千三百万子民,超过整个欧洲人口的两倍的君主,患了胸膜炎或者断了腿,他将乐于请这位少年做他的首席医生和宫廷手术师。这个少年只要看过他老师处理过一两次同样的情况,肯定知道怎样接上皇帝陛下的断腿,也很可能会治愈他的胸膜炎。而对这两种情况,他的所有子民都是束手无策的。"

至此我已简要介绍了该国的科学、艺术、制造业等主要门类的状况。我有意略去了农业,因为那是以后章节的主题。我认为,在总体上,可以认定中国是现今世界上尚存的、最早达到一定文明程度的国家之一。不过此后,因为朝廷的政策或其他原因,它就停滞不前了。他们在2000年前,当全欧洲相对而言可以说还未开化之时,就已经有了跟他们目前所有的一样高的文明了,但是从那之后,没有任何方面有任何进展,在许多方面反而倒退。目前,跟欧洲相比,他们可以说是在微不足道的小事上伟大,在举足轻重的大事上渺小。不过我不完全同意那位博学而高雅的作家[①]对他们的评价。他熟悉东方文献,不能说不够资格;只是他对中国人性格的了解要逊于对其他亚洲民族性格的了解。又完全不懂他们的语言,他是这么说的:"他们的文字,如果可以这么叫的话,仅仅是概念的符号;他们的哲学似乎处于原始状态,很难称得上哲学;他们并无可据以追

[①] 威廉姆·琼斯(William Jones)爵士。——原注

踪其起源的古代遗迹，要想象也没有可以凭借的神话；他们的自然科学纯属天方夜谭；他们的机械工艺不具备任何系统的特点；没有任何事物是任何一个身处这么一个特别受到大自然眷顾的国度里的民族所不会发现和改进的。"

第七章 法律制度

朝廷——法律——土地所有权与税收——岁入——文官、武官及文武机构

欧洲各国开始知道中国这个疆土如此辽阔的国家的存在，为时较晚。况且，即使知道了，前去探访又困难重重。汉语与其他古代的或现代的语言没有任何关系（我没有做任何研究来证明），朝廷对外国人极端戒备，中国人（哪怕是处在最低阶层的中国人）对外国人也极端蔑视。诸如此类再加上其他因素，可以解释为什么到目前为止，我们对这样一个非凡帝国的真实历史的认识，还是如此有限和不完善。就他们自己的记载而言，史料绝不匮乏。至少从公元前两个世纪到现在，每个朝代的更替都有详细记载，从没间断。中国人甚至保存下来整套的铜币，印证了过去两千年中历代皇帝的名号。虽然不十分完全，乔治·斯当东爵士也带了一套回英国。

在此之前，当中国还是诸侯割据时，据说这个国家的编年史，如同世界其他任何国家的一样，充满了血腥的战争叙述。后来，这些诸侯国数量逐渐减少，最后全部融合成一个强大的

帝国，各种各样的相互屠戮渐渐停止了。据记载，此后这个国家的政权因外患或内乱而中断的情况较其他国家为少。但是，这种令人神往的国泰民安，究竟是源于这个朝廷的特性，即能使自己适应其人民的天赋和习性的特性，那种亚里士多德认为所有政府都可能具有的最佳特性，还是源于这个政府将其人民的天赋和习性，按自己的意志和准则进行束缚和压抑，还有待商榷。就现政权而言，有充足的证据表明，其高压手段完全驯服了这个民族，并按自己的模式塑造了这个民族的性格。他们的道德观念和行为完全由朝廷的意识形态左右，几乎完全处在朝廷的控制之下。

  那些极大地有助于政权稳定的意识形态，是建立在一种权威原则上的。根据那些经过孜孜不倦地灌输已深植在人们心中的准则和教义，它就是天赋的父母对子女的不可剥夺的权威。这种权威不会在人生的某个阶段或年龄终止，而是不断延续、不会减弱、不受束缚的。除非一方死去，服从的义务不会解除。皇帝被认为是臣民之父，理当拥有家庭式父对子的同样权威。从这个意义出发，皇帝乃有"大父"之称。皇帝不是凡人，当然就置身于俗世之上。因此，他顺理成章地有时会称自己为"世界的唯一主宰"和"天子"。在这种宏大的忠孝伦理体系中，每年新春大典，皇帝都会匍匐在皇太后面前以示孝顺；同日，他也会让满朝文武向他叩头以示忠诚，两者并行不悖。与这种家长式的体系相应，省督被认为是一省之父，知州为一州之父，司部主管也理应像一家之父照料管理家庭生活那样，用同样的权威、关心和慈爱来主持工作。

然而，极其可悲的是，一个在理论上备受赞誉的政府体制，在实践中却产生了极大的扭曲和滥用。如果用暴虐、压迫和不公来描绘所谓的统治者慈父般的关心和热爱，用畏惧、欺瞒和忤逆来描绘被统治者的子女般的孝顺和敬畏，恐怕更接近事实。

当皇帝的首要准则是少在臣民面前出现。这一准则的确立很难归结到父亲对子女的热爱和关心上去。将其解释为出于猜疑，更容易为人接受。一个暴君意识到自己的各种残暴和欺压行为，自然不愿意与他暴政的受害者接触，自然会想到，某只秘密之手极欲通过致命的一击，来为自己或同胞蒙受的冤屈复仇。然而，中国皇帝虽然很少在公众场合露面，但一露面则一定排场盛大而辉煌，这一点又与自我保护的策略大相径庭。一种暗中施行、无远弗届的权威，更能够在人们心灵中造成强烈的震撼，更能够在人们脑海中引起恐惧和敬畏。如果行使权威的人总是被人们熟视，就不会有这样的效果。依洛西斯秘密仪式①中的教士十分熟悉人性的这一特征。当人们推理能力越不发达时，这种性格特征就愈加明显。需要苏格拉底式开明思想的启导，才能驱除凡夫俗子头脑中因之而产生的恐惧。因此，如同希罗多德讲述的那样，戴敖瑟斯②一旦在埃克巴塔拉德③

---

① 依洛西斯秘密仪式，是为祭祀谷物女神德墨忒尔和冥后珀耳塞福涅每年一度举行的仪式，是古希腊所有仪式祭典中最神圣最令人敬畏的。仪式始于雅典以西22公里的依洛西斯市，大概可追溯到迈锡尼时代早期，几乎延续了两千年。大批大批的崇拜者来自希腊各地（后来来自罗马帝国各地），聚集在这两个城市之间，举行盛典朝拜，参加秘密仪式。这种仪式通常被视为希腊宗教的巅峰。

② 根据公元前5世纪希腊历史学家希罗多德记载，戴敖瑟斯（一译迪奥塞斯）是米底王国的第一位国王。希罗多德写道，米底国各部落开始都没有政治团体，散居在各个村落，处于混乱的无政府状态。为结束这种混乱状况，人们决定成立米底王国，并选戴敖瑟斯当国王。戴敖瑟斯统治米底王国53年。

③ 埃克巴塔拉德是米底王国的首都。

登基成为国王后，就再也不许那些他曾常常给予帮助的人见到他。他认为，禁止他们与他见面，会容易使他们相信，当上国王后，他的人格大为改变，变得要比他们的优越得多。如果能经常见到有权有势有才能的人物，如果能随意并毫无拘束地与他们接触，如果能每天观察到他们为生活的琐事操劳奔忙，那么公众心目中对他们的畏惧和尊敬势必大减。对这个道理，伟大的孔代（Condé）有过精辟的论断：仆人眼里无英雄。

上述理由，而不是对臣民的恐惧，也许更能说明中国皇帝不与公众多见面的礼俗。这种礼俗要求他仅仅在特定场合露面，露面时必定盛装端坐，气宇轩昂，让文武百官肃立面前，只等一声令下，便全都拜倒在他的脚下。

君主的权力是绝对的，但家族宗法又要求儿子必须在大庭广众前为已故父母的在天之灵献祭。这种天经地义的职责对君权起到了一定程度的约束作用。因这种民俗，那些如宗教般必须严格奉行的职责会不时提醒他，人们对他私人生活和公共言行的记忆，将在他的自然生命结束后长久保存下去；倘若他对自己的子民尽了应尽的职责，那么在每年的某些时刻，从一代王朝到另一代王朝，人们都将怀着崇拜和敬畏的心情诵读他的名字。与之相反，如果他一意孤行，对子民不公和欺压，那么公众的诅咒将使他遗臭万年。这也许还促成他在钦定继承人时必须小心谨慎，尽管法律赋予他挑选继承人的绝对权力。

然而，这种对死后名声的顾虑，对于反复无常的暴君的约束作用是极其微弱的。在这方面，这个国家以及其他国家的历史都提供了充足的例证。因此，人们认为必须再加上另一种也许是更有效的约束,来遏制君主心中随时可能产生的肆意妄为和暴戾。这样,一个由两人组成的机构①因之而产生。这两个人被赋予特权,能够不受任何拘束来抗辩皇帝欲要进行或认可的违法行为。由于他们的工作性质及责任令君主厌恶,人们可以推断这两人在行使授予他们的权力时极其谨慎。但是,他们还须履行另一项职责。这一职责对他们自己死后名声的影响并不亚于对他们主子死后名声的影响,而在履行这项职责的过程中,他们犯上的危险要小得多。这两个人是帝国的史官,更准确地说,是皇帝的传记作者。他们这方面的工作主要是,收集君主的喜怒哀乐,记录他的谕旨和名言,写下他最突出的个人行为以及他统治期间发生的重大事件。这些资料被装入一只大柜中,保存在皇史宬内。在皇帝过世之前,这只柜子是不会打开的。另外,如果记载中发现有严重损害他的人格和声誉的内容,出于对皇室的保护,这些史料要经过两三代后才公之于众,有时甚至要等到一代王朝的覆灭。因时间上的宽容,他们更有可能与皇帝维持一种诚实的关系。在这种关系中,恐惧和阿谀就不可能掩盖真相了。

在专制政府中,这个如此卓越和独到的制度,不可能不对君主的作为产生强大的影响,不可能不促使他在任何场合都谨慎行事,以便为自己留下英名,以便使自己的人格清白圣洁,流芳百世。据说这些史料中记载了一个唐朝皇帝的故事。他意识到自己好几次逾越了自己权威的界限,决心要看看史料柜中

---

① 据以下描写,应为国史馆,然清朝国史馆官员不止两名。此处或仅指总裁,满、汉各一人。

的内容；他知道在那里可以找到他所有行为的记载。为了使那两位史官相信他要做的事没有什么不妥，他找了各种理由，一再说明，他之所以如此是想要知道自己犯有何种大错，以便开始改正。据说这两位大人中的一位，做了如下刚正不阿的回答："诚然，陛下犯有一些错误，将其记录下来是我们痛苦的责任。因这种责任，"他继续道，"我们更有义务向后代讲述，今天皇上与我们进行了一场极不得体的谈话。"

为协助皇帝料理重大国事，管理一个幅员辽阔、人口众多的国家，朝纲规定设立两院：一个为普通院①，另一个为特殊院②。普通院由六位机要大臣组成，称"阁老"。特殊院全由有皇室血缘的亲王组成。就管理政务而言，有以下六部：

吏部：任命朝廷官吏，由尚书和学士组成，有资格评判候选人的学识和才能。

户部：理财。

礼部：主持指导各种礼仪和习俗，接待外国使节。

兵部：管理军事。

刑部：司法。

工部：公共建设。

这些公务部门就各自管理的所有事务向皇帝呈交解决方案，提出建议和报告，皇帝则根据普通院的意见，或者，如有必要，根据特别院的意见，或认可、或修正、或拒绝他们的提案。为此，上届皇帝从来没有忽视过在每天早晨四五点钟升朝听政。

---

① 此处指内阁。
② 此处指军机处。

这些位于首都的最高部门在各省和各大城市中都设有相应的下属机构,各自直接联系。

倘若我对他们的法典进行详细论述的话,那就远远超出了本书的范围,实际上我也没有充足的准备来这样做。为便利臣民使用,这些法典在其语言所允许的范围内,用最通俗的文字出版,共出版十六套,其中一套现在英国。为此,我感到鼓舞,希望在不久的一天,这部中国法典能用英文准确真实地翻译出来。这部译著与迄今为止发表的有关中国的所有大部著作一起,将能更好地解释,是什么方法将一个如此庞大的国家,一个人口为全欧洲两倍的国家,在如此漫长的岁月中,凝聚在一个国度里。这部中国法著作[①]文字清晰,结构严谨,完全可以与布莱克斯顿[②]的《英国法释义》相媲美。它不仅将法律条文按不同条目分类,而且每条法律都加一段短评和一件案例。

据权威人士讲,中国的法律几乎对每种刑事犯罪及其惩罚都有极其清晰的定义。在确定罪与罚的轻重尺度时尤其慎重,根本谈不上血腥味。如果实践与理论一致的话,没有几个国家能够夸口说自己有一种更加宽容、又更加有效的司法制度。就所有现存的专制政府而言,没有一个像中国那样,从法律上视人的生命如此神圣。除了那种可怕的弃婴习俗外,没有任何谋杀罪会被放过。如果没有起码的正常程序,即便是走过场,就连拥有无上权力的皇帝,也不敢夺走一个最下等贱民的生命。

---

① 著作题名为《大清律例》,是有关大清王朝法律和制度的文件。当时的皇室称清朝为"大清王朝"。——原注

② William Blackstone(1723—1780),英国法学家。

当然，如果皇帝自己成了控告人，逃生的机会就微乎其微了。乾隆皇帝已故的中堂大人便是例子。但是，他们是那么执着地恪守上帝与诺亚郑重达成的契约——"凭借每个人的兄弟之手，我将惩罚夺人性命者。凡流人血者，己血也必为人所流"。① 以至于原本是良好的意图却因复仇而适得其反。如前所述，一个人受到致命创伤或者猝死，人们往往会根据对现场的描述，再加上间接证据的支持，要求被看见最后与亡者接触的人为之偿命。

在试图按照不同等级的罪行给予不同程度的处罚（而不是对偷一片面包和夺去一条人命给予同样的惩罚）时，根据我们的理解，中国的立法者似乎对过失杀人和蓄意谋杀两者之间没有作出什么区别。要定杀人罪，没有必要去证明杀人意图或事先蓄谋，因为即使缺乏杀人意图能减轻罪行，继而减轻惩罚，也绝不会完全脱罪。倘若一个人因不可预见和不可避免的事故而杀了另外一个人，法律便要求他偿命。不管当时的情形看起来对罪犯是多么有利，都无济于事，因为只有皇帝才有权赦免死罪。但是，尽管拥有这种权力，皇帝几乎从不完全赦免犯人，在大多数情况下是根据法律减轻刑罚。严格地讲，只有在君主批示后，才能执行死刑。但是，如果是重大犯罪或滔天恶行，省督有时自己下令进行立即处罚。

在广州，外国人因杀人罪曾被就地处决。约在上世纪初，谢尔沃克船长手下一名船员不幸在河上杀死一名中国人。尸体被搁置在英国商馆的门前。第一个出来的人被抓起来，像犯人

---

① 源于《圣经·创世纪》9:5。

一样押往城内。这个人正好是大班。直到凶手被交出后,他们才同意放人。经过短暂的审讯,他们便将犯罪人绞死了。

最近那个倒霉的枪手事件已人人皆知了。那是几年前在澳门,一个中国人被一个葡萄牙人杀死。中国人提出强硬要求,要一条葡萄牙人的命来偿中国人的命。当地葡政府因无法或者不愿意寻找肇事者,提出一些妥协的方案,不仅都遭到严词拒绝,还受到武力威胁。当时正好有一位来自马尼拉的商人住在澳门。此人为人正直,品格优良,长期在这两个口岸之间从事贸易。这个不幸的人被选作无辜的牺牲品,用来平息中国司法的愤怒。他立即被绞死。①

对所有刑事犯罪的审判结果,如果是极刑,必须上报北京,由最高司法机关复审,并根据案件的性质,或维持或修改原判。如果出现对被告特别有利的情况,最高司法机关便建议皇帝改判。在这种情况下,皇帝要么自己修改判决,要么指示将案卷

---

① 在广州港,与中国人的各种冲突时有发生,因而与中国官府也时有不愉快的争执。东印度公司的大班因后来再次有人被从英国战舰飞来的子弹击伤,认为应申请获得有关凶杀罪的律例摘要,以便将其翻译成英文,公布于众。该摘要由以下条例组成:
1. 怀疑他人偷盗而将其杀死,根据斗殴杀人律,处以绞刑。
2. 用火枪向另一人开枪将其杀害,罪同谋杀,将被斩首。如果受害者被击伤但没死亡,罪犯将被流放。
3. 处死一个被拘捕并已就范的罪犯,按斗殴杀人律,处以绞刑。
4. 诬告一个无辜的人盗窃,不管是主犯还是从犯,重者寘罪,轻者流放。
5. 误伤另一个人,据有关斗殴的法律进行审判,并根据伤害的轻重给予不同程度的处罚。
6. 因醉酒犯法,发配边疆,从事苦役。
他们用这种明白断然的方式,叫各种罪行都得到应有的惩罚。也是用这种方式,省督向英国商馆传话说,不管肇事者官位高低,出生贵贱,公德多寡,法官决不会因此而考虑增减刑罚。——原注

连同最高法院对该案的意见一起退回省级法院。省级法院然后对判决进行修正。如果发现情况与高级法院的意见不一致,他们便根据具体情况改变或修正原判。①

---

① 以下司法案例是从一本审讯报告集直接翻译过来的。该书在现今的嘉庆朝出版,由我的一位朋友惠赠(他自己便是译者),在此可用来说明省级法院对刑事犯罪审讯的方式。本案各种情况的调查看起来都公正不偏,根据犯罪的程度,课以应有的惩罚。因为我得到报告集的时间正好与审讯史密斯谋杀案(谋杀所谓的海默尔斯密斯鬼魂 Hammersmith ghost)的时间基本相同,这两个案例极其相似的案情给我极其强烈的印象,中国犯人和英国犯人提出的辩护也几乎完全一样。如果不是因为这种情况,这个案子也不会引起如此大的兴趣。

《中国法律报告文摘翻译:有关一起个人枪击杀人案的审讯、上诉、判决》

福建省刑事法庭开庭审理一起杀害亲戚的枪击案。是案中,谢富宝,福南县人,开枪误伤王永满致死。

该案最初由福建省巡抚吴士功(Vu-se-Kung)报告如下:

被告谢富宝与死者王永满属不同家庭,但有联姻关系,相互十分熟悉,关系甚好。

乾隆二十五年一月,谢富宝在一山脊上种植了一片庄稼。山丘属秦协乾所有,离王永满和王期宝的庄稼地不远。王永满的庄稼地在谢富宝的左边,谢富宝的地在中间,王期宝的地在山坡的右边。同年九月七日,谢富宝看到地里的玉米即将成熟,担心盗贼乘机偷盗,同时因山中常有豺狼虎豹出没,他也意识到上山的危险,所以带上一把火枪,独自来到庄稼地看守玉米,在山坡上择一隐蔽处坐下。是日,王期宝正好去王永满家,约他一道去庄稼地看守各自的庄稼。但是,王永满的哥哥王永通认为天色尚早,将他们俩留下喝茶抽烟。直到晚上二更(11点)他们才离开,各自带了防卫武器去看守庄稼。

王期宝因有事在路上作短暂停留,王永满向前先行,来到谢富宝看守的庄稼地旁边。谢富宝听见玉米地中瑟瑟作响,在朦胧夜色中看到一个人影,立即向其吆喝,但是因风大,他没听到回答。谢富宝警觉起来,怀疑黑影要么是盗贼,要么是野兽,因而点燃手中的火绳,开了一枪,意图驱赶入侵者,管它是人是兽。

王永满的头、脸、脖子和肩都被击伤,立即倒地。王期宝听见枪响,赶快向前赶,大声询问谁开的枪。谢富宝听到呼喊声,走上前来,方知误伤了人。王永满的伤势是致命的,很快便死了。

谢富宝经县令几次审讯和十分严格的调查和询访,供证道:他确实是在漆黑的夜色中上山看守玉米。听到黢黑的庄稼地中发出声响并隐约看到一个人影,他立即发出吆喝,但没有得到回答。这时他开始怀疑有盗贼或野兽,并因当时孤身一人，担心自己的安全。因此，他便开枪驱赶，误伤了王永满，致使后者丧命。

在供词里，他说他当时没受其他任何动机或意图的驱使，也没有谋害他人的念头。死者的家属和亲戚经过询问，提供了相同的证词，并表示对以上证词的真实性没有疑问。考虑到这一切，看起来谢富宝虽然犯有开枪杀人罪，但是他是在黑夜中看守庄稼地，看见一个人影，发出吆喝但没有听到回答，害怕盗贼或野兽的袭击，开枪射击以防遭遇危险，因而误伤他人致死。由此推理，可得出结论，该案不涉及任何预谋杀人。谢富宝犯的罪适用斗殴杀人律，相应的判决是，在下个行刑日或称出清狱日处以绞刑（从下文看，这里指的是秋审——译注）。

以上报告被呈到北京的最高刑事法院后，得到如下回答：

律例明确指出，枪击杀人罪接受的刑罚与故意杀人罪同。按法律，故意杀人罪的刑罚是在下个公审日或称出清狱日实行斩首。律例又规定，随意张弓搭箭，向农田和住家盲目射击，因而射伤没被看见的人并使其丧命者，杖一百，流三千里（约一千英里）。

就该案而言，谢富宝身带火枪去看守庄稼，听见庄稼地中有声响，大声发出吆喝，但是没有得到回答，怀疑声响是盗贼或野兽发出的，因此开枪，误伤了王永满，使其丧生。但是，在被告的口供中，被告声称他看到了一个人影，与他后来所怀疑的声响来自于野兽的口供不一致。如果他在喊话时的确看到模模糊糊的人影，尽管大风使他没能听到回答，还是知道自己确确实实是看到了一个人。如果进一步调查，我们就会发现，谢富宝找好位置坐下来看守的是自家的中间地带，王永满也会用同样的方式来看守自己的庄稼地，也就是走中间地带去他自己的庄稼地。在开枪杀死发出声响的人之前，谢富宝自然应该向这个人连续吆喝几声。

谢富宝没有向这个发出声响的人反复喊话，而是凭第一冲动和警告马上采取极端行动，这便使人怀疑证词中存有诡辩和伪词。因此，根据斗殴杀人律判决并量刑，对这种可能是严重的犯罪来说，是太轻了。

从另一方面讲，根据附近村庄的习惯，这些农田都是按上述方式看守的，其他情况证明无误，发生的事故似乎可以被认为完全是因为夜间害怕野兽，被告才向庄稼地开枪，误伤了他人的。

如果经过严密的审讯而采纳这种解释，那么判决将会根据符合被告罪行的律例而定，而不是根据斗殴杀人律而定。由于被告的生死取决于对两种不同解释的取舍，所以任何贸然的决断都被视为是不成熟的。因此，案子必须退给前面说到过的巡抚，请他收回已做出的判断，进一步调查，然后再作出他认为最符合律法的判决，并呈报上级机构。

经过第二次调查并对案情重新考察，巡抚将以下报告呈交给了最高法院：发出为遵循最高刑事法院的修改令，谢富宝被提堂再审，他宣誓后作证道，听到玉米地中的声响,他认为是盗贼所致,因而大声吆喝,但没有得到回应。然后他发现声音逐渐向他逼近,因而怀疑声响是由一只狼或虎所致。由于担心自己的安全,他惊恐万状,开了一枪,使王永满受到致命的伤害。因为事故发生在夜里二更时分,月亮已经西沉,云层遮住了暗淡的星光,当时确实是一片漆黑。就在离他自己几步远的距离,他发现使他惊吓的声响向他逼近,但是实际上并没有看到任何黑影。如果他朦胧看到前面所描述的黑影,他一定会不停地吆喝。尽管他第一次没有听到任何回应,他也不会那么莽撞地开枪,使自己犯下杀人罪。

在前面的审讯中,谢富宝就他陈述的怀疑盗贼向他逼近而开枪的理由,接受了极其严厉的盘问。这种盘问吓得他六神无主,加上他是个乡下人,不知道这些审理程序,所以口供前后出现了明显的不一致。但是,不管怎样,他的真正意图却是要表达这样一个事实:他不确定当时的惊恐究竟源于盗贼还是野兽。仅此而已。另外,在整个调查过程中,他从来没有故意翻过供。

因此,根据最高法院的修正令重审之后,当时的情形的确是,谢富宝第一次听到庄稼地里的声音时,他发出了大声喊话,因风大没听到回答,因而惊慌起来。

谢富宝也就照此提交了供词。庄稼在那个季节成熟,庄稼茎秆高大粗壮,人在其间行走甚难。这样,王永满在玉米地中行走时发出了瑟瑟声响。对谢富宝来说,声响很大,因为他当时坐在山坳中,风向朝他,有利于朝他的方向传声。但是,当他喊话时,由于这种风向,他的喊话声没被听到,因而没有得到回答。这种情况使他产生怀疑,认为野兽在向他逼近。这似乎便是他开枪的唯一和真实的动机。

这段对事实的陈述经过细致的调查分析,完全符合最高法院下达的修改令,因而可以认为是准确可信的。结论是,犯罪人在冥冥黑夜中,害怕一只狼或虎向他逼近,向人们经常出入的地方放了一枪,因而误伤一人致死。这个结论适用最高法院下达的修改令中提议的律例,亦即:肇事者随意张弓搭箭,向农田和住家盲目射击,因而射伤没被看见的人并使其丧命。

以前的结论适用斗殴杀人律,但被后来的调查结果推翻。因此,谢富宝只能处以流放。

最高法院在第二次收到报告后宣布:判决根据巡抚的修正案作出改变,得以适用这项法律条文,即随意张弓搭箭,向农田和住家盲目射击,因而射伤没被看见的人并使其丧命者,杖一百,流三千里。

最高法院再次确认了刑罚是打一百板,流放三千里以外,另责令罪犯向死者的亲属支付安葬费用白银10两。

判决在乾隆二十七年五月十九日宣布,同月二十一日得到皇帝的批准。——原注在一些希腊城邦和其他现代国家，对叛国罪的惩罚株连到罪犯的亲属。在中国也是一样，人们认为家族的血被叛徒玷污，甚至到第九族仍然肮脏，尽管法律只要求对罪犯活着的直系男性亲属进行惩罚，发配边陲。就这条法律而言，不管其怎样对治国有利，世界上再没有比这更加不公和更加荒唐的东西了。其荒唐，因为它认为一个非实体能够犯罪；其不公，因为它惩罚清白无辜的人。为了慑服其桀骜不驯的臣民，以色列法律制定者发现，最便捷的方式就是恐吓他们，说上帝会因父亲的罪恶而诅咒孩子，一直诅咒到第三和第四代。然而，这种恐吓随着时代的进步已经变得不那么灵验了。

在公平正义的问题上，先知以西结比希腊人或中国人有更加高明的见解，极其愤慨地唾弃了这个在犹太人中已成为箴言的观念。"你们在以色列地怎么用这俗语说，父亲吃了酸葡萄，儿子的牙酸倒了呢。主耶和华说，我指着我的永生起誓，你们在以色列中，必不再有用这俗语的因由。看哪，世人都是属我的，为父的怎样属我，为子的也照样属我。唯有犯罪的，他必死亡。儿子必不担当父亲的罪孽，父亲也不担当儿子的罪孽，义人的善果必归自己，恶人的恶报也必归自己。"①

除了叛逆案，一般可以认为，北京的最高法院对大多数案子都是严格依法处理的。但极其可悲的是，民事案件却没有类似于刑事案件的修正程序。如果有的话，这将深刻触及中国人深受其害的邪恶根源。在大多案件中，司法官员腐败受贿已成

---

① 见《圣经·以西结书》，18:2-4,18:20。

为不争的事实。然而，他们的明智之举是将司法和立法分离开来。前者在查明事实之后，只要去参考律例，就能获得罪与罚的尺度。但是，这种司法方式也并非没有不便之处。只要涉及臣民的生命，当朝朝廷一直扮演着仁政角色，并建立起一套量罪罚刑的制度，但在民事案件和民事纠纷中，这种上诉程序却被认为是没有必要的。民事案件的裁决完全让一个法官做主。因此，不管罪与罚的裁量如何得当，排除上诉程序，本身就阻碍了司法的公正。不许当事人将自己的案情呈到更高的、而且很可能是更公正的法庭，就不能保证他得到的判决不是法官因专断、恶意或腐败而作出的。

也许还值得人们注意的是，中国的立法者虽然针对各种罪行制定了相应的惩罚形式，却没有给罪犯提供任何向他们伤害过的社会赎罪的机会，不管是通过在公共场合劳动还是在单独囚禁中劳动的方式。囚禁作为一种惩罚手段是闻所未闻的。除死罪外，其他罪行都课以流放或体罚。

死刑并不常在公共场所执行。罪犯一被定罪就收入监狱，一直关押到出清狱日。出清狱日每年一次，约在秋分时节。之所以这样，也许是朝廷认为，经常观看一个生命结束时必有的短暂痛苦，并不能起到多大的警戒作用。但是，所有其他形式的惩罚，只要不涉及性命，都尽可能地公之于众，同时冠以昭著的恶名。一般认为，棒打与其说是惩罚，还不如说是轻微的教训，而且不带任何羞辱的色彩。但是，枷刑（一种颈手枷，由一块沉重的木板做成，将人的颈和手锁在上面，犯人有时必须拖带行走几周或几个月）是一种非常残酷的惩罚，而且是精

枷刑（1793年 彩色版画） W. 亚历山大

心设计来震慑其他人不要犯以枷刑作为惩罚的罪行。罪行的性质通常用大字刻在枷上。

据说监狱的秩序保持得极好。逃债人和重罪犯总是分别囚禁在不同的地方,一般可以认为所有的监狱都的确如此。斯当东爵士写道:"将罪行和过失同等看待,将邪恶与不幸混为一谈,那是愚蠢的,不道德的,也是残酷的。"①

中国刑法中最糟糕的部分是严刑逼供,但是他们总是说这种方式很少采用,除非被告的罪行因很强的间接证据变得显而易见。拶指通常被用来惩罚过失犯罪,特别是用来惩罚那些违反贞操伦理的沦落女性。

根据财产法,中国的妇女如同古罗马妇女一样,如果有孩子,是既不能继承也不能分享财产的。但是,如果没有男孩,男人可以通过遗嘱,将自己所有财产都留给遗孀。女人不能继承财产的理由是,她们不能在祭祖的祠堂中向死去的亲属献祭。人们普遍认为,对一个男人来说,一生中最幸运的事情就是可以指望有一个人,在固定的时间,通过举行这种重要的祭祀仪式,将他的名字世代相传。如同我已经讲过的,中国所有的有关财产的法律确实都不足以给人们那种安全感和稳定感,而恰恰只有这种安全感和稳定感才能使人乐于聚积财产。对权势的贪欲也许使他们对那些小康视而不见,但是那些大富却实难逃脱他人的巧取豪夺。简言之,虽然中国的法律并没有完善到能使民众安居乐业,但是也不至于欠缺到使民众生活苦不堪言,

---

① 欠债人向债权人交出自己的全部财产后,就被释放。——原注

非得通过一场革命来改变不可。执法机构和执法方式如此不合理，以至于执法官员有权凌驾于法律之上，使得对善与恶的评判在很大程度上取决于执法官员的个人道德品质。

芸芸众生只要能有一碗米饭，几碟有味的下饭菜就行。这当然花不了几个钱，可造反的危胁就小了。这便是人们的思维习惯，朝廷对此深信不疑。因此，朝廷要办的第一件事便是，在帝国各地建立公共粮仓，为贫民囤积谷物，以备饥荒。然而，在现今变革层出不穷的年代，人们头脑似乎开始发生变化，对此我在后面会谈及。

对长辈和上级的顺从是普遍的，是潜移默化而来，并渗透于每个公共服务部门。朝廷各部的官员，从一品到九品，都是以父权为基础行事。在任何场合，只要他们认为恰当，就以父权的名义，立即用板子处罚，无须预审或调查。即使是最轻的过失，连最低的地方官员都可以随心所欲地用这种方式予以惩罚。这种权贵惩罚弱者的临时起意的方式，自然在后者的头脑中产生了一种对前者的恐惧和不信任。因此，普通民众看待官员的一言一行，就如同小学生看待他们严师的一举一动。但是，皇帝慈父般的仁爱甚至在惩罚中都可以看到。犯人会因每五板中免去一板而大喊皇上隆恩。但是，不管怎样，这种豁免并不能使犯人获益多少，因为减少的数量可以轻而易举地用棒打的重量来弥补。

这种表达慈父情感的方式并不只限于平民百姓，而是对各级官员都适用，直到天子脚下为止。每个官员，从九品上至四品，在任何时候都可以对其下属施以薄惩。皇帝可下令对他的大臣和其他四品以上的官员实行杖刑，只要他认为有必要好好教训他们。众所周知，已故的乾隆皇帝曾经下令棒打他两个早已成年的儿子，我相信其中之一便是当朝皇帝。

我们在这个国家旅行期间，没有一天没看到板子的使用，而且通常使用的那种方式很难说是薄惩。汉人遭板子惩罚时会用最可怜的声音大声喊叫，满人则一声不吭地忍着。汉人在被打数板后，会在下令惩罚他的人面前双膝下跪，用最卑下的方式，感谢他将父亲般的仁慈赏赐给了儿子，因而使他能认识自己的错误。满人会发牢骚表示不满，争辩汉人没有权来打他的板子，或者就干脆转过头去生闷气。

一个朝廷官员伸开四肢趴在地上挨板子，下令打他的人仅比他官高一级，这样的情景对外国人来说也许显得荒谬。这种卑劣的顺从，这种人类灵魂的堕落，在任何场合都毫无怨言地将自己置于一个奴才或普通士兵的手下，任其施以恶意的体罚，尔后还不顾加倍的廉耻与羞辱，居然去亲吻那根教训过自己的板子，目睹这一切，你无论如何也压抑不住胸中燃烧起来的愤慨之火。然而，朝廷制定的政策已经确保不会因受到这种惩罚引起任何道德上的谴责，只要出于父权，那么这种责打的后果绝不可能是耻辱。除皇帝之外，所有的人都可遭受这种体罚，这便是朝廷的绝妙之举。但是，在这种普遍顺从的系统建立之前，一定需要长久的思想灌输，人心不是完全被压服，就是完全被说服了。显而易见，其结果不是普遍奴性又能是什么呢？不让百姓有怨言的最有效的方法，就是让他们看到，那些惩罚他们的人，同样也会被另外的人用同样的方法来惩罚。我相信用竹板的体罚是中国最古老的制度之一。我们的确很难想象这样的制度能够被引入到文明社会中去，除非那个社会跟它同源。

在俄国，所有的人无论官位高低，犯了轻罪或过失也要接受一种类似的体罚，但是却有一个不同之处，即这种惩处只有君主下令，才能在私下进行。沙皇彼得的确经常亲手棒打自己的廷臣。就体罚本身来说，对于受罚者，这种惩罚与其说是羞辱，还不如说是沙皇对受罚者的特别珍爱和高度信任。据说，曼茨科夫大人①从沙皇的密室中出来时，经常不是鼻青眼肿就是口鼻流血，但他的地位似乎也随着这些因主子的友善行为而得来的耀眼痕迹，变得越来越重要。鞭刑是法庭下令在私下进行的一种鞭挞。甚至在今天或不久以前，也很少有人会将这种刑罚与羞辱联系起来。但是，这种恶劣的行为已经被废止或即将废止。这样为所欲为的行径不可能在一个开明的民族中长久保存下去。

这两个伟大的帝国，这两个当今世界上名副其实的最伟大的帝国，瓜分了几乎占整个地球可居住面积的五分之一，各占十分之一。就政治而言，两者之间仅显示出一个不同点。100年前，俄国才刚刚从野蛮的状态中启蒙。但在100年后，令人惊讶的是，她在欧洲众国中奇迹般地成了艺术和武力的巨人。两千年前，中国的文明就达到或几乎达到了今天这样的程度。两国政府都是独裁政府，两国人民都受到奴役。俄国人自然天赋的发展，也许因寒冷的气候，在某种程度上受到束缚，不像

---

① 曼茨科夫是沙皇彼得一世的宠臣。

中国人发展得那样快。人们也许要问,那么究竟是什么引起这两个国家的发展与进步如此巨大的不同呢?总的来讲,我认为在于以下两个原因。俄国人邀请并鼓励外国人在艺术、科学和制造业方面指教其臣民;中国却出于高傲自大及妒忌心态,拒绝并驱赶外国人。俄国人的语言容易掌握,其国民也同样容易学会其他国家的语言,而中国的语言难学,或许是他们学习自己语言的方式有严重缺陷,以至于人们要花费一生中一半的时间来学习语言,才能够胜任朝廷的普通工作。同时,中国人除只知道自己的语言外,对其他国家的语言一概不懂。一个国家处在年轻气盛的阶段,其力量和知识与日俱长;另一个国家却年老多病,疲倦不堪,就目前情况来看,是不可能指望有任何进步的。

除普遍顺从的原则外,中国朝廷还另加了一条策划精良、足以安抚民心的原则:最高的荣誉和最高的朝廷官职对处在社会最底层的人也是开放的。该原则不容许有世袭权贵,至少不容许有特权。作为君主恩惠的象征,一个荣誉称号也许在一个家族可以传给后人,但这并没赋予权势、特权和财富,因此很快就被人忘却。一切高官显职只与个人有关,除非他们的才能及其发挥足以使他们胜任公职,甚至带有皇室血统的亲王也会逐渐沦落为普通百姓。除个人才能外,公职与达官显贵无关,与荣耀头衔无关,即使是皇亲国戚,超过三代后,也无济于事。朝政之日,文武百官聚集朝廷,通过他们穿的官袍,皇帝一眼就能分辨出每个官员的级别。在官袍的前襟和后背,绣有禽的为文官,绣兽的为武官。官位的级别则由帽子上不同颜色的珠子来标明。皇帝还加封两种荣誉勋位，只有他才有权授予，其象征是黄马褂和孔雀翎。

　　欧洲国家中由出身、财富和名望衍生出来的那种影响力，在中国朝廷里是毫无作用的。最有学识的人（有关这个词的定义我已经解释过），只要他不是声名狼藉，就一定会被录用，尽管在满人的统治下，汉人抱怨他们一直要到高龄才能得到最高的官衔。根据国家规定的严格准则，唯有学识导致官职，官职导致显贵。当然一些腐败的省级政府例外，譬如在广东，官职可以买卖。因此，财富在中国不像在其他国家那样受到法律的重视，因而也没有得到同样的保护。在欧洲的政府中，财富几乎在任何场合都可以施展其影响力，使人们百般依赖。在中国，富人不敢承认自己富有，因而财富带来的一切欢愉和快感都丧失殆尽。

　　如同其他国家一样，有时国家最高职务的任命确实是出自某种幸运的变故或君主的独断专行。一个很显著的例子便是和珅，已故乾隆皇帝的最后一个中堂大人。这个人是满人，正巧被安排在皇宫当侍卫。皇帝从他身边走过，他的年轻活力和英俊面孔给皇帝留下强烈的印象，以至于召见了他。乾隆发现他的举止谈吐同样赏心悦目，因此很快提拔他。从一个普通卫士，直到帝国的最高职位。从一个无名小卒升到权力的巅峰，这样的突变普遍被人们认为总是伴随着严重后果的。这些后果对广大民众是灾难性的，对这位如此高升的人也是致命的。这位宠臣后来的遭遇就是这样。据说，当主子在世时，尤其在晚年，和珅对他有一种无限的影响力。对此，他不择手段充分利用。

通过隐瞒欺骗，巧取豪夺，暴戾欺压，他为自己聚积了巨额财富，包括金、银、珠宝和不动产。人们普遍认为，他获得的财产超过了这个国家历史上任何的个人。他的狂妄自大和傲慢使得皇室成员对他深恶痛绝。他也非常清醒地知道，将来继位的王爷会对他当时的所作所为展开严密的调查。我们在北京时就听说，为了逃避这种严酷的调查，他总是随身带一剂毒药，拿定主意要与老皇帝一道死。然而，事到临头，对生命的热爱和对逃脱的希望似乎占了上风，他改变了主意，做出了接受审查的痛苦选择。他被指控犯下滔天罪行，或更准确地说，是他自己主动认罪的。他从别人那里榨取来的巨额财富被皇帝没收，同时被判处死刑，羞辱地死去。①

---

① 尽管中国人有备受称赞的法律，但这位大臣沦落的前后情形之奇特，真实地表现了大清王朝的专制性质。新皇帝决心要毁灭他，昭示天下。首先就他父亲去世后三年期间，没有能尽力恪守帝国的法律，表示道歉，然后说，和中堂罪恶滔天，如果自己对他仍包庇放纵，那将天地不容。然后，列出约二十条罪状。主要如下：

傲慢无理，对父亲（已故皇帝）不恭不敬，竟然骑马至圆明园朝廷门前。

胆大妄为，以生病为借口，乘轿子出入皇帝御用的宫门。

行为不端，私掠宫女，占为己用。

骄横跋扈，公然抗旨（违抗新皇帝的旨意），撤回有关将所有蒙古王公（没出过天花的除外）招至北京参加他父皇葬礼的圣旨，擅自发书命令所有亲王来京，包括没出过天花的。

擅权纳贿，网罗亲信，将重要职位卖给和送给根本不称职者。

骄奢淫逸，用皇宫专用的楠木建造住宅，按帝王的形制建造房屋和花园。拥有两百串珍珠，大量钻石和宝石，而这些钻石和宝石是他的官职还不配佩戴的。其中有颗珍珠价值连城，连皇帝自己都没有能与之媲美的。仅收缴的黄金和白银就至少有一千万两。

其中一条罪状非常奇怪：背信弃义，竟然在父亲公布册封皇太子的前一天，向他（新皇帝）透露其父亲的意图，企图通过这种手段邀宠！

在列举了这几条罪状后，皇帝宣布道，和珅由一位亲王审讯，对自己的罪行供认不讳。因此，在没有进一步证据的情况下，他命令北京几所法院的官员，但是，如果和中堂因其野心勃勃或恶行累累而罪有应得的话，像他这样摆脱卑微困境飞黄腾达，尔后横行霸道的例子又何止一个？按朝纲的本意，一般的朝廷官员充当着亲王和平民之间的一道保护屏障，但他们却成了平民百姓最大的压迫者，普通百姓几乎没有途径向皇帝倾诉和表达他们的疾苦。中国没有中间阶层——这个阶层的人，因拥有财富和独立的观念，在自己的国度里举足轻重；他们的影响力和利益是不可能被朝廷视而不见的。实际上，中国只有统治者和被统治者。倘若一人因手艺或产业聚集了财富，他只能在暗地里享受。他不敢住华屋豪宅，不敢锦衣玉食，以免使邻居认为他比自己更加富有，而把他出卖给地区最高行政长官。这个官员可以轻而易举地将他以奢侈浪费的罪名绳之以法，并没收其财产。

有时，如同和中堂的案例，官员对平民的巧取豪夺的确会遇到公正之手。其他地方行政官员也密切注视司法的程序，必要时，向法庭转达必要的信息。法庭也以视察员的身份向地方派出暗探。因相互妒忌，他们从不错过任何机会向各自的上司报告别人的不是。尽管朝廷采取各种措施来保护平民的利益，但是平民百姓总是受到极其可怕的迫害。的确，对于犯下轻罪

各省巡抚和藩台，就这些罪状，给和中堂量刑定罪。根据多数人的裁决，他被判为斩首。但是，皇帝表示出宽宏与慈悲，减轻他的刑罚，允许他自裁，作为皇恩的表示，送给他一条白绫。他让自己的随从将自己缢死了。

如果皇帝自己成为起诉人，谁还可能逃脱？从和中堂的命运中，人们不难看到，在立法部门和司法部门之间，没有划分那条各自独立的界线。《论法的精神》的作者早已敏锐地证明，对于一国臣民的生命和财产，那条各自独立的界线为建立一个公正、合法和有效的安全保证机制提供了坚实的基础。事实上，在所有的国家级犯罪中，皇帝既是起诉人又是法官。在和中堂的案例中，也许还可以说他是唯一的证人。——原注

的官员，法庭在官报上公开训斥；对于更严重的犯罪，则贬官降级。那些被降了级的官员在接受任何公职时都必须公开自己不光彩的经历，这不仅可以提醒他记住过去的所作所为，而且也可以向人们显示，朝廷的耳目在怎样地监视着官员的一举一动。最重的贬斥可说是一种羞辱，即去监督修缮皇帝的陵寝。这意味着被贬的人更适合在死人中工作。已故的广东巡抚张大人就被贬罚做这种屈辱的差事。

一省的巡抚在位时间不能超过3年，以防他获得太多的权力。朝廷官员不能与其管辖地区内的人联姻，也不能在自己出生的城镇担任重要官职。然而，尽管采取了诸如此类的防范措施，百姓仍然没有安全感。他们根本没有直接的渠道或代表将自己的声音传达给朝廷。受到伤害，他们能得到的唯一补偿也完全是消极的，即将欺压过他们的官员降级或撤职，但是取而代之的可能是一个同样败坏的人。

鲍弗先生曾精辟地指出，中国完完全全是由鞭子和竹板统治的。除此之外，也许他还得加上历书和《京报》。这两件东西如同朝廷手中的发动机，对朝廷的运行起了极其重要的作用。通过发行历书，时刻提醒人们按时奉行一些迷信活动，对这些活动，朝廷显然是着意鼓励的。《京报》则是有力的宣传工具，向帝国的各个角落传播当今君主慈父般的大仁大德，大力颂扬他不仅因朝廷官员做错事对他们进行惩罚，还因他们玩忽职守而进行惩罚。因此，如果饥荒使某省民不聊生，那里的主要官员都会因没有采取适当的防范措施而贬官降级。这种报纸的形状如小传单，每隔一天发行一次。有些传教士声称，如果在这份帝国报纸中掺杂虚假报道，其后果是立即处死。然而，这份报纸却以描述从未发生过的战争，报道从未取得过的胜利而闻名。这些话的真实性在康熙、乾隆和当今皇帝颁布的诏令中可见一斑。他们曾警告驻扎边疆的将军不要虚报军情，不要有时甚至连战事都没发生，就谎报消灭了成千上万的敌军。① 也许那些尊敬的传教士只是想说，如果编辑胆敢将不是朝廷正式交给他的东西塞进报纸，他将受到严刑处罚。

新闻出版在中国如同在英国一样自由，印刷业对所有人都开放。这种现象非常独特，在专制政府中也许是独一无二的。人们通常认为，在自由的国家，每个人都同样得到法律的保护，也同样得到法律的惩治，因而新闻出版自由能够受到珍重。如果新闻出版是自由的话，建立在错误之上并靠压迫支撑的权力几乎是不可能维持多久的。在欧洲，正是新闻出版驱散了遮蔽真理光辉的云雾，打开了一条通向自由的通道，使人们能够获取那种最能促进个人幸福和公共道德的宗教的教义，因而导致了教士权力的毁灭。②

在中国，新闻出版自由似乎没有引起过朝廷的任何担心和

---

① 康熙诏令中，后来被乾隆再次用到的措辞是这样的："现在军队派出征战时，每份战报的内容都是我军大胜，叛军一战即溃，弃阵而逃，伤亡惨重，或是伤亡数千，或，简言之，叛军被杀不计其数。"（《京报》，1800 年 7 月 31 日）——原注

② 当印刷术最初被引入英国并被威斯敏斯特大教堂采用时，据说一位精明的教士曾对威斯敏斯特大教堂的主持说："你如果不设法摧毁那台机器的话，它就会很快摧毁你的行业。"这位教士从印刷机上，一眼就看出教会统治会因印刷媒体对知识的讨论和传播而消亡。倘若其他教士的目光也像他一样敏锐，也许那个迷信和无知的黑暗时代仍在继续，或者至少要延长许多。——原注

害怕。对违反道德准则的行为，不经任何形式的审讯，便可立即处罚，使得朝廷没有必要去主动限制出版，因为这种惩罚的方式本身，就足以防止新闻出版界为所欲为了。对于任何诽谤性的出版物，不管是印刷者、销售者，还是读者，都同样会受到竹板的抽打。我以为，很少有人会斗胆去印刷指责朝廷行为或高官的文章和书籍，因为这些出版物带来的后果注定是毁灭性的。然而，尽管印刷业要冒这样的严重风险，日报照常在首都出版，如同我们的报纸一样，传播个人轶事，家庭琐细，销售告示，以及江湖医生的高超医术。听说，一位葡萄牙传教士写过一段趣闻，在梁栋材先生的书信中曾提到过。大意是说英国使团因严重疏忽，铸成大错，居然没有给皇室亲王和皇帝的大臣带来礼物。在这段虚假恶意的新闻后还安插了另一段报道，暗示他们带给皇帝的礼物都是一些毫无价值的平常之物。还有一段报道则煞有其事地列出礼物的款目，其中包括一只老鼠般大的象，巨人和侏儒模型，如意枕头等等诸如此类的胡说八道。但是，这些和其他的出版物他们都尽量不让我们看见。作为皇帝的客人，人们是那样慷慨大方，不允许我们采购任何物品。我们的所需都由皇帝一人提供，但是在判断究竟我们需要什么时，都由他手下的官员做主。

像中国这样幅员辽阔人口众多的国家，居然在2000多年间能够保持稳定，没有发生任何本质上的变化，这在世界历史中是一个绝无仅有的现象。尽管中国人说自己历史悠久，文化源远流长，有吹嘘的成分，但是毫无疑问，在公元前400多年，他们已像今天一样，生活在同样的制度下，受制于同样的法律，被同样形式的朝廷统治。那时，他们那位大哲学家还在壮年时期，他的著作今天仍被尊奉为至理。这些著作的确包含了他们的朝廷赖以为基础的所有格言，包含了所有人们须要遵循的道德准则。对于当今的君主来说，他的国家可以说在 2000 年前就已经建立起来了。

如果衡量一个好政府的标准是其延续时间，不为革命所动摇和改变，那么在文明国家之中理当首推中国。不管好坏与否，中国朝廷掌握了一门将其臣民按照自己独特的模式加以塑造的艺术，而且采用的方式是世界各国的编年史中所未有的。各种因素和事态的发生，加上政策的因势利导，似乎导致了这种朝廷的长时间延续。其中，这个国家抵御外敌的自然屏障应该说是起了相当大的积极作用。另外，中国朝廷对外国人的来访采取极端谨慎的态度，因此使得整个世界许多年来甚至都不知道在人类社会中还有这样一个幅员最大，国力最强，人口最多的帝国存在。就这样，中国与世界其他国家隔绝开了。闭关自守，不与世界其他国家作任何往来，中国朝廷有的是闲暇和精力，按自己的意愿来塑造国民。这样的实践足以证明，中国朝廷在这方面有着丰富的经验。

因为巧合，几种很少会同时发生在一个国家的现象导致了中国国内的安定。其语言具有一种特性，非常适合将广大民众置于愚昧之中。他们既没有被禁止去拥抱自己选择的宗教，也没有被强迫去支持他们不赞同的信仰。灌输清心寡欲的思想，摧毁相互的信任，培养人们的冷漠，使他们对自己邻居猜忌和怀疑，凡此种种朝廷煞费苦心做出的努力，不能不使人们终止社会交往。在家庭以外，人们再不聚会，即使是为了欢愉。就是家庭欢聚，也只是在新年节日。人们聚集在一起，大声讨论真实的或想象的疾苦，狂躁和激动，加上酒精的效果，总是能够引起人们对朝廷的恶语咒骂。这种情况在中国人中间从来没发生过。满足于在朝廷中没有任何发言权，他们甚至从来没有想到过他们是否有任何权力。[1] 诚然，当他们的君主和他们的代表们，因利益、恶意或任性，想要滥用他们手中的权力时，民众根本没有任何权利可享受，只有被侵犯，被践踏。对欺压要奋起反抗的说教，倘若施于中国的民众和朝廷，前者的思维与此格格不入，以至于后者对此没有任何畏惧。

局部的暴动骚乱时有发生，但通常是极端贫困引起的。在匮乏饥荒时节，民不聊生，他们被迫采取暴力这个唯一的方式来获得生活资料。这可以认为是他们史料中记载的几乎所有动乱的根源。严重的自然灾害大面积发生时，王朝的延续便被中断，甚至被更替。我们的中国陪同告诉我们，在一些省份确实存在着秘密社团，他们的主要目标是推翻清朝。他们举行秘密会议，声讨满清人的骄横，追忆古代的辉煌，反思当今遭受的

---

[1] 法国传教士将托马斯·潘恩（Thomas Paine，1737—1809），在《人权论》中阐述的思想翻译成各种文字，不知疲倦地在东方各国传播。这些扰乱人类平安的骚扰者中有一个确实成功地为锡克人提供了这部珍贵著作的一篇摘要，然后便将注意力转向了中国这个巨大的帝国。这些狂热的世界主义者以为，只要能够将自己的戏剧编导得符合中国人的口味，中国就会为他们提供一个辉煌的舞台扮演各自的角色。然而，这种尝试失败了，托马斯·潘恩黄金般的思想无法翻译成中文，而那些不幸的中国人除自己的语言外再不懂任何其他语言。3.33亿人口注定要停留在愚昧和困苦中，因为他们的语言无法传达托马斯·潘恩的开明学说。——原注

迫害、策划复仇的行动。即使如此，就目前的社会现状而言，人们对他们的思想观点并不十分赞同。事实上，中国人民并不希望发生革命，因为伴随一场革命而来的从来就是最最可怕的后果。大清士兵将会大肆杀戮，平民百姓即使躲过了屠刀，也必定会因农耕的废弃，遭受严重饥荒而成百万地毁灭。没有任何国家会向他们伸出援手，而他们自己也没有剩余的粮食作为救济。

中国人认为国家真正的财富和繁荣源于农业。遵循这一思想，为了尽可能防止粮食的匮乏，朝廷长期以来对农业中每一次进步都颁以最高奖励和荣誉。农夫被认为是社会里光荣和有用的一员，其社会地位仅次于学者或朝廷官员。事实上，在成为学者或官员之前，多数人都务农。士兵种地。只要庙宇带有土地，和尚也从事农业。皇帝被认为是土地的唯一主人，但是用户只要继续交税，土地是绝不会被剥夺的。租金按预计产量的十分之一计算。虽然使用土地的人不拥有土地，但是如果他失去使用的土地，那是他自己的过错。尽管支付租金，中国人却习惯于将土地看成是自己的，以至于一个葡萄牙人在澳门试图对中国佃户提高租金时，差点丢了命。倘若谁租用的地太多，他一家无法全部耕种，那么他便将多余的土地转租给别人。转租的条件是得到收成的一半，他用其中的一部分，便可交纳全部赋税了。

在那里，实际上没有人会占用覆盖整个行政区的大片农田，没有垄断农场主，也没有粮食商贩。每个人都可以把自己的农产品送到自由开放的市场上去兜售。农民不从事渔业，每个人都同样有权在江河湖海上自由自在地捕鱼玩乐。那里不存在享有特权的地主豪绅，没有专为达官贵人寻欢作乐而划分出来豢养鸟兽的土地，每个人都可在自己的或公共的土地上狩猎。然而，虽然具有以上这些有利条件，但是连续三年不发生饥荒的省份几乎没有。

罗马帝国不乏崇尚农业的例子，国家的君主一代代骄傲地用自己的双手扶犁耕耘，使土地变得肥沃，投身于这个自然赐予人类的事业中，诗曰：

在古老的时代，国王和先父们，
一代一代手扶着神圣的犁耙……

春分时节，中国皇帝也要郑重地祭天地神灵，然后举行扶犁亲耕仪式，帝国各地的巡抚、总督和高官也如此仿效。虽然这个仪式很可能是一种宗教制度的遗俗，但却能极好地鼓励辛劳的农民用更大的干劲和热忱去从事这项光荣的职业。农业与没有赋予这种荣誉的行业相比，当然更值得追求。因此，商人、艺人和工匠就他们的地位而言，被视为远远低于农民。在提尔城①，商业是个高尚的职业，"那里的商人都是皇亲贵族，运送商品互通有无者是地球上最高尚的人"。一位英国商人三次出海与外国通商，凭借奥尔福莱德②执政期间赐予商人的古代豁免权被封为贵族。然而，这样的殊荣在中国根本无从谈起，从事

---

① 提尔城，黎巴嫩的古城，在黎巴嫩首都贝鲁特以南约80公里。
② Alfred The Great（848—899），即阿尔弗雷德大帝。

国际贸易的人与流浪汉无异。国内贸易仅仅因为必要，才得到朝廷的保护。通过国内贸易，所有的物品得以在几省之间交换，只需向朝廷交付小笔交通税以及运河水路通行费。收取的费用主要用于修筑防洪闸门、桥梁和河堤。国内贸易完全是用以货易货的方式进行的，对货物的计算方式各种各样，根本无法统计。我深信，如果将中国以外世界上所有的船舶加起来，不管在数量上还是吨位上，都无法与中国的相比。

国际贸易几乎是不被允许的。北京朝廷对国外贸易表示出如此漫不经心的态度，以至于在一些场合，人们得到暗示，他们有意要向外国人关闭广州口岸。这在欧洲引起了严重的恐慌。的确，外国人在这个地方受到的清朝低级官员的待遇，本身就足以令他们敬而远之。如果不是考虑到这种贸易的重要性，尤其是因茶叶的需求，他们是不可能忍受这种待遇的。茶叶，这个约一个世纪前的奢侈品，现已变成了生活的首要必需品之一，特别是在大不列颠。

对国民来说，朝廷收的税根本谈不上过度，更谈不上是负担。盐税一般按土地产值的十分之一的地税方式来收取，国外进口税，再另加几种对大多数人几乎没有影响的数目更小的税收，平均起来，每个人向国家缴纳的税费每年总共不会超过4先令。

中国的这些优势在其他许多国家是少见的。加上对农业如此大的鼓励和支持，人们必然会以为，中国贫困阶层的生活条件肯定不会像其他国家的那样艰苦。但是，在荒年，成千上万的人会因断粮而毁灭。旱涝引起的饥荒在各省连年不断，但这些因灾害产生的恶果，本来是可以通过适当的管理或诚实地使用从岁入拨出的救灾专款来抵消的。天灾连绵，朝廷不能储存充足的粮食，在大面积出现饥荒时便无法满足人民的需要。他们又没有其他救济来源，只能依赖这种不可靠的朝廷补给，而这种补给因要经过众多的手，管理漏洞百出。如此种种，使得人们对自己较富裕的邻居采取暴力行动。

中国几乎没有慈善机构，人们也没有习惯去寻求救济施舍。除在广州的街头，我在中国从南到北没有见到过一个乞丐。中国也没有济贫法律要求勤劳的农民和其他劳动者来喂养懒惰者，或要求他们喂养那些照料这些懒惰者的人。向公众征收的资金从不施给任何乞丐。晚辈必须照顾他们年长的亲属；如果没有晚辈，则由最近的亲戚来照顾。父母可以任意支配自己的孩子，只要他们认为对家庭有好处。由于几代同堂，他们的生活费用要比分开居住低廉得多。在十分困难的时候，朝廷便充当父母的角色，其善良意图是不容置疑的。不管什么时候，朝廷官员因疏忽或恶意克扣贫苦民众粮食，都会遭受严重的惩罚，有时甚至是死刑。

中国国民享有的另一大优势是他们所纳的税是固定的，绝不会因国家的特殊开销而被要求额外缴税。唯一的例外是发生暴动，在这样的情况下，朝廷有时会向邻省征收额外的税。但是，一般来讲，朝廷必须根据平常供应的情况调整自己的需求，而不是号召民众做出特殊贡献。有关这个庞大帝国的岁入，额度一直都报道不一。地税作为主要税种，要精确预计可收取的税额几乎是不可能的，因为在很大程度上取决于收成。一个皇帝，如果要获得众望，就必须在遭受洪涝或干旱的地区免除地税或租金。乔大人从帝国地租册中为马戛尔尼勋爵粗约地计算了一下各省收取的税额，得出的总额大约为 6600 万英镑，不过是大不列颠 1803 年国家岁入的两倍，还不包括英国的平民税和其他教区税收。如我前面所述，倘若按人头计算，得出的结论是平均每人约 4 先令。按这样的推算，大不列颠的税收平均到人，是该数目的 15 倍左右。然而，一般来讲，在中国花费 1 先令相当于在英国花费 3 个先令吧。

民事和军事部门的开支，以及所有意外和特别的开销，都由各省银库通过税收就地支付，剩余部分上缴到北京的帝国户部，以支付朝廷的各种开销，包括皇帝随从人员、皇宫、庙宇、花园、王妃宫女和亲王们的开销。没收的财产、礼品、贡品和其他物品都归皇帝私有。1792 年上缴朝廷的剩余岁入公布为 3600 万两白银，相当于 1200 万英镑。皇帝的臣民中，汉人一般都认为，剩余岁入和被没收的大量钱财每年都被送往满洲里的首府毛克金①，但这应该是因偏见而产生的错误观点。尽管和中堂的财富填满了帝国的国库，当今皇帝在同年还是不得不接受一位广州盐商所谓捐赠的 50 万两白银（相当于 166 666 英镑）以及其他方面缴纳的钱财货物，以使他能够镇压西部一个省份发生的暴动。他甚至向广州送去一定数量的珍珠、玛瑙、装饰彩条和其他廉价宝石，以期兜售给外国商人，获得一些临时补给。由此可见，清朝皇帝并不像人们一般想象的那样有无限的财富任他随意支配。他甚至接受个人赠送的爱国礼品，诸如瓷器、丝绸、扇子、茶叶等这样的小件物品。这些物品尔后再作为礼品送给外国使节，每件礼品在《京报》上还要大肆宣扬一番。

---

① 即沈阳。

根据乔大人提供的资料，朝廷民事部门，不包括北京的各部大臣和中央各部，主要官员的工资按白银计算，被列成以下表格。这个表格与军事部门的表格一起发表在乔治·斯当东爵士大作的附录中。由于这些表格与1801年朝廷发表的一览表没有什么区别，由于我自己抽时间在上面写了一些评注，同时还在中国人口表格上也作了些评注（这在下面一章要专门提到），所以我毫不犹豫地将这些表格载入本书之中。

职务	数量	工资（以银两计）	总额
一省或多省总督	11	20 000	220 000
巡抚	15	16 000	140 000
布政使	19	9 000	171 000
按察使	18	6 000	108 000
道员	85	3 000	128 000
知府	184	2 000	268 000
知州	149	1 000	149 000
知县	1305	800	1 044 000
学政	17	3 000	51 000
主考	117	3 000	351 000
总银两			2 960 000[①]

这些级别以下的低级官员多达数千。他们与由户部支付工资和开销的首都各部官员一起，需要花费的金额至少相当于以上总额。因此，保守地计算，民事官员的普通开销的总额将是592万两白银，相当于1 973 333英镑。

---

① 此统计数字有误。

从朝历（Court Calendar），又称红书中，我们可对多种官员的任命和职位的频繁更换有所认识。朝历每 3 个月颁布一次，4 大卷。一年共发表 16 卷。

人们一直认为，没有强大的军队支持，仅仅凭父亲般的关爱，妻子般的谨慎，以及朝廷的极端戒备，无论是对内还是对外，都是不足以保护帝国的。根据王大人的陈述，这支军队在太平时期有 180 万人，其中 100 万是步兵，80 万是骑兵。但是，凡属可壮国威的事，这个朝廷总习惯于注水，大肆夸张。因此，涉及数字时，以上有关其军事力量报告的真实性也许值得怀疑。维持这样庞大的军队开支浩大，国家的岁入似乎无法承担。给所有步兵和骑兵每人每天的薪金即使仅仅是一先令，所需要的经费一年就是 3300 万英镑！

马戛尔尼勋爵根据王大人提供的数据对此进行过计算，为了更接近真实，让我们以他的计算为例吧。

另外，以上的预算还不包括大炮、帐篷、战车的费用，也不包括河流上的大小战舰以及制造维修兵站哨所、军旗、礼服、船只、车辆、军乐团的开销。所有这些都被列入军队的特别开销，而这些开销也许与正常开销相等。因此，整个军队的开支需要 149 948 900 两白银，相当于 49 982 933 英镑。

全国岁入则将作如下分配：

岁入总值：66 000 000 英镑

民事部门：1 973 333 英镑

军事部门：49 982 933 英镑

上缴朝廷的岁入剩余：14 043 734 英镑

这与上面讲的 1792 年上交北京的款额接近。

军阶	数量	工资（以银两计）	总额
提督	18	4 000	72 000
总兵	62	2 400	148 800
副将	121	1 300	157 300
参将	165	800	132 000
游击	373	600	223 800
都司	425	400	170 000
守备	825	320	264 000
千总	1680	160	268 800
把总	3622	130	470 870
外委千总	44	320	14 080
外委把总	330	160	52 800
总额			1 974 450
1 000 000 步兵，每月每人 2 两白银，包括装备等			24 000 000
800 000 骑兵，每月每人 4 两白银，包括装备草料			38 400 000
800 000 匹马，每匹价格 20 两白银，加每年修正费用（10%）			1 600 000
1 800 000 士兵装备每年费用每人 4 两白银			7 200 000
每年武器装备及其他开销每人 1 两白银			1 800 000
			73 000 000
总银两			74 974 450

如果我们承认这一岁入统计精确，我也看不到有任何理由否认，中国的岁入支撑这样庞大的军队是绰绰有余的。与清帝国相比，普鲁士王国只是地球上一个毫不起眼的小不点儿。如果其国王能够拥有一支 18 万或 20 万人的军队，那么一个拥有 8 倍于法国领土的君主，在他的领土被瓜分前，拥有的军队是普鲁士国王军队的 10 倍是毫不夸张的。

也许人们看到这个国家与外国极少发生战争，不禁要问，这些军人究竟从事哪方面的工作呢？中国军队与欧洲国家的军队所从事的工作有根本上的区别。大部分满族骑兵驻扎在北方前线和鞑靼各省，满族步兵被分派到帝国大城市任卫兵，其余则分散在较小的城镇乡村，充当监狱看守、警察、保安、衙差、税吏、粮仓看守，或在地方民政官员和警察下面当各种差事。另外，大量的军人作为卫兵守卫在公路、运河、河流旁的军事哨所。这些哨所都是小型正方形建筑，像许多小型碉堡。每座顶上都建一个瞭望塔，插一面旗帜，相互距离三四英里。每座哨所起码有6个人驻守。他们不仅制止公路和运河上的偷盗和争斗，而且转送来往于首都的公共信件。一份加急信件通过这些哨所承转，从北京到广州仅需要12天，相当于每天100英里。除此之外，没有任何其他驿站和送信的方式服务公众。

大部分清朝军队充其量只是民兵，从未被视为正规军，而且按常理永远也不会。军队只是社会群体的一部分，并不完全依赖社会群体另一部分人的劳动而活，而是为社会群体的公共事业做出一定的贡献。每个岗位上的士兵都分有自己的土地，他们为自己的家庭耕种，并向国家交纳定额的租税。这样的政策受到公众的拥护，能吸引士兵结婚。已婚男人从来不会被从他们的军营中调走。

处在这样情形中的男人，如果披挂起来，是绝不可能显出一副威武军容的。在一些地方，士兵列队出来迎接英国特使，如果天暖，他们手中操练的会是蒲扇而不是火枪。在另一些地方，我们看到士兵单列成队，非常自如地双膝跪地迎接特使，在他们的长官下令起立之前，他们都保持这种姿势。如果我们的到访出其不意，他们总是一片慌乱，匆忙从营房中拿出节日礼服。他们穿上这些服装后，与其说像战场武士还不如说是跑龙套的演员。他们的绣花背心、缎面靴子和蒲扇看起来既笨拙不堪又女子气十足，与军人气质格格不入。

组成中国军队的不同兵种有以下几种：

满族骑兵，他们的唯一兵器是马刀，少数士兵也持弓箭。

满族步兵，弓箭手，他们也持大马刀。

汉族步兵，持相同武器。

汉族火绳枪手。

虎枪营，持编织的大圆盾牌和劣质长刀，盾牌表面画有某种虚拟动物的狰狞面孔，用来吓唬敌人，想同戈耳工①一般，使看见她的人吓得全身僵硬，不能动弹。

每省的军服几乎都不一样。有时他们穿镶红边的蓝色上衣，或镶黄边的棕色上衣。有些穿长马裤，有些将短马裤扎在棉布袜中，另一些则穿着短褂和靴子。弓箭手穿长大宽松的蓝棉布袍子，袍子夹层内填塞羽绒或棉花，外面钉满了铜纽扣，腰间绑着宽带，马刀悬挂在身后腰带上，刀尖朝右前方，而不像欧洲人那样把刀挂在左边。他们头戴皮盔，帽边从两旁耷下遮住面颊，披到肩上。上部像一只倒立的漏斗，一根长长的管子到终端变得尖尖的，看起来像梭镖，上面绑着一束染成红色的缨穗。

我们看到过的人数最多的一支军队约为两三千人。他们沿

---

① 戈耳工，希腊神话中三个蛇发女怪之一，看见其貌的人会化为石头。

着河岸成单行排列，两人相隔的距离相当于一人宽，因此形成了一条很长的队列。每隔 5 人便有一面小三角旗，每隔 10 人是一面大三角旗，旗杆被固定在士兵肩后的上衣中。一些旗是绿色，镶红边。一些旗是蓝色，镶黄边。中国军队总是在前面摆成单行，我从来没有看见过他们以其他方式列队，哪怕是双行都没有。

满族骑兵看起来行动非常敏捷，冲锋迅猛，但是他们的马匹个头小，跑起来虽然频率快，但步子小，只给人以快速的假象。实际上，他们的真实速度非常一般。他们的马鞍软得出奇，前后高高翘起，使骑手不易摔下马鞍。马镫那么短，使骑手的膝头抬得很高，几乎顶到了下颌。他们的大炮为数很少，仅有的几门炮也破旧不堪。我都怀疑这些炮是向葡萄牙人借来的，因为那些火绳枪便是。

与目前欧洲军队使用的火枪相比，他们的士兵看起来更喜欢这种笨拙的火绳枪。我们向王大人问原因，他回答说，经过在西藏的激战之后，他们发现火绳枪比火枪杀敌要多得多。要克服偏见是困难的，但要说服王大人，使他相信，他们的士兵在使用上的问题也许与火枪本身的问题一样严重，并不太难。另外，火绳枪射击时有极高的稳定性，也许是因为固定在插入地面的铁杈上的缘故。传教士们给火枪没有在中国流行找了一个荒谬的理由，说空气潮湿，容易使燧石哑火。这些先生同样振振有词地断言，燧石在意大利也不会发火。真实的原因可能是他们缺乏制造火枪需要的优质钢铁，或者是他们的火药质量低劣。也许，真实的原因是他们缺乏勇敢和冷静来平稳发射火枪，以至于无法发挥火枪的效果。他们喜爱的武器是弓箭，因为弓箭像其他投掷性武器一样，与那些和敌人进行近距离搏斗所用的武器相比，操作起来所需要的勇气要小得多。

虽然作为权宜之计，满族人继续保持汉军的老编制，但是自然要尽一切可能，使自己完全控制这个地域庞大的帝国。因为这个缘故，他们力图优先招募本族人入伍，其次才是汉人。这样每个满族男孩就都应征入伍了。这是必要的，因为他们的整个军队在征服期据说还不超过8万人。实际上，在当时，因为朝廷的软弱，连绵的骚乱已使得帝国四分五裂。每个部门，不管是民事还是军事部门，都被宦官控制。据说，在满人占领北京皇宫时，遣散的宦官就有6000个。

满族人能统治中国，是策略上的一大杰作。对于一个仅被视为处于半文明状态的民族来说，是始料而不及的。最初进入汉人领土，他们只是作为客军来帮助与两个叛军头领作战，但是他们很快就察觉到，他们也许可以喧宾夺主。在他们的首领登上空虚的皇位后，他们并不以征服者自居，而是立刻将自己融入到了被征服的芸芸众生之中。他们接受并采用汉人的服饰，行为方式和思想意识，在国家所有的民事部门任命最有能力的汉人做官，一切空缺位置都由汉人优先担任。他们学习汉语，与汉人通婚，遵循汉人的风俗习惯。简言之，只要有助于与汉人融合成一体的任何步骤，他们都没忽略。他们的大目标是用本族人来扩充军队，而汉人对这样的变化如此满意，以至于几乎都怀疑朝代是否真的改换了。

清朝皇帝的更替已经4代。这4位皇帝全都有极强的理解力，精力充沛，处事果断。四代皇帝顺利更替，是因为排除了统治者和被统治者之间严重失衡带来的危险。这些皇帝的智慧、谨慎和精力不仅保证皇位在家族中延续，而且还将版图扩大到历史最高水平。据说，当今的皇帝嘉庆，就兼有他父亲的学识和谨慎，以及康熙的坚韧。但是与他的两位先帝相比，他统治帝国的任务可能更加艰巨。随着满人权力的增长，他们变得不那么急切去安抚汉人。朝廷各部首长现在也都是满人，所有大臣都是满人，大多数要职都由满人担任。虽然这个国家古老的语言仍保留为宫廷语言，但是满人的自尊随着权力的增长而膨胀，很有可能使他们在不久的将来采用自己的语言。

事实上，康熙皇帝煞费苦心地进行过改良满语的工作，试图整理出一套有系统的词汇或词典。乾隆下令向所有满人父母生养的儿童教授满语，并要求他们用满语通过考试后到朝廷任职。我观察到，在圆明园居住的皇室青年说话时，对汉人表示了极大的蔑视。其中一位发现我希望了解一些汉字知识，便费尽口舌试图让我相信，满语较汉语要优越得多。他主动提出，只要我放弃汉语，他不仅给我提供字母表和书本，而且还给我上课。他说，汉语是一辈子都无法掌握的。我不得不说，那些年轻王子对讥讽汉人是多么兴高采烈！例如，在恶意嘲讽汉族妇女的裹脚和蹒跚步履时，他们开怀大笑。然而，在听到满族女人穿的笨鞋被比喻成汉人的宽体平底船时，他们却暴跳如雷。

虽然所有古老的陈规戒律、朝廷形式、管理方法仍旧保留，虽然胜利者袭用了被征服者的服饰、行为规范和外在举止，但是他们粗鲁野蛮的性格原封未改。现在，特别是在朝廷的高级部门，这种原始的性格冲破各种伪装暴露无遗。由于这种张扬的优越感，一个民族势必盛气凌人地驾驭另一个民族。"我们许多书，"马戛尔尼勋爵评述道，"将这两个民族混淆起来，总是将他们混为一谈，好像他们在中国这样一个笼统的名字下，变成了一个民族。但是，不管人们从外表上得出何种结论，本质的区别从来没有被君主忘却。虽然他装出完全公正不偏的样子，但从根本上讲，他的所作所为都是以一个民族体系为准则的，他从来没有忘记过养育他权力的摇篮，哪怕只是一刻。东方世界的政府学与西方的非常不同，那些用与西方不同的方式来统治国家的君主都熟知这点。在欧洲，一个处于争斗中的王国的统治权，不管是通过暴力还是妥协，一旦确定后，这个国家和民族便会回归到原来的秩序与和平之中。不管是波旁家族还是奥地利人，也不管是在那不勒斯还是在西班牙夺取王位，这都无关紧要，因为统治者不管是谁，都会彻头彻尾地变成西班牙人或那不勒斯人，他们的后裔更是如此。乔治一世和乔治二世从将我们国王的权杖掌握在他们的手中那一刻开始，就不再是外国人。如同阿尔弗雷德国王和埃德加国王一样，当今阁下是个地地道道的英国人，他不用条顿人的法律而是用英国人的法律来统治他的臣民。

"亚洲的治国策略就完全相反。在那里，王子认为他与他的出生地的关系仅仅是一种意外的巧合。倘若父辈的根优秀，那么他在任何土壤中都会枝繁叶茂,也许通过移植还会获取新的活力。那些引起他注意和思考的事物不是出生地,而是他自己的血统和家族,不是他赖以生息的田野,而是他萌发前的种子,不是剧院的场景,而是戏剧的精神。两百年的改朝换代,9到10个君主易位,没有将蒙古人改变为印度人。同样,一个半世纪的岁月也没有将乾隆改变成汉人。目前,从他所有的治国箴言来看,他与他的祖先一样,仍然是一个十足的满族人。"

这个人类社会中最古老的帝国究竟能否继续长治久安,我们只能猜测。但是,满人肆无忌惮的傲慢与骄横,汉人已表示出极大的不满,这是肯定无疑的,也是不无道理的。虽然他们为了获得高官厚禄,必须唯唯诺诺,阿谀逢迎,但是他们却都无一例外地"低声而刻毒的诅咒、口是心非,阿谀奉承"。[①] 不管这个庞大的机器何时散架解体,或是由于叛乱或是由于革命,都会以数百万人的生命作为代价。如同马戛尔尼勋爵所论述的那样,"从奴役到自由,从依赖到自主,这种速变几乎都不可能是温和或谨慎的。人类社会的每一变更都应该是温和的,渐进的。不然的话,对自身来说是危险的,对别人来说是不能容忍的。为获得自由,人们有必要作充分的准备,就像为防天花而种疫苗一样。预防针是为了将来的健康,如同获取自由,但如果没有必要的准备,那必然是毁灭性的。因此,如

---

① 这段话来自于莎士比亚戏剧《麦克白》中一段名言,出自于麦克白之口:"我已经活够了;我的人生之路日趋江河日下,就像一片枯萎的黄叶。老年人所应得的荣誉、爱戴、服从和大批的朋友,我肯定是得不到啦;相反,我只能得到低声而刻毒的诅咒、口是心非、阿谀奉承,还有那套打心眼儿里不愿说、但又不敢不说的假话。"

果汉人不是一步步走向自由解放，而是凭一时热情和冲动发动暴乱，那么他们也许会像法国人和黑人那样，陷于极度愚蠢和疯狂之中，发现自己并不能有理智地享受自由"。①

---

① 这段话对于中国，确实有示警的性质。一场异常激烈的暴动已经在中国西部省份暴发，并发展到了广东省，暴动的目的就是要推翻清朝。如我在前面所述，一些秘密社团在不同的省份形成，用秘密标志和默认的方式进行联络。但是它们还不至于引起朝廷的不安。然而，在广东省，至少有十万之众武装起来，聚集一起，为首的是最后一个汉族皇帝的后代，他已穿上帝王的黄袍。这些反叛者似乎为一道预言所鼓舞，对他们的事业信心百倍。这个预言在这些人中流传，说当今的清王朝将在 1804 年被推翻。对于清王朝，就颠覆政权而言，这个预言的存在要比武装暴动者更加可怕。——原注

第八章　宗教信仰

中国人的起源——宗教派别——信仰——仪式

清廷对外国人的猜忌和提防与英国人自由和独立的精神格格不入。因为被禁闭于旅馆中，首都对他们来讲，虽然人丁兴旺，却一如荒芜的沙漠。在他们眼里，这个地方仅仅是一所高级监狱，这里人的基本性格明显带有傲慢、阴险和无知的特征。因此，当要离开这个地方和这里的人时，他们就不会感到那样痛苦。如果在一个国家，每个小官吏都是暴君，每个人都是奴隶，那么在这个国家度过一段时光后，你便能体会到那种如同天赐的真正自由是何等珍贵！在英国，宪法赐予每个人享受这种自由的权利，财富受到保障，不让暴力侵犯，人的生命，不管是平民还是王子，都受到同等的保护。空想家沉湎于建造乌托邦，失望者因真实的或想象的伤害和遗弃而懊恼，让他们去参观参观别的国家，去体验体验其他民族受到的公正待遇吧！只有这样，他们才会承认，真正的自由只存在于大不列颠那个幸福的岛国。让我们引用一位著名作家有关各国法律的论述吧①："人民的理性和虔诚是对法律权威最有力的支持；在统治者的心中，对人民安居乐业做出的保证是对法律权威最有力的支持，是获取人民信任的关键。"

怀着这种心情，我陪伴麦克斯威尔先生，在 10 月 7 日傍晚，最后一次乘车游历北京的街道。我们没有陪同，没有一个中国仆人，没有卫兵，也没有官员与我们同行，但我们四处行走并没有遇到任何困难。我们穿过宽敞的街道，从首都的一端走到另一端，没有受到任何人的打扰，甚至没有受到任何人的注意。如果将世界上两座最伟大的城市此时此刻展示的情景对比，你会发现那是多么不同呀。北京的街道在傍晚五六点钟后就几乎看不到行人，但是猪狗到处可见。所有城市居民结束了一天的忙碌，回到各自的家中去与家人共进晚餐，然后在日落时分就躺下休息。这符合大清皇帝的习惯，这对他们来讲就是法律。在伦敦的这个时分，从海德公园到麦尔恩德（Mile End），到处熙熙攘攘，行人摩肩接踵。在北京，从拂晓开始便已人声鼎沸，如同蜂群。与此相反，伦敦的街道在清晨却空无一人。北京所有的城门在傍晚 8 点钟关闭，即使是夏季。城门的钥匙也被送由都督保管，8 点后不管什么情况都不得打开城门。

特使及其随从，与士兵、仆人和乐团一起，先于我们几个小时就上路了。他们勉强排成一队，由一名朝廷官员在前骑马引导。他肩上斜挂一只木盒，里面装着清朝皇帝送给英国国王的书信。

---

① 万忒尔（Emmerich de Vattel，1714—1767），又译法泰尔，瑞士哲学家和法学家，写有《万国法》等名著。

当日深夜，我们在通州府郊区加入到了他们的行列，再一次下榻在这个民族的众神之中，夜宿于一座敬奉该市保护神的庙宇。这个庞大帝国的任何地方都没有旅店。更准确地说（因为有休息的地方），如果指的是旅行者付一笔钱便可以买到一阵甜美的歇息，平息饥饿的呼唤，那么这个国家根本没有这种可居住和带家具的所在。这个社会的现状不允许这种接待客人的设施存在，更不用说像许多国家那样，这种设施源于无私好客的精神。相反，在这个国家，人们都毫无例外地将陌生人拒之门外。他们所称的旅店不过是陋屋寒舍，由几堵秃墙拼凑。在那里，人们也许花上一个铜板可以得到一杯茶，过上一夜。就舒适而言，那便是这种地方所能提供的一切。

的确，那里旱路旅行十分罕见，除非偶尔在这个国家的一些地方没有水路航行或在河流被冻结的时候。因此，接待旅客获得的利润根本不可能支撑一个像样的旅店。由于庙宇比这个国家能够提供的其他休息场所条件要好，朝廷官员毫无例外地利用庙宇提供的方便。那些和尚也深知拒绝和咒骂的徒劳，无可奈何地交出自己的房间供他们临时使用，耐心之至，无一句怨言。

在大多数文明国家，用来作为宗教崇拜的建筑和供奉神灵的场所，通常被认为是神圣不可侵犯的。在欧洲，有些地方找不到旅店，旅行者有时会借宿在修道院内神职人员的住房中。但在中国，神殿也会被侵占。有权有势的人只要提出要求，便可不加分辨地占据每个角落。有时整栋建筑都成了流浪汉和闲散人员的聚集地。在那里，赌徒与神灵同居，和尚和扒手共住。

但是，公平而论，我们必须指出，这个国家两种占主导地位的宗教并不是自甘藏污纳垢的，没有任何迹象表明他们有意纵容这班乌合之众的恶劣行径。但因得不到任何捐献，也没有朝廷的津贴，同时朝廷对他们的存在只是容忍而不是支持，他们不得不屈从于这种肆掠，对此视而不见，甚至允许这些无赖在他们拜神的时刻对神灵进行亵渎。

尽管如此，中国的神职人员行为端正，举止庄重，他们的尊严使人一眼便能将他们与俗人分辨开来。一些罗马天主教的传教士对他们大肆诽谤，但那些流言蜚语似乎完全没有事实根据。他们的服饰和敬神仪式与他们自己的信仰是那么相称，都那么令人感到压抑，以至于所有与我交谈过的传教士在谈及中国的神职人员时都毫无热情。我甚至不能说服我们酷爱宣传的译员走进设有神坛的庙宇中去，尽管他对他国家的习俗从各方面都表示热爱。无论如何劝说，我都无法诱使他对他们神秘的教义作出解释，或请求别人进行解释。

一个人在欧洲以外的国家旅行，在他谈论的话题中，也许最不自信的莫过于谈论他访问过的民族的宗教观念，尤其是当那些观念根植于遥远的古代。这些观念也许最初与一些寓言和经典有关，后来经历了各种各样的变化，加上现代色彩，在各种纪念活动中以不同的形式体现出来。如此种种使得这些观念变得全然无法理解。因此，虽然这些观念可能最初源于真实和理智，但是它们现在听起来是那样的怪诞和荒谬，以至于那些持这些观念的人，就像对这方面一无所知的人一样，对它们也同样无法作出解释。诚然，对宇宙的创始者和主宰，不同的民族通过不同的方式进行认识，但所有这些认识方式都会统归到一点，尽管开始着眼的角度全然不同。对这些不同方式的理解和认同只能通过全盘了解那个民族的语言、历史和习俗才能获得。此外，还得了解他们的起源和与其他民族的关系。即使在获得这些知识后，要将史事与寓言、事实与虚构区分开来，仍非易事。

由于这些原因，中国的宗教如同其他任何东方国家的宗教一样晦涩难解。这个国家的语言，加上朝廷对接纳外国人的吝啬，在解开这个复杂艰深的难题的道路上设置了一道几乎无法逾越的障碍。况且，能有机会克服这些困难的寥寥数人不幸又属于那个派别，他们的观点因自己宗教固有的偏见严重扭曲，以至于他们作出的解释总是不可靠的。我已经说过，他们在谈论或描写中国的神职人员时不冷不热，无法注入任何感情色彩。

中国最流行的宗教被一层黑色的神秘面纱遮盖，如果我认为自己有资格能够揭开它，哪怕只是片刻，都可说是自命不凡。但是，就这个宗教的活动而言，人们不可能不发现，它和古代其他国家的宗教有同一种渊源。因此，对这个话题发表三言两语，探讨历史是否能使我们指出，他们用什么方式，接受或传播在他们之间尊为至理的迷信或形而上的观点，也不能说是不恰当吧。古埃及和古希腊神话中的部分教旨与中国宗教的教旨之间的明显巧合，使得博学的德经先生和许多耶稣会士推论，在某个遥远的时期，一批殖民者从埃及迁徙到了中国。但是，这种说法似乎站不住脚。中国人不是一个混杂的种族，其独特性显而易见。他们的相貌没有任何埃及人的特征。而且确实也没有必要认为这种联系的存在，可以解释在他们庙宇中出现的埃及神话的遗迹。

历史告诉我们，当亚历山大在耶稣诞生前约 300 年入侵印度，许多有学识的希腊人跟随他参加了这次闻名的远征。历史进一步告诉我们，往后两个世纪，因托勒密七世的残酷迫害，大量博学而虔诚的希腊人和埃及人被赶出亚历山大城，向东迁移，在波斯人和印度人中寻求庇护所。因此，如果人们在东方国家发现希腊和埃及的迷信，那并不是什么离奇的现象，即使人们找不到他们语言残留的痕迹。我们可以这么说，人离开自己的国家在外国人中间安家，他们失去自己的母语要比失去宗教教义和迷信观念容易得多。移民到一个新国家，生活的必要的确可以迫使他们采用这个国家的语言，但是任何试图将他们纳入另一个宗教的强制手段，只能使他们对自己宗教的信仰更加坚定。好望角的法国难民在不到 20 年的时间便完全失去了自己的语言。举一个特别的例子，我在卡塞（Kasser）边境遇到过一个苏格兰军团的逃兵，他在约 3 年的时间内便忘记了自己的语言，当时都不能用自己的语言表达自己。我们知道，许多语言已经完全消失，另外许多语言发生了很大的变化，几乎没有保存它们原始形式的任何痕迹。①

---

① 考虑到这种语言短时即逝的特性，特别是那些一直变化的、语音从来没有被任何文字固定下来的语言，更使我们惊异的是，卡梅斯（Kames）勋爵怎么可以在说明美洲大陆与欧亚大陆之间没有发现陆地通道后，在他就美洲民族的起源和发展的简论中，发表意见说，美洲大陆的人很可能来自于欧亚大陆。他认为，通过研究居住在将美洲北部与科姆斯卡特卡（Kamskatka）分开的海峡两岸的人是否讲同一种语言，人们可以对这个论点进行探讨。之后，在发现情况并非如此，他应该作出结论，美洲大陆的人不可能来自于欧亚大陆。倘

拜利先生与一些聪颖博学的人意见一致，认为中国古老和晦涩的寓言故事中，有许多片段可以在印度古代史中找到。印度的古代史是从中华帝国的缔造者伏羲氏诞生到佛的出现这段历史。像印度人一样，他们确实总是对数字"九"显示出极强的偏好。孔子称其为最完美的数字。但塞西亚人，即鞑靼人，也认为这是一个神圣的数字。当然，他们在其他方面也与印度的几个民族相似：奉行在冬至夏至和春分秋分祭祀；向他们祖先的灵魂敬献供品；害怕后继无人为纪念他们举行葬礼；信奉八卦；迷信占星术，以及其他各种各样巧合现象。学识渊博的布莱恩特先生将这些都解释为埃及人、希腊人、罗马人和印度人衍生于同一群体，他们中一些人将他们的宗教和学识带到了中国。然而，不管是他还是别人，对这种传播都没有提供过任何证据。如提出一个与此决然相反的论点，也许同样有理。

中国人不起源于那个"同一群体"，他们的相貌特征本身就提供了充足的证据。小眼睛靠鼻梁端呈圆形，而不像欧洲人那样呈菱形，眼睛上翘而不水平，鼻根宽平。这些面部特征与印度人、希腊人或罗马人的完全不同。恰当地讲，他们更属于那个辽阔国家的本地人。这个国家在古时叫塞西亚，在现代叫鞑靼。在自然界，在所有的人种中，几乎没有两个人会比一个中

若卡梅斯勋爵没有系统地写过有关另一个本地人种产生的论述（他在这之前就持这个观点），与语言的相似性相比，他将毫无疑问地会更加强调他们生理特征的相似，以及他们迷信和宗教观念的相似。在人和人类社会获得的技能和精神财富中，语言是最容易因环境的变化而改变的，尤其是当文字还没有被用来将它固定的时候。这位勋爵大人的结论更令人惊奇的是，他已经观察到他们之间的相似在其他方面是那样的完美。——原注

国人和一个印度人之间的区别更大的了。他们的肤色也不同。现代研究已经确定,他们不同的肤色与气候没有任何关系,而是与不同种族的最初形成相关联。

满族以及与中国接壤的所有其他鞑靼人部落几乎与汉族没有区别。同样的肤色(除开我在别处看到的一些例外),同样的眼睛,以及面部的基本轮廓在亚洲大陆从北回归线到北冰洋到处可见。[①] 马六甲半岛,遍布在东海上由马来人居住的无数岛屿,以及日本列岛和琉球群岛,所有这些地方的人很明显都来源于同一个种族。紧靠印度斯坦北面的种族是不丹人的居民,他们长有与鞑靼人一样的面孔,和印度人的长相完全不同。"不丹人,"特纳船长说,"无一例外地长着黑发,习惯于将头发剪得很短。五官中最有特点的是他们的眼睛,很小,呈黑色,眼角长而尖[②],仿佛是用某种人工方式拉得长长的。他们的睫毛稀薄,几乎看不到,眉毛也稀稀拉拉。两眼下是脸庞最宽的部位,脸面颇平,从颧骨开始到下颏向下变窄。这个面貌特征似乎在鞑靼人部落开始出现,但到汉人中就变得非常非常明显。"

鞑靼高原从地球的表面凸起,确实被许多人认为是人类的摇篮,或者更有力也许更适合被认为是铸造人类的工厂。这种观点的形成并不仅仅是因为有那么多的人具有鞑靼人的特征,而且这种特征出现在东方世界的每个角落,也不是因为他们曾

---

① 引人注目的是,乾隆皇帝在颁诏向他的子民解说亚洲和欧洲不同的民族时,说过这样一段话:"在哥萨克国的南边有一大群胡子[Hoo-tse(Turks)]居住,他们的祖先与前中国皇帝元太祖আ属同一种族。"——原注

② 他们的外眼角以相同比例延长,或许从比例上比内眼角延伸更大,因为他们的内眼角呈圆形。——原注

经有不计其数的人群踏遍了整个欧洲。这种观点基于这样一个假设,即整个或大部分地球的表面在过去某个时间被洪水淹没,鞑靼高原是地球上最后被淹没的地方,同时也是洪水最先退去的地方。因此,从那时开始,在这个地方,如同在工厂里一样,新的动物从旧动物遗留下来的某种材料中被铸造出来,成为未来民族的胚芽。

的确,几乎地球上每个部分都明白无误地显示洪水确实发生过。这不仅显示在远离海洋的高山上和地球深处发现的水生动植物中,而且更加特别的是显示在山脉自身的形成上。最高的山,除开那些花岗岩山,通常都是由大块大块的板块相叠堆砌而成,一层层是那样规则和水平。它们的形状和表面无法用别的原因或自然界任何已知的定律来解释,只有假设它们在一段时间存在于一种流体状态中。造成这样的现象,起作用的究竟是火还是水,似乎在火成论者和水成论者之间仍在争论。

鞑靼高原毫无疑问是旧世界[1]最高的地方,其高度在美洲也许被超过。哥尔比隆算得上是一位优秀的数学家,他备有各种测量仪器。他很自信地告诉我们,虽然低于许多鞑靼高原的山峰,北查(Pe-tcha)山要高出中国平原的水平线9华里,约15000英尺。这座山如同这个国家所有的山脉,由沙石组成。它坐落在沙地平原上,沙地还掺杂着岩盐和硝石。沙漠沿中国西北边疆延伸,将中国与西鞑靼分开。沙漠的海拔低于北查山,人们说它类似海底。一些山峦从这片"沙海"上耸起,它们的

---

[1] 指欧亚大陆,以美洲为参照。

高度至少要高于东面海洋的水平线 2000 英尺。

地球的结构为猜测提供了广阔的空间，于是许多深奥的理论应运而生，试图解释地球表面展示的各种地貌。现代最优秀的自然学家似乎都一致认为，水在主要的自然力中对各种地貌的产生起了重要作用。

伟大的林奈，他的敏锐的思想影响了整个自然学王国，在经过许多艰难的求索后，认同了宗教经典[①]的真实性，即整个地球在某段时间是沉在水下的，完全为汪洋所淹没。随着时间的推移，一个小岛出现在这片汪洋大海中，这个岛屿当然是地球表面上最高的山峰。为支持他的假设，他列举了几个实事，其中许多正好是他观察到的。例如，海水的渐退，泉水和河流的减少，以及陆地必然的增加。其中最显著的对北波的尼亚的居民对海岸上岩石作出的观察。在 1 个世纪的过程中，海水从那里后退了 4 英尺多。因此，在 6000 年前，假设海水下降的速率保持不变，海平面比现在要高出 240 英尺。然而，这种海水大幅度的后退一定只是区域性的，否则的话，如同我在别处所述，红海和地中海在那段历史时间中将会连接起来。

的确，在世界一些地区，海洋扩大而陆地减少；在另一些地区，陆地增加而海洋变小。但是，这些现象都源于不同的原因，总的趋势是海水后退。毫无疑问，在高山大河的周边附近数年时间也发生了巨大的变化。山上的沙石经日晒雨淋的风化作用，被湍急的河流冲向下游，在河流与大海的交接处，因河

---

① 指《旧约》。

岸产生的漩涡作用沉淀下来，形成冲积地。例如，埃及三角洲便是由阿比西尼亚和上埃及冲刷下来的土壤逐渐积淀而成。中国北部平原由鞑靼山脉的土壤形成，印度的平原由西藏群山以及这个半岛的西北面高原的土壤形成。但是，由于河水冲刷下来的泥沙绝大部分肯定是沉积在海底而不在海边，海洋在这种不断而大量的沉积过程中应该向陆地推进而不是后退。

因此，也许我们可以作出结论，不管地球表面经历了什么样的改变，就陆地和水的比例和位置而言，要对今天我们看到的地球不同部位的地貌作出解释，只能通过假设某种暂时和超自然的原因存在，或者推想它们的形成是经过了一段无法计量的漫长岁月。

让我们言归正传，回到本章更直接的话题上来。现在人们有足够显著和重要的证据来证明宗教经典的真实性。几乎每个民族都有某种对大洪水的历史记载，一些记载的是全球性的水灾，另一些记载的是局部的水灾。让我们暂且认为前者是正确的，因为这种说法不仅被《摩西五经》的作者提供的证据所证实，而且自然地貌也为之提供了依据。

从这个大多数人采用的观点出发，我们也许可以看出，波斯并非保留了远古世界遗留下来的物种并使之得以繁衍，将鞑靼推想成人类生长的摇篮要更加合理些。请记住，圣经历史故事中每个部分的文字表达都是为方便读者的理解而作出的，严格地讲，并不完全与事实相符。因此，阿拉若山并不意味着指的就是在亚美尼亚的那座具有相同名字的山，而指的是地球表面那座最高的山。如果不是这样的话，那么摩西的故事则会因自相矛盾而站不住脚，因为他告诉我们，"普天下所有的高山都被水淹没。"如果我们承认这点，那么诺亚的方舟并不是安息在亚美尼亚，而是首先触礁于鞑靼境内现在由厄鲁特部族居住的那个地区，因为这个地区是旧世界的最高地带。从这些高山，宽大的江河朝四面八方流向天边。正是在这里，人们找到了塞伦卡河的源头，河水朝北流入贝加尔湖，再从那里流经叶尼塞河（Ynesei）和勒拿河进入北冰洋；正是在这里，人们发现了阿穆尔河的源头，它将一江河水朝东注入鞑靼湾；正是在这里，人们发现了中国那两条大河的源头，它们向南流去；也正是在这里，人们还发现了无数的江河湖泊，河水向西奔流不息，一些河流消失在沙漠中，另一些顽强地穿过沙漠流入喀拉海和里海中。

　　照这种情形，这两条大河朝南流过广袤肥沃的中国平原，完全可能载着那几位大洪水的幸存者来到这个国家，使人类逐渐发展到地球每个角落，因为他们会同样沿着其他河流繁衍。更有可能如此的是，这些河流的下游气候更暖、更宜人。在那里，人类可获得更多生活所需要的东西，即使有匮乏，也更容易得到补偿。从这个观点出发，耶稣会士的说法就不会显得那么荒谬了。他们认为诺亚与他反叛的家庭分离后，带领一些后代迁徙到东方，创立了中华帝国。同时，他们认为他与中国历史上的伏羲氏①就是同一个人。一个天才的评论家指出，《圣经》

---

① 中国人是塞西亚人的后裔，可用伏羲的名字作为例证。"羲"字中含有"羊""禾""戈"，我们可以由此推断他集三个行业于一身：牧羊人、农夫和勇士。——原注

中"从东方"这几个字应该更恰当地翻译为"从开始"。不管怎样，我不得不由此得出结论，鞑靼人和中国人属于同一起源。因此，问题只有一个：究竟是他们为干旱贫瘠的鞑靼高原放弃了富饶的中国平原，还是那些在半饥饿状态中游移的塞西亚人南下来到气温和生产环境更适合人类生存的地区呢？

然而，如果我们同意中国是在大洪水后最先形成的国家之一，那么中国人在知识和艺术发展速度上似乎又跟不上迦勒底人、亚述人或埃及人。在孔子时代之前，中国文明的发展是十分缓慢的。孔子是第一个撰写出一本有关鲁国历代国君的像样的史书的人。在他的时代，这个国家被几位诸侯王瓜分。这些诸侯王是他们各自家族的头儿，与以前苏格兰高地氏族头领极其相似，或者，也许说得更恰当点，很像德国的那些亲王，将一个大帝国割据成许多小的诸侯国。自众诸侯国合并成一个不可分的集权帝国，到现在大约有2000年了。

在这个时期之前，中国是世界发达国家之一，但并没有产生出任何伟大的人物，虽然它造就了一个孔子，他的一些著作体现出新颖开明的思想。我这么说有几个理由。从这位哲学家对一本经典著作①的评论来看，帝位的正常更替可以从他的年代追溯到近2000年前，也即从现在可追溯到4000多年前。朝代的延续，数位帝王的更替，各帝王统治时期发生的事件，所有这些详细的记载使得这本史料的真实性不容置疑，尽管其中年月顺序因他们对天文学的无知而必然存在着缺陷。更加不寻

---

① 《诗经》。——原注

常的是，竟然没有一个经典作家知道这样一个国度的存在。荷马从来没有提及过这样一个民族，希罗多德似乎同样对他们的存在全然不知。但是，根据一些最权威的年代学家，希罗多德和孔夫子肯定是同一时代的人。因此，我们几乎可以断定，早期的希腊人并不知道中国人，甚至在荷马鼎盛时期后1个多世纪，也即在波斯帝国被亚历山大推翻后的100多年，中国人似乎仍然不为波斯人所知。情况很可能就是这样，尽管他们不愿意与外国人打交道，他们在那个时候却建立了一个强大的帝国。也许波斯人对中国人的无知源于印度各文明民族的干扰，因印度民族人多势众，使得波斯人望而却步，总是将武力指向西方而不指向东方。

一个普遍被人们采纳的看法是，古希腊人所知的赛里斯人就是中国人，部分是因为他们居住在东方，部分是因为那里是丝绸的主要来源地。这也使得罗马人将这个国家取名为赛里古姆[1]。但是，罗马人并没有从中国或赛里斯人的国家获得丝绸，而只是从波斯人那里得到了少量的丝绸为自己使用。另外，罗马人也不可能从中国人那里得到丝绸，尽管传说中国人向奥古斯塔斯[2]派出使节，以期与罗马人建立友好关系，因为出使行为本身就完全违背了他们的基本法律。这些法律不仅禁止中国人与外国人交往，而且不允许任何中国人离开他们的国家。事

---

[1] 古希腊人把丝叫作 ser，就是从"丝"字读音而来的，"Seres"（制丝的人），即中国人。赛里古姆（Sericum）意为产丝的地方，学者认为即"丝国"，指中国。

[2] Augustus，即罗马帝国创始人奥古斯都。

实上，这种中国使节的说法完全出于弗罗卢斯[①]之手，他在奥古斯塔斯死去近100年后才撰写了他的史书（如果能把他的作品称为史书的话）。由于在与那位罗马大帝同时代的史学家中没有任何人记载过这种事情的发生，因此很可能中国人根本没有派这样的使节去罗马。[②]

我们所知道的最先从外界去中国的人是一批犹太移民。根据他们后代保留下来的记载，在亚历山大远征打开了一条与印度交往的通道后不久，这些犹太人便首先在那里定居下来。我从一些传教士那里听到，这些事件的发生在时间上与中国历史吻合。另外很可能的是，这些勇敢勤劳的人最先将丝蚕和养蚕方法从波斯或其他邻国带入他们新的国家。康熙皇帝在有关自然史的论述中指出，当中国人说丝绸是中国的独家产品时，他们大错特错了，因为印度的北部地区土生的蚕比中国的蚕要大，而且吐的丝更加结实。虽然古代作家确实对丝绸几乎没有谈及过，但是我们有充足根据认为，丝绸在唐兀惕和凯泰并不是不为人们所知。《圣经》中有好些节章显示，人们在所罗门时代已经使用丝绸。贾斯廷（Justin）的 *Vestes Perlucidae ac Fluidae*

---

① 又译弗洛鲁斯。生平不详，姓名亦非完全确定。其名或作 Julius Florus，或 Lucius Annaeus Florus。他大约是出生在北非的一个文人，生活在约 74—约 130 年）。有《罗马史摘抄》（Epitome）二卷传世，即下文所指的史书。

② 地理学家托勒密认为赛里古姆与塞西亚相邻，亦即与喀什、唐兀惕和凯泰接壤。这些国家都以种植棉花闻名。从所有的古代作家有关赛里斯人的著作来看，他们提及的物质是棉花而不是丝绸，因此这些人似乎确实不是现在的中国人，而是凯泰国的鞑靼人。贺拉斯将赛里斯人描写成优秀的弓箭手，而塞西亚人也总是以善用弓箭而闻名。——原注

*Medis*①似乎就对丝绸长袍进行了描述。

当然，这种将丝绸最先引入中国的方式不过只是一种猜测，我提出这种设想没有任何权威依据，除开在此提到的一些情形：犹太人主要定居在生产丝绸的省份，今天大部分居住在杭州府；杭州人主要从事的是丝绸行业，因而杭州以生产中国最好的丝绸而负有盛名。如果不是这样，我便无法知道这些犹太人还能用什么别的见面礼将自己引见给中国人，寻求这样一个忌外朝廷的保护，并且获得允许与这个国家的女人通婚。诚然，他们并没有采取任何阴险手段来诱使或说服中国人脱离传统宗教，以接受他们的宗教。虽然他们在科学发展上并不闻名，但是他们也许对工艺和制造业的许多方面提出的改进意见却起了极其重要的作用。他们中间许多人的确放弃了他们祖先的宗教，当上了朝廷的高官。就我所知，除开犹太教教士外，他们中间很少有人懂得希伯来语。因为与中国人长时间融合在一起，据说这些教士今天有时都难以召集到足够的教徒。对异教容忍，而不是迫害，才会产生出如此不同的结果。

一位传教士在中国访问过一个犹太教堂，留下一段描述。他发现那些教士十分严格地奉行着他们旧的律法，除开西拉的儿子外，根本不知道还有其他耶稣出现在世上。他说，他们的史书中提到的是西拉的儿子。如果情形真是这样，那么他们的祖先不可能来自于那 10 个被俘的部落，而很可能是亚历山大远征军队的追随者。这种情况也符合他们自己所讲的最开始定

---

① 此人此书待查。

居中国的时间。他们拥有一本《摩西五经》和《旧约圣经》的一些残页，这些书籍是他们东迁时随身带过来的。但是，那位传教士的信息并不完善，因为他对希伯来语一窍不通。[①]

虽然人们可以观察到，古代犹太人的宗教仪式和庆祝活动，与中国人奉行的极其相似，但是似乎没有任何理由可以认为，在后者的宗教中，有些部分是从仍居住在这个国家的犹太人的祖先那里获得的。当然，佛教和尚的情形就不同了。根据中国人的记载，他们在公元60年，受中国皇帝的邀请，从靠近西藏的印度某个地区来到中国。这些和尚非常成功地将对佛的崇拜引入中国，以致佛教直到今天仍然是这个国家主流宗教之一。尽管佛的原名没有留下任何踪迹，这也没有什么奇怪的，因为他们根本不可能发出B字母或D字母的音。[②] 另外，如我在前面所述，他们有一条铁定的原则，即不采纳任何外国名字。

---

① 在路过杭州府这个城市时，我们对这些犹太人的情况进行了多方面的调查，但毫无结果。在此之前，我们曾满怀希望，认为能够在旅途中找到这本如同古代丰碑一般的犹太历史书。已故的格迪斯博士认为，如要与那些已经在欧洲存在的版本相比较，能获得一本这样的书是十分可贵的。但是，我们的旅行是那么匆忙，每当有可能延误时间的情况出现，那些带队的官员便表示出十分的不耐烦，我们根本不可能实现这些愿望。当然，乔和王并不是那样，但在我们经过的省份中，他们对当地人既没有权威也没有影响力。我非常希望那些尊敬的传教士能容忍那些与他们看法不尽相同的观点，与犹太人进行平等交流，从他们那里获得有关自他们最初在那个国家定居以来，中国人在文明和艺术方面发展的史料，以及被他们记载下来的其他特别的事务。毫无疑问，他们拥有这样的资料。他们迁移时随身携带着他们律法的事实以及对他们部落的历史记载，足以证明他们懂得一种书面语言，而且他们会尽心尽力不去失掉这种书面语言。这样的记载比中国的编年史要更加真实可靠，因为即使是最好的中国编年史，中间也充满了夸张的言辞，而且记载的史实常被隐喻掩盖，人们很难从中提取真实。不管怎样，在这两种史书之间作出比较，将互为验证。——原注

② 佛的英文词是Budha，含B字母和D字母。——原注

在公元7世纪的某个时期，几个聂斯托利派的基督徒从印度进入中国。在一段时间内，中国朝廷对他们抱容忍态度。但是，他们很可能因宽容而变得放肆，竟斗胆去引诱那里的人背离这个国家已经确立的宗教，因此遭到了十分可怕的迫害。他们为向"地球最边远的角落"传播他们信奉的宗教观念，经受了无数苦难和牺牲，最终被斩尽杀绝。

在13世纪初，成吉思汗进攻中原，一些希腊教堂的基督徒跟随他的军队来到这个国家，受到了鞑靼人极大的鼓励。当忽必烈登基称帝并建立北京城时，他在城内赐给他们一片地，目的是建造一座教堂，以便为帝国将他们挽留下来。他们学识渊博，才能也远远胜过汉人。然而，汉人在他们的史书中视蒙古人为最大的野蛮民族，认为是他们帮助蒙古人将马匹换成皇宫贵府，尽管后者自己满足于在这些建筑物包围的四合院中搭起帐篷安歇下来。

李明神父在他的中国回忆录中说，鞑靼人在占领南京时，将所有的女性汉人全装入布袋中，不分老少贵贱，拍卖给出价最高的人。如同"瞎买布袋中的猪"那样，买主可能碰巧买到一个年老丑陋或躯体畸形的便宜货，因而不声不响地扔到河里去。我当然不知道这是否真实。

如果李明神父没有捏造这个和许多其他有趣的故事的话，这个故事不仅对鞑靼人，对汉人也是一种抨击，因为汉人中肯定也有些买主。但是，我们应对历史抱宽厚的态度，认为这样的事情从未发生过。不管怎样，蒙古人推翻汉人的政权，对这个国家的大多数民众来讲，并不是件憾事。那些随同远征军从巴克和撒马尔罕来的人，由于他们的学问和科学知识，使天文学得到了发展，使他们的历书得到了更正，使观象仪得到了发明和应用。同时，通过将数条河流汇入一条运河，形成内陆航线，开通了一条连接帝国两个极端的直接通道。这无疑是举世无双的创举。

大约正是在这个时期，著名的威尼斯旅行家马可·波罗访问了当时的中国皇帝鞑靼大汗。回到家后，他成为第一个对这个帝国的非凡进行了描写的人。他的描述是那么奇妙，以至于人们普遍认为纯属虚构。在他的描述中，中国皇帝的皇宫雄伟辉煌，财富殷足，疆域辽阔，国家简直就是神话。每当谈及那些臣民，他很少使用低于百万的数目，因此他的同胞赐予他一个绰号，叫马可·米林先生，即马可·百万先生[①]。然而，他们毫不犹豫地相信他故事中最不可相信的那部分。他在这部分讲述了聂斯托利派的基督徒创造的几件奇迹。那是他在行经波斯时看到的。据说年轻的马可与三位多明我会传教士同行。他们是应忽必烈的邀请，由威尼斯派往中国首都的。但是，他们是否因希腊教堂基督徒先于他们而在实现他们此行的目的上得不到支持，或者他们当时的热情并没有后来那么高涨，这些在叙述中都没有交代。不管怎样，他们在东方并没滞留多久，而是很快回到了自己的国家，带回了丰富的旅行见闻。

在鞑靼人执政不到100年的时候，大量的伊斯兰教徒也从阿拉伯迁徙到中国。这些人长期以来一直与汉人进行贸易往来，

[①] 意大利语中 Millione 意为百万，Signor Marco Millione 音意兼译为马可·百万先生。

但这种交往到今天也没有超出南方沿海的港口。现在，他们可以随意进出这个首都城市了。他们在帮助调整这个国家的天文历算上起了特别的作用。在掌握了当地人的语言并采纳其服饰和行为方式后，他们逐渐将自己的思想转移到传播他们的宗教观念上来，以图使整个国家接受他们伟大先知的教旨。为此目的，他们自己出钱领买在饥荒时期遭受苦难的穷人孩子，对他们进行教育。他们雇人到首都街上去寻找夜间被人遗弃的婴儿，当然这些婴儿的身体要不至于虚弱或伤害到不可挽救的境地。

大约在16世纪中叶，几个罗马天主教耶稣会传教士渗入东方。他们中间的一位叫沙勿略[①]，凭自己不屈不挠的激情，长途跋涉来到靠近中国海岸的一个小岛——上川岛。他经历了千辛万苦，积劳成疾，于1552年在那里逝世。他的传教士兄弟计算出，他徒步行走了10万英里的路程，而且大部分是高山、沙漠、森林和烫人的沙地。在发现经好望角更容易从印度到中国后，许多天主教传教士便自告奋勇去那些国家服务。虽然他们唯一的使命是传播宗教信仰，却发现，要达到这个目的，他们必须使自己变得对那里的朝廷有用。

在中国，他们有时受到聘用，从事天文历算、机械和翻译工作。"对于各个阶层的人士来说，"乔治·斯当东爵士评述道，"这肯定看起来是一种不可思议的现象。这些人由与大多数人不同的动机所驱使，永远离开了他们的祖国和亲戚朋友，将毕生精力致力于改变一个他们从未见过的民族的宗教信仰。在追求

---

① Francis Xavier（1506—1552），西班牙传教士。

这个目标时，他们必须冒各种危险，承受各种压迫，牺牲一切乐趣。他们必须凭谈吐，凭才能，凭毅力，凭谦逊，凭运用他们从未学过的知识，或者凭创新他们本来陌生的艺术，才能逐渐引起人们的注意，得到保护。他们必须克服那个国家对外国人的偏见，在那里大多数外国人是不被接纳的。也是在那里，抛弃自己的祖坟是一种犯罪。只有这样，而且只有在不把他们获得的影响力用于满足私欲时，他们才能最后为传播自己的信仰奠定必要的基础。"

然而，他们中的大多数人在北京定居下来，既为没有完全放弃自己世俗的追求而沾沾自喜，同时精神上也能聊以自慰，因为在传播福音的葡萄园中的辛勤耕耘并没有完全徒劳（因为他们有时确实改变了一些人的宗教信仰）。除了从几个社区获得的津贴外，他们在首都还拥有商店和房屋。他们将这些房屋出租给中国人。他们还拥有乡村别墅和地产。在那里，他们种植葡萄和其他水果，自己酿造葡萄酒。据说，那两所葡萄牙人办的神学院，岁入达12000两白银，相当于一年4000英镑。真正的传播信仰的使命是无利可图的。在法国大革命前，法兰西外国传教团在经济上依靠巴黎的上级机构支持。但是自大革命后，他们的情形就变得十分可悲了。从我在圆明园看到的情况来讲，他们似乎没有多少互相协助的意向。每个民族都有各自的利益，都不愿意失去任何毁谤别国同行的机会。法国人和意大利人最温和最开明，而葡萄牙人则最锱铢必较。这个国家的传教士之所以敌视其他国家的传教士，与其说是源于意识形态的分歧，还不如说是因为妒忌和仇恨。大家公认，他们拥有的财富和他们根本不应该在钦天监所把持的高位，使得他们对其他欧洲人抱有猜忌和提防的态度，尽一切手段要把后者排斥在这个国家之外。

不同教派间经常产生的摩擦和无休止的争斗，是他们和他们的教徒在中国遭受迫害的根源。其中最激烈的争斗发生在耶稣会与多明我会之间。耶稣会士努力将他们的宗教教义和观念灌输到中国人头脑中去，至少按他们传教活动的性质诚心诚意地尽一切可能去做。他们通过这样的努力以及他们明显无私无利的行为，很快便得到了一大批追随者，一半是基督徒，一半是异教徒。对于基督教事业来说，不幸的是，这个宗教的一个不同派别也很快随着耶稣会士进入了东方。这个教派具有更严格的教旨，当然对那些背离他们的教义的观点更加不能容忍。多明我会会士在遇到一些半基督教化的皈依者时，马上告诫他们，如果不完全放弃他们古老的迷信和崇拜活动，特别是在祖先的灵堂为死去的亲属举行的祭祀活动，他们的命运只能是永久性地罚入地狱。后来方济各会修士也与多明我会会士一起，向教皇禀报了耶稣会士的可恶行径，说他们使中国人相信，他们来到中国的唯一目的，就是要把中国人的古老宗教恢复到最原始最纯真的形式，就像伟大的哲学家孔夫子最初创建的那样。教皇听到这样的消息，马上发出训令，禁止所有在中国的传教士参加任何教外仪式或偶像崇拜，不许这些活动与圣公会的仪式和崇拜混在一起。

然而，耶稣会士能力超人，通过内阁获得了在位皇帝康熙的诏令，得到了这位中国历史上也许是最伟大的君主的保护。

因此，他们对这份教皇训令不屑一顾，继续按自己的方式扩充皈依者。他们甚至从这位君主那里获得金钱和土地，以期在北京建造一座教堂。他们把一切事情都处理得很好，继而从后来继位的教皇那里获得特许，让他们按自己的方式工作，使中国人皈依基督教。多明我会和方济各会对耶稣会士的成功怒不可遏，用最强烈的言辞向教皇报告，说他们是基督教信仰最大的敌人。反过来，耶稣会自己也向罗马送去一份声明，由皇帝亲笔签署，证明中国基督徒保留的祭祖仪式并不带宗教性质，而是一种民间活动，符合帝国一贯的风俗，无论如何不能放弃。简言之，他们之间的辩论和争斗异常激烈，而且为时漫长。罗马频频送出教皇训令和特使，用十分专横和威胁的口吻，命令中国基督徒停止一切没有经天主教会认可的崇拜仪式。因此，中国皇帝认为，他行使权力进行干涉的时候到了，下令全面禁止基督教在他的国度传播。他的儿子雍正登基之后，就对传教士进行残酷迫害。他颁令将大部分传教士逐出帝国①，一部分终身监禁，让他们痛苦不堪，还有一些用绞刑处死，只允许少数可帮助天文历算的留在首都。

---

① 1785 年，乾隆下诏，从监狱释放了 12 个传教士。这些传教士被发现曾在暗中试图诱使一些中国人放弃自己国家的宗教和习俗，因而被判处终身监禁。这份诏令（我在北京获得了一份）昭示了这位皇帝的人道和慈善的心怀。在陈述了他们的罪行、拘捕及审判后，他说，"第思此等人犯，不过意在传教，尚无别项不法情事。如呈明地方官，料理进京者，原属无罪。因该犯等并不报明地方官，私在各处潜藏，转相传引，如鬼蜮伎俩，必致煽惑滋事，自不得不严加惩治。虽坐应得之罪，朕仍悯其无知，仅予圈禁。今念该犯等究系外夷，未谙国法。若令其永禁圄圉，情殊可悯。所有吧地里央等十二犯，俱着加恩释放。"（据《高宗实录》，乾隆五十年十月甲申——译注）——原注

尽管在各个时期，有数省的朝廷官员对传教士进行疯狂迫害，但是许多新的传教士继续不断地偷偷进入这个国家。在澳门，我们遇到两个年轻的传教士，他们在那里徒然等候了很长的时间，也没有机会偷渡进入这个国家。他们责怪葡萄牙人给他们设置各种障碍，同时却假装在帮助他们。他们向英国特使提出申请。特使轻而易举地为他们取得了去首都的许可。这些绅士中有一位曾经是著名的拉朗德①的学生。他作出的贡献也许超过了那位尊敬的主教，虽然后者目前在主导编纂那本重要的国历的天文部分。

不同的人在不同的时间获得准许进入中国，其中一些人去那里的唯一目的就是传播他们的宗教信仰。从这点来看，我们可以得出结论，这个国家原始的崇拜活动已经历了许多变化和翻新，特别是由于中国语言的特性、朝廷的法规和其他因素，广大民众一直处在极度无知的状态中。犹太人、基督徒、印度人、伊斯兰教徒都分别受到了欢迎。

耶稣会士要克服的障碍只有一个，即那种向死去的亲属献祭的习俗。对此习俗，他们愿意让步和通融。如果不是那些更严厉的多明我会会士的阻挠，他们也许已经使这个民族全部皈依基督教了。他们完全有可能使基督教成为主流宗教，取代从印度流传过来的佛教的地位。罗马教堂的设施以及几乎所有哑剧般的神职活动，铁钟、念珠、圣坛、神像、蜡烛、服饰，以及教士们在敬神时做作的虔诚状，他们的赞美诗和香火，这一

---

① 应是 Joseph Jérôme Lefrançois de Lalande（1732—1807），法国的天文学家，他编制的恒星位置表在 18 世纪末以前一直被认为是最合用的。

切无不为每个佛庙中的人所熟悉。但是,如同马戛尔尼勋爵论述的那样,"在一个专制国家,人们除声色口腹之乐外,很少能在其他方面得到满足,要禁止或限制感官上的享乐就很难为人所认同。忏悔与这个民族封闭和多疑的性格格格不入,赎罪只能加深他们的困苦,因为他们继承的只有痛苦,而且贫困已给他们足够的惩罚。对此不利的还有中国社会的状况,妇女被剥夺了她们应该享受的影响力和地位。一种要求妇女在特定时间向神父私下交代她们的思想和行为的宗教,对一个中国丈夫来说,肯定特别令人憎恶,因为他自己也要等到结婚时才允许看见他的妻子,而婚后几乎也不许妻子与其他异性接触,哪怕是她的近亲。人类天生的固执,使人们不会轻易接受新的信仰。但是,福音和谐的精神,只有通过耐心说服和默默的执着,才能得到传播。这才是使人们皈依宗教的恰当方式,这才是特别适合女性的方式,因为她们的口才在传播福音时,给虔诚增添了魅力,使真理增添了光辉。最初期的基督教得到了女性的巨大支持,她们以身作则,身体力行。从我们教堂中仍然可看到的宗教记载来看,我们无疑在很大程度上要感谢妇女的虔诚和参与。"的确,使中国人最感惊讶的事情,莫过于罗马传教士肆无忌惮地诱使中国妇女上教堂。如同他们在信中坦然承认的那样,他们有时哄骗她们的珠宝和金钱。作为辩护,他们美其名曰,这是为进一步侍奉上帝。

中国的原始宗教,或者至少说,那些在孔夫子时代盛行的观念、仪式和庆祝活动,几乎都可从这位哲学家的作品中读到。在这之前,一切似乎都只是寓言和无法证实的传说。就自然界而言，他坚持说：“无中不能生有；万物皆其来有自；理与万物同在，故永恒无限，无所不能，无处不在；理之精核在天，其力弥漫宇宙；故君主之至责，在为民敬天，尤其是春分秋至，一为春种，一为秋收。”①

我们看到，敬神的祭品总是放在山顶一块大石头或一堆石头上。这大概是因为他们认为，在距离上，这样更接近造物主，因而祭品能起更大的作用。这种做法类似波斯人。根据希罗多德的记述，波斯人认为天是圆的，是统治整个宇宙的力量。他们对这种统治力量的祭祀也是在高山上进行的。因此，塔西佗谈及在高山上举行拜神活动时说，凡人越能接近上天，他们的祈祷就越能被神听清楚。基于同一原因，塞内加说，人们总是力争坐在庙堂中神像旁边的座位上，因为他们的祈祷可能会更容易被听到。同理，诺亚在离开方舟后，也在附近的山上筑起一座祭坛，点火献祭，以期祭品的烟火向天上升腾，取悦上帝。亚伯拉罕受命在莫利亚的一座山上将自己唯一的儿子艾塞克作了祭品。巴拉克将巴兰携到毗斯迦山顶作为牺牲来诅咒以色列。就这样，所有的民族在早期都的确抱有这样一种自然产生的观念，即从高处向上苍祈祷。

几乎在世界上每个地方，大石头或石堆在不同时期都被专用于宗教目的。这些石头的使用，如同卡莫勋爵所说，可能最初起因于原始民族的习俗。他们习惯用大块石头来标记埋葬杰出人物的地点。这些杰出人物最后被神化，而这些以前用来帮

---

① 此语所出未详。

助人们记忆的石头,因迷信观点的作用,在新神崇拜的一切宗教活动中变得至关重要了。这种特殊的仪式自远古以来一直也被中国人用来向祖先表示敬意和追忆。以上的解释能够很好地说明他们那种由四块石头组成的祭台的起源。

这种祭台在中文中称为"坛",以前建在许多高山上。说也奇怪,在今天,他们庙宇中设立的许多祭坛都用四块松散的石头放在祭坛的四个角下作为支撑,就像犹太人的祭台由四只牛角支撑一样。但是当人口增加后,人们就分散到帝国各地,他们必然会感到要攀登某座高山就不方便了,祭坛也因此被迁移到了更适合人们集聚的地方。

的确,从我们的教堂中也可以看到同样的理念,"祭台"和"高处"在我们的语言中是同义词。北京城位于沙质平原上,但在城内,天坛、地坛、先农坛都建在人造山丘上。直到今天,皇帝仍继续在此定时单独祭天。作为天子,唯他有资格为自己的子民向天请命。这样的教义在孔子时代非常盛行。他说,创造万物的力(all-creative power)或一切事物的成因(cause of all things)与芸芸众生之间的距离是如此浩渺遥远,只有帝王或统治者才能作为祭师祭祀上苍。就凡人而言,只有当他们恪守生活的道德义务时,那个力才得到了最大的满足。他认为,生活的道德义务主要体现在子女孝顺和对君主意志的无限服从之中。

他的宗教思想和道德观念使他被人敬仰,但他的形而上学如此晦涩,几乎没有人能读懂,这也许部分是因为他们语言的特性。他的著作中显示出一种对占卜的强烈偏好,即通过八卦神秘的线条预言事件的发生。借助于这些线条以及新帝登基时的时辰属性,他自命不凡地预示未来事态的发生,以及朝代延续的长久。但是,与此同时,他非常慎重地将自己的预言用模棱两可和神秘莫测的表达包裹起来,以至于他的预言就像许多类似的预言一样,允许很多不同的理解。孔子这种对八卦的解释方式,这种莱布尼茨的数学二进制,为算命学奠定了基础,今天仍普遍为中国人所追崇①。

在所有时代,在所有民族中,宿命论总是宗教的主要特征之一。也许,从大多数人的观点来看,基督教的文献中也渗入了宿命论观点,虽然圣经中的语句并没有提供任何根据。这种宿命的教义不是用来宣扬那些从道德上给人以启发的训诫,更谈不上是用来传达精神上的慰藉。

但是,中国人将命运的影响力限制在现实生活发生的事态之中。如果我们认为孔子确实相信宿命论,那么我们对他的认识也许就不公平了。作为一位中国皇帝的丞相②,他必须既充当

---

① 一些人滥用天文学家的名义,装模作样地预言未来事件的发生,根据所谓的主要星象来画符驱魔,甚至朝廷都向这些人发放执照。这个国家的历书预计得那样精细,完全可以与弗朗西斯·摩尔或文森特·温格的历书,甚至帕特里奇的历书相媲美。它指出每个月中气候的变化,对大多数日常生活中重要事情,指明哪些日子宜做,而哪些日子不宜做。这些事情的荒谬性没有为人们发现并没有什么好奇怪的。在开明的欧洲国家中,那些极其聪颖的人只要稍加思索就会发现,气候是用月亮的不同阶段来预告的。也就是说,他们预计气候的改变会发生在新月、上弦月、满月或下弦月,或者在这些时间的前三天或后三天。这样,预言者在月亮公转一周中至少有二十八天对他有利,而整个太阴月只有二十九天半。他还有另一大优势:预言与事态偶然巧合一次就会使他永久扬名,而他的多次失误却要么被人们忽视,要么被认为只是个人的失误,而不是这门学科存在缺陷。——原注

② 原文如此(prime minister)。

政治家又充当哲学家。他不可能不知道，人民的迷信观点是支撑朝廷的最好基石之一。他很可能明白这种教义的愚昧和荒诞，但是同时也认为促进对这种教义的遵循是明智之举，就如同认为让希腊人继续拈阄是适宜之举一样。与中国人用的木签不同，希腊人的阄是三块石头。据说这些石头最先是由丘比特的女儿们发现并送给雅典娜的。雅典娜拒绝了本应献给阿波罗的贡品，将这些石头扔掉了。这真是一个极好的道德教训，泰特勒①博士说，因为它说明那些由智慧女神雅典娜引导的人会立足于改善现状，而不是急于去窥视未来。然而，如同那位中国的哲学家一样，这位希腊诗人将预示未来命运的才能归咎于阄石持有者：

因为他，阄石预示出未来的事件；
因为他，预言家道出上天的意愿。

——泰勒斯

罗马人也有自己的阄来确定未来事件的发生。这是一种木质骰子，他们的神职人员察看上面的印记，解释每次掷骰的含义。据塔西佗说，古代德国人用的是小木棍，这些木棍在末端刻有凹槽。像中国人一样，他们将木棍掷三次，以便人们不接受第一掷。希罗多德将这种预言未来事件的习惯追溯到古埃及人，似乎认为希腊人是从他们那里学来的。但是，这种窥视未来事态的欲望难道不能归咎于人性的弱点，而不是一种由一个

---

① Alexander Fraser Tytler（1747—1814），英国翻译理论家。1790 年著《论翻译的原理》。

民族传给另一个民族的习惯吗？我们这些居住在现代欧洲的人是否完全没有了这种习惯呢？不管这种反思令人感到多么羞辱，不可否认的是，那些意志最坚强、判断最敏锐的人，在他们值得赞扬的一生即将结束时，有时也会花时间去评注一些陈腐的预言。这些预言毫无意义，因为在其最初作出时，仅仅预示了那些已经注定要发生的事件。这样的例子不胜枚举，对数发明家、伟大的纳皮尔①便是其中之一。以圣约翰的启示录为依据，他预测出了末日审判到来的时间。但是，与他建立对数表相比，他在这方面的计算并没有坚实的数据为基础。因此，他不幸平安地度过了自己预言的世界末日，为自己的弱点羞愧终生。

孔子教义的其他方面都能自圆其说，因而得以倡导今天仍然在广大民众中流行的迷信观念。他教育他们相信人的躯体由两个重要部分组成。一部分是精巧的，无形的，向上的；另一部分是粗俗的，可触知的，向下的。这两个主要部分的分离导致人的死亡。在这个可怕的时刻，人体无形的和精神的那部分升天，而粗俗的和肉体的那部分入地。事实上，"死亡"这个词从来没有在孔子的哲学中出现过。在今天，中国人在一般场合的确也不使用这个词。当一个人离开人世时，一般表达是："他回老家了。"虽然肉体随着时间的推移会化成最原始的元素，成为宇宙的一部分，但是，他力言道，对于那些在生活中恪守职责的人来说，他们的灵魂可以回归到他们古代的居住地，或到那些可以接受他们后代敬仰的地方，向他们的子孙赐福。由于

---

① John Napier（1550—1617），苏格兰数学家，对数的创始人。

这个缘故,按时在祠堂中举行祭祀就成了每个好人义不容辞的责任。他强调说,所有忽视这个重大道德责任的人,将因他们的疏忽在死后受到惩罚,灵魂将被剥夺去祠堂的权利,因而享受不到他们后代给予的孝敬。这样一个体系不可能不建立起一种有关守护神和附身恶魔的信念,因此家庭、城镇、房屋、山脉以及其他特别的地方,都会有监护神灵看守。于是,人们并不需要发挥多少想象力,便能给这些"虚无缥缈的东西一个处所和一个名字"。

然而,不管是孔夫子还是他的弟子,似乎都没有将任何人的特性附加给神灵。同样,在他们头脑中似乎也从来没有产生过想法,将万物之源用某种形貌体现出来,或者人格化。他们把太阳、月亮、星星、风雨雷电以及蔚蓝的太空看成是创造一切的力量,是上帝的使者,并与他有不可分离的联系。他们崇拜这些使者,将它们联合于一个字——"天"。因在第六章中已经讲过,我不应该在此再强调不同语言之间词的相似性或词义的相似性,以便证明它们同源。学识渊博的巴斯(Bos)认为 Θεος 可能派生于 Θεεπ(向前移动),暗指希腊人和波斯人崇拜的天体的运行。倘若他的猜想是正确的话,那么"天"字当然在发音和词义上就非常接近这个希腊词了,尤其在发音上无法再近似,因为中国人能够毫不费力地读出 Θ th。"天"字不仅有"天空"的意思,而且还意指天体的运转。在书写和口语中,人们常常用它表示"日",如"一、二、三天"。

儒家学者如同斯多葛派学者一样,认为整个宇宙是一个有生命的系统,由物质和灵魂组成。所有生物都来源于灵魂,而当死亡将灵魂赋予生命的物质部分从生物体分离时,所有的生物又再次回归到灵魂。简言之,他们有关神的观念可以用蒲柏那两行漂亮并富有意味的诗歌来总结:

万物不过是一个巨大整体的部分,
其身躯来自自然,其灵魂来自上帝。

但是,令人惊异的是,情况并不像人们通常误认为的那样。那些孔子的热情追随者从来没有立过任何塑像来纪念他,也没有将他尊为神灵。每个城市都有一座公共建筑,类似于学院,科举考试就在里面举行,这座建筑物叫作孔庙。在某些指定的日子,文人来这里纪念他们尊敬的哲人,向他表示敬意。在专门用来举行这项纪念仪式的大厅中,人们摆着一张普通的桌子,上面用金字书写道:"阿,孔夫子,我们的尊师,让您的灵魂降凡,接受我们谦卑奉上的敬意!"然后,人们将水果、酒水、鲜花、香料和其他物品供放在碑前,同时还点燃各种各样的树脂香、乳香、檀香和钱纸。这种仪式不管在哪个方面都与他倡导的祭祀已故亲属的仪式一模一样。人们深信,这种仪式能取悦他们侍奉的那些看不见的灵魂,因为这些灵魂在这些感恩的鲜花、水果和香烛的香气上徘徊时会感到欣喜。用同样的方式,罗马人在故人的生日时辰,也向那些看不见的灵魂献上鲜花、水果和葡萄酒,并且烧香祭拜。他们称这些灵魂为吉尼埃①:

---

① 吉尼埃,即 genii,意为神灵。

醇正的葡萄酒献给吉尼埃。

为吉尼埃斟满酒杯。

在所有的时代,在大多数国家,神职人员都能十分巧妙地利用人们的轻信和迷信。他们在把焚香祭祀确立为宗教义务后,不费吹灰之力就使得人们相信,那些监护他们的神灵既能闻也能吃。因此,那些肉类祭品是能为神灵所受用的。中国的神职人员不失时机地在祭坛上推出各种祭品,甚至活的动物。供品包括玉米、大米、酒水,以及贵重金属。然而,他们祭品的种类远不如希腊人和罗马人在他们庙宇中贡献的多。在所有的国家里,希腊人和罗马人的神是最贪财的,因为如果不收费,这些神灵几乎不会给任何人恩赐。即使在现代,天主教的神父和修道士在这方面也不落后,特别是在批准"赎罪"的教条上——对罪孽的赦免,赦免金的多少与罪孽的轻重之间甚至都没有固定的比例。更令人惊异的是,这种不虔诚的与无所不能的上帝讨价还价的行为,从黑暗的中世纪残留了下来,在今天于某种程度上仍然存在。

实际上,孔子的道德观和宗教观太崇高、太形而上,无法在他的国人中保留其纯洁性,因为他们还根本不具备条件来接受和珍视这些观点。在所有国家,平民大众的注意力似乎都毫不例外地聚集在世俗的物质之上。犹太人的教士和领袖,要制止他们人民的通奸行为是何等的困难!甚至在摩西短暂离开去西奈山时,他们就为自己熔铸了一只金犊作为神圣的崇拜物,也许是在模仿他们在埃及神庙中看到的东西吧。无形的神灵对他们赤裸裸的世俗追求几乎没有影响力。努马①（Numa）试图在人们当中树立一种对理想或精神对象的崇拜，但他在这方面的努力与摩西或孔子一样不成功。

中国人的情况就是这样。他们那位伟大哲人的思想如此辉煌，对于没有经过陶冶的人性来说的确太高雅，无法理解。他们需要有形的对象，以便可以将自己的注意力集中在上面。诸如什么人在完成了世俗生活的职责后，灵魂能得到允许，经常去光顾那些安葬他们肉体的地方，或者那些仍然活着的朋友聚集在一起纪念他们的处所。仅仅对这些作出想象是远远不够的，他们必须要有一种有形的实实在在的东西。用同样的方式，基督教的纯洁性被僧侣年代发明的各种神像玷污了。当时每个城镇、教堂甚至个人，只要付得起钱，都有自己特定的守护神。

像孔庙一样，古埃及的庙宇应该是完全没有塑像的。希罗多德似乎认为赫西俄德②和荷马最先引入希腊众神的谱系，给每位神命名，给予他们职务和名誉，让他们穿上不同的服饰。我们从西留斯·伊塔里求斯那里得知，在加德斯的赫克利斯的古庙中并没有任何有形的神像。

里面没有任何神的雕塑，也无画像；
但四周的气氛令人敬畏，

---

① Pompilius Numa（前753—前673），古罗马王政时代第二任国王。
② Hesiodos（前8世纪末—前7世纪初），古希腊诗人。又译赫西奥德。

庄严的朦胧守护着这块圣地。

——泰勒斯手稿

许多传教士在他们的著作中力图给世人这样一种印象：中国人，特别是孔教徒，是无神论者，他们不相信未来生命不同形式的存在，他们是一种毫无意义的迷信的牺牲者。没有什么能比这样的指控更不公正的了。当康熙亲手为北京的耶稣教堂题词时，他能是无神论者吗？

万有真原（To the only true principle of all things）[①]

另外，如果一个民族，不管属于哪个宗教派别，在一年四季全都定期祭祀他们祖先的灵魂，那么谁还能公正地指控这个民族不相信未来生命不同形式的存在呢？难道他们发自肺腑的"让您的灵魂降凡，接受我们谦卑奉上的敬意！"表达了无神的含义？在所有的人当中，这些传教士是最不应该指责中国人毫无意义的迷信的。毫无疑问，在已故的父母或朋友的灵台献上感恩的祭礼，与匍匐在圣母玛利亚和上千的圣徒前面相比，从理性上讲，前者并不比后者荒诞，从感情上讲，前者和后者同样符合人性。何况那些圣徒都是因人们突发奇想或精心策划而

[①] 据中国文献，北京有两座教堂得到康熙亲撰匾额"万有真原"。一是天主教宣武门堂，又称南堂，坐落于前门西大街141号，现在是北京教区主教座堂；一是天主教西什库教堂，又称北堂，坐落在北京西安门内西什库，是原北京枢机主教公署所在地。北堂最初的原址在中南海的西畔蚕池口（原北京图书馆斜对面），是康熙皇帝的赐地。

塞进历史的，有关他们的背景和行为，就连他们的信徒也一无所知。从这点上看，中国人的迷信最坏也不过是一个可爱的弱点。倘若我们同意这样的设想，认为那些已经离开这个世界的人有能力影响留下来的凡人，那么人们要祈求的，当然是那些曾经关照和爱护过他们的人，而不会是那些除名字之外我们全然不知的人。已故父母的灵魂仍在继续关照和指导我们的所作所为，也许没有什么能比这个观点更加激励人们行善的了，同样也没有什么能更有效地阻止人们作恶了。

不管怎样，就他们的迷信而言，中国人还是开明的。我们一位艺术家在通州逝世，虽然他是基督徒，因而在他们的眼中是个异教徒，但是他们毫不刁难，便同意让他的遗体埋葬在他们的公墓中了。一位愤怒的传教士，抱怨中国教徒的服饰和仪式，当然是毫无理由的，因为他们在这方面并没有借鉴天主教，而天主教徒自己的服饰和设备在很大的程度上也应归功于异教徒希腊人。"没有一个国家，"他说，"在那里魔鬼如此成功地模仿了圣殿纯真的拜神仪式。这些地狱鬼魂的教徒们身穿长宽的僧袍，与一些天主教神父穿的一模一样。他们住的庙宇像许多修道院，他们用我们同样的方式朗诵经文。"

大约在孔子去世的时候或不久，一种更加迎合大众的宗教产生了。一个名叫老聃的人在去过西域后，对喇嘛教的拜神仪式有了一些了解，认为这能适合他的国人，同时也可能使他出名。因此，他建立了一个派别，取名为老子，即"不朽者之子"。如同伊壁鸠鲁一样，他认为悠闲的生活和自己的幸福是人类最关心的东西，抓住现时现刻而无视过去和未来是生活的真谛。

攫取稍逊即纵的快乐,
不要相信明天那不可信的阳光。①

但是,病痛是不可避免的,疾病和死亡似乎是人类共同的归宿。因此,长生不老的仙酒就成了凡人追求的辉煌目标。事实上,不朽就是达赖喇嘛的特性之一。人们认为他永远不死,因为在位的达赖喇嘛的灵魂会直接迁移到他的继承者体内。这种灵魂转生的教义被老聃演变成为一种同一身体内官能再生的艺术,而这种再生是通过在三个自然王国中修炼来完成的。干渴的人们贪婪地奔向生命的源泉,诸侯们为几口能使他们长生的仙酒而争斗,尽管这种仙酒实际上使他们夭折。据说有无数的事件被记录下来,其中有宦官说服君主吞下使他丧生的长生酒。金尼阁②神父(他在满族人攻占北京时正好在那里)在谈论上层阶级对长生酒的嗜好时说:"在这个城市,不管是朝官、太监,还是其他朝廷官员,几乎没有人不为之疯狂的。因为有那么多人希望知道秘方,当然就不会缺乏教授秘方的人了。"据耶稣会士说,这大概是唯一使中国人着迷的炼金术。长生酒的调制是他们的点金石。这种仙酒十有八九是由鸦片和其他毒品配制而成,通过增加刺激,使人的精神得到短暂的亢奋,随之而来的消沉要求人们再喝,循环往复,直到最后人们的兴奋性丧失殆尽。这时,病人便"得到了永垂不朽。"

---

① 出自罗马诗人贺拉斯(前65—8)的诗句。
② Nicolas Trigault(1577—1628),比利时传教士。

不管我们是多么热忱于指责中国人的长生酒的荒谬性，其实我们在这方面的荒谬程度并不亚于他们多少。不然的话，帕金斯之流、所罗蒙之流、威尔诺之流、布罗杜摩之流，以及其他数不清的江湖骗子，就不可能从英国人的轻信中获得他们的生计，更谈不上得到巨大的财富了。尽管他们粗鄙的广告充斥着我们每天的出版物，这些社会的害虫大多数是外国人，在他们本国都受到唾弃。如果一个中国人对我们的语言略知一二，足以使他读懂每天的出版物中那些强加给公众的多余的东西[①]，那么他会对我们的民族特性作出什么样的结论呢？孔多塞以及他的英国弟子们滥用哲学的名义，大力鼓吹他们古怪的教义，劝使人们相信睡眠是一种病！那么一个中国人对他的梦幻论又会作何感想呢？

睡眠，编织出错综复杂的忧虑；
生命每日的死亡，劳累痛苦的沐浴；
精神受到伤害时的药膏，大自然的第二道菜肴；
生命筵席上的主要营养品。

睡眠是一种身体的疾病，但人类理智的日臻完善（幸始于法国革命）可以根除这种疾病！如果笛卡尔聪颖开明的头脑也沉湎于幻想，希望能够发现延长人类寿命的秘诀，使生命的延

[①] 这些广告，加上他们针对青年男女进行的有害活动和臭名昭著的宣传单，对社会造成的危害更甚于"瘟疫、流行病或饥荒"。在那些为提倡公共道德和杜绝邪恶而形成的社会团体中，令人惊异的是，居然没有人想到过要制定压制这些肆无忌惮的江湖骗子的方案。——原注

续远远超过已给予人类的通常限定，那么我们就不应该一拥而上指责那些无知的、也许狡诈的道士，和那些更加无知的芸芸众生了。

老聃道士遵循"不思明日"的原则，奉行独身主义，因而比受家室拖累的人要少许多烦恼。为了更好地达到这个目的，他们立庙结社。在这里，他们向信徒转达神谕，而这些神谕与孔子制定的规矩保持一致。他们还举行符咒、魔术、招魂和其他神秘仪式。对于这些仪式，也许他们自己就像在旁看得目瞪口呆的围观者一样，根本不懂。在玩弄这些魔术戏法时，他们排队绕祭坛行走，祭坛上燃烧着所谓永不熄灭的圣火，燃料是由蜡和牛脂与檀香木刨花以及其他香料混合而成。他们齐声唱诵一种宣叙调，每次在祭坛前走过时都要恭恭敬敬地鞠一次躬。人们隔一段时间就敲一下大锣，同时叮当轻敲悬挂在架上的金属小碟，声如乐器中的钹。他们的庙宇中挤满了巨大古怪的雕像，有的是木雕，有的是石雕，有的是用泥烧制而成，上面涂着漆和釉，有时也贴金。然而，他们对这些雕像并不表示出任何形式的敬意。它们只是用来表现善和恶的神灵，也是人性情感的各种不同表达形式。善神，或者说友善之神，被安置在庙堂一边，其对立面放在庙堂的另一边。就这样，高兴与忧郁，爱情与仇恨，享乐与痛苦被人格化，形成鲜明映衬。这些人格化的雕像对立相持，人类所处的状况也被再现出来。至少我们对他们是这样看的，尽管通州的道士告诉我们，这些雕像是用来描绘那所寺庙中道士的不同性格的。在一些庙宇中，我们还看见一些皇帝和大臣的塑像，他们曾对一些寺庙特别关照。例如，如果一位大人物在庙宇借宿，离开时留下一大笔钱，那里的道士出于感激之情，便会在寺庙的神龛中放上他的画像。一个不知情的人看到这样的画像，很容易作出结论，认为他们是多神论者。我当然不这样认为。像天主教中众多的圣徒一样，伟大的佛（我在后很快会要讲到）与菩萨、圣母等等，都仅仅被看成是代理，是中介，或者是一种创造、摧毁、革新的力量的表现形式。这种力量的积极面又呈现出多种属性，以更好地管制整个世界[1]。

紧跟这个追求长生的宗教，另一种宗教几乎具有同样的发展过程。由于受到朝廷的支持，这个宗教很快与前者一样成为了主流。佛教和尚应邀来自于印度，他们将大多数印度神话带到了中国。一些学者认为，印度神话是埃及和希腊多神论的起源，另一些学者的看法则完全相反。尽管如此，因关系太密切，我们不得不将它们归于同一起源。这些民族的许多神的表现形式和历史故事十有八九是从印度与佛教一起被引入中国的。如果我们将不同民族供奉的神进行比较，他们之间的关系就会变得更加明了。

印度教的佛陀是马亚（Ma ya）的儿子，他的称号之一是阿弭跢（Amita）。中国的佛是摩亚（Mo-ya）的儿子，他的称号之一是阿弥陀（Om-e-to）。日本人起源于中国。在日本，人们崇拜的佛被称为阿弭跢（Amita）。我没能从任何中国人那里得

---

[1] 因此，庙门上的题词中，有一段是：献给天后，和平与力量的女神，从庙岛下凡，平息大海波涛，减缓暴风骤雨，保护帝国王朝。另外一段题词这样写道：金花女神古庙，法力无边，田野因其绿茵肥沃；洪福浩荡，波澜壮阔，犹如闪亮的珍珠。——原注

到有关阿弥陀意思的解释,也没有能力从表示这个称号的中文字里看出什么意义来。但是,这个称号似乎在很多场合被用作一种普通的咒语,就像我们欧洲人一样非常随意而且极不虔诚地使用上帝的名字。倘若我们将这个称号看成是衍生于印度教的神秘单词"奥姆"(Om),也许不会看起来有悖逻辑吧。

自满族人登上中国的皇位以来,宫廷宗教,至少是宫廷中满人的宗教,一直为佛教,虽然以前宫廷遵循的是儒家的教义。佛教和尚的人数很多,大多穿黄色僧袍,在巨大的庙宇中过清心寡欲的生活。中国人把这些寺庙叫作"布达拉"。这个名称明显派生于"布达拉雅",意为佛陀的住处。因满族人采用了该名称,汉人就必须在他们发音器官允许的范围内尽能力紧随。和尚的脖子上都挂着一串珠子。他们举行的一些仪式类似道教的。举行仪式时,他们排队绕祭坛行走,一边拨着他们的念珠,每拨一颗珠子,就念一声"阿弥陀佛",并恭敬地鞠一个躬。每数完一串珠,他们就会用笔打上一个印记,用这样的方法记录下他们念佛的次数。数念珠是传教士最为恼怒的仪式之一。

印度人的迦尼萨(Ganesa)[①],罗马人的两面神,中国人的门神明显是同一个神。有时,他被画成一手持棒棍,一手持钥匙,表示是房屋的守护者。在中国,只要住家信佛教,他们的门上几乎都会画上门神的像,或写上"门神"两个字。这与威廉姆·琼斯爵士对印度斯坦嘎亚新镇描写的完全一样:"每幢新建

---

① 印度教所信奉的神灵,亦称象头神,为印度教所信奉之智慧神,乃将人与象之智慧相结合,尤为湿婆教与毗湿奴教所供奉。其造型为人身、象头,及一根象牙,特有之标识为象钩与念珠。

的房屋，按印度的古老传统，都在门楣的上方写上了象头神的名字。在旧城内，他的图像被安置在庙门的上方。"

印度人的毗湿奴（Vishun）①骑在鹰背上，有时由鹰伴随，被人们认为是希腊人的丘比特。中国人的雷神形似一个长着鹰嘴和鹰爪的人，有时周身摆满锣鼓，他一手持杖，一手持火。埃及的欧塞尔立斯②是希腊人的丘比特的前身，与中国人的雷神更加接近。作为太阳的象征，他被描画成长着鹰嘴的人，手中持杖，杖上画着一只眼睛。希腊人丰富的想象力把这个象征与神分离开来，将猛禽变成了神的伴随，而埃及人和中国人则将两者统一在同一象征之下。如果不是基于事实的话，这便是一个观念上的有趣巧合。中国人赋予他们的雷神一副鹰脸，希腊人为丘比特将这种鸟神化，都出于同样的理由：即从来也没有鹰被雷击中的例子。中国人对鹰还有一种说法，与其他民族的说法一样：在雷雨中，鹰总是飞凌在乌云之上的。

印度人的伐楼拿（Varuna）③骑在鱼背上，希腊人的尼普顿和中国人的龙王手中握一条鱼驾驭着波涛，无疑是同一个神。

巨大的布里阿柔斯④长有100只手，其雕塑在中国确实是最辉煌最高大的，一般有50到60英尺高，有时高达80英尺。但是，在他们所有的神中，最大的却是菩萨家族中的一位女

---

① 印度神话三大主神之一，亦译妙毗天，是宇宙与生命的守护者。
② 地狱判官，埃及主神之一。
③ 印度教吠陀时代神话中的神灵，象征神权。他是天界的统治者。
④ Briareos，3个拥有50个头的百臂巨人之一，天神Ouranos和地神Gaia的儿子。

性①,明显是大自然的化身。人们以各种各样的方式塑造这位女神。有时她长着4个头,40或50只胳膊。她的头分别朝着四方,每只手都持着人类所用的某种自然物产。有时候每只手臂上又生出几只小一点的手臂,并且在每个头上还有一些较小的头组成金字塔状。范罢览提及他曾经看到过这位女神的雕像,高达90英尺,有4个脑袋,44条胳膊。

  人们经常遇到寺庙的废墟。废墟中不乏各种神祇的巨型塑像遭受着风吹雨打。看起来,小庙通常由人们自愿的奉礼维持着。但是,一旦一场异常的灾难降临到一个城镇或村庄,如严重的饥荒、传染病、洪水等,而且尽管人们反复祈求保护神,灾难带来的严重后果仍然不断,他们便会推倒寺庙,让这些神完全暴露在野,对他们进行惩罚。

  这种古怪野蛮的将多个头和手置于一个偶像身上,以再现多种自然力量或自然女神的方式,无法支持以下观点:奉行这种宗教崇拜的人具有优秀卓越的理解力。他们这样的理解力只能被认为是刚刚迈出了超越野蛮人意识的第一步,作为对力量匮乏的弥补,野蛮人只知道增加数字或对同一事物进行重复。在从坚实的花岗岩群山中出土的印度教寺庙里,人们发现同一身躯长着许多手臂的雕塑。这样的雕塑是至今在地球表面发掘出的、最古老最奇特的艺术和保护艺术的丰碑,也许也是埃及

---

  ① 菩萨包括一批守护神,地位比佛要低。人们通常求菩萨预测生活琐事。大多数寺庙一般都被称为菩萨庙。这样的庙名含有鼎力帮助的意思。"菩"字意为"养护","萨"字的草字头表示植物,字的另一部分表示"保护"。因此,"萨"字含义为"保护植物"之神或"养护植物"之神。因此,我们也许可以得出结论,菩萨是王母娘娘的后代。我在后面马上要讲到她。——原注

人和希腊人的科学艺术及其宗教秘密的起源。

然而，在中国所有的女神中，最受人崇拜的是圣母，或称"智慧"之母[①]。这位女神与印度的 Ganga[②] 即江河女神、埃及的伊西斯[③]和希腊的克瑞斯[④]完全相同。当传教士第一次来到中国时，没有什么能比这位女神的相貌更使他们吃惊的了。在这位女神的身上，他们发现，或者说他们认为自己发现了与圣母玛利亚最为惊人的相似之处。他们发现，她通常被小心翼翼地放置在祭坛后部的神龛内，并且用丝质屏饰遮住，一般看不到。有时她手抱一个小孩，有时小孩坐在她的膝上，她的头上有一道光环。在听了圣母的故事后，他们的观点得到了证实。人们告诉他们说，她在河中沐浴时，发现她放在河岸边的衣服上有朵莲花。她吃了这朵莲花后怀孕。当时她仍是一个处女。妊娠期结束时，她来到原来她发现荷花的地方，并在那里生下了一个男孩。这个婴儿被一个穷苦渔夫发现并收养。多年后，这个男孩成了伟人，做出丰功伟绩。这就是中国神职人员讲述的故事。这位女神的像呈站姿时，通常手持一朵莲花。呈坐姿时，一般是坐在一片大荷叶上。

埃及莲——我说的不是那种可食用的植物，不是那种有人因此得名为食莲人的那种植物，而是另一种专为宗教目的而神

[①] "聖"（圣的繁体）字有"耳""口"和"王"组成，也许表示"对耳朵听的和嘴巴讲的无所不知"。——原注
[②] 此字亦指恒河（the River Ganges）。
[③] Isis，古埃及司生育和繁殖的女神。
[④] 谷物和耕作女神。

化了的完全不同的物种——据说[①]是在保存于罗马巴贝里尼宫殿中的奥西里斯[②]塑像上发现的。埃及莲是荷花属，生长于东方世界的大部分地区，植物学家取学名为茈碧莲。但是，我理解的是，人们今天将其视为一个新的物种，将以前的名字修改成睡莲科，以示区别。然而，这种植物在埃及已经绝迹，与今天在尼罗河及其支流运河的两岸生长的，是两种完全不同的植物，它们散发出一种浓郁的芳香。虽然这是一种神圣的植物，并且在这个国家广为培植，但也许仍不失为是外来植物。

在中国，几乎所有的庙宇都有某种睡莲的表现形式。有时圣母被描画成站在湖心中的莲叶上。在一所庙中，我看见那位智慧之母坐在一片宽阔的荷叶上，荷叶由一块岩石雕锉而成。有时她手中持象征富饶的羊角，中间盛满了稻穗、稷穗、蒴果穗和莲蓬。这些正好都是最贫困的农民的食品。从鞑靼中部到广东省，这种非常漂亮的睡莲几乎在每个湖泊和沼泽都自发生长。这是一种奇特的现象。在欧洲，即使用人工的方式也非常难培植这种植物，虽然各地的气候与中国各地的类似，但是它们却能在中国的自然环境中生长，而且枝繁叶茂。在鞑靼高原，这种植物生长在旷野之中，冬天的气温常常处在冰点，有时还远在冰点以下。在那里，它们只在很深的水底扎根。我们从这种现象也许可以得出结论，它们可能需要气温平稳而不是温差很大的气候。睡莲不仅以其子，其长长的如藤般交错在一起的根也为餐桌提供了美味佳肴。在首都的整个夏天，莲藕被切成

---

① 据鲍弗先生说。——原注
② 古埃及的冥神和鬼判，伊西斯的兄弟和丈夫。

丝放在冰上，作为甜食的一部分，味道与新鲜多汁的萝卜没有什么不同，只是有一点点涩。

这种植物有一种非常奇特的属性，难怪那些喜好从自然物种借喻的埃及人和印度人将其视为创造力的象征。人们发现新生睡莲的叶子卷缩在莲子中间，无比完美，呈一种美丽的绿色。日落时，那些舒展于水面上的宽大荷叶像伞一样收拢，初升的太阳又逐渐将它们舒展开来。这两个民族视水为第一要素，是造物力最先借助的媒体，所以一种如此奇特、丰茂、实用、美丽的植物，不可能不被他们看成是一个能恰当表现创造力的象征。因此，前者将其神化成奥西里斯和伊西斯——太阳和月亮的象征，而后者将其神化为江河女神 Ganga 和太阳。在这方面，这两个民族之间观念的巧合可从赞美 Surya[①] 即太阳的印度诗歌中看到。赞美诗由威廉姆·琼斯爵士翻译：

莲花王，父亲、朋友、国君，
啊，太阳！我赞美你的力量。

究竟中国人是否与印度人一样，同样视水为第一要素，是造物力最先借助的媒体，我不得而知。从今天的神职人员那里，我也无法找到有关其宗教起源的信息，因为他们通常都非常无知。但是，我认为将荷莲专供圣用，要比佛教和尚引入印度神话在时间上要早得多。他们甚至把食莲花的故事归到了他们第

---

① 旧译"苏利耶""须梨耶"。

一个皇帝伏羲的母亲身上。在中国,莲荷和这位女士在各派都受到同样程度的尊敬。甚至满人的历史,也是从一个年轻处女怀孕生养一个男孩的故事开始。这个男孩因食了莲花,成为这个征服了汉帝国的民族的始祖。倘若下面的在奥西里斯古纪念碑上发现的著名碑文可信的话,我们可以认为埃及的宗教仪式流传到了东方,也许流传到了中国,或者反过来讲,埃及人采用了远古时期东方的宗教仪式。"萨杜恩①,众神中最年轻的神,是我的父亲。我是奥西里斯,曾率领庞大的军队远征到印度的沙漠,几乎踏遍了全世界……"

奥西里斯和伊西斯的故事在中国历史的早期就为中国人熟知,这也许并不是不可能的。当然,这里我所作的只是一种猜测。奥西里斯作为埃及的国王和伊西斯的丈夫,被人们以牛的形象加以崇拜,这是因为他特别关注农业的发展,以及曾用这种动物耕地的缘故。

奥西里斯最先以娴熟的技术用犁耕田。

一些历史学家说,伊西斯在她的丈夫被谋杀后,立即郑重发誓,责令埃及的神职人员建立一种崇拜形式。通过这种崇拜,人们向他们逝去的国王施以圣礼,选择他们喜爱的动物来再现奥西里斯的人格和神性,并且在这个动物死亡后用庄重的葬礼安葬。出于对这种神化的考虑,她为每个圣职机构拨出一片土

---

① Saturn,农神。

地。神职人员必须发誓保持纯洁朴实，他们头不蓄发，足不履鞋。在伊西斯去世后，人们对她施行了同样的圣礼，以母牛的形象对她进行崇拜。

在中国，皇帝每当新春伊始，都要举行手持铁犁的仪式。这种仪式今天仅仅被视为是一种政治惯例，一种对下层民众的示范，鼓励他们务农，并将其当成国家最重要的行业。但是，君主的这种屈尊行为，与他们所有的为政准则格格不入。那些准则要求他与他的臣民保持巨大的距离。因此，如果我们认为这种仪式始于某种宗教观念，也许不会错到哪里去。的确，他仍然为这个重大的时节作准备，专门用三天的时间来举行虔敬仪式和严格的祭拜活动。在钦天监指定的日子，人们在地坛杀一头母牛献祭。同日，在一些省份，农民排成长队，抬着一头巨大的用泥土烧成的母牛在街上游行，后面跟着当地的朝廷要员和其他居民。牛角和牛蹄被涂成金色，并且用丝带装饰起来。人们在祭坛前跪拜，将供品献上，然后击碎泥牛，将碎片分发给人们。用同样的方式，伊西斯将奥西里斯的遗体在神职人员中分发，而后来埃及人就是以公牛的形象对奥西里斯进行崇拜的。在埃及，长期以来人们对伊西斯[1]的纪念就是用今天中国

---

[1] 也许，没有什么民俗节能像那些纪念伊希斯的节日那样，为如此多的人在如此广的地域庆贺的了。这些民俗节不仅流传到了东方的每个角落，而且也由罗马人从希腊带回了罗马，然后从罗马又传到了高卢。人们推测，巴黎的现代名就是从一座纪念这位女神的庙宇衍生而来的。这座庙宇离这个高卢的古都并不太远。这座城市的市徽是一艘船，画像中的伊希斯将其端在手中，犹如航海的保护神。事实上，据说，在圣杰曼教堂中人们一直在小心翼翼地保护着一尊伊希斯的雕塑。直到15世纪始，因一位偏狭的红衣主教的疯狂，雕像才被当成异教迷信和亵渎神灵的遗物横遭毁灭。——原注

的持犁节的方式进行的。毫无疑问，这两种活动都是用来纪念那些鼓励耕田种地，因而促进了国家长足发展的人的。

每当朝廷，或者更准确地说，每当那些奸诈的宦官偏好某个宗教派别的观点，摒弃另一个派别的观点时，在中国道教和佛教之间发生的辩论、争斗、迫害和屠戮，与在欧洲不同时期发生的基督教不同派别之间的相比，其残暴程度和可怕后果，并不逊色。每当一方幸运地将为首的宦官邀为己方，迫害便不可避免，因为宦官总是对在位的君主具有足够的影响力，总能说服他去支持他们赞同的事情。然而，这些争斗仅仅是神职人员之间的冲突，人们对此保持中立，并不参与。双方整座整座的庙宇神殿被夷为平地，成千的道士和和尚横遭屠戮。但是，自从当今的清王朝开始以来，这两派宗教都没有得到什么特别的恩宠或殊荣。很明显，由于这个缘故，他们双方之间言归于好。的确，不管是从他们各自的庙宇上看，还是从服饰上看，都很难将他们区别开来。芸芸众生渴望获得对未来事件结果的预测，他们可以到任何寺庙去祈求神谕，不管是佛还是道。朝廷对宗教观念不加干涉，也不支持任何特别的教派。在这方面，只有喇嘛教例外。喇嘛教享受津贴，被作为帝国的机构之一保护起来。清廷高官都信奉喇嘛教，却没有道教信奉者那种走火入魔的荒诞。

妇女因须恪守这个国家的风俗，习惯待在家里，在某种场合还是被允许在神坛前求神预测她们的命运，别人并不会因此指责她们行为不端。人们甚至鼓励不孕妇女去参拜寺庙，除了求神测命外，更重要的目的是，人们深信，通过触摸一些神的小铜像的肚子，她们就会怀孕生子。但是，出于习惯，大多数妇女除非不得已，一般都不愿意出门，使得一批算命先生、江湖医生和骗子大行其道。他们四处游走，挨家挨户给人算命看病，以此为生。他们吹着尖声刺耳的笛子，不管到哪里都有求必应。他们在知道一个人出生的日子和时辰后，就装模作样地给他预测未来。这种行为叫作"算命"，或者说是一种通过数字来发现未来的技艺。一个中国人，即使是高官，如果不懂算命，人们也认为他没有学问。圆明园里的官员经常问我是否能给他们算命。在我说我对算命一无所知后，他们就怀疑我居然对那些送给他们皇帝的天文仪器懂得那么多。

像罗马修女一样，这两个教派的神职人员也专心致志地保持神坛上的永恒之火一直燃烧。但是与前者不同，他们不能保证他们神坛上的"不灭之火永远闪亮"，因此假若圣火熄灭的话，人们也没有必要为此赎罪或遭受惩罚。事实上，这些火焰由于人们的粗心或意外事件经常熄灭。看护圣火的不是处女，而是通常由从事神职工作之前受训的年轻男子来承担。如同希腊人和罗马人那样，中国人也有家神。这些神都没有任何形式的人格化，通常是用一块牌子代表，上刻一段文字，前面燃着一支蜡烛。一艘船不管多小，都会有一块牌和一支蜡烛。在罗盘盒或罗经柜中，也总是燃烧着一支蜡烛。

在每个城镇乡村，有时在丛林中，在深山里，在最边远的地方，都有一些小寺庙。它们的门总是敞开着，以便那些想要求神问卜的人随时进入。中国宗教实用的部分实际在于宿命论。人们根本不需要和尚或道士来解释命运之书。如果某人准备外出旅行，或买妻，或盖房，或安葬一位过世的亲人（所有事情中最重要的），又对这些事情的结果心存疑虑，便到最近的寺庙中去。倘若不识字，他便拉一位识字的朋友同去。每个寺庙的神龛上都放着一个木筒，里面放满了小木签，签的一端写有文字。他将筒拿起来摇晃，直到一根签掉落到地上。看过签上的字，他便到通常挂在庙墙上的一本命书中寻找相应的符号。用这种方法，连续抛掷几次木签，如果摇出三根有一根正好签面朝上，他就欣然认为这是好的兆头。如果事态的发展与他从命书上看到并期望的相同，他就会回到庙中，烧一两张绘有彩画的纸或一种镀了锡的纸，在祭坛上放几块铜钱，表示他为获得的恩惠还了愿[1]。欧洲贸易公司运到中国来的锡绝大部分就是用这样的方式消费掉的。我前面已经说过，他们并不聚集在公共的拜神场所，以公开的方式一起祈祷或谢恩。

从前，在皇帝和诸侯去世时，中国的习俗是将他们的奴隶，有时还将他们的嫔妃，一起活埋陪葬。但是，这种残酷的方式现在已为一种不伤人命的做法所取代。人们焚烧一些用锡箔剪成的家仆人样模型，将他们的木雕或石雕像放置在坟上。这似乎是一种塞西亚人或鞑靼人风俗的遗留。据希罗多德说，这种习俗经常可以在他们国君的葬礼上看到。是时，他们的马匹、

---

[1] 当今皇帝在他的祈祷应验后，为了感恩还愿，向百姓颁诏，赐予他祈祷过的那所寺庙新的称号。

皇帝诏书："玉泉山惠济慈佑龙王庙，每遇祈祷雨泽，屡著灵应，久经载入祀典。近因夏至以后雨泽较少，本月十七日，朕亲诣虔诚默祷。是日即有微雨飘洒。次日大需甘霖，连宵达曙，尤征灵验，允宜敬加称号，用答神庥。着称为惠济慈佑灵护龙王庙，以昭崇奉。"载嘉庆六年五月二十三日《京报》。——原注（诏书据《清实录》）

奴隶以及嫔妃被活活钉在木桩上，按顺序摆放在暴君的坟墓周围。一般人家的遗体也要倾全家之力被安葬得十分体面光彩。我往返于首都和圆明园之间时，每次都会看到好几队送葬的行列。那些为朝廷高官送葬的队伍有时延伸近半英里长。队伍通常按以下顺序排列。单独行走在最前面的是一个和尚，随后的是一群持笛子、唢呐和铙钹的乐师。在这些人后面是死者的男性亲属，都身穿白大褂。此后是主哀者，两位朋友搀扶着他，尽力不让他去抓自己的面孔和头发。他们费力的模样看起来实在是滑稽。棺材跟随其后，上面盖着一顶十分漂亮的华盖。棺材由4个人抬着，有时有8个人抬。在华盖后面，女性亲属坐轿而行，更多的场合她们乘坐有顶盖的小车。像男性亲属一样，她们都身穿白袍。她们头发蓬乱，额头上绑着白色布带。每当走近一座桥或一所寺庙，队伍总要停下来。这时，那位和尚烧几个锡纸人，或者放几挂鞭炮。随之，锣声大噪，唢呐齐鸣，好不热闹。

　　著名的元宵节灯笼将整个帝国从南到北照得通明，人们的想象力发挥得淋漓尽致。元宵节使用灯笼源于一个古老的宗教传统，但人们今天却无法对这个传统作出任何解释。很可能，在其他埃及人的仪式中，这个仪式与希罗多德提到过的那种一年一度的照明仪式同源。在举行这个仪式时，从尼罗河的瀑布到地中海的岸边，人们通常把各种各样的灯悬挂在房屋的边上。今天，中国人不仅将他们的房屋照得通明，还独具匠心，将透明灯笼做成各种动物的形状，夜间拿着在街上跑。这在漆黑的夜晚所产生的效果是难以想象的。飞禽、走兽、鱼虾和其他动物在空中穿梭来往,争奇斗艳。有些动物嘴中含着炮竹,口吐火焰,有些动物升腾起来,变成五彩缤纷的火焰金字塔,有些动物如同地雷爆炸,发出轰隆巨响。但是,最别出心裁的是那些不时改变形状,并且在改变形状的时候,放出不同烟花火焰的,如同变幻无定的普罗蒂斯①。

在本章开始我已经说过,朝廷官员、使节以及其他公职人员外出旅行时,经常占用寺庙,因为没有其他房屋更适合住宿。离开寺庙时,人们通常都要做一些近似拜神的举动,但不是为了敬神,而是为了敬拜刻在神龛上的皇帝的名字。不同季节(特别是在皇帝的生日),人们会在神龛上供大米和其他谷物,以及茶叶和油。这些习俗促使了偶像崇拜的滋生,尽管前者只是一种崇敬和感恩的表示,后者仅说明人们认同他是土地的唯一主人。因此,通过将献给神灵的敬意和供品与献给君主的联系起来,百姓就极易将后者的权力夸大并上升到前者的水平。有吉祥的事情发生,不管是他自己的国家的还是别的国家的,一个中国人都会将其归功于天意和中国皇上的意愿。

将寺庙变成住房给和尚带来一些世俗的好处,伴随而来的通常是捐献。大多数寺庙完全是靠自愿捐助和虔诚者留下的小宗遗产来维持的,因此他们对微不足道的小礼物都感激之至。由于宗教和朝廷几乎没有联系,他们得不到任何朝廷的报酬津贴,也得不到朝廷的优惠政策。皇帝发薪金给自己的神职人员,他们为所有的大清臣子服务。中国的孔教徒,即儒学者,以及

---

① 古希腊海神。

国家官员,不管是佛家还是道家,都对自己的神职人员进行捐赠,以维持他们的生计。广大平民百姓因渴望知道自己的命运,为成千上万的、也许是成百万的神职人员提供了生活必需品。每当他们认为有必要查看命书时,他们都带上供品献到神龛上,而到寺庙求神问卜是生活中发生最频繁的事情。

从我在此对几个不同教派的简短分析,我认为有理由得出以下结论。中国的原始宗教已不再存在,或者说处于消亡的状态中。中国当前没有国教,教规和拜神的方式五花八门。在这种情况下,驱使人们信神的似乎并不是对来世受罚的害怕,而是对现世邪恶的恐惧。他们虔心敬意,目的是平息神灵的愤怒,避开即将发生的灾难,而不是为了积极争取一个美好的未来。他们宁愿祈求神灵预测将会发生的事情,而不愿请求他们去促使或避免事情的发生。中国人几乎不做祈祷。当事态的发展如愿时,他们会感恩戴德。但是,在事与愿违的时候,他们会对神灵粗暴无礼。

因为这些和尚道士以及所有大庙中的许多新入门的年轻僧侣,不管在神职上还是在俗务中都无所事事,所以与那些为世俗操劳养家糊口的人们相比,他们的身体和住处并不干净多少。我们本应下榻的房间里满是蝎子和蜈蚣。它们成群结队地爬到我们床上,硬是将我们赶到了屋外。我们只好在树间架起吊床露宿。在这里,我们又受到大群蚊子的侵扰。此起彼伏的蝉鸣令人心烦。这样的烦扰持续不断,直到几声更烦心的锣声报道黎明的来临,召唤那些神职人员去参加他们的早拜仪式。

第九章 农村面貌

从通州府到广东省——农村面貌，农业生产——建筑物及其他公共设施——人民的生活状况——农业状况——人口。

10月8日，我们第二次在白河乘船。但是，这些船与我们上行时乘的船很不一样。这些船要小得多，但按其比例，船身却相对要宽些。这些船的船舱浅，船底平，因此可以在很浅的水中航行。但是，我们觉得这些船还是够宽敞的。我们很快就相信了换船是因为河水太浅。上船之前，有些人将换船归于其他原因。他们认为，特使拒绝接受沿途地方官员降了级的欢迎仪式，后者因此十分生气，必然会对这种公开的侮辱进行报复，剥夺各种能使我们舒适便利的东西，使我们后面的长途旅行吃尽苦头。从这些人的性格来看，这种推论很可能是正确的。我相信，每个人对去广州的途中遇到的困难和不快都有自己的说法。

但是，平心而论，那些照料使团人员的人，特别是那两位尽心尽力的官员王大人和乔大人，因为与旅行事务有更直接的关系，对我们关照得无微不至，毫不吝惜钱财，尽可能使我们的旅途舒适方便。各种生活用品被大量按时送到船上，从无差错。在此，我仅举一个例子，来证明他们在旅行开始时对我们的关照。他们发现我们喝茶掺牛奶，便买了两头优质奶牛来供奶，并专门增加一只船来运载它们。我们发现，每当所经省份的主要官员为欢迎我们而准备娱乐活动时，他们都不厌其烦，按他们的想法，努力将这些活动按英国人的方式举行，以便更容易为我们接受。在一些宴会上，他们用整只烤猪来款待我们，那些烤猪的重量不会低于 50 磅。另外，他们还为我们烘烤或蒸煮整只整只的羊腿、鹅、鸭和其他家禽。这种烹饪方法与这个国家平时做的全然不同。他们一般将极少量的肉与蔬菜和大米一起炖煮。准备这些菜肴的方式十分笨拙，食物常常被烧焦，或者因太多的浮油而闪闪发亮。他们为此总是不停地道歉，想方设法取悦我们。

自我们在 8 月初于白河口登船到回来为止，我们仅遇到一场阵雨。人们都说，在秋季，北方省份总是秋高气爽，万里无云。农民利用这样的天气在田野里打谷，而不用将谷物送入谷仓，也不用堆积起来，节省了许多劳力。人们通常用连枷在泥地上打谷，与我们的方法相似，或在一块木板边上将穗打下，或用牛踩踏谷物。乘船逆流而上时，我们看到谷物正好抽穗，现在人们已在忙于收割。如前所述，这些谷物主要是不同种类的粟米，小部分是荞麦，亦称甜荞麦。当时被撒播在一排排高粱之间的豆类植物现在已经开花。8 月的北直隶省，中午的温度在华氏 80 度到 88 度之间，晚上通常保持在 60 度到 64 度。9 月份，下午 2 点钟的中值气温约为 76 度，10 月份约为 68 度。

但是，在 10 月份，晚上的气温有时下降到 44 度。

白河两岸地区的土质主要是细沙土，还有少量的陶土与石灰土的混合物，其中散布着闪光的云母颗粒。但是，在这条河流经的广袤乡间，人们看不到任何大石头，也看不到鹅卵石和碎石。的确，地表是那样平坦，以至于北直隶湾的潮水只要上升到 10 英尺，就会淹没天津以外 30 英里远的地区，也即从河口开始 110 英里远的地方。尽管这里的居民竭力筑堤建坝，河水还是经常将乡野全部淹没。这样的洪水虽然在很多情况下成为土地肥沃的原因，有时却带来普遍的灾难，特别是当洪水发生在庄稼接近成熟的季节。就陆海相接而言，这里的平原展现出不寻常的地貌。这里农村一马平川的表面在涨潮时仅高出河面 2 英尺。这里的河床和河堤的底层完全由类似海边的那种细沙组成。宽阔的北直隶湾最深处也不超过 12 英寻，而那些刚刚冒出水面的众多的小沙洲，都是在不久前形成的，均有历史记载。黄河不停地冲刷下来大量的泥土，试验表明每小时冲刷下的泥沙超过 200 万立方英尺，而其中大部分由湍急的河水从黄河冲到了北直隶湾。这里水流缓慢，泥土得以沉积下来。

在马可·波罗的地图中（这张地图很可能是他从成吉思汗或者他宫廷中某些学者收藏的地图复制而成的），天津位于海岸边，黄河的一个支流在流经河南省、山东省和北直隶省的一部分后，几乎是朝着现今运河的方向，流入白河附近的海湾。倘若这条黄河支流转弯的话，北直隶湾被淤泥快速填满的现象就不会让人那么吃惊了，因为白河是现今唯一一条使其水流动的河流。人们曾计算出，如果那条从温德米尔湖流下的大河转个弯，它现在流经的莫克姆湾海滩的入海处便会在几年时间的自然进程中，彻底改变成一片绿色的草原。倘若以上提及的航线是正确的，那也将证明，确实是蒙古鞑靼人最早将中国非凡的航海术发展到了今天这样的水平。

中国这片广阔的平原甚为单调，无法引起旅行者的兴趣。平原上没有树，只有在寺庙周围或朝廷官员住宅附近的庄园里长着一些冷杉。这些建筑物周围有时还长着高大的橡树、柳树和一种欧洲人不知道的白蜡树。那里没有灌木篱，地产仅用小沟划分，而小沟同时也用于排水。没有耕种的垄埂也用来界分地产，如同英国的公用地带，也作为人行道。这些垄埂通常长满了车轴草，学名为草木樨。牧草、野燕麦和凌风草混杂其中。小沟中最多的是芦苇，另外还长着两种莎草和蔗草。中国人不种植任何所谓的"人造草"。饲养母牛的目的不是为了获得牛奶。这种营养丰富的食品，不管是加工的还是不加工的，都利用得很少。他们要么是对把牛奶转变为黄油和奶酪的程序一无所知，要么是出于某种原因，只愿意以其原始形式少量饮用。养马不是为了奢侈或代劳。用于农业的动物很少，大多是驴子、骡子或水牛。这些动物冬季用谷壳和稻草饲养，夏季主要吃长在沟壑中的肥草和芦苇。这个地区有着大片大片的沼泽地，上面长满了芦苇。

在快到达天津时，我们观察到好几大片土地种植了一种中国人称之为"白菜"的蔬菜，显然属芸薹属。虽然味道平淡，颇像生菜，却是一切蔬菜中人们最喜欢的。在夏季，首都城市的白菜供应十分充足，都是从京郊菜园中鲜采来的。在冬季，人们用盐腌制白菜，方法与德国人做泡菜相似。我们还看到菜园中种有红萝卜、白萝卜、青萝卜、芦笋、茄子、西瓜、香瓜、南瓜和黄瓜。洋葱和大蒜非常普遍，都种在农民房屋的附近。水沟中长着菱角，其果实与莲子和莲藕一起通常作为我们的甜食，有时再加一些较好的桃子、模样看起来像扁桃的干苹果以及一种个头很大但涩口的梨子。

无论农村是多么不宜于大面积的耕种，在接近首都时，人们自然会期望那里的人口会相应增加。但是这样的情况并没出现。在沿河上行时，我们看到大批人因好奇心驱使，来自于许多英里以外的地方。现在出现的都是首都郊区的人，但人数之少令我们大为吃惊。同样使我们吃惊的是，几乎所有的村舍都破烂不堪，条件十分恶劣。这些简陋的茅屋，一些是用烧得半透的砖堆砌，另一些是用泥巴建造，屋顶盖着稻草或芦苇。有些房子用泥墙围着，有的用芦苇或高粱秆编织的粗席围着。这样被围着的院子里通常住着一家三四代人，以及牛羊、猪狗、家禽，和属于这个家庭的所有其他动物。

中国人有句俗语说："不进北京到处穷，进了北京一样穷。"的确，这个省的农民都一贫如洗。就是那些被雇到船上来侍候大使及其随从的人，情形也好不了多少。他们每次接到我们的残羹剩饭，都要千恩万谢。对我们用过的茶叶，他们总是贪婪地争抢，然后煮水泡着喝。一点点米饭或小米饭，加上几碟蔬菜，通常是白菜，一些油炒洋葱，便组成他们的主食。这样的主食他们一天也只吃上两顿，一顿约在上午10点钟，一顿在下午四五点钟。但是，他们通常在清晨三四点钟就开始将炒锅架在火炉上了。那些我们能大罐大罐得到、但因质量低劣而不能喝的酒,对这些贫穷的人来说,却是盛大的款待,因为他们的经济情况几乎不允许他们品尝酒的滋味。这种酒由大米和粟米混合酿造而成,因很快变酸,似乎没有什么酒劲,同时也没有经过十分完善的发酵过程。中国人的"热酒"除了上层阶级外几乎没人用。这些人因不满意蒸馏给酒带来的焦臭味,在炎夏里也将酒煮得滚烫才喝。

在天津,我们的主人松大人为我们准备了丰盛的宴席。宴席上摆满了优质羊肉、猪肉、鹿肉和各种禽肉,各式蜜饯,各式时令水果,桃子、李子、葡萄、板栗、核桃和菱角。确实,我们很快发现他对我们的关照是细心周到的。与我们沿河上行时比较,我们的自由受到更多的尊重,我们的行动受到较少的限制。我们尊贵的护送官没有给我们发难,让我们在河岸上尽兴行走,只是规劝我们不要离开河岸太远,以免延误行程或被撇下。同时,他向我们暗示,只要我们仍在皇帝的保护之下,如果我们发生任何事故,朝廷就唯王大人和乔大人是问。

经过天津时,我们的船队费了很大的努力,才穿过拥挤在那里的各色各样的船只。这些船只聚集在那里过冬,其中大约有500艘是皇帝的漕船,专运供东部用的粮食。御河,亦称运粮河,向西流去,在这个城市的东部与白河合流。我们的船只至少花费了4个小时,才穿过无数拥挤在一起的船只。它们停泊在这条小河上过冬。虽然这是条小河,但因为它与大运河相连而变得十分重要。

在经过了船队和市郊后,一片无际的平原展现在河的左边。

我们看到平原上有数以千计的小沙冢，呈圆锥形，很像非洲大陆上由白蚁刨起的成千上万的小土堆。几处地方有一些小型建筑，形似住宅，但是高度不过四五英尺。其他地方有一些圆形、半圆形和方形的石头围墙，散落其中的是一些石柱或砖柱，和形状各异的直立建筑。我们除了在通州看到过一个很小的墓地外，这是我们看到的第一个公共墓地。那些沙冢和不同形状的直立建筑表示死者的宅第。在这里，我们看到又大又重的棺材搁置在地面，有些是新的，有些是新漆的，没有任何腐烂的棺材。我们的译员解释说，有些棺材放在那里，是在等和尚道士或算命先生拿主意，或者通过卜卦，找到安葬死者的最佳地点以及举行葬礼的最好日期。有的棺材放在那里，是在等死者的亲属筹到足够的钱来体面地掩埋。有的棺材则是搁置在那里，让其变干变朽到一定的程度，再将其烧毁。然后，灰烬被收集起来，装入石罐或别的容器之中①。

中国人从不将死者葬在城镇附近，更不会葬在寺庙的围墙内。他们总是将墓地选择在离生者住地有一段恰当距离的地方。在这方面，他们比欧洲人更讲究些。欧洲人不仅允许将尸体埋在闹市中间，而且还将尸体葬于公众拜神之地。因此，拜神的人群总得忍受从腐烂尸首发出的令人作呕的恶臭，甚至受到感染。然而，在欧洲一些国家，人们是那样牢牢地紧握着他们在

---

① 一个曾陪同荷兰使团的中国人的日记手稿中，有一段这样的记载。在这个国家，人们曾经似乎知道并掌握了保持尸体不朽的技艺。他说，幽州有座寺庙，那里住着一群和尚，他们展示了一具古僧的尸体。尸体处理过，体内填入了一些配料，因而保持完美不朽。他身着举行仪式的僧袍，手中拿着自己发明用来淘米的器皿。——原注

教堂墙内埋葬尸体的特权，任何想要终止这种不雅习惯的企图都会带来某种危险。这样的事情就发生在已故的托斯卡尼大公身上。他在佛罗伦萨城外建立了一处宽广的公墓，试图将棺材从教堂的拱顶下迁移到那里去。他的企图几乎使他的臣民揭竿造反。在伦特穿越德国的旅行纪事中，他叙述了一个在教堂安葬尸体带来致命后果的实例，其恐怖的程度使人不寒而栗。

河的堤岸作为墓地围墙的一部分，上面栽着美丽的垂柳作为装饰。加上几棵孤零零长在坟墓之间的柏树，这便是人们在这片乡间能看见的所有的树。

公墓的一角是一所寺庙，造型普通，中央摆着一个祭台，石头柱脚的两边摆着一些泥塑的菩萨。我们没看见一个和尚，但有一位老妪在忙着摇签，以求得到一个幸运的数字，可惜没有成功。在摇签的整个过程中，她的脸上显得异常急切焦虑。这种表情在中国人脸上通常是看不到的。她离开寺庙时，嘴里叽里咕噜抱怨有声，情绪乖戾，极其失望。这种失望似乎是因为神灵拒绝预告她，能否从第二个丈夫那里得到幸福。直到寺庙的守门人作了解释，我们才知道这位老妪原来是在咒骂我们，因为我们在她敬神时打扰了她。

离开天津航行了两天后，我们到达了一个三级城市[①]，名叫青县（Tchien-shien）。两个城市之间的乡野一直都平坦单调，泥土中连一颗鹅卵石都没有。田野并没有大面积地开垦，稀稀

---

① 为了便于收取和分发实物税，地区以及地区中的市都分为三个等级，用"府""州""县"三种名称加以区分。县从属于州，州从属于府，府从属于首都的户部。——原注

落落的村庄中房屋简陋，表示这里人口稀少。那些浮在水上的住宅倒是很多，而且住满了人。我们看见几小片麦地，成排的麦苗长得离地面有几寸高。荞麦已经开花，几大片棉花结满了棉桃，有些已完全成熟。这个月的14、15和16号的气温上午在华氏52度，中午约华氏70度。

17号，我们路过了好些小镇、村庄和军事哨所。这些哨所有规则地每隔3英里就设有一个。除这些外，我们经过了两个三级市，其中一个城墙很长，显得特别重要。然而，仅从围绕城市的城墙的长度，是无法看出一个中国城市的人口多少和市区大小的。几乎所有的城市内都有大片大片的空地，没有盖房子，而且在许多情况下，这些空地远远超过了建有房屋的面积。甚至在首都称为外城的那部分，几百公顷的土地仍在用于种植。皇城主要有皇宫，以及朝廷官员、太监和工匠居住的建筑，占地近一平方英里，其余三分之二的面积是公园和娱乐用地。内城的北城墙下有一片水域，里面几乎长满了莲荷，其面积看上去足有林肯因河广场的两倍，近50公顷。保留这样大片大片的空地，也许是为了万一城市被围攻时可以为城内人所用，可以为被围困的人提供诸如洋葱、大蒜这样带刺激味道的蔬菜。对于一个很少食肉和几乎不喝牛奶的民族来说，蔬菜就更加必要了。巴比伦和尼尼微城经常遭受战争的灾难和围城的困扰，因此在各自的城墙内有许多菜园和玉米地。

18号，我们经过两个城市以及许多小镇和村庄。农村的地貌仍然开阔平坦，不过在任何地方都看不到灌木树篱，树也极少。白天遇到的船几乎都载着一包包的棉绒。当晚是满月，我们无法休息。人们举行仪式，点炮竹，放焰火，敲锣打鼓，吹拉弹唱，好不热闹。我们的船不得不因这些仪式的举行而停泊下来。这些夜间的狂欢一直到太阳升起才停止。我们在此地滞留还有另外的原因。在湍急的御河中逆行，船必须有人拉纤。纤夫必须到河岸附近的村庄去找，找到后再强迫他们从事这种苦差。抓夫通常采用的方法是，在傍晚派出士兵或官员的随从先行，船留在后面。他们对那些可怜人进行突袭，冷不防将他们从床上拖下来。但是，满月的庆贺活动推迟了通常的就寝时间，使他们警觉万分。在官差到来之前，所有可能被迫拉纤的人都已逃之夭夭。因此，除了那些嘈杂的锣声、喇叭声和鞭炮声外，我们耳里不时还充斥着人们的哭喊和抱怨声，这些人因不肯上船拉纤而遭受鞭抽棍打。当这些被抓来当差的人早晨集合在一起时，他们的模样不可能不引发旁人的怜悯之心。他们大多是身体衰弱的老人，其余的人骨瘦如柴，满面病容，衣衫褴褛，看上去更应该去医院看病，而不应该从事任何形式的劳动。我们的陪同装模作样地说，每个地主，只要在河边有地，在需要时都有义务提供数名男子为朝廷当差拉纤。但是，因为现在情况特殊，他们决定付给他们"丰厚"的报酬。这种所谓的丰厚报酬一天还不到7便士，而且不给他们回家的盘缠。这种劳动报酬与他们生活必需的花费根本不成比例，甚至连这笔小额施舍是否真的付给了他们都值得怀疑。

　　在我们驶出聚集在这个地方的船只后，吹起了一阵风。因为是顺风，那些老弱病残松快了许多。那天的大部分时间里，他们无须付出自己微薄的体力。当天我们进入了山东省。在这个省份，直到 22 号，我们都没遇到什么值得一看的东西。那天，我们离开御河，转向南航行，进入大运河。此时，我们看见一股缓流从大运河流入御河。就在这个交汇点，屹立着八面形的临清塔。建造这座塔也许是为了纪念大运河这项伟大而实用的工程。然而，从目前的状况来看，这项工程显然不是很久以前发生的。我们希望在里面找到一些能说明建塔目的的碑文题词，因而颇为艰难地爬上了九层楼的第二层（因为塔身第一层的小门被砖头封起来了）。但是，塔内只有四壁透墙，甚至连楼梯都没留下，根本无法爬到塔顶，而塔的下部塞满了垃圾。这些塔在农村到处可见，似乎只是用来装饰某些特别的地带，或者用来作为景致的标识物。诚然，它们有时似乎是寺庙的附加建筑，但是从来没有用于敬奉神灵的目的。不管它们起的作用是什么，建造宝塔的狂热似乎已不复存在，因为在这个国家，我们再没有看见新塔出现，而在我们看见的塔中，三分之二以上已成废墟。

运河与御河交汇处既没有河闸也没有防洪闸门。运河平缓的流水只是在一些地方被从石坝槽中放下的松散的挡水板阻隔。这样的水坝造成水位的变化很少超过一英尺。每个坝上都有一个卫兵房，驻守士兵的人数是其他地方的两倍。根据具体情况，他们协助拉起或放下那些挡水板。运河起始处的宽度有 60 到 100 英尺，但是到防洪闸门石坝之处变窄到 30 英尺左右。

23 日傍晚时分，当我们接近东昌时，我们遇到了一个非常有趣的军事行动。这个军事行动明显是为了给我们惊喜而有意安排的。在这个城市的城墙下，大约 300 名士兵排成队伍。因黑夜，人们根本看不见他们。但是，当我们正要停船抛锚时，忽然一声锣响，每个士兵从他们的战袍下拿出一只明亮的灯笼，按常规操练起来。

第二天早晨，我们第一次看到几座小山划破东方的地平线。田野似乎耕种得还可以，但那种耕种的形式并不需要多少技巧和力气。沿着运河的两岸建立了大片大片的村庄，村与村之间相隔约3英里。村庄附近的菜园种满了烟草，烟草的叶小，而且毛茸茸黏糊糊的。烟草开的花呈一种绿黄色，在花瓣的边缘变成暗玫瑰色。我们还看到小块小块的大麻。人们主要用这种植物的种子和叶子来代替烟草或与烟草掺合在一起，而不是用其纤维织布。中国人远不像印度人那样将大麻用于这个目的。自从大麻引入欧洲以来，其价值主要在纺织，但在中国这种价值几乎没有。由于气候温和，大麻的每根主干在离地面很近的地方长出数根旁枝，这样便截短了纤维的长度，使得它不适合纺织。在欧洲北部地区，大麻的主干没有旁枝，是纺织的好材料。蓟是一种几乎在世界任何地方都生长的植物，在这里的生长习性与在欧洲的没有两样。我们还看到一种藜属植物和艾蒿（俗称苦艾），大量的白菜和其他普通蔬菜。几乎所有的庄园都有小花园，里面种着凤仙花、翠菊、蜀葵花，两种锦葵属植物，一种苋属植物，以及艳丽的夹竹桃灌木丛。

10月26日，我们从济宁市城墙外经过，那里泊着许多小舟。不久后，我们驶入一个巨大的湖泊，湖名和市名相同，湖内有许多帆船行驶。将运河与湖东岸分开的仅仅是一个巨大的土丘。朝乡野的西边望去，看不到尽头的是一片绵延不断的沼泽地，上面散布着一弯弯塘水，里面莲荷茂盛，正值开花时期。沼泽低于运河的水面几英尺，有调节水量的功效。同样，每隔一定距离，我们可看见土堤中的石拱。如果那些流入湖的河水上涨，这些石拱便将过多的水排出。有关这个地方，我们还听说，运河的河床是根据一根几乎是水平的线开出的。因此，视这些水闸是开启还是关闭，河水或朝东或朝西缓慢流动。也许，人们在制定河床的水平线时，靠的是湖的表面，而不是靠仪器的帮助，因为非常明显，只要可能，人们总是不失时机地将这条伟大的运河开在湖泊的旁边，或从湖泊中穿过。

在3天的航程中，也就是说在离开天津后约80英里的路程中，农村的面貌大都如此。宽广无际的平原到处都是湖泊或半干半湿的沼泽地。湖上游曳着各式各样的帆船，呈现出一片繁忙的工商景象。几乎所有的湖泊都布满了岛屿，岛上建有村庄，主要由渔民居住。在这里，我们第一次看见了鸬鹚，即鱼鹰，属鹈鹕科。它们潜入水中追逐鱼群，似乎与它们的主人一样心情急切。这种游禽极像一种名叫"普通鸬鹚"的鹈鹕。在英国，自然学家告诉我们，人们以前训练普通鸬鹚捕鱼，因此人们通常将这两种鸬鹚看成是一种。但是，从我们带回去的几个标本来看，这种鸬鹚似乎属于另一种类。捕鱼通常在早晨。人们用竹排带上10到12只这种处在饥饿状态的游禽，一次最多放一两只下水捕鱼。当这些游禽将捕到的鱼带到水面的那一刻，渔民便将鱼从它们嘴中取走。这些游禽比普通水鸭大不了多少，但可以抓住与它们重量相当的鱼。当主人认为第一对鸬鹚已经够累时，他就让它们吃几条它们捕的鱼作为鼓励。同时，另一对鸬鹚被放到水中。我们看到，它们抓的鱼主要是一种河鲈。在3天的航行中，我们看到几千只船和竹排在用这种方式捕鱼。

除开在水上或岛上，整个沼泽地可以说是了无人烟，完全没有被开垦过。确实，一些小山丘不时在荒芜的沼泽上冒出头来，上面有时会出现几个破烂不堪的泥棚。但是，那里的主要居住者却是些经常往返于水面和沼泽地的种类繁多的鸟类，诸如长颈鹤、苍鹭、海鸠等。在这里还有奇特而美丽的禽类——鸳鸯。如同金鱼和银鱼一样，人们将鸳鸯捕捉起来，加以豢养，然后卖给有钱的玩家。这大片大片的湖水对气温有很大的影响，特别是在早晨和晚上，气温有时会低于华氏40度。

经过了这些湖泊和沼泽地后，我们在31日，猛然进入了这个国家最令人心旷神怡的地区。那里到处是庙宇、乡村和城镇。在城镇附近以及在运河上，有许多漕船在收取过剩的实物税，以便将其运往首都。这里种植的两种主要农作物似乎是小麦和棉花。这时，地面出现了山丘和溪谷，每寸土地似乎都用于耕种，只有山顶例外，通常由树林覆盖。几乎所有的房屋和寺庙都有大片的花园和果园。苹果、梨子、李子、桃子、杏子、石榴是常见的水果种类，食用蔬菜与北直隶的蔬菜相同。在此处的大运河也许是世界上最宏大的内陆水上运输线，其宽度近一千英尺，两岸有许多石头建成的码头，由巨大的灰色大理石块和花岗岩组成。虽然两岸由人工筑起大堤将河面抬到高于两岸地面几英尺的水平，但是这条巨大的水道仍以近每小时三英里的速度湍急地流向黄河。在河岸和从大运河流向四方的无数支流上，到处呈现出一片繁忙和勃勃生机。我们急速向黄河靠近。

在大运河的两岸，城镇数英里绵延不断，一直延伸到那条在中国历史的每个阶段都为人们颂扬的大河的接口。船夫特别为我们指出一座村庄。这座村庄的名字来源于一个神奇的事件。发生的事情如此神圣，大多数中国人对此都深信不疑。传说著名的道士贺（Heu）在他的房内升天后，在这个地方留下了那栋房子和一位年迈忠实的仆人。仆人在主人离去后流离失所，沦为乞丐。但是，他一次碰巧将一点煮熟了的米饭撒到地上，米饭立刻长成稻，并结出没有壳的谷，使他得以足食。从此以后直到今天，这个地方便称为"生米"（Sen-mee）——"长出来就没有谷壳的米"。

黄河水流湍急，波浪翻滚。在我们的船队驶入黄河之前，人们认为必须举行一些仪式，不得马虎。就宗教的实用部分而言（也许可以看成是宗教的全部内容），中国人在追求美好未来的同时，也急切渴望避开可能出现的邪恶。在所有的邪恶当中，生命危险是最可怕的。因此，人们认为，作为权宜之计，在每艘船上应放上供品以祭河神。在这种场合，牺牲在不同的船上都有所不同，但通常是一只禽或一头猪。这两种动物在希腊祭祀活动中也非常普遍。动物的血和毛一起被涂在船的主要部位。一些船的艉楼放上几杯酒、油和盐，一些船上放着茶、面粉和盐，一些船上放着油、米和盐。中国人和希伯来人一样，似乎认为盐对于祭祀活动是必不可少的。"你献上的每种肉食供品必须用盐调制。你决不可违背对上帝的承诺，在肉食供品中不调以足够的盐。"然而，高僧和他的朋友们总是享用供品中的肉食，他们认为这些肉类供品不配上天接收。实际上，这些部分在祭品中总是最好的。因此，人们可能会找到为什么那样强调祭祀活动中不可缺盐的理由了。盐在许多东方国家是一种稀有物品，而且是保护肉类的最好的防腐剂①。

杯子、牺牲和几道菜被搁置在前甲板上，船长俯身站在一边，另一个人手拿铜锣站在另一边。在接近激流的那一刻，铜锣发出信息，船长一个杯子一个杯子端起来，就像古希腊人那样，他可能在"举行祭祀活动，泼洒红葡萄酒"。象征性地，他将杯子里的东西从船首洒入河内。祭祀完毕，鞭炮齐鸣，锡箔焚烧，人们举起双手，锣声不断，而且越来越洪亮。是时，激流将船队送向下游。供品和菜肴被送给船长和水手们享用，仪式以三鞠躬和三跪拜告终，皇帝至少要九拜才会满意。

我们的船队大约由 30 艘帆船组成。每只船从驶入激流开始，便锣声鞭炮声大作，焚烧供品的浓烟滚滚。如果河神对祭品不满意的话，他必定会大发雷霆。人们全部在对岸安全登陆，这证明河神接受了人们的敬意。因此，人们再一次为他点燃鞭炮，感谢他慈悲为怀和友好相助。

黄河在这里的宽度有四分之三英里，最急的水流速度为每小时 7 到 8 英里。河水很浑，充满了泥沙，似乎刚刚下过大暴雨，但实际上好几个月没下雨了。

---

① 玉米和纯净的盐在大多数罗马祭祀活动中都要用到。尤其是盐，被人们视为至宝，同时又被广泛利用，以至于当一个人得到薪金和养老金时，他被说成是得到了"盐"。有时，如果说他得到了盐，其意义如同我们讲"获得了生计"。在印度，一种通常表示得到某人帮助的话便是"我吃了某某的盐"。荷兰人谈到被抚养人时总是说，"他应感谢某某的盐"。这些观念或习惯在相隔如此遥远的国民中巧合，不管是多么难以解释，却极其有趣。正因为这样，我们才在此谈及这些话题。——原注

在御河与黄河之间的运河长约 200 英里，我们现已驶完了全程。这个国家的地势是从北往南逐渐走低，这项工程的策划人似乎将他们的注意力集中在这两条河之间的中点，然后开始施工。因此，从这个中点向北，地势逐渐升高。为了保持水平，他们不得不挖掘到地表以下 30、40 甚至 70 英尺的深度。然而，从同一地点向南，地势逐渐降低，他们必须用泥石筑起巨大的河堤将水位抬高，远远高出平坦的地面。另外，这个地方几乎全部由湖泊和沼泽地组成。将建造大堤的不同材料聚集到一起，需要巨大人力。如果不是在这样一个国家，那里成百万的人只要独裁者点点头便趋之若鹜地奔赴劳动，即使是在一段相当长的时间内，这样大的人力资源是根本不可能得到的。中国那些最伟大的工程一直是而且继续是人工的积累，除非在极其特别的场合，当机器动力是必不可少时，才会采用机器辅助人力。

就这样，当运河从高低起伏的地表经过时，保持连贯的水平线变得不可能了。这时，如同下梯级一般，运河从一处下降到另一处，有一个斜面衔接。从上位运河到下位运河之间的高度通常是 6 到 10 英尺，斜面的角度为 40 度到 50 度。在运河上航行的所有船只都必须由直立绞盘拖上这些斜面，否则，那些体积庞大的船只加上满舱的货物，几乎是不可能从一段运河进入到另一段运河的。用同样的方式，船只被缓慢地放到下位运河中去。这种笨拙的机械装置也许并不说明他们不知道别的地方在使用水闸和其他方式来进行这项工作，而只能意味着中国朝廷不愿意让任何形式的发明创造夺走成千上万的人获取微薄生计的机会，而现在这种生计就是通过他们操作这些绞盘来获得的。不管欧洲人是怎样对这个观点不屑一顾，不容置疑的是，如果在中国为促进和解放劳动力而普遍推广机器的使用，那么伴随而来的后果将是极其痛苦的，是致命的。正是由于这样一个简单的原因，他们明显表示出对国际贸易的蔑视。因此，无论机器的价格怎样大幅下降，对机器的需求也不会增加，即使机器能够大幅度地降低对人力的需求。

用运河作为连接帝国不同地区的交通，中国人似乎对因此而产生的便利十分了解。然而使人惊异的是，是什么动机阻止了他们铺设优质道路，特别是在没有内陆航线的那些地区，来促进人们的交往呢？在这点上，他们比不上大多数文明国家。除了在首都附近，除了在一些山地将大运河和其他河流阻隔开来的地方，在这个国家几乎没有一条像样的大路。因此，在冬季的北方省份，人们出门远足，不可能不遇到各种困难、不便和危险。所有从北连接黄河的运河都在纬度30到35度以上，全被冻结。同样使人感到惊异的是，他们的智慧居然没有使他们创造出雪橇或其他适于在冰上行走的车辆，而这些却是其他国家使用得最好的陆地交通工具[1]。

---

[1] 我从中国人在冬季接送荷兰使团往返于首都的方式推断，那些不是中国人采用的交通工具。他们经历的巨大不便很难让人相信，那是发生在一个文明国家。我在别处曾提到过我读过的一本日记。这本日记在我脑海中展现出这样的阴暗画面：一个荒凉落后的国度，一个贫困潦倒的民族，没有仁慈博爱，没有亲情友善。他们旅行时坐竹轿，由四个人抬着。抬轿的人身体虚弱，行走蹒跚，无法走完一天的路程。他们经常不得不在半夜时分露宿于荒无人烟的乡野，因为找不到房屋，即便是断壁残垣，以躲避险恶的天气。即使他们能及时赶到目的地，分派给他们的住宿场所通常也是破烂不堪，四面漏风，不遮雨雪，他们宁愿待在竹轿中休息。他们一路上吃惊地发现，城镇乡村是那样少，但同样使他们吃惊的是，那些为数本来就不多的城镇乡村也如同废墟。在首都附近，

大运河从黄河延伸到扬子江,其建造的原则与建造黄河与御河之间那一段的相同。整个地貌十分平坦,到处是湖泊和沼泽地,运河实际上是在一个土堆上行走,土堆由石头墙拦护,全程约为 90 英里。在一些地方,河水高出两岸乡间的水平面达 20 英尺。运河水面宽达 200 英尺,流速有时达每小时 3 英里。数条小运河从西边向大运河注水,多余的水被放到低洼沼泽地。潘阳县的城墙墙顶正好与运河水面齐平。因此,如果面对城墙的河堤决口的话,整座城市必淹无疑。这片低洼潮湿的乡间几乎没有开垦的农田,但是小镇和村庄却到处可见。居住在那里的人靠捕鱼为生。

黄河两岸的农村地势很低,其面积之大,也许可以与整个英国的疆域相比。这大片乡野随时都有遭受水患的危险。中国人说,这条河的河水泛滥成灾,对于这个国家来说,比战争、瘟疫和饥荒更加致命。康熙皇帝为了镇压河南省的暴动,在占

一整座城市呈现出的景象就是一大片废墟。在许多地方,他们发现大片乡村被水淹没,一栋栋的泥房在水中坍塌。有时他们经过大片的荒野,那里根本没有耕种的迹象,方圆九、十英里没有住家。直到渡过黄河以后,他们才看到路面上有车轮留下的痕迹。这些道路交通稀少,人们很难辨出那些车辙的去向。他们在这里看见老人和少妇乘坐手推车行走。驴子拖着粪车,一头被拴在两根车把之间,另一头被拴在车后。河流上没有桥梁。有些河的河水太深,人们不能涉水,必须乘坐竹排过河。简言之,在到达首都之前,他们历尽了千辛万苦,身体受到极大的伤害。他们褴褛的衣饰引起了北京人的同情,那里的人送给他们 20 套羊皮袄,上面还饰满羊毛。像哈腾塔次人那样,他们将这些皮袄翻穿着。他们中一位先生跟我明言,在好奇心得到满足后,再没有什么世俗的诱惑能够驱使他第二次选择陆地旅行去中国的首都,因为他相信,世界上没有其他地方能够展现这样一幅贫穷困苦的画面了。他的描述与我们轻松的旅途形成了多么强烈的对比呵!荷兰使节得到的待遇,似乎与中国人对该国在政治上是否重要的认同有关,与这种重要性成正比。——原注

领一座城市后，下令将城后面的一段堤决口。但是洪水如此凶猛，不仅消灭了暴动武装，而且还冲走了近 50 万平民，其中包括几位欧洲传教士。将河水限制在两岸河堤之间，工程花费浩大。康熙皇帝在他最后的遗嘱中声称，在他当政期间，每年为造堤防洪，从帝国户部的拨款从未低于 300 万两白银，相当于 100 万英镑。

在接近扬子江时，农村的面貌开始改观，情形类似我们进入黄河附近的地区。邵伯（Sau-poo）镇沿着运河两岸的堤坝延伸，镇内的房屋通常有两层楼高，显然都建造优良。房屋都用石灰刷白，干净整洁，排列有序。居民穿戴也要比我们到此为止已习惯看到的要好些。比起我们在北方省份所看到的女人，这里的女人的面容要漂亮得多，五官更柔和美丽。

扬州府的城墙和城门带有十分古老的印记，部分已成废墟，几乎全都布满了苔藓和爬藤植物。在城墙脚下，至少停泊着上千艘造型各异的船只。我们在这里停留过夜。第二天早晨，也就是 11 月 5 日，我们乘船驶入了美丽的大河——扬子江。扬子江在这个地方约有两英里宽，但是水流平缓，人们都认为没有必要给江神敬献供品。许多岛屿从江面上升出，上面盖满了绿草，各种船只穿梭往来，战舰、货船、游船数不胜数。有的逆流而上，有的顺水而下。一些船划桨而动，一些船依锚而静。极目远望，运河两岸布满了城镇和房屋，呈现出一片欣欣向荣、风情万种的景象。这是我们旅行到此为止没有看到过的景象。江对岸连接的运河也同样繁忙热闹，整整两天，我们都在各种各样的船只中穿行。船只的造型大小千变万化，最大的是那些

马戛尔尼勋爵的坐船进入长江(1793年 水彩) W. 亚历山大

属于户部的船只，每条至少能载货 200 吨。两岸的城镇和村庄一个接一个，从不间断。无数座石桥横跨运河上，一些有一个拱，一些两个拱，一些三个拱。这里农村的面貌是山峦起伏，溪谷鸟鸣，千变万化，美丽之至。每寸土地都得到了充分的开发，主要种植的是一种特别的棉花，呈黄紫色，在欧洲称为南京棉。

我们花了 3 个小时穿过苏州府市郊，到达城墙下，那里停泊了许多船只。城市面积很大。城墙上和城墙外出现的市民衣着整洁，喜气洋洋，神情满足，是我们在别处没看到过的。他们大多穿着丝绸服饰。这里的女人穿裙子，而不是像北方妇女那样穿裤子。这里流行的头饰是一种黑色的缎子帽，顶上呈三角形，帽尖朝下伸到鼻根，在鼻根中间，也就是在额头中央，嵌着一颗水晶纽扣。整个面部和颈部用一种铅白制剂洗过，双颊抹了很厚的胭脂，两块像饼干一样的朱红色的圆圈特别显眼，一块在上嘴唇的正中，另一块在下巴上。她们的双脚无一例外地用不自然的方式挤压变小。因为外国人的出现甚为稀奇，大批大批的人赶来围观，但几乎没有女性。为了满足好奇心，许多妇女聚集在房屋内，游船或渡船上更是都挤满了妇女。在这个地方出现的女人穿着高雅，相貌动人，与农村的一般情形非常不同。

这种现象只能用基督教传教士的记载来解释。他们写道，满族人和有钱人娶的妾主要来自扬州和苏州。那里的女人在唱歌、音乐、舞蹈等取悦他人的技艺上，以及在适合贵妇身份的举止习性等方面都受过良好的训练。因此，她们楚楚动人，使人赏心悦目。这样的女人通常由全国不同地区的商人买下来，

长江金山岛（1793年 版画） W. 亚历山大

在这两个城市接受培训,然后在那里拍卖给出价最高的人,"这便是在这两个城市中人们从事的主要贸易"。如果说这些传教士圣人对这个民族饰以各种美德,那么他们是怎样认同这个民族中存在的如此臭名昭著的贩人勾当的呢?这些圣人对这个民族的孝道思想大加赞赏,尊这个民族为其他民族之榜样!如果父母贩卖自己的孩子,直截了当地并心甘情愿地使她们沦为娼妓,那么在地球上难道还有比这样的犯罪行为更加与文明精神背道而驰、更加令文明社会憎恶的吗?在欧洲,这种可怜的女人因生活的偶然不幸沦落到如此可悲的地步,专事满足男人的肉体享受(也许还遭受后者的嫌恶),她们通常还是人们同情的对象,不管她们的行为是怎样为人不齿。但是,如果父母竟然是促成自己子女沦落的原因,他们则应该受到诅咒。

以下言论也许荒谬可笑,一定是作者轻信人言,草率得出的结论。他们认为,在这个世界最大、人口不少于百万的城市中,最主要的行业竟然是买卖青楼女子。合法买卖女人在全中国无疑是个最大的行业,在那里所有的女人都被买被卖。那些可敬的绅士们极其漫不经心地告诉我们,如果一个男人想得到一个男孩,而他的妻子正好不育,他便会为得到一个继承人专门买一个妾。目的达到后,他要么将她嫁人,要么将她逐出家门。这便是中国人的仁义和美德,与他们相比,所有其他民族都可被认为是野蛮民族[①]。

苏州府的西面群山起伏,峰峦叠嶂,郁郁葱葱,我到此为

[①] 在此应该指出,在几乎所有传教士们撰写的有关中国的著作中,那些根本不值一提的琐细被作为美德大肆给予不应有的颂扬,而对那些深重的罪孽,或是轻描淡写,或是只字不提。——原注

止还没有看到过这么高的山。山脚下是一片浩瀚的湖水，湖色之美，湖鱼之肥，在中国家喻户晓。我们很想在这个令人心旷神怡的去处游乐一番，但如同往常一样，我们的向导极力反对，原因是在此游玩会耽误行程。

这一地区的两大农作物是大米和丝绸。是时正值水稻收割季节。运河两岸是一望无际的桑树林。桑树看起来主要分两种。一种是普通桑树，另一种桑树的叶子平滑较小，呈心状，结一种白色的浆果，大小如草莓，其特征更像灌木。人们时常剪枝，不让桑树的旁枝长得太粗壮，以便每年长出新幼枝。人们一般认为幼枝上长出的叶子比老树枝上长出的要嫩。人们剪枝还有另一个原因。如果一棵树任其生长，它会在春天同一时间一次性长出大量的树叶。但是，如果不时将粗枝剪去，新叶便会在整个春季从剪去的旁枝的下方不断长出。于是，中国人特别注意在秋季剪枝，以便在春季得到大量的嫩叶。这个地方在11月9号日出时的气温为华氏64度，午间背阳处的气温为70度。

就在运河的这一段，我在第五章提到过的九十一拱桥飞架于一条从一个湖泊流入运河的支流上。我们在夜间经过这座非凡的杰作，我为之惋惜不已。事也凑巧，我们的船沿运河徐徐前行，这座桥引起了一个瑞士仆人的注意，他开始数起桥拱来。但是，他发现桥拱的数量远远超过了他所期望的，而且桥拱也越来越大，他立即跑进船舱，急切地大声喊叫，"看在上帝的份上，先生们，快到甲板上去吧！那里有一座我从来没有看见过的桥，长得没有尽头。"麦克斯威尔先生和我马上跑到了甲板上。在昏暗的夜色中，我们尚能清晰地看到，一座有许多拱的桥与运河的土堤平行。一条支流从一个大湖中流出，连通了湖与运河的航线，这座桥从这条支流上横越而过。从桥的最高点，也就是从看起来像是中央桥拱处开始到桥的尽头，我共数了45个桥拱。在桥的末端，桥拱很小，但我猜测中央桥拱约有30英尺高，40英尺宽。我推算整个桥的长度约为半英里。用这样的方式建造这样一座桥，明显只能有一个目的，即为通往那个湖的交通打开一条自由通道，同时也避免了建造一座坚实的堤岸所需要耗费的人力和财力。

我们在一片种植整齐的桑树林中穿行了大半天后，于10号到达浙江省会杭州府。在这里，将大运河与扬子江连接的那条支流在一个巨大的盆地中结束。此时，这里大小船只四处游弋，十分繁忙。从这个盆地开始，好几条较小的运河从城墙中的拱洞中流过，朝各个方向穿过这座城市，最后流入西面城墙外的一个名叫西湖的湖中。

这个湖的自然和人文风景之美，远远超过了我们迄今为止有机会在中国看到的任何景物。湖水四周群山环绕，山峦高耸，形状多样，如置画中。山谷中丛林茂盛，树种各异。其中三种树不仅因其特有的美，而且还因它们与别的树形成鲜明的对比，显得特别醒目。这三种树是樟树、乌桕和侧柏。樟树一簇簇闪亮的绿叶与乌桕紫色的叶子交混在一起，顶上是挺拔高耸的"生命之树"的深绿色的叶子，产生的效果极其令人赏心悦目。较矮的山丘斜坡上有几处亡者的安息地。墓地各有特点，形状不同，使得这里的风景更加耐人寻味。这里如同其他地方一样，那些庄重高大的柏树注定要成为坟墓的忧郁伙伴。在树林的更

384 | 我看乾隆盛世

苏州的桥（1793年 彩色版画） W. 亚历山大

高处，人们开辟了道路，以通往一排排的蓝色小屋。这些小屋由白色的柱廊支撑，但仔细一看，原来这也是死者的宅第。地面上到处摆着毫无遮盖的十分厚重的棺材。

湖水从城墙外一直延伸到山脚下，然后分几路流入葱郁的山谷之中。这个湖对于杭州府的居民来说，既是他们的欢娱所在，也是他们的生财之地。然而，在湖上泛舟玩乐的主要限于男人。除那些放荡的女性外，几乎没有女人会加入男人的游乐之中。如果有这样一个社会，在那里两性之间不存在任何社会交往，对于柔情蜜意谈情说爱全然不知，对于理智与哲理弃置不顾，那将是多么的凄惨，或者说得好听些，那将是多么的乏味！在更加开明的国度，年龄也许会减弱人们参与到女性圈子嬉闹的热情，也许会使他们不再那么愿意进行严肃的交谈，但人们仍有无数的方式来保持自己头脑的聪睿，人们总是可以获得充分的社会交往，只要他们能够品尝

理智的盛宴和灵魂交流的蜜汁。

但是，在中国，他们交谈的内容总是千篇一律，主要是有关邻居的琐事，官府的不公，奸商的欺诈手段，或者是拙劣工匠的瞒骗行为。那些有钱人饮酒取乐也很少像其他国家那样一轮一轮依次斟酒。如同我已经提到过的猜拳游戏一样，他们举行一些幼稚的游戏以确定谁应该喝酒。就这样，人们将一束花传来传去，同时一个人在隔壁房间击鼓或敲锣。在锣鼓声停下的那一刻，谁正好拿着花束，他就必须喝一杯酒。为了消磨时

间,为了喝酒助兴,人们甚至采用更幼稚的方式。但在这里,如同在别处一样,人们打发光阴的方式通常仍是赌博。即使是最贫贱的中国人,不管走到哪里,这种恶习都会伴随着他们。据说,我们在东方的一个殖民地鼓励中国人在那里定居。他们向当地政府每年缴费一万元,以获得许可来开赌场售鸦片。

因为水路被一条狭长的陆地阻断,行李需要搬运过去,我们的行程必须在这里延迟两天。我说服了好心的陪同王大人,让我们到西湖游乐一番,他欣然允诺。这便是我们整个旅途中唯一的一次游览名胜。我们的游船十分奢华,还拖带一条船作为厨房。晚宴在我们登上船的那一刻开始,一直延续到我们上岸为止。晚宴先后上的菜肴至少有一百道,其中有刚从湖中打捞上来的鳝鱼,用各种调料烹饪,味道十分鲜美。湖水清如明镜,湖上众多游船来回游曳,有的涂漆,有的镀金,全都装饰得花里胡哨。船上人们兴高采烈,尽情欢愉。

湖岸上房屋星罗棋布,其中有栋较其他房屋更坚实庞大的建筑,据说属皇帝所有。院子被砖墙围着,种满了蔬菜和果树。有的院落中还种了一些中国人十分珍视的奇花异草。在这里,我们看到了多种水果,其中有蟠桃。在这里,我们第一次尝到了从树上鲜采下来的两种橘子,但还没有完全成熟。个大的一种就是普通中国橘,个小的那种通常称为柑橘。石榴和香蕉味道很一般,甜瓜质量也好不了多少,杏子与我们国家的相比就差远了。一种类似李子的大个水果,味道也一般。如果精心种植,桃子的质量本可以大大改善。苹果、梨子如果是在英国,我们会毫不犹豫地说糟糕透了。还有一种为我们所不知的水果,中国人称它们为 Zee-tse，成熟后甜得怪怪的，不成熟时酸得不能忍受。有些人认为他们看见了开心果，但他们很可能错了。人们不时给我们送来一些劣质葡萄，但在乘船从这里去舟山时，我们一路上看到了大量的优质葡萄，生长在立于运河中的支架上，枝繁叶茂，绿藤成荫，游船穿行其下。

西湖岸边最引人注目的灌木是木芙蓉、木槿、丁香和枸树。我们还看到了含羞草、吊裙草、蔷薇、玫瑰、鼠李、接骨草、郁金香和棉花树。就花卉而言，我们特别注意到一种高大的紫色罂粟。这种花卉与这里池塘普遍生长的荷花以及牡丹花一道，经常被画在用来糊墙的大张画纸上。各种各样美丽的凤仙花含苞怒放，三色堇、干花菊和鼠麴草鲜花盛开。我在此只提及当时路过时引起我注意的这几种植物，因为我们的中国陪同感兴趣的是向我们提供湖鳝和其他美味佳肴，他们对植物学不感兴趣，根本不愿意为欣赏一花一木停留片刻。

第二天，本森中校（现在已是将军）和我由一位军官和他的传令兵陪同，一起骑马越过那片狭长的陆地，去查看为后面旅程准备的船只。在我们返回之前，天色已晚，我建议穿过城市返回，这样可以省一半路程。我和王大人在前一天就这样返回的。那位军官察觉到了我们的意图，努力把我们朝右边引，但发现我们继续前行，便朝他的传令兵耳语几句。传令兵马上向城门方向跑去。我们意识到他们是想关闭城门，立即策马跟随。这时，那位军官和传令兵大声叫起来，整个市郊一下骚动起来。所有城门立即关闭，而且围满了士兵。城内一片混乱，消息一条接一条被送往总督府。锣鼓声大作，卫兵各就各位布满城市各个角落。我向他们说没有什么可惊慌的，我们只有3个人，除了想穿过城市回到我们的船上，没有其他意图。此时，陪同我们的军官在众目睽睽下，扑通一下跪倒在泥土中，祈求我们放弃穿过城市的意图。这个政府的清规戒律使得这些人变得如此下贱可鄙。最后，我们的朋友王大人和乔大人带着翻译和一队士兵及随从赶来。他们装出一副开心的模样，好像我们3个英国人开了一个玩笑，引起了他们防守最为坚固的城市如此恐慌。当时，城内屯兵3000。听到我们为这种不必要的警戒吃惊时，王大人解释道，我们的向导不像他那样对我们了解。因为他要对我们安全返回负责，所以他宁愿陪我们彻夜在旷野中行走，而不愿意我们在闹市中穿行。当两广总督（他此后一直陪伴我们）最初接待我们时，他从向导那里得知这些英国人行走时喜好观望周围景物（一种中国人不能理解的乐趣），他马上下令说，大使所有随从，只要愿意，可以随意行走，不得阻扰。

杭州府以丝绸业著称。如同所料，我们在市内看到大量的商场和库房。就商店和仓库的大小以及存放的货物而言，它们完全可以与伦敦最好的商店和库房媲美。在一些店铺中，柜台后的工作人员不下十几人。但是，我们穿过城市时，不管是室内还是室外，自始至终没有看见过一个女性。街上的人全是男性，他们看起来身份和修养并不比北京街上的差。这里的街道大多窄小，但在其他方面较首都的街道却有更多的优点。这些道路用宽石板铺垫，与威尼斯的墨瑟里（Merceria）大街或伦敦法院区的街道相似。虽然中国的街道远不如克兰伯恩

（Cranburn）大街宽敞，但是这个城市的道路铺垫得同样平整。街道保持得异常干净整洁，每个商店都展示出不同厂家的丝绸，染色的棉布和南京棉布。他们还展示各式各样的英国绒面呢，但主要是蓝色和红色，用以做冬季的袍子、椅罩和地毯。同时还有一些皮毛货，供北方市场。我们经过的街道上还有肉店、面食店、鱼贩、粮贩、象牙雕刻店、漆器店、茶馆、炊具店以及棺材店。棺木买卖在中国是个大行业。从这个城市的大小和外貌上看，我想就其人口而言，不会亚于北京多少。市郊的居民人数可能与城墙内的居民人数差不多相等。

在把新接任的两广总督介绍给大使后，松大人告辞而去。从这时开始，两广总督开始陪伴使团一行向省会进发。他的言行举止看起来与朝廷大臣一样和善可亲。他从北京赶来，传话说，皇上对英国使团极为满意，特带来额外礼物送给英国国王，其中有镶金的丝绸、他的私人荷包和一张亲笔书写的"福"字。这纸装饰精美，小心折叠起来。这被视为中国君主向他国君主所能表示的最高的敬意了。

一簇簇橘子、香橼和柠檬点缀着两岸丰饶的小溪谷，几乎所有的农舍都带有一小块种有烟草的园地。面积较大的平地都种甘蔗。到此为止，在经过的乡间，我们还没有看到过一棵茶树。但是，我们在这里发现茶树被用来作为树篱，将菜园和果园分开，而不是特地种植的。

在常山县[①]城，我们又得越过一段狭长的陆地，然后才能

---

① 位于浙江西部，钱塘江源头。

在另一条河上乘船西行。这条河与北京通往广州的道路相连。从这里开始，我们离开扬子江绕道而行，因为我们中有些人要在舟山港去印度斯坦。我们对绕道并不感到遗憾，因为这反倒给我们机会看看那部分与外界隔绝的地方。穿越这段狭长地段时，我们沿一条铺垫很好的道路行走。道路在山中蜿蜒，我们第一次看到了传教士的书中经常提及的梯田。中国人似乎特别反对在斜坡上播种或种植。于是，只要有斜坡出现，他们便将斜坡平整成几级梯田，一层高于一层。如果他们认为泥土不够坚实，他们还用石头墙加固。水从最高一级梯田流到最低一级，即使水流湍急也不会失去任何营养成分。这似乎是促使他们用这种方式整理土地的原因。在干旱炎热的农村，没有水的浇灌，植物会变得凋萎。我观察到，在梯田最上一层无一例外地都有一个水池来储蓄从山上流下来的泉水。修造这样的梯田无疑需要花费大量的人力，对于农民来说，要从这样的耗费中得到合适的回报是明显不可能的。在其他一些地方更是得不偿失。人们将整座整座的山丘挖得都见了岩石，把泥土搬到山脚下去填补那里的沼泽地。

尽管如此勤劳，但从人们的一般情况上看，他们仅仅只能刚好维持生计而已。因此，在我们刚刚离开的那座城市里，那些政府官员搜遍了各个角落，才好不容易给自己和那些愿意乘轿而行的使馆人员找到足够的轿子。为那些愿意骑马的人找马也费了同样大的力气。对于那些大使的卫兵，他们准备了一种无顶盖的竹椅，固定在两根竹竿中，用肩抬着走。这些士兵头戴羽毛，身背火枪。当他们的身体被塞进轿椅抬到空中时，他们很快就意识到自己在大出洋相。那些抬轿的可怜人衣服褴褛，体弱多病，让他们抬着艰难前行使自己感到万分羞愧。这些士兵很快从轿上下来，坚持要这些中国人上轿，让他们抬着走。我们的向导假装把这看成是英国人开的一个玩笑，但其他人对此明显表示了恼怒，认为是对这个地方给英国大使及其随从的接待不满的一种间接表示。然而，这确实是他们尽了一切努力所能提供的最佳待遇。

我们花了一天的时间，行走了约24英里，完成这段陆地旅行。然后，我们在玉山县（Eu-shan-shein）下榻过夜。这是一座简陋小城市。第二天，我们在龙峡洞（Long-shia-tong）河登上了又长又窄的平底船，但因连续两整天的倾盆大雨，我们不得不乖乖地在此抛锚停留。

11月24日，我们沿激流而下。因几天大雨，河水猛涨，河面变得很宽，有些地方河水甚至漫过了堤岸，尽管这些堤坝是那么高大坚实，由深棕色的石头筑建。几座米厂完全被水淹没，只有厂房的茅草屋顶刚刚冒出水面。其他的房屋全部被水冲走，河岸上到处瓦砾狼藉。我们船队中一艘船搁浅在其中一栋厂房的屋顶上。

两天的航行中，农村的地貌是山峦起伏，树木郁郁葱葱，以樟树、杉树和乌桕为主。但是，当我们接近鄱阳湖（一个小内陆湖）时，地貌开始呈现出大片沼泽地那种特有的单调，看不到任何农耕的痕迹。偶尔在这里或那里，几处小小茅棚立在水塘的边缘，茅棚旁的岸上由绳索系着的几只小舟漂浮于水上，表明屋里有人居住。在这个地方，我们有机会看到了中国人采用的各种捕鱼方式。有载鱼鹰的木排,有装着可移动的木板的船,木板可在铰链上转动,船被漆成一种颜色,以便在月夜使鱼产生一种错觉,引诱它们跃出水面,跳到木板上来。有各种形状的渔网,与欧洲完全一样的藤篮。还有硕大的葫芦和木头漂浮在水面,以便使各种各样的水禽习惯这些物体。这样,这些中国人便能有机会将身体没入水中,将头伸到葫芦或瓦罐中,然后慢慢地接近水鸟,抓住它们的爪并悄悄地将其拖入水中。据说,南美土著人也采用这样的方式。

我们越接近鄱阳湖,农村的面貌就变得越加凋零。在湖四周方圆数十英里远,至少在湖的南岸和西岸,完全是一片荒芜,长满了芦苇和杂草,诸如扁秆草、莎草和芦荟。这些一望无际的杂草只是偶尔被一潭一潭的死水间隔。这里看不到任何人烟。这个地方可以看成是中国名副其实的聚水盆,数条大河从四面八方流入湖中。人们几乎不可能想象出一个比鄱阳湖四周地区更凄凉的所在了。因浩瀚的湖水影响,这里气温很低。

11月27日,天下着毛毛雨,气温在下午降到了华氏48度。我们在景色单调不变的乡野航行了4整天,在最后一天的傍晚时分,到达了江西省会南昌府。在这里,我们看到停泊着四五百艘漕船。我们在这个地方停留了几个小时,以获得必要的给养,接受巡抚送给我们的礼物,如丝绸、茶叶和其他小玩意儿。人们告诉我们城市附近有一个非常著名的庙宇,但我们并没有心思专程去观看。我在前面已提到过,有个人在自己舒适的家中羽化成仙。据说,这个庙宇是专门为那个人建造的。

这座庙有一口井，里面满是大蛇。庙中的和尚对这些蛇十分崇拜，并劝告人们向它们祭献贡品。作为龙的后代，人们须要时常去供奉这些龙。不然的话，倘若龙颜大怒，整个世界将遭到毁灭。因此，不管在哪个国家，只要人们信奉迷信，那里就会有无赖来利用他们这一弱点。据说，这座庙中的和尚曾经说过一段话（这也许不是迷信）：当这些水蛇浮现于水面时，暴雨和洪水肯定接踵而至。趁这段短暂的延误，我登上了一艘漕船，丈量了一下其船载容量，船身长115英尺，宽15英尺，高6英尺。船舷笔直，船首和船尾宽度几乎相同。因此，船的载货量预计约为250吨。除开那些无数的小舟外，在这座城市的前面，停泊着合计载货量为10万吨的船只。

赣江朝南流入鄱阳湖，南昌府位于赣江东岸。这里河面宽约有500码，虽然逆水行舟，但因顺风，航速甚疾。在开始的50英里的航程中，两岸地势平坦，土地荒芜，只是偶尔看见几片稻田。但是，这里却人丁兴旺，到处是城镇与村庄，陶瓷厂和砖瓦厂也比比皆是。我们越往上游航行，乡村的人口就变得越多，地貌变化就越大，环境就更加宜人，土地开发得也越广。两岸长满了大树，为下面的道路投上了阴凉舒适的树荫。这些树中有些是柳树，有些是樟树，但绝大多数是榕树。这种树长得高大，伸张宽广，枝叶繁茂，树枝一直伸张到地面。如同印度橡胶榕（其实榕树是其异种），那些树枝在地上扎根，变成树干。

赣江在吉水县（Kei-shui-shien）城分成两条支流。吉水县与中国大多数城市一样，没有什么值得提及的。我们在清江

394 | 我看乾隆盛世

潘阳湖（1793 年 版刻） W. 亚历山大

府①（Kin-gan-foo）过夜，这是一座一级城市。河面在这里突然变窄，水流变急，我们的行程当然就慢了下来。逆激流而上，我们又必须寻找纤夫拉船。然而，我们发现这里的人比北方人更愿意干这种活。河流在崎岖贫瘠的乡野弯曲前行。这里唯一的财富是秀丽如画的风景，虽然能够使艺术家和鉴赏家赏心悦目，对于哲学家来说却没有那样的吸引力，因为后者认为真正的美存在于能为人所用的土地之中，不管其是多么平淡和单调。

12月3日，我们接近了那段为中国人非常畏惧的河道，许多船在这里翻沉。他们称这里为"十八滩"②。这里的河床上布满了岩石，因而产生许多湍流。其实这些湍流并没有什么可怕，远不及伦敦桥涨潮时的湍流危险。然而，中国船夫撑船技艺不高，极易恐慌，在许多只需要一点点镇定和决心便可以化险为夷的场合，他们却在慌乱中出错。河流穿行于丛林覆盖的群山之中，漫山遍野长满了松树，山谷中青竹葱葱。

在这里，我们看到两种竹子：一种与东方其他地区普遍生长的竹子相同，另一种长得矮小，很少超过10英尺高，同时主干细小，但是其纤维比其他种类竹子要更加坚硬结实。中国人将这种竹子用在竹制家具和其他竹器的精细部位。

从河边到树林的边缘，山脚下长满了灌木丛，其中最多的是一种类似茶树的灌木，中国人称之为茶花。这种植物是茶梅，他们将这种植物与山茶混为一谈，不作任何科学划分。前者结的坚果虽然较小，但很像栗子，从中榨出的油芬芳扑鼻，与欧

---

① 应为临江府。
② 赣江十八滩指赣江从赣州城下流至万安县域段。

洲的佛罗伦萨香油用途相似。

这段河道地势复杂，到处布满了尖利的礁石，有的露出水面，有的与水面齐平，有的刚刚淹没在水面之下。因此，尽管顺风，我们仍花了两天时间才完成这段航程。我们越向前走，河水就变得越急，也变得更加危险。在第 15 滩，我们看到两三艘船船底朝天翻沉在礁石之间。看到这种可怕的情景，我们的船夫惊恐万状。如同寓言故事中他的同胞那样，他不去努力把舵，而是敲响铜锣去引起河神的注意，点燃檀香木用烟香去刺激河神的嗅觉神经，以祈求他的帮助。幸好我们是逆水而行。倘若我们顺流而下的话，我有一切理由相信，我们的船也将会遭遇厄运，因为我们的船多次轻轻触到了礁石。

十八滩附近的景色极其秀丽，河水清澈透底，巨大的岩石周围树木葱葱，群山形状各异，这一切使我们想起了从英格兰北部乡村大湖中欢快奔流而出的那些河流。与那些河流一样，赣江也同样水产丰富，虽然盛产的河鲈味道远不如鲑鱼可口。河面上漂游着无数载有鱼鹰的木筏，我们发现那些鱼鹰只要潜入水中必有所获。在整整 3 天的航程中，河的两岸山峦起伏，生长的植物几乎全是茶花。这种植物自然生长，似乎无处不在。

12 月 6 日，我们于傍晚时分在赣州府城前停泊下来。这座城市唯一能给人较深印象的是种植在附近的大片漆树。航程中，我们采集到两种茶树，由我们的园丁从地中拔出，栽在花盆里。茶树长得很好，我们打算到广州后，只要情况允许，便将其送到孟加拉去。我知道第二天早晨会如同往常一样，又得匆忙赶路，但我希望除那些茶树和梅茶树外还能够得到几棵漆树苗。因此，我说服了我们的好朋友王大人，请他派人去办这件事。王大人向当地官员提出请求，但是那些绅士或许是认为顺从外国人意味着叛国，或许是本着真正的民族精神决定给外国人耍耍花招。第二天早上我们正要出发之际，他们用瓦罐将树苗送到了船上。没多久，这些树苗就都开始凋萎，叶子开始干枯。我们仔细一看才发现，这些树苗没有一棵带根的，都不过是一些小树枝，按其习性根本就不可能自己长出根来。

从赣州府开始，乡野的地貌变得更加平整，更适于耕种，我们发现几乎所有的土地都被开垦。主要作物是小麦和甘蔗，小麦已有6英寸高，大片种植园中的甘蔗都已成熟，可收割了。我们越往南行驶，种植的甘蔗就更多更广。这些甘蔗香甜多汁，节与节之间长约6到9英寸。为了将甘蔗汁榨出来制成糖浆，人们在种植园不同地方建立了一些临时作坊。榨糖过程十分简单。一对圆柱体（有些用石头造，但多数用硬木造）与地面垂直放好，然后用牛拖带转动。榨出的甘蔗汁由地板下的管子导入锅炉，锅炉在厂房的末端，深埋在地下。人们把榨干了汁的蔗秆当作燃料，将甘蔗汁在锅炉中熬到恰当的黏度。虽然他们并不熟悉炼制精糖的工艺，但是糖浆在冷却时会形成晶体的自然属性，为他们提示了获得精纯食糖的方法。这样的食糖在广州市场上以粉状销售，白得像最好的精糖。如同在西印度群岛，糖蜜（通常也称作糖渣）并不用来酿酒，而是有时与发酵了的大米一起倒入酿酒池中，以获得更好的烧酒。糖蜜的主要用途是腌制水果和蔬菜，特别是腌制姜。中国人对姜制蜜饯极其喜欢。

随着岁月的冲刷，这条河的河床越变越深，一般位于地平线以下20到30英尺处，有时甚至达40英尺，因此有必要采用一些设备来取水灌地。人们将水抽到河堤高处，采用的装置十分简单，但独具匠心。水抽上堤岸后，由狭小的水渠送到甘蔗园的各个部位。这种非常实用的抽水车由一只竹轮组成，我知道美洲也采用这种竹轮抽水。因为有关这种机器的形状和截面图可以在斯当东爵士大作的插图里看到，所以我在这里仅提及几点：除轮轴外，整台机器完全由竹子制造，没有用一颗铁钉或一片金属；建造这种机器的费用微乎其微；运行时不需要人工操作；一天24小时内，可将150吨水抽到40英尺高处①。在这段河附近的每个甘蔗园都有一个水轮车，有的有两个。由这些水车抽上去的水有时直接被送到甘蔗地中，有时被送到水库里。如有必要，水再从水库中由链泵抽出，然后通过小型渠道送到需要水的地方。

这个省的女人比一般女人健壮。她们四肢发达，力气过人，很适合担任田间繁重的农活，农业生产似乎是她们唯一可从事的工作。然而，她们之所以身体粗壮力大过人，是因为从事这种繁重劳动的结果，而不是因为她们健壮才去从事这种劳动。这里的妇女在沉重的劳动中长大，长年的磨难使她们最适合成为邻省农民的妻子。于是，当中国农民想得到一个能吃苦耐劳

---

① 至今仍在叙利亚使用的水轮车与中国的只有一点不同，前者将水桶松动地悬挂在轮子周围，而不用固定的竹筒。"哈马的水车轮，"沃尔内（Volney，法国历史学家和哲学家）写道，"直径为32英尺。水桶被系在轮周上。悬挂方式特别，因此水桶位于轮子下方时会掉入河中。当水桶到达轮子的最高处时，便会将水倒入蓄水池中。"——原注

的妻子时，就到江西去买。就是在这里，我们看到一个妇女确确实实在身上套上绳索拖犁耕地，而她的丈夫或主人干着较轻松的活，一手扶犁，一手播种。繁重的劳动，加上在纬度25度到29度的气候中常年日晒雨淋，使得江西女子的皮肤粗糙，长相凶猛。大自然在铸造江西女子的容貌时，确实没有手下留情。如同马来女人（她们很可能源于同一人种），她们将自己粗硬的黑发用两根金属叉紧紧地固定在头上。她们的服装与男人的几乎相同。像男人一样，她们也脚穿草鞋。她们没有遭受过裹脚的痛苦，能自由自在地使用自己的四肢，也许人们可以说她们比城市女人更加优越。的确，据说在江西省，即使那些没有从事农活而是在家干家务的妇女，也同样免去了那种野蛮的裹脚时尚的折磨。

9号，我们又一次驶入了狭窄的河道，河水甚急，逆水行船更加艰难。河床上满是鹅卵石，船底不时撞在上面。我们在傍晚到达南康府（Nan-gan-foo）①，河流变得根本不能航行。事实上，在过去的三整天的航程中，这条河如果是在英格兰的话，可以恰当地说成是一条小溪。在这样的溪水上行舟，除开中国人外，世界上恐怕没有人会有这样的想法。但是，令人羡慕的是，中国船只的形状和构造非常巧妙地适应河流的特点和深度。我们行至这条河的上游时，这些船在适当加载的情况下吃水仅6英寸。这些船长约50到70英尺，船身窄，船底平，略微弯曲，因此在触到河床时也只有船底中间一点点。但是，在好几

---

① 应为南安府。

个地方因河水太浅，船只无法行进，只好用铁耙移开石头，开通河道。

这条河从源头南康府到鄱阳湖全长约 300 英里。在江西省南部，河堤用深黑的泥土筑成，用一种深红或棕色的陶土加固，这种颜色表示土含铁量高。这里山峦的主要成分是砂岩，地表泥土肥沃，呈棕色，中间掺杂着云母颗粒。

前面又是一段陆地旅行。我们须要翻过陡峭高大的梅岭（Me-lin）[1]，其顶峰是江西省和广东省的分界线。梅林的南坡是北赣河的源头，河水流经广州港口，也就是欧洲人所熟知的虎门。我们上山时，有人骑马，有人乘轿。上山的路面铺得很好，弯弯曲曲地通往山顶。在那里，一道深长的关口从花岗岩石中拓穿而过，这项工程所耗费的人力财力之巨是显而易见的。山关的中部是一座军事哨所。它比一般的军事哨所要坚实，由两门陈旧的火炮防守，或正确地说，那里装备着两门这样的炮。炮很可能是近两百年前由耶稣会士铸造的。他们将铸炮的技艺传授给了中国人，但中国人似乎已经将这种技艺忘却或荒废了。

山峰的南面是广东省，景色是那样富饶迷人，与山峰北面的凄凉贫瘠形成了鲜明的对比。下山的坡度平缓，大约有 12 英里的路程。在我们还没到达山脚时，房屋已经是鳞次栉比，因此我们可以将这整段路程看成是一条连续不断的街道。然而，这里的房屋有一半是为人们提供方便的，行人可以随时进去解手。它们的门洞或入口总是朝街道开着，以招揽路人。这样的

---

[1] 在今赣州市。

便所都建在一个巨大的高于地面的蓄粪池上，粪池由专用材料铺垫，不会渗漏。便所的主人时常将干草或干垃圾扔入池内，以防止粪便蒸发。在广州市内有一条街全是这种便屋，在炎热的气候里真是糟糕透了。但是，中国人认为，为种植蔬菜和庄稼保存肥料比其他一切都重要。出于这种考虑，体面和慎重都是次要的了。

我们在路上遇到的所有行人都背着一罐罐的茶油。从梅岭顶峰到南雄府（Nan-sheun-foo）约18英里。整个行程中，我们至少遇到了上千人去南康府，每人都背负10到12加仑油，其中有些是妇女。

我们已经走完了中国的5个省。这5个省被认为是中华帝国人口最多、生产力最强的省。因此，我们可以回顾一下，对那里的农业状况和人民的生活条件，以及他们的衣食住行作出粗略的概括，并就这个国家的人口问题作一番总结。

有一种说法十分特别，不能不得到我们的注意：在我们经过的地区，除鄱阳湖附近之外，首都所在的省份内的农民生活最艰苦，住房最简陋，土地最荒芜。

当年荷兰使团人员从首都西南面行经北直隶，他们对这个地区的描写与以上说法完全吻合。四堵泥墙，上面盖上芦苇或干粟秆或绒毛草，便组成了他们的住房。这些住房大多由一道泥巴墙或者用坚实的高粱秆编制的篱笆围住，一张篾席将陋屋分为两间房。每间房在墙壁上开一个小洞，用来通风和采光。每栋房只有一个门出入，关门通常用的是一块硬席。一件蓝色棉布上衣和一条布裤，一顶草帽和一双草鞋便是绝大多数人的服饰。一张芦苇席或竹席，一个外面包着皮革的长筒木枕，一种用宽尾羊的羊毛做成的垫毯（不是纺的，而是像做帽子那样扑打到一起），有时加一床被子，里面塞满羊毛、毛发或干草，这一切便是他们的床上用品。两三只水罐，几个粗糙不堪的陶碗，一只大铁锅，一只炒锅和一个可移动的炉子，这就是他们的主要家具。椅子和桌子没有必要，男男女女都蹲在地上，围着那只大铁锅，每人手端一只碗，他们就这样用餐。他们消瘦苍白的面孔足以表明食物的匮乏，主要是水煮的大米、粟米或其他谷物，再加上大葱或大蒜，有时混入几种别的蔬菜。为了增加口味，这些蔬菜用陈腐变质的油潦炒。油是从几种植物中榨出来的，其中包括芝麻、芥菜、镰扁豆以及蓖麻（也称耶芬之手）。在欧洲，蓖麻油仅作一种强效泻药用。但是，将这种油用于烹饪，中国人似乎并没有遭受任何不测，这也许是因为在榨油过程中施加较小的压力，或是因为习惯，或是鲜食，减弱了其药性。就我所知，人们首先对蓖麻籽进行搓揉，放到水中煮，然后再将漂在水面上的油撇去。他们并不喜欢我们的佛罗伦萨油，他们说这种油没有味道。像南欧居民一样，中国人似乎也认为越陈的油越香。

在这个地区，鱼是稀品，北直隶的河流中几乎捕不到鱼。除开在天津和首都，我们在这个省从没看见过鱼。当然，天津和北京如同伦敦一样，市场兜售的贵重商品来自四周非常辽远的地带。的确，盐和干鱼作为商品从南面运来，但那些贫穷的农民根本没钱将其当作普通商品购买。他们只是有时用小米或蔬菜作为交换得到这些东西。用作米饭调味品的一小块猪肉，几乎是穷人唯一能够有钱品尝的肉食。他们几乎没有牛奶，没有黄油，没有奶酪，没有面包。这些食品再加上土豆，是欧洲农民赖以生存的主要营养食品。诚然，米饭而不是面包在中国被认为是第一必要的食物，是生命的支柱。因此，表示米饭的"饭"字与其他字组合便含有"吃"的意思。例如，"吃饭"是用餐的统称；早晨用餐叫"早饭"，晚上用餐称"晚饭"。他们主要的饮料，也是他们最好的饮料，是劣质茶。只要茶叶中还有一丁点苦味，他们就会一煮再煮。他们喝茶不放牛奶，不放糖或其他任何佐料。除非气候寒冷，他们才放一点姜。他们喝茶如此清淡，似乎只有一个目的：使浑水中的颗粒沉淀下来。中国北方平原省份的水非常浑浊，人们发现茶叶可以使水变清（我姑且认为其他植物的叶子也可做到这点）。然而，因人们普遍持这种看法，这些可怜的人给茶叶加上了各种各样不寻常的特性①。

要解释首都附近地区的农民赤贫的真正原因，我们必须更多地与他们接触，在他们中间居住更长的时间，这对我们来说

---

① 将水煮开这一简单方法的确能够促成水中的泥土颗粒快速沉淀，这也许是为什么中国人喝什么都喝热的的原因吧。当看到我们的士兵和仆人喝北河的凉水时，他们非常吃惊。他们说喝凉水对肠胃非常有害。的确，几乎所有使团低级工作人员都遭受过肠胃不适之苦，吉兰医生将这种不适归咎于水不干净。但是，中国人就喝凉水一事与这位医生争论不休，问他道，如果上天有意要我们喝水或其他饮料都喝凉的的话，那么为什么我们的体液都是热的呢？他们似乎忘了所有的热血动物，除开人类，只能喝到冷水。——原注

是根本做不到的。也许，在很大程度上，这种贫穷源于他们离朝廷太近。在所有国家，宫廷会把大群的人吸引到一起来。这些人消耗大量土地资源和物产，而不对本地的生产付出任何劳动，作出任何贡献。在这里，对于懒惰和挥霍的纵容，当然会促使附近的年轻农民离乡出走，因而使这一带农村丧失了最好的劳力。于是，首都附近的土地贫瘠沙化，仅仅生产出本地寥寥几个佃户所需要的物产，而那些本地不生产的生活必需品必须以天价购买。据说，这座巨大的城市拥有300万居民。考虑到城市外方圆数英里的农村土地如此贫瘠，生产如此低下，他们怎样设法向这个巨大城市提供给养不能不使人感到吃惊。然而，我们自己的首都是怎样接收每天的给养呢？对于一个中国人来说，这同样令人惊异，同样使人费解，特别是当他看到通往伦敦的道路没有一条不是穿过大片大片未开垦的公地和荒野时。

鞑靼的山谷为北京提供了牛羊肉，谷物通过水路从全国各地运来。政府总是非常慎重地囤积够用12个月的谷物。猪肉是消费最多的肉食，几乎所有的农民都饲养生猪。的确，人们在大城市里也养猪，这些牲畜在那里已成公害。劣质牛肉在北京以每磅约6便士的价格销售，鸡鸭2到3先令1磅，鸡蛋通常约1便士1个，没发酵的馒头约4便士1磅，米饭通常是1.5便士到2便士1磅，面粉2.5便士到3便士1磅。细茶叶1磅售12到30先令不等。人们暗中为我们收购了一些12先令1磅的茶叶，根本不能喝。30先令1磅的茶叶在质量上远不如在伦敦以 6 先令 1 磅的价格销售的茶叶①。北京城内城外有许许多多茶馆，打工的人可在那里花 2 个小铜板（不到 1/4 便士）买一杯茶，但茶非常糟糕。一匹过得去的马通常与一个男性奴仆的价格差不多，大约 15 到 20 两白银。

普通百姓穿的衣服都不贵。农民无一例外都穿棉布。大多数省份都产棉。一整套农民的衣服大约 15 先令，一套工匠的衣服 3 英镑。政府官员的普通服饰一套 10 英镑，礼服约 30 英镑。如果饰以绣品和金丝银线，那么价格在 2 到 300 英镑之间。一双缎子靴 20 先令，一顶帽子也是这个价格。

但是，劳动力的价格，特别是在北京，与日常用品的价格根本不成比例。这个城市的一个机械工如果每天能挣一先令，他会认为自己得到了高薪。一个普通纺织工、细木工，或其他工匠忙忙碌碌也只刚刚能够养家糊口。雇一个最好的仆人一个月只要花一两白银。许多人都心甘情愿提供劳务来换取生活必需品，根本不考虑挣钱。

烟草是男女老少不可缺少的商品，在首都价格当然十分昂贵。最为奇特的是，烟草这种植物竟然会蔓延到世界各个角落，不管是在落后还是在文明的国度，甚至在非洲的沙漠，它都生根开花。博茨瓦纳（Booshuanas）这个民族直到最近全然不为外人所知，他们居然也频繁吸用烟草。同样奇特的是，烟草的味道令人厌恶，但由于习惯，人们的烟草欲竟然会远远超过食

---

① 然而，这些茶叶是中国人为我们采购的，我毫不怀疑他们得到了丰厚的回扣。这种茶叶在中部省种植和加工，其价格不可能比在伦敦销售的最好的茶叶贵那么多。——原注

欲，而且不容易戒除。

北方省份的气候对贫苦的农民十分不利。夏天非常炎热，他们几乎赤身裸体。冬天是那样寒冷，因为他们一贫如洗，没有取暖的燃料，缺乏衣物，甚至没有住所，据说成千的人死于饥寒交迫。在这样的情况下，血缘关系会屈从于自我生命的保护，孩子被出卖以避免父母兄弟因匮乏而毁灭，婴儿成为贫穷和绝望的牺牲品。我们在荷兰使团人员的笔录中看到，北京在冬季几个月的气温非常低。最近的煤矿在鞑靼山脉，煤都是用单峰驼从那里驮到北京，当然奇贵无比。实际上，人们很少烧纯煤，总是将煤捣成粉末，与泥混合在一起。这样烧煤能释放出大量的热，但不会起明火，而且非常适合他们封闭式的小炉灶。

中国政府的一条原则是不允许臣民之间有贵贱尊卑之分，除非那些因学识和职务而获得的荣耀。财富使人骄奢浪费，中国政府因而制定了最严厉的反奢侈法令以遏制人们炫耀显贵的倾向。从外表上看，这些法令至少可以使人们尽可能地处在平等地位。

但是，就饮食而言，也许中国的贫富悬殊比其他任何国家都大。财富的挥霍在允许的情况下可以给拥有财富的人带来虚荣心的满足，这一点在中国人购买美味佳肴放纵食欲上表现得淋漓尽致。他们著名的人参（有"人的生命"的含义）因为被认为能壮阳提神，很久以来价格贵如黄金。鹿筋和其他动物的筋腱以及鲨鱼翅，因有同样的功效，被有钱人用天价购买。小燕子在交趾支那、柬埔寨和东方其他地区沿海筑的燕窝甚至比几种人参还贵。人们认为大多数在海边生长的植物具有滋补壮阳的特性,所以他们将这些植物腌制或晾干后切细熬汤,常作为蔬菜食用。他们将一种海带的叶子(分明就是植物学家称作"黑角菜属的海藻")采集起来,放到淡水中浸泡,然后晾干。将少量干海带叶放入水中煮,能使汤熬成胶状。再在其中加入少许糖、橘子汁或其他果汁,放在一旁冷却,人们便可得到味道鲜美无比的胶状高汤。海带叶约 6 英尺长,窄而尖,呈锯齿状,叶边有纤毛,中部平滑,半透明,质地如同皮革。中国人称其为 Chin-chou。

政府高官食用这些海带和其他胶状菜肴,以恰当增加体重[1]。他们认为身宽体胖能引起别人的尊敬,能慑服芸芸百姓。中国人大多数都十分消瘦,如法斯塔夫[2]所说,"我们从来没有见过如此骨瘦如柴的人"。在中国普通人中间,人们很难找到类似英国公民的啤酒大肚或英国农夫喜气洋洋的脸。的确,他们天生就身体瘦小,满面倦容,很少有人在面颊上显出健康的红润。达官贵人的桌上摆满了美味佳肴,鸡鸭鱼肉,或煨或炖,有的单烹,有的与蔬菜和各种配料合炒。饮料主要是茶和威士

---

[1] 一位年长的法国人(Cossigny 一指 Charpentier de Cossigny, Joseph François, 1730—1809, 著有 *Voyage à Canton, capitale de la province de ce nom, à la Chine*)发现中国人掌握了一门新型科学,甚至连发达的欧洲国家都不知道这种科学的存在。他成了这个新学派的门徒。由于他这一神奇的发现功不可没,如果不用他的原话来宣布这个发现是不公平的:"中国人有一门精子(壮阳)科学,对欧洲而言是全新的,但将影响全人类,并值得政府支持,以增长人口。"他已准备好了实施,但却不愿披露这一"将影响全人类"的科学的细节。——原注(原文是法文,大意)

[2] Falstaff,莎士比亚三部戏剧中的虚构人物。

忌酒。人们呷着几乎煮开了的烈酒，吃着糕点和水果，吸着烟斗，从早上起床一刻开始，直到晚上上床睡觉，就这样混过一天大部分的时光。夏季，他们在中午小睡，由两个仆人侍候，一个摇扇驱蚊，另一个摇扇驱走炎热。

北直隶省处在北纬 38 度和 40.5 度之间，气候多样，温差极大。夏季气温白天通常在华氏 80 度之上，有时超过 90 度。在冬季，气温会连续很多天保持在冰点以下，偶尔会降到华氏零度。但是，一般来讲，全年天气晴朗，空气清新。

这个省的农业很少诱人之处，不值得多写。这里的农民一季只种一次庄稼，通常是前面已提到过的高粱或小麦，但他们有时也在小麦行中种植扁豆。小麦在扁豆收割后开始成熟。他们没有冬季作物，霜冻期在 11 月底开始，一直延续到第二年 3 月底。条播、点播和撒播这三种播种方式都被采用，但主要用的是条播，因为这种方式最便捷，而且最容易保持庄稼中无杂草生长。撒播几乎不用，因为种子浪费太多。点播仅用于房屋附近小块土地中，优点是整洁。土地从整体上讲松散含沙，无石头，容易耕种，但似乎需要许多肥料，而这种不可缺少的物质，因缺少牲口，极其难得。我们很少看见牛羊，大片的土地似乎许多年来没有耕耘过。

役畜通常用的是公牛、骡子和驴子。马很少，而且是劣种马，不堪重负。事实上，清帝国各地的马都是如此，尽管在大使阁下的描述中，组成皇帝马队的鞑靼马中不乏威武雄壮、性情猛烈的高头大马。中国人从来不努力去改良牲口，似乎根本没有意识到优化牲口能得到的好处。的确，他们根本没有好好照料过那些他们拥有的劣种牲畜。按常理,如果一个国家拥有一支如此庞大的正规骑兵队伍,人们对这些马匹的体能和状况或多或少总会有所关注吧。然而,情况并非如此。一匹苏格兰野马驹,生长于群山之中,从未有人为其梳刷,马尾和鬃毛被泥土粘在一起。尽管如此,它的健康状况足以使它加入到清朝骑兵队伍中去。那些文职官员的马同样没有得到应有的关照。中国人全然不知,这种高贵的动物所需要的照料远远超过给它们提供足够饲料。即使是饲料,它们通常也远远得不到满足。

我们在经过山东省时,沿途所见的人文景观比北直隶要丰富多样,但是北部地区的地形同样单调平坦。土壤主要是黄泥和黏泥,没有一颗卵石,明显是洪水泛滥时冲刷而成。因季节较晚,我们无法知道在山东广袤的平原上种植什么样的庄稼,但在当时(10月中旬),麦苗已经有几英寸高,看起来长得极好。人行道和渠道被用来区分地产的界线,土地浪费极少。有人还试图用篱笆来作为地界,但不成功。他们用的植物是蓖麻,不适合这个用途。我们在这个省越往南行,人们种植的小麦就越少。取而代之的是棉花,此时正值成熟开花的季节。这里的棉株长得矮小,但枝上却结满了棉桃。如同小麦一样,棉花也是用条播一行行种的。据说,第二年棉株产出的棉花与第一年的同样好,但在第三年,质量开始下降。这时,人们拔去棉株,耕耘土地,重新播种[①]。

[①] 在一部农事巨著的第十卷中,作者从播种到织布详细描述了对棉花种植和加工的全过程。著者写道:"未加工的棉花是一种轻便舒适的衣服垫料,种子可以榨油,油渣可用作肥料,坚硬的棉荚可当燃料,叶子用来饲养牲口。因

山东的南部有许多山和沼泽地。这里有许多大大小小的湖泊,大片大片的泥炭沼,这样的地方不可能有太多的人口。如同所料,我们在这里遇到的人很少,而且绝大多数是靠打鱼为生。从事渔业的人很多,他们完全生活在四处漂游的船上。因此,我们估计水上人口和陆地人口数量不相上下。政府对打鱼不征租税、人头税、什一税,也不收取执照费用。

此,棉植物的各个部分都有恰当的用途。

"最适合这种植物生长的土壤是在白沙中掺入少量的陶土或黏土。棉植物适于生长在通风高处,而不宜种在低洼潮湿的地方。

"在棉荚全部摘取后,应不失时机地清除棉树的枝干,悉心耕地,将新土翻到地面,以增加土地的活力。

"土地被犁三遍后,应平整土地,以免风吹走松土或吹干土地的水分。

"如果肥料充足,可在耕地前施肥。如果肥料不足,可在播种时施肥。

"肥料应为存肥,配制得当。用作肥料最好的配料是榨完油的蔬菜。

"在南部省份,棉植物可以生长两三年,但在北方必须每年播种。"

著者然后一一列举九种不同的棉花,并对其特性进行比较。之后,他继而对种子的挑选进行描述。他在"选种"一章中叙述道,将种子放入煮过鳝鱼的水中浸泡,棉树以后能抵御虫害。他接着对撒播、条播和点播这三种播种方法进行描述,并明白无误地对点播大加赞赏,虽然这种方法最耗人力。

"整理好土地后,每隔一尺挖一个洞,行与行的距离也是一尺。首先在洞中浇入少量的水,再播下四五粒种子。然后将泥土和肥料混合在一起填盖每一个洞,并用脚将土踩紧。也可用滚筒将土压紧。"

下一步骤是除草、松土和碎土。他说,"在棉苗长到一定程度后,那些长得最佳最壮的应该挑选出来,其他的则应拔掉。如果让两棵或多棵一起生长,这些棉树苗只会长高,而不会长旁枝,叶子会长得大而茂密,但不结棉荚。"他接着是叙述剪枝,怎样使棉树多结棉荚——摘棉花——棉花加工及纺纱——织布。我这段简述是要表明他们有许多这方面的著作。——原注

对棉花栽培技术的总结,古农书中有关的记载最早见于唐韩鄂的《四时纂要》,以后便是元代的《农桑辑要》和王祯的《农书》,但记载都很简略。此处所指当为明徐光启(1562—1633)的《农政全书》。该书系统地介绍了长江三角洲地区棉花栽培经验,内容涉及棉花的种植制度、土壤耕作和丰产措施,其中最精彩的就是他总结的"精拣核,早下种,深根,短干,稀科,肥壅"的丰产十四字诀。——译注

人们可以随意使用湖泊、河流或运河，政府不作任何干扰。这些由大自然馈赠的礼物，即使在这个专制的国家，不被权贵为自己的利益所肆意掠夺，而是所有人共同享有的公共财产。人们可以通过自己的劳动，用自己选择的方式，从中谋得生计。但是，即使人们可以毫无拘束地免费使用这些自然资源，他们仍然无法从中获得足够的生活必需品，更不用谈享受和奢侈了。

这个省北部地区农民的生活条件要好得多。他们衣着整洁，面貌喜气洋洋，表现出生活上的富足。他们的住房用砖或木建造，与首都所在的省份的房屋相比，要结实舒适得多。但是，这里可怜的渔民从各方面都明白无误地显示出他们的穷困。他们苍白消瘦的面孔说明他们经常吃鱼。实际上，鱼几乎是他们唯一的食物，因此他们都患有淋巴结核病。他们食用大量的大蒜和洋葱，设法中和因食鱼而产生的那些酸性的对身体有害的体液。他们甚至在水面上种植大蒜和洋葱。他们在岸上没有房屋，也没有固定的居住地，而是驾船在广袤的江湖上四处漂泊。他们无意种地，他们的行业时刻会要求他们离开一个地方，去另一个地方捕鱼。因此，他们更愿意将洋葱种在竹排上。他们将竹竿与芦秆粗茅交隔捆绑在一起，再在上面盖上泥土，然后将这些漂浮的菜园拖在船后。

捕鱼时，妇女帮助拖网，也干其他的活。孩子们有时放鸭。这些愚蠢的水禽驯良的程度令人吃惊。有时一只船上有几百只鸭，只要一声口哨，全都跃入水中或者跳到岸上吃东西，如同南非的土牛那样驯服。再一声口哨，它们又全回到船上。像古埃及人那样，他们用人工方式孵鸭蛋，将鸭蛋埋在木盒底部的沙中，然后把盒子放在铁板上，下面搁置温热的小火炉。如果那些成鸭自己孵蛋的话，原本只能产一窝、最多两窝幼鸭，现在几乎全年每个月都下蛋。

许多渔船上还饲养生猪。鸭和猪给他们提供了味道最好、脂肪最多的肉食，同时猪和鸭又是最容易饲养的动物，因而比其他动物更受人们的青睐。渔民们将鸭劈开，腌上盐，放到太阳下晒干，然后用来兑换大米或其他谷物。干腌鸭十分可口。在穿越山东农村的整个旅程中，因我们的要求，我们得到了大量的干腌鸭。

山东省位于纬度34度半和38度之间，10月19日到29日的平均气温日出时约为华氏52度，午时华氏70度。天气一直晴朗，万里无云。

数条江河及运河从四面八方流入江南省，在这里汇合。因此，即使在最干旱的季节，这里都可能发生洪涝。这种现象使得江南省成为整个帝国最有价值、土地最为肥沃的地区之一。黄河和长江两条大河为全省各地提供了连接黄海的自由通道，所以该省一直被看成国内的贸易中心，而其主要城市南京曾一度是帝国的首都。那种用这个城市命名的美观耐用的棉布就是在这里生产，然后被运到广州港，再从那里运到世界各地。中国人很少穿原色的南京棉制的服饰，除非是丧服。他们主要将这种棉布出口，从孟加拉和孟买换回大量没有加工的白棉，因为他们发现购买这种外国棉比南京棉便宜得多。白棉仅用于丧事和几种别的用途。一般场合，棉布被染成黑色或蓝色（在我们得到的礼品中，有些纺织品是一种漂亮的红色）。在大多数棉花种植园的附近，我们看到一片片的槐蓝，这种植物在所有的中部和南部省份到处可见。这种植物产生的染料在中国不是商品，很少加工晾干，而一般是将色素直接从叶子上取下使用，以节省劳力，避免加工晾干时造成的浪费。在种植棉花的农村，我们看到几乎每户农舍都有种槐蓝的园子。在我们国家的古代，每个村夫自己酿酒，自己养牛挤奶，炼制黄油，自己喂羊纺毛线，然后由自己教区的纺织工匠织成布，每个农民自己种麻，然后纺成麻布。中国今天仍然如此。这里没有大农场主，没有谷物大王，也没有任何人或团体能够按照自己的意图使市场上的农产品过剩或脱销。每个农民只要勤奋，都应该有自己的谋生手段。但不幸的是，在不利的情况下，这些谋生的方式常常不能产生期望的效果。这点在后面会专门提到。

在江南省，每个人自己种棉花，妻子和孩子将棉纺成纱，然后在家里织成布。布有时由家人织，但通常是雇人来织。织布的机器由几根竹子构成。他没有钱，但他能轻易地用自己的农产品去兑换那些小宗的生活必需品或奢侈品。生活中的贵重物品（那些政府官员时常必须购买的奢侈品）都是用银条来偿付。这些银条上没有压印面值，而只有重量，就像古罗马硬币或希伯来谢克尔①。唯一流通的货币是"铜钱"，由劣质金属加少量的铜混合制成，1枚的价值相当于1两白银的1‰。人们用这种小硬币购买那些小宗但经常需要的生活必需品，而这些用品又不易用以物易物的方式获得。除非是大城市商人之间的交

---

① Shekel，古代犹太人重量及银币的单位。

易，白银借贷几乎不收取利息。法定利息为 12%，但通常提升到 18%，有时甚至高到 36%。为了避免放高利贷受到惩罚，人们把 12% 以上的那部分当成红利。"高利贷在中国，"马戛尔尼勋爵写道，"如同其他国家看待赌博一样，是一种不光彩的赚钱方式。但是，由于在急需与贪婪之间、富足与穷困之间达成的某种契约，我们认为对一个犹太人或放高利贷者进行起诉并不算是非常正直的行为，即使起诉人是受害者。"

离开首都越远，人们的生活状况就显得越好。两广总督在迎接公使大人进入广东省时，看到那些饥肠辘辘、衣不蔽体的纤夫，要么是因为对他们的可怜状感到羞愧，要么出于对他们处境的同情，他马上为每个人订制了一套新装。第二天早晨，当我们集合整装待发时，我们无不对那些纤夫的身上发生的巨大变化感到吃惊：每个人都上穿镶红边的蓝色上衣，下穿白色长裤，头戴时髦的高顶帽，上面插着羽毛。这里土地肥沃，商事繁忙，河流宽广，湖水浩荡，渔业兴旺，这一切都激励着人们去辛勤劳动。这里人口很多，但均匀地分布在全省各地。

大米是中国的主要粮食，在这里只要有充足水源，就大量种植。玉米地的平均产量通常是 10 到 15 蒲式耳[①]1 英亩[②]，稻田的平均产量为 25 到 35 蒲式耳 1 英亩，一般约为 30。人们在收割玉米后，对那些易于灌溉的玉米地马上翻犁。中部几省的玉米收割季节在 6 月初，此时水稻秧长到 8 到 10 英寸高。间苗后，稻秧被移植到耕好的小麦地里，然后立即放水灌溉。这样

---

① 等于 36.358 升。
② 等于 6.07 亩。

一季稻，人们预计产量为 15 到 20 蒲式耳。

有时人们不种水稻而种粟米，因为粟米需要水少，或种黄豆，这样要水就更少。另外，在 10 月份收割棉花和槐蓝后，人们通常也撒种小麦，以便在来年 5 月或 6 月将土地空出来种植别的庄稼。

一季接一季地种植使得土地根本得不到休闲，势必需要大量的肥料。实际上，他们不遗余力地收集堆肥和家肥，但他们在没有这些肥料的情况下也做了许多事情。他们不断地对土地加工，掺入新的物质，例如与细沙土混合的泥灰。如果得不到这种泥灰，他们就用脆陶土。他们在黏土里添加沙子和碎石。他们还在河床和塘底打捞黏泥和淤泥。他们非常细心地保存各种尿，而且无一例外地将种子在撒播之前放入其中浸泡。如果将红萝卜的种子放到掺石灰的尿中浸泡，据说植物不会遭受虫害。所有的房屋附近都有埋入地内的大土缸，收集保存这些和其他那些可以通过腐烂发酵变成肥料的东西。每个村庄的附近，人们都可以看见老人和孩子手拿耙子和提篮，沿途收捡各种脏物和垃圾。只要是能做肥料的东西，他们都那么急切地捡起来，有时看起来十分荒唐可笑。每当我们的船停下来，士兵和仆人上岸去旅馆下榻，一路上后面总是跟着一些收捡剩饭剩菜的人。真可以说，这个国家不允许浪费任何东西。

在中国，许多人从事理发这个行业。人们除后脑勺一小绺头发外，整个头都剃得光光的，所以几乎没有人能自己为自己剪发。头发被认为是极好的肥料，每个理发匠都随身携带一只小布袋，收集他们剃刀下的废品。

农村常用的犁是一种简单器具，比我们最差的犁还不如。在山东，我们看到一种与众不同、用于条播的铧犁。这种犁用两根并行的木杆构成，木杆朝下的尾端由铁皮包裹，用来开犁沟。木杆被安置在轮子上，每根木杆上系着一只小漏斗，将种子撒到犁沟中，一块横着固定在后面的木块把泥土推扫过来，将种子盖住。

人们通常用来打谷的器具从整体上看与现在埃及人用的一样，只是后者用牛来推动，而前者一般用水作动力。这种器具由一根水平木轴组成，上面等距离固定着一些轮牙或凸出的木片或铁块，木轴由一个水轮转动。一些杠杆与木轴垂直固定，杠杆数量与一圈圈轮牙的排数相等。这些杠杆在枢轴上移动，而枢轴被固定在一段与木轴平行的低矮的砖墙上，墙与木轴的距离约为两英尺。杠杆离墙较远的那一端有一只空心杵与其垂直固定，杵的正下方是一个陷入地内的大石臼或铁臼。杠杆另一端伸到墙的另一边。木轴旋转时，杠杆因受到木轴上轮牙的推压，将杵升起。然后杵因自己的重力，又跌落到臼里。一根这样的横轴有时能带动十五到二十根杠杆。一位法国院士认为，这种器具和犁（现代埃及仍在使用这种犁，与中国人的犁完全一样）于2000年前就在中国使用。考虑到中国政府的记载和中国人的特点，这些工具在埃及使用的时间也同样长久。用来打水的竹轮，或者近似于这种竹轮的水车，不管是将水桶悬挂在轮周上还是将轮缘挖空取水，在古代埃及人中也使用过，而且如同我在前面所述，叙利亚人仍在使用。这些水车从埃及和叙利亚流传到波斯，至今仍在那里使用。这种水车因此在欧洲得名

"波斯轮"。同样，中国农民常用的链泵，在埃及也当农具使用。

就中国人在农业上的技艺而言，欧洲人似乎抱有一种非常错误的观念。中国人的确勤劳，勤劳到令人赞叹的程度，但是他们付出的劳动似乎并不总是由智慧引导。首先，他们干活时使用的农具不能充分发挥作用。尽管土地肥沃深厚，但由于他们的犁切入土中很少到 4 英寸深，不能将新土翻上来，将疲惫的土埋起来休整，因而他们年复一年在同样的土上播种。另外，即便他们拥有构造最好的犁，他们的骡，他们的驴，他们的老妪未必能胜任拉犁的重任。

英国大农场优于小农场，主要是大农场能够使佃农更好地分工合作，因而能够把庄稼种得更好，这是小农场根本做不到的。富裕的农场主在同样面积的土地上生产的农作物无一例外地比个体小农多得多。

在中国，90% 的农民可以认为是个体小农，拥有的牲口极少（附加一句，数百万的农民根本没有牲口），因此人们根本不要期望整个国家的土地得到了充分的开垦和利用。就园艺而言，他们也许有许多值得称赞的地方。但是，在大规模发展农业方面，他们当然不能与欧洲许多国家相提并论。他们对改良牲口品种的各种方式一无所知，在开垦整理荒地上缺乏工具。他们对沼泽地没有排灌系统，无法将其拓为良田，尽管那条贯通帝国南北的大运河流经之地有大量的沼泽地，尽管那里人口稠密，尽管那里穿梭往来的船只对谷物和蔬菜产生了无止尽的需求。由于缺乏这些知识，整个帝国大量的沃土没有得到开发，仍然是毫无用处的荒原。

如果要对我们沿途几省所见所闻作个总结的话，我应该说，整个国家几乎四分之一是湖泊和低洼湿冷的沼泽地，全然没有得到开发。在所有到此为止提到过的原因中，这种现象也许可以更满意地解释那里经常发生的饥荒，而不像耶稣会士那样，认为饥荒的产生源于中国西域接壤的国家还处于野蛮状态，那些国家不种谷物粮食。他们对于排水的无知，或者说是他们对于洪水的恐惧（中国地势低洼的农村经常遭受洪涝灾害），也许促使他们在一些情况下将山坡平整成一级级梯田。这种耕作的方式常常被传教士说成为中国特有，在欧洲没有同样的例子。

然而，梯田在欧洲许多地方很普遍，在洛桑与沃韦之间的佩伊德旺（Pays de Vaud）群山中，人们就是用这种方式将葡萄一直种到山顶。"因为山峦陡峭，"莫尔博士说，"如果不是业主每隔一定适当的距离就筑一堵坚实的石墙，如果不是他们一层一层地用石墙挡住泥土，从下至上形成一小块一小块的梯田，在这里种植葡萄本来是行不通的。"当时，在山坡上开梯田在中国也绝非普遍现象。我们在整个旅途中仅看见两次梯田，而且规模如此小，几乎不值得一提。所有土地权归君主所有，那些荒地当然也属于皇帝。但是，任何人只要向地方官申请，便可以获得一片土地。当然，他须根据预估庄稼的收成，按比例向公共粮仓缴纳粮食。

当我说中国人在园艺上有相当值得称道之处时，我指的仅仅是他们在有限的土地上种植出大量蔬菜所显示出的技艺和勤奋。欧洲人采用的改良水果质量的方法，他们似乎一无所知。他们的橘子天生优质，不需要人工改良。但是，欧洲的水果，如苹果、梨子、李子、桃子和杏子，质量优劣不同。他们通常对几种果树进行嫁接。这种方法后来在孟加拉被成功地采用。简单地说，嫁接是这样进行的：他们从结有果实的树枝上削去一圈大约一英寸宽的树皮，将去皮处用肥土围住，然后用一块篾席将土包紧在树枝上。他们在这上面吊一只盛水的罐或牛角，底部有一个小眼，刚好能让水滴出，以保持泥土湿润。嫩芽在树枝去皮处上方穿过泥土长出来。人们在春季进行嫁接，然后将嫁接的树枝锯下，在秋季落叶时插到地上，树枝第二年结果。他们不知道通过人工加热的方式促使蔬菜生长，也不知道将冷空气排在外面，同时让阳光透过玻璃射入室内。他们的主要功绩在于整理土地，使土地不停地生产，保持土地无杂草。

总的来说，就中国在农业上值得称赞之处而言，如果要我斗胆说说自己的看法，那么我会毫不犹豫地说，给一个中国农民足够的土地（足够到他和他的家人用锄头能够耕得过来的土地），他会比任何欧洲农民更好地利用那块土地，生产出更多的粮食。但是，倘若在中国将 50 或 100 公顷最好的土地按平均地租交给一个农民种植（按一般计算，我们的农民创造的价值是租金的三倍），那么在支付种地需要的劳动力后，他几乎会无法养家糊口。

中国没有大农场，土地平均分配，因而人们从中享有一定优势。这些优势带来的好处也许本可以印证那些赞同这种系统的人的期望，如果不是一些现实情形与他们期望的结果完全相反的话。我们国家也有这样的人指责垄断农场主对公众利益造成危害，但平分土地对公众造成的危害并不比土地垄断逊色多少。我在此所指的现实情形之一是，几乎在中国每个地区，人们都习惯聚居在城镇和村庄。

在城与城、村与村之间广袤的土地上，经常是了无人烟。人们将这种习惯的原因归咎于对盗贼的惧怕，而这些强盗经常出没于没有防范的乡野。这样的系统必然产生这样的结果：虽然村庄周围的土地得到了充分的开发和利用，但是那些远离村庄的土地却几乎无人料理，毫无用处。因缺乏牲口，人们必须花费大量的劳力，无休止地将需要的肥料运送到数英里以外的土地上，并且要将收割的庄稼从那里运回到村庄。强盗的存在是不争的事实，他们成群结队，恣肆掠夺农民。为防盗，谢富宝在看守庄稼时，不幸射杀了他的亲戚，而后者也是为同一目的出来的。有时强盗数量之多，就连居民众多的城市都受到威胁。频繁的偷盗事件在居民中引起的恐惧，对备受赞誉的中国政府以及对人民安居乐业都十分不利。平分土地的另一个弱点（也许是主要的弱点）可以在谈论中国人口和频繁的饥荒时看到。

江南省从北纬约31度延伸到34.5度。从10月3日到11月9日，平均气温在日出时为华氏54度，中午66度。天空一直晴朗。

浙江省与江南省一样，湖泊众多，河流交错。但是，除开少部分水稻外，农作物十分不同，主产蚕丝。为养蚕，所有最肥沃的山谷和平地都成了桑树种植园。养蚕的小屋通常建在种植园的中央，以便尽量远离喧闹。经验告诉他们，一声突然的喊叫或狗吠对幼蚕都是毁灭性的。整窝蚕有时会因一场雷暴毁灭。因此，人们必须倍加注意，不分昼夜地对它们进行照料。

天气晴朗时，人们将幼蚕放在一种用木框绷紧的薄纱上晒太阳。晚上，人们将它们再放回到养殖园的小屋里。人们时常修剪树枝，以便桑树不停地长出更多的嫩叶。这个省的居民，尤其是城市居民，几乎无一例外都穿戴丝绸服饰。中国人尽可能消费他们自己国家生产的产品，尽量避免消费从外国进口的东西，这一原则在各省都得到履行。这种做法在中国如同在古罗马一样，起源于他们对商人蔑视。

除丝绸外，浙江还出产樟脑、巴豆油、大量的茶叶、橘子，以及那个国家所特有的水果。全省各地的土地都开垦得极好，人丁十分兴旺。原始的蚕丝和加工过的丝绸、南京棉及其他棉布在省会城市以非常低廉的价格出售。人们很难想象那些养蚕种棉的人，那些生产这些产品的厂家是怎样通过自己的劳动来获得生计的。但是，在一切所见所闻中，令我最为吃惊的是种茶人的劳动所获得的那么微薄的回报。在制作一些精细茶叶时，据说每片茶叶都必须用手一片一片揉搓，特别是那些出口欧洲市场的茶叶。除此之外，还要经过许多工序，例如，茶叶从茶树上一片一片采摘下来后，需要进行浸泡、晾干、翻转和包装。然而，在产茶叶的省份，1英镑茶叶的最初生产成本不能超过4便士到2先令，因为人们认为东印度公司对普通茶叶的收购价每磅不超过8便士，最好的茶叶也仅仅是2先令8便士一磅①。没有什么能够比为市场生产配制茶叶更能说明中国人勤勤恳恳

---

① 东印度公司为自己购买茶叶的价格一般是每担60提尔。一些价格较高的茶叶只是个人购买，公司几乎从不购买。1提尔相当于6先令8便士，一担等于133又1/3磅。——原注

坚持不懈的工作态度了。一群在英国的商人竟然为一个蔑视商人、对通商设置种种障碍的国家的 100 多万人提供了就业机会（至少看起来是如此），这不能不说是一种奇特的现象。

浙江 11 月中旬的平均气温早上 56 度，中午 62 度。地域从北到南处在北纬 28 度到 34.5 度之间。

江西的北部有烟波浩渺的鄱阳湖，湖周围是无边无际的沼泽地。我在前面已经说过，鄱阳湖是中国的聚水盆。中部和南部多山。主要农产品是食糖和茶油。中国主要瓷器厂家都在江西省。瓷器的质量，如我在前面一章提到的，与其说是靠他们拥有的秘诀还不如说是靠制作的精心和材料的挑选。这个省还有生产粗陶器和砖瓦的大厂家。

江西省处在北纬 28 度和 30 度之间，11 月份的气温与相邻的浙江省相同。

我现在要讨论一个主题，这个主题已经为各种各样的作者阐述过，但是没有一个作者能成功地说服他们的读者相信他们用来作为旁证的事物的真实性和可能性。我所指的是这个辽阔帝国的广大人口。我毫不犹豫地承认，人们迄今为止发表的有关言论严格地讲都是不真实的。但是，我也会同样毫不犹豫地争辩，人们给予这个国家人口数量的上限不仅是可能的，甚至是真实的。与此同时，我还承认，虽然我们就有关主题看到、听到、读到的那么多，认为对讨论这一非同寻常的现象已有充分准备，但是当乔大人应公使阁下的要求，向我们简略公布前一年的人口普查结果时，人口数量是那么大，完全超出了可信的范围。但是，因为我们一直认为这位官员是一个朴实无华诚实可靠的人，在任何场合都没有欺骗或强求过我们，所以我们没有理由不认为他的所言来自于真实可靠的材料。然而，从几处近似百万位整数来看，其不精确性是一目了然的。我在下面的表格中填入了各省的面积，每平方英里占地人数，以及于1792年向北京缴纳赋税的价值。这在第七章也提到过。

如果我们考虑一下在长城以内中国的整面积为1 297 999平方英里，也即830 719 360英亩，而总人口多达3.33亿，那么我们会发现每平方英里将有256个人，每个人拥有土地2.5英亩。大不列颠平均每平方英里有120个人，每人可分享5英亩土地，或者说每个家庭可获得12.5英亩土地。因此，中国人口与英国人口比例为256比120，稍大于2比1。英国每人可获得的土地正好是中国每个人可获得的两倍。那么，我们不得不自问，如果情况与中国相同，英国是否能够养活两倍于当前的人口，或者说12.5英亩的土地是否足以维持一个五口人的家庭的生计？2英亩良田种小麦，精心耕种，在减去种子后，平均产量应为60蒲式耳或3 600磅。每个面包师都知道，3 600磅小麦能做出5400磅面包。对一个五口之家来说，他们全年每天可得到3磅面包。种一小块土豆和一园蔬菜，半英亩地绰绰有余，剩下来仍有10英亩地。倘若10英亩地在付去地租和税务后不能养活三四头母牛，那么一定是非常劣等土地。对于精明勤奋的一家人来说，用这样大的地来饲养足够的猪和禽来满足自家消费，同时用来兑换购买衣物和其他生活必需品并非什么难事。

省名	人口	平方英里	每平方英里的人口	纳给北京的赋税 白银（两）
北直隶	38 000 000	58 949	644	3 036 000
江南	32 000 000	91 961	344	8 210 000
江西	19 000 000	72 176	263	2 120 000
浙江	21 000 000	39 150	536	3 810 000
福建	15 000 000	53 480	280	1 277 000
湖广 湖北	14 000 000	144 770	87	1 310 000
湖广 湖南	13 000 000			1 345 000
河南	25 000 000	65 104	384	3 213 000
山东	24 000 000	65 104	368	3 600 000
山西	27 000 000	55 268	488	3 722 000
陕西 一个省	18 000 000	154 008	195	1 700 000
甘肃 一个省	12 000 000			340 000
四川	27 000 000	166 800	162	670 000
广东	21 000 000	79 456	264	1 340 000
广西	10 000 000	78 250	128	500 000
云南	8 000 000	107 969	74	210 000
贵州	9 000 000	64 554	140	145 000
总合	333 000 000	1 296 999①		36 548 000

---

① 附加在这 15 个古代省份上的面积取自于一幅经过艰辛和精确的勘测绘制的地图，地图的绘制消耗了耶稣会士们 10 年的光阴。我们将这幅地图上的省份与这个国家进行过实际比较，地图绘制非常准确。我并不想说表格中提供的面积从数学的角度讲是正确的，但这些数字都来源于一些大比例的地图，而且我们收集数据时精益求精，用在表格中应无问题。在采用的地图中，有一幅现收藏于白金汉宫国王陛下的图书馆内。那幅地图由中国人绘制，所有的地名都用中文和满文写出。——原注

那么，如果这个国家用这样的方式将土地按人均分，如果土地只用来生产粮食；如果人们只养用于耕种的牲口，不为享乐饲养马匹和其他不必要的动物；如果这个国家没有因为国际贸易和大规模工厂夺去了最好的农手；如果货物流通是通过那些生产鱼类的运河和江湖来实现的；如果捕捞这些鱼能向大量的居民提供就业机会；如果大多数人满足于肉类食物都取之于猪、鸭和鱼（除开那些极易得到的）；如果生产的谷物只有极小一部分用来酿酒，而绝大部分用于人类生活的必需；如果这些谷物品种优良，能够在同样面积的土地上生产出两倍甚至三倍于小麦的粮食；如果气候适宜一年种两季庄稼；如果以上情况都成立而12.5英亩的土地不能维持五口之家的生计，那么责任只能归咎于懒惰或经营不善。

现在让我们再来看看中国具有的各种各样的有利条件吧。所有农作物都用于人们的衣食。1英亩水稻便能够生产出满足5个人消费1年的大米，每人每天2磅。这当然是假设收成为20到25浦式耳，这样假设是极其保守的，实际情形通常是这种假设的两倍。南方省份一年生产两季农作物，1英亩地（我非常肯定地说）只要悉心耕种，能够提供10人一年的粮食，1英亩棉花能够让200到300人有足够的衣物。因此，我们能够有足够的理由推断，每个家庭并不需要12亩地，一半似乎就绰绰有余了。我们可以断言，中国有足够的土地来支持他们报道的3.33亿人口。情形既然如此，中国的人口并没达到这个国家无法维持他们生计的程度。

也许将爱尔兰农民的状况与中国农民的状况进行比较是最

合适的。根据最近的人口普查，这个岛国有 350 万人口，73 万幢房屋，土地面积约 1700 万英亩。因此，如同大不列颠一样，人均占地面积近似 5 英亩，每个家庭 25 英亩。一个爱尔兰农夫种地放牧的土地很少超过 1 爱尔兰亩，即 1.75 英亩。他们交纳的地租为 2 到 5 镑不等。租佃马戛尔尼勋爵利萨诺尔（Lissanore）庄园的农民都是租 1 亩地，在上面分别栽种燕麦、土豆、蔬菜和少量亚麻。除此之外，他们在荒野上还有一个牧场，全年饲养奶牛，但不养过多的牛。同时，他们都有一栋舒适的小屋居住。所有这些，他们付 3 镑租金。农民每周工作约 3 天，每天挣钱 9 便士。如果一个农民种两亩地而不是一亩，那么他获的利比一周工作 3 日更多（假设他在种第二亩地消费的工作量与第一亩相同）。于是，倘若爱尔兰一半土地用于耕种，另一半用于放牧，这个国家能够支持 3 倍于目前的人口。一个世纪前，这个国家的人口不到 100 万。在本世纪，如果一切顺利，爱尔兰的人口可以增加到 1000 万。在此值得一提的是，自引进土豆以来，爱尔兰人口一直剧增，因为土豆连年丰收，从来没有减产过。

　　我知道以上观念并非为大多数人所接受，在这个国家也不占主导地位。同样，以上那些有关爱尔兰和中国的看法也属旁门左道。相反，人们总是认为中国人口太多，缺乏土地维持他们的生存。城市太多，相隔太近，尤其是在从北京到广州大运河沿岸，几乎占驻了全部土地。然而，我根本没有想到，学识渊博的《尼阿库司之旅》（*Voyage Of Nearchus*）的作者 William Vincent 也发表类似看法，并将其观点建立在马戛尔尼勋爵的侍仆爱尼斯·安德逊①这样一个名不见经传的人所做的原始记录上。这些原始记录由伦敦一位畅销书商拼凑在一起,趁公众因大使一行归来而高涨的好奇心,不失时机地投机一番。人们不应因为资料来源于一个侍仆便认为我在贬低其真实性和权威性。与此相反,不管一个人地位多么低下,谈吐多么愚钝,他对于一个陌生国度所做的笔记在落入书商的手中之前都值得关注。

但是,如果一个作者在书中当作事实写道,他看到在北纬39度和40度之间的白河两岸长满了茶叶和水稻,那么他提供的信息又有多可靠呢?倘若认为这两种农作物在北直隶省到处生长,他对中国的了解与我们居住在英国的人肯定同样贫乏。

况且,他那么无知,当他看到一个卫兵被鞭罚时,竟然风马牛不相及地大谈中国人的残酷与英国人的惊人相似。事实是,在这个国家,即使是轻微过失,不管是普通士兵还是国家官员,遭受的体罚都是竹板的毒打。如果文森特博士在读了这本书后,真的相信中国的城市太大太多,因而没有足够的土地来维持居民的生存,我希望他能够拿出一点点时间来重新关注这一主题,因为像这样的高权威人士对一些观点的认可,不管对错,在某种程度上都肯定会影响公众的看法。

我们已经说过,如果中国有 3.33 亿人口,按照比例,也只等于英国人口翻一番。那么,如果伦敦、利物浦、伯明翰、格拉斯哥,以及这个岛国上所有的城镇、村庄、别墅、农舍、茅

---

① Aeneas Anderson,所著为英国书商雇"枪手"根据其日记整理的 *A Narrative of the British Embassy to China in the Years 1792, 1793, and 1794*。此书中译本名《英使访华录》),费振东译,商务印书馆,1963。

屋增加一倍，我看不出这样翻一番会带来什么不便。我认为，绅士公园、游乐园地这样的闲地用来建造新的房屋绰绰有余，也许那些荒地和公地足以允许人口翻两番。但是，一个英国城市的人口不应与一个中国城市的人口进行比较，也不应认为两者相似。如果比较一下这两个帝国的首都，这一点就显而易见了。根据应该是非常精确的测绘，北京占地面积约 14 平方英里。如果将伦敦市及城郊变成方形，据说占地约 9 平方英里。北京的房屋很少有超过一层楼的，而伦敦的却很少有低于 4 层楼的建筑。然而，居住在这座首都城市的中国人和传教士都认同北京有 300 万居民，但人们认为伦敦人口不超过 100 万。这种不同的理由是，中国城市中横贯城市的街道很窄，从这些街道分支出来的胡同就更窄，窄得当一个人从中行走时，可以将一只手搁在胡同一边的墙上，另一只手搁在另一边的墙上[①]。房屋通常很小，每栋房居住 6 到 8 人，甚至 10 人，有时 20 人。因此，如若在中国 14 平方英里的建筑物住 300 万居民，在英国 9 平方英里的建筑住 100 万，那么中国一个城市的人口与英国一个城市人口的比例应该是 27 比 14，或者说接近二比一。前者的人口是后者的两倍，两者建筑物的比例也应与上相同。因此，中国人口并不一定太密集，并不一定占用过多的土地，以至于影响了人们生活所需要的空间。

我的观点与众不同，但真实地阐述了一个为人争辩但通常无法使人信服的话题。3.33 亿是个庞大的数字，用在人口上，

---

① 广州郊区有条街着意称为"挤巷"。街道窄得每个东印度公司的员工都觉得行走十分不便。——原注

确实令人瞠目,不敢相信。然而,中国1平方英里居住256个人[①],并不是一个难以接受的观念,特别是,如果我们考虑到荷兰人口平均每英里有270个居民的话。而且,就有利人口增长的条件而言,荷兰远远不及中国。很多年来,中国一直具有这样的有利条件,从无间断。

钱德明神父就中国人口作出过陈述。陈述的背景资料似乎是经过精心收集的。根据他的陈述,中国1760年的人口为196 837 977,1761年的人口为198 214 553,年增长为1 376 576。

然而,这一说法肯定是不正确的,因为几百万流动人口被排除在外。这些人没有固定的居住地,他们在帝国的江河上漂游,时刻更换位置。被排除在外的人还包括舟山半岛和台湾的所有居民。即使我们不考虑这些人数,并认为1761年人口为198 214 553,只要我们同意人口延续增长,根据保守的计算,1793年的人口至少应该是280 000 000。

这个伟大的帝国在人口和疆域上都排名第一。究竟这个国家是否真正拥有3.33亿人口,在这点上,恐怕欧洲人永远也不会达成共识。我认为,中国能够维持目前或更多的人口已得到了充足的证明。我懂得那些不愿意承认这一事实的人都抱有同一个观点,认为城镇在连接首都和广州的大运河两岸密集程度惊人,运河上的船只拥挤不堪,但那个国家的内地许多地方几乎了无人烟。我们中间一些人去了舟山,因而有机会亲眼看看那些远离大运河的地区。那些地区碰巧正好是我们整个旅程中

[①] 本页数字不准。

人口最兴旺的。但是，毕竟我们只看到了这个国家很小一部分地区，那些离大运河最远的西部省份被人们认为是这个帝国的天然粮仓。那里生产大量的粮食，而使用的牲口和机器又那么少，这就势必说明人口相应很多。我们可从以上表格中看到以下省份向北京缴纳的赋税：

白银 （两）

$$\left.\begin{array}{l}河南\\山西\\陕西\end{array}\right\}\text{远离大运河的省份，上缴}\left\{\begin{array}{l}3\ 213\ 000\\3\ 722\ 000\\2\ 040\ 000\end{array}\right.$$

$$\left.\begin{array}{l}北直隶\\山东\\浙江\end{array}\right\}\text{大运河流经的省份，上缴}\left\{\begin{array}{l}3\ 036\ 000\\3\ 600\ 000\\3\ 810\ 000\end{array}\right.$$

这些赋税主要是以大米、小麦和小米的形式上缴的。因此，人们根本没有理由认为中国大陆都是沙漠。

另外还有人深信中国人口如此庞大，那个国家根本无法提供他们的生活资料，因而饥荒不可避免地会将人口削减到那个国家可以维持他们生存的水平。那种随意笼统地统计人口的方式无疑给人以这种印象。但是，如同我已经努力证明情形并非那样，人们也许还期望我应该解释那些频繁发生的可怕的饥荒，以及这些饥荒不时给这个国家带来的毁灭性的后果。在这点上，我认为这些灾难可归咎于三个主要原因。第一，平分土地；第二，耕种方式；第三，产品特性。

　　首先，倘若每个人都仅仅租佃足够维持自家衣食的土地，那么他便没有必要去市场购买生活必需品。在中国，情形正是如此，那些生活必需品除开在大城市外根本没有市场。当农民种的地足够自己家庭消费并有足够的节余偿付地主的租金时，他便不再向前看。因为他所有的邻居都是如此，除了大城市需要外，生活必需品事实上就成了不可买的物品，而那些大城市又并不像人们想象的那样紧挨在一起。在兑换生活奢侈品时，与其他农产品相比，人们对于剩余的谷物也不那么精打细算。情形既然如此，如果偶尔一个省粮食普遍歉收，人们根本不要指望邻省给予救济，更不用指望外国的救济。中国没有大农场主囤积粮食，以备在灾年将粮食抛入市场。在灾荒季节，唯一的粮食来源是政府打开的粮库。政府将那部分从农民手中收缴的粮食还给他们，这些粮食是以前农民为换取政府保护向政府缴纳的。交纳的粮食为收成的十分之一，而政府所有的官员和士兵每个月都已经从这些粮食中扣除必需的部分，剩下的粮食就很难满足民众缺粮时的需要。起义造反接踵而来，那些躲过饥荒魔爪的人，很可能又丧生于利剑之下。在这样的灾年，一个省有时会失去一半人口。无奈的父母因极度的匮乏而沉沦，出卖或杀害自己的后代。孩子们因不忍他们年迈多病的父母遭受更多的折磨，用暴力结束他们的痛苦。因此，平分土地在丰收之年显示出如此多的有利条件，但当饥荒降临到人民头上时，带来的灾难也同样深重。

　　第二，饥荒也许源于耕作方式。我讲过，中国开垦的土地比例小，三分之二的土地是用耙和锄耕耘的，全靠人的体力劳动，而不借助牲口或机器。因此，人们很容易想象，每个家庭每年可能耕种的土地面积是多么的小，肯定不到他们人均获得的土地面积的三分之一。

饥荒的第三个原因可能是农作物的性质，特别是大米的特性。这种谷物是中国的主要粮食，虽然风调雨顺时能够产量很高，但与其他谷物相比，歉收的危险性更大。在生长初期来一阵干旱，水稻便满地枯萎。在接近成熟时发一场水灾，破坏性同样严重。这个国家的鸟和蝗虫之多是欧洲人无法想象的，而它们引起的灾难对于水稻的影响远比其他谷物严重。北方省份主要种植小麦、小米和豆类，饥荒发生得更多。我相信，如果人们改种土豆和玉米，把这些当成主要蔬菜和粮食，那么那些给人们带来如此大面积灾难的饥荒就不再会发生，人口就会像爱尔兰那样快速增长。这种北方省份的根状植物，这种中部和南部省份的谷物能够保证他们连年丰收。一公顷土豆比一公顷水稻能产出更多的粮食及两倍的营养。把大米当成主食的人个头矮小，身体瘦弱。如果以此为标准，我们可认为水稻是所有谷物中最糟糕的，而土豆却正好相反[①]。

人们就中国人口多的现象给予了种种原因。自从满族人征服汉人以来，我们可以说中国一直国泰民安。即使在中印边境

---

① 如前所述，土豆最大的好处是其稳定性，从不歉收。中国一些省份有时因水稻歉收产生饥荒，人们遭受极端的困苦。如果土豆像水稻那样偶尔发生大面积歉收，那么今天的爱尔兰遭受的灾难和疾苦将与中国的同样恐怖。——原注

和西伯利亚的森林与印度和俄国时有战争和武装冲突，但是动用的清兵为数很少。

中国军队镇守城镇乡村，驻扎在道路和运河无数兵营里。因为很少有人退役，他们都结婚生子，建立家庭。他们都分到一定面积的土地，有充足的时间种植庄稼。这个国家几乎不与国外通商，因而很少有海员。那些从事内陆航行的水手大多已经结婚。当罗马人希望填补因内战延绵而消耗的人口时，他们对单身汉进行惩罚。虽然中国人不那样做，但是公众观念都认为独身是不光彩的。如果一个男人超过了一定年纪仍然未婚，那么他名声肯定不好。在罗马，每个公民如生育3个孩子，便能享受某些特权和豁免权。在中国，虽然公法没有赋予妇女这种因生育3个子女而享有的自由地位（Justrium liberorum），但是每个男孩在出生的那刻起，只要他的名字登记在军队的花名册上，他在生活上就能获得照顾，得到一笔津贴。因为这个国家的土地均分成小农场，只要没有旱涝灾害夺走他的劳动成果，每个农民都有能力养育自己的家庭。而且，与在拥挤的城市当工人相比，农业劳动对身体更有好处，因此也更利于人口的增长。在大工厂工作，劳动强度大，人们更容易成为疾病和狂饮暴食的牺牲品，而农业生产使人们可以呼吸旷野自由新鲜的空气，从事积极健康的劳动。中国很少有这样的产业城市，任何行业都没有垄断资本的存在。

一般来说，每个人在自己从事的行业中为自己工作。虽然社会下层普遍穷困，但他们并没有酗酒的恶习。芸芸众生出于生活的必要，省吃俭用，到了无以复加的程度。除了北方省份的严冬外,那里气候温和,十分稳定,气温很少有突变。人们的身体可以忍受酷热和严寒,只要高温或寒冷平稳少变,但对于乍热乍寒却难以忍受。然而,由温度突变而带来的各种不便也许没有任何地方比我们自己的岛国更加严重了。除天花和一些偶尔在人口拥挤的大城市内爆发的传染病外,他们很少受到流行病的侵扰。妇女过着休闲安逸的生活,这样她们更能生育多产,而且不易遭受意外事故,引起早产或流产。每个女人自己哺乳喂养自己的孩子。

中国许多年来一直由同一形式的政府统治,许多年来一直保留同样的法律和习惯。因以上和其他因素的作用,这个国家产生了如此庞大的人口,其数量之大,是在世界大多数战火绵延的地区闻所未闻的。在那些地区,一个世纪内连续爆发大战或内乱,人们遭受战争的蹂躏,遭受瘟疫和疾病困扰,或遭受暴富的专横。这所有的一切有时在人生短暂时间内毁灭掉一个国家的一半人口。

"这是多么令人惊异的情形,"斯当东爵士写道,"如此难以使人置信。他们占整个人类的比例是如此之大,却聚集在同一个庞大的政治体系之下。他们遍布于幅员如此辽阔的国土,然而却都无声地俯首于一个伟大的君主。他们有一致的法律,一致的行为举止,一致的语言。但是,他们在所有这些方面却和其他民族又那样不同。他们既不希望与世界其他民族交流,也不愿意对其他国家谋图不轨。"曾经有人作过以下论述,而中国为这段论述中的真理提供了最强力的例证:观念比权力更容易统治人。

第十章　广东：广东之旅、外贸在本埠的状况

人民语言看得见的变化——崎岖多岩的大山——煤矿——巨大的寺庙——采石场——供使用和装饰的不同植物——抵达广州——使团给中国政府带来的开销——致英国人——广州贸易的性质和不便——美国人和他的珍珠——政府官员强征暴敛的例证——他们不懂汉语——中国对伦敦的贸易实例——恰当的沟通使免于不名誉之死

穿越梅岭的丛山进入广东省，我们立即感受到民众的行为举止明显的不同。至此为止，使团受到各阶层人民的极端尊重，礼貌周到，可是现在，就连从屋子里跑出来观看的农民，也都冲着我们大喊大叫"鬼子！番鬼！"这在他们的语言里是一种侮辱性的称呼，意为"外国鬼子"，乃是所谓开化了的中国人赠予一切外国人的绰号。很显然，在广州港做生意的欧洲人深受其苦的傲慢无礼态度蔓延到了该省的北部边界，但是没有越过梅岭。江西的民众相对安详随和，文明有礼。我们越深入广东，

其民众越粗暴无礼。不过,王大人为此及时训斥了一通南雄府知府,在广东省官员身上取得了立竿见影的效果。他们从此成为我们的东道主了。

这种对外国人的轻蔑并不局限于上层人士或朝廷官员,而是普遍存在于广大民众之中。就连那些社会最底层的人,一边争相进入当地外国人的商行,接受最卑贱粗下的工作,为大大小小的主人勤奋周到、忠实热情地服务,一边却鄙视他们,视他们为比自己低了许多级的人种。有一天,我看到我的中国侍仆忙着晾晒早餐已用过了的茶叶,大约有好几磅,就问他要拿它干什么。他回答说,混在好茶叶里卖。"你就用这种方法,"我说,"来欺骗你们的同胞吗?""不。"他回答,"我的同胞太精明了,没那么好骗。你的同胞愚蠢透顶,好骗得很。"他一脸无辜的样子,继续道:"事实上,你们从我们这儿得到的一切,对你们来说都是够好的了。"我佯装生气了,他便说,他指的是美国人。[①]

南雄府城坐落在北江(Pei-kiang-ho)岸边,地势优越,可是城内屋宇老旧,街道狭窄,大片大片的空地,不是荒芜就是废墟。趁着他们往平底船上装行李,我们在一所庙宇内安顿休息。这座庙是专供孔夫子的,同时也作为科举考试的考场。一长溜黑洞洞的屋子,由两排大红柱子从中隔开,形成两条过道,没有家具,没有画图、雕像,或任何装饰物,只有几只纸灯笼吊在柱子之间。泥土地面龟裂不平。在我们看来,这与其说是

---

① 在广东话里,即二等英国人。不过,据我所知,在中国人的心里,美国人和英国人的区别已经不存在了。——原注

孔子的庙堂，还不如说是诸如酿酒厂、铸铁厂之类的运输通道更合适。两边的尽头有几座小房子，我们就在那里面对付着过了一夜。

我们现在所乘的平底船非常小，因为河水太浅。从全省各地赶来的大小官员，把我们挽留在当地一整天，为的是让我们的医生诊治他们各种各样的毛病。这都是王大人推荐的，他亲身体验了我们医生的神技。这种时候，我们有了中国人为了实惠而放下架子，屈尊向蛮夷请教的实例。

我们坐平底船航行了两天，便过了我迄今所见到的最原始的崇山峻岭，贫瘠的不毛之地，少见的如画的风景。摩天的山峰几乎跨河相接，从远处看，我们仿佛必须穿过一个大山洞似的。过去断断续续坠落的山石阻碍着航道，使得航行险象环生。五块巨大的砂岩，一块叠着一块伸出头来，壁立江边，就好像是从坚固的大山上劈出来似的。人们称之为"五马头"。江两边远处的大山遍被松树，近处的丘陵则长满矮林，主要是山茶。小小的峡谷里有一簇簇渔民的棚屋，屋子四周种了烟草。

在这些荒山野岭之中，我们发现几座简陋的煤矿。它们凭借山河交界的有利地形，层层挖掘。从平峒①运出来的煤经凸式码头下载到船上，然后运送到本省以及江西的瓷窑去。他们不直接用原煤，而是在挖地而成的大窑内把煤烧成炭。碎煤渣粉则混上土，做成煤砖，用来烧他们的小煤炉，煮米饭。

我们于13日到达韶州府（Tchao-tchoo-foo），在此换乘了

---

① 从地面进入矿中的横坑道。

大而宽敞的船,因为河水有支流汇入而升高了许多。该城之前的摆渡船大多由年轻女子操作。她们一色的白上衣配裙子,头戴华丽的草帽。除了偶尔从远处瞥到从民居的泥墙后探出的脑袋,或江西大地上劳作的妇人之外,我们已有很长时间没见到女性了,所以这些船家女,尽管实际上面貌粗陋,在我们眼里就宛如整个旅途上所遇到的天仙了。在过渡的船客眼里,她们又另有一种身份,尽管不那么光彩,却是不仅得到了他们父母的赞同,而且也经由朝廷,或者更准确地说,是地方治安官吏的批准,因为他们收取部分嫖资。

在这片山区,只见到为数不多的渔夫和苦力,但是地上居民的不足可由漂浮在水面上的大量棚屋弥补。这些棚屋都在杉木排上。它们首尾相连,左右靠拢,最长的一溜上有30到40座小棚屋。这些木排上的居民操各种营生,尤以木工居多。

我们的向导吩咐各船在一块独立的巨石前停下。此石从河边拔地而起,高达700英尺。临河一面陡峭如劈,有一大洞,依山凿出一条通道,由一列石阶延伸入水。我们上岸到石洞口,攀登又一道从石峰上凿出的阶梯,便进入一间宽敞的石室。石室居中坐着一尊菩萨,莲花宝座是从山体上挖凿雕成的。凭河处有一小石缝,燃着一星"黯淡的宗教之光",与此处的严肃气氛吻合。他们说这是一座供养菩萨的庙,亦是几个老弱和尚的修行场所。石室光滑的一面有不少题词,有的是用斧凿刻在石上的,有的是用漆刷上的。那些和尚住在与这个大石室相连的小洞穴里。从此处又有第三道石阶通向上一层岩洞。这一层也是靠前方一道小石缝透进的光线照明的,但是石缝几乎被无数的钟乳石填满了。这种钟乳石由洞顶倒挂下来，显然是富含石灰质的水持续不断地渗透而成的，并在继续生长。不过那点光亮已足够让人看到一座巨像带着"狰狞的微笑"。他的头上有一顶冠，一手握一把出鞘的弯刀，另一手拿一块燃烧的木头。不过人们并不清楚这座巨大的神像的身世，连那些和尚也不例外。他极可能是古代的一个武士，犹如中国的忒修斯或赫拉克勒斯。古罗马传说中库米城的著名女预言家跟观音山里的这一位一样，从山洞里向迷信的芸芸众生发布关于其命运的神秘预测。似乎也没有比山洞更好的地方，以同样的方式，来宣示命运的启示了：

神秘的真相隐含在谜语之中，
在幽暗的洞穴里隆隆地回响。

马戛尔尼勋爵记载道，这座奇特的庙宇令他回想起在葡萄牙罗克森角附近看过的一座圣方济各会的修道院，通常称为"软木修道院"。"它建在一座几乎掏空了的小山底下，无数个小室，分别布置成教室、圣器室、食堂，以及一切在此隐居的可怜的修士们生活所必需的设施。其内部完全由软木装饰。墙壁、屋顶、地面由软木覆盖，桌椅板凳、卧床沙发、教堂家具、十字架，所有其他用具也都用软木制作。那个地方暗无天日，毫不舒适，却不像观音山洞中的菩萨庙，有吓人的巨像、狰狞的面目之类的东西。"

跟这个黑暗的洞穴一样令人惊恐的是，有几个可怜的家伙自愿地用铁链把自己拴在一块石头上,让那些狂热的信徒折磨。不过这还是比不上马德拉的圣方济各会修道院,那里的墙上挂满了人的骷髅头,大腿和手臂的骨架则交替平列成排。一盏肮脏的灯从天花板上垂吊下来,由一个年老的秃头修士时刻照管着,使它保持着微弱无力的一点光明,刚好照得让外人看到模糊不清而又令人心惊的死亡象征。很难断定,在供菩萨的和尚、软木修道院的修士和各各他①的信徒这三者之中,谁是人类社会中最无用的一种人了。

在顺流而下经过的荒山野岭之中,我们看到一些大型的采石场。巨大的石块被切割成墓碑、桥拱、石梁以及铺路和其他用途的石材。采制这种巨石使用的工具是锯。每一块石材都按用途所要求的形状和尺寸,从山体表面往下垂直切割出来,从而避免了运输途中可能会遇到的困难和人力的浪费。未成形而需要额外加工的原石绝不会从山体上切割下来。在这一点上,他们比已故的俄国女皇要更有深谋远虑。她以极大的代价,借助复杂的机械,好不容易将一块巨石弄到了她的首都,准备用作彼得大帝像的基座,却发现要切除它的三分之一才合宜。

在广州城跟河岸上第一座宝塔之间,有一串这样的采石场,看上去已经被废弃多年了。规规矩矩的开采留下的遗迹,宛如一条条长长的街道,两旁是四方形的居室。室壁上等距离排列的四方孔穴好像是为梁架预备的。光滑而平直的四壁,散落各处的一根根独立的石柱,很容易让人犯下安德森先生——德国

---

① Golgatha,耶稣被钉上十字架的地方,后亦指代殉难处。

大学的一位博士——所犯过的类似错误。他在法国的都恩城堡把一些毛石采石场误认为远古时代巨大的地下宫殿的遗迹，费心地做了测量。

我们在中国之旅的途中经过的众多高山，大多是远古的花岗岩构造，少数是砂岩，低一些的山岭一般是石灰岩构造，或者是粗灰大理石。除了南部的莱德隆群岛①和东部舟山群岛的一部分，我们在中国没有发现火山构造的地貌。不错，形成大陆链的高山很少是由火山作用形成的。这种大自然的杰作，似乎一定需要大规模的火配合，所以我们发现火山作用形成的山脉一般都接近海岸，或者完全与大陆隔绝。因此，尽管中国沿海的大部分岛屿是火山岛，我们在整个中国大陆上却没有在火山构造或温泉中发现任何地热的踪迹。然而，据说各省都常常感觉到地震，不过都是轻微和短暂的。

从那个石洞庙往南行约7英里，山岭突然消失，我们进入一片广阔的平原，向着南方，一望无际。这种从荒山到沃野，从乏味到美丽，从毫无规划到和谐一致的突兀转换，就如一切鲜明的对比，自然地令人愉悦。这里的乡间现在呈现高度的精耕细作，主要农产品是稻米、甘蔗、烟草。河面因为接纳了无数从我们刚离开的山涧涌出的支流，扩展到了近半英里宽。河汊从两岸向四面八方延伸。到了三水县城，我们发现河水因海

---

① 莱德隆群岛（Ladrone），现称马里亚纳群岛，由北太平洋上15座火山岛组成，南至关岛，总长1565英里，总面积396平方英里。葡萄牙航海家麦哲伦于1521年首次发现马里亚纳群岛，1667年西班牙声明了对该群岛的主权，并直接使用西班牙王后玛丽亚娜的名字命名。ladrone在葡萄牙语中意为强盗、海盗、恶棍。

潮的涌入而稍稍后退。

10日，我们在广州近郊的一个村庄前停下，大使要在这里会见东印度公司的专员。中国政府准许他在离公司这么远的地方活动，允许他们公司的仆人时常在这里举办聚会，寻欢作乐。村庄附近是大片菜园，所种蔬菜供给城市。在一些菜园里，我们发现一些培育该国珍奇、美丽或有用的植物苗圃。它们也是送到广州出售的。因此，我们不再为被迫在这个地方度过这一天的剩余时光遗憾了。在众多的珍贵植物中，我们一下就发现了大型的牡丹，有红有白，也有杂色的；优雅的美洲石斛；独特的矿兰花，这样称呼它是因为它没土没水也能长；多种秋葵属木槿，以及该属的其他种；双色的山茶花；大蜀葵；猩红色的苋属植物和同属的另一植物，非常优雅的鸡冠花；有时被称为锡兰玫瑰的夹桃属夹竹桃；木兰科的一种玉兰，一种叶未开、花先放的花。最受重视的是香草鸡蛋花属和双蕊茉莉。我们还在花盆里看到了甜罗勒，以及简至无法辨别的、被称为雏兰的花，有时与茶树杂交，其叶形成一种特别风味；芳香的木犀榄属甜味橄榄，据说也有同样的用途；散发强烈香味的栀子花，被不恰当地称为斗篷茉莉；中国石竹花和其他花。历数其他植物已超过本书的范围。

在水果中，我们见到了各种无花果，三种桑葚，桃，杏，番荔枝，番樱桃，备受推崇的荔枝；杨桃，一种做水果馅饼的上好水果；梧桐。此外，还有大量的橘子和香蕉。

食用蔬菜中有大量多种多样的豆子，其中有鹰嘴豆、扁豆、大豆或称调料草，多穗状花序，有一大簇美丽的、暗红色的花朵；西贴努斯属木豆属，它的籽能提供有名的豆奶，皇帝接见大使时，有给大使喝豆奶的习俗；萝卜、洋葱、蒜、辣椒；红薯，空心菜；两种烟草；豆蔻属的姜，量很大，根在糖浆里保存；欧白芥属的芥末，以及芥属东方芸薹，可榨油食用。

我们发现在艺术上有用的植物有漆树属的漆树，还有同属的另外两种；姜黄属的姜黄；红蓝菊属是欧洲草本植物的一个属，用作染料，中国蓼属植物也有同样的用途；棕榈，其扇形的干叶被普通人，特别是住在船上的人当扇子用；棣棠的树皮在印度是当亚麻用的，在中国，我相信人们在某种程度上更喜欢用白苧麻。唯一的药用植物是大黄根，蒿属植物，亦称中国根。

为了表示隆重欢迎我们到达广州，一行巨舟彩旗飘扬，华盖罗列，鼓乐齐鸣，前来迎接。当天中午时分，我们到达了商馆所在地。这是一排欧洲式的建筑，矗立在河的左岸。总督、海关道以及当地所有的主要官员就在这里接见了使团。从这里我们被引导到河对岸。那里已为此预备好了一座临时性的席棚。棚内有一块黄绸，上面是金字写就的皇帝尊讳。对着这块黄绸，总督和其他官员行礼如仪，感激皇恩浩荡，保佑我们一路顺利。

公平而论，中国朝廷及其指派来照料使团的众人，自始至终表现了做主人的慷慨大方，照顾无微不至，态度真诚友好。至少对我们这一行人是如此。我这么说毫无虚荣自负的意思。在长途旅行中，通过每天的接触交流和仔细观察，这些朝廷官员逐渐消除了从小就养成的对我们外国人的偏见。受益于我们的直率和坦诚，以及适当的礼貌和客气，他们似乎愉快地抛弃了官府所要求的那种令人生厌的官场礼节，接受了我们的习惯。

王大人和乔大人常常在我们的坐船上消磨晚上的时光。他们两人的美德，怎么赞扬都不会过分。善良友好，屈尊慈爱，照顾周到，从我们进入中国起直到把我们送到广州后离开，他们没有露出过丝毫不悦。这两人可谓是真正的朋友。他们坚持把特使送上"狮子"号，在那里道了最后的告别。分手之际，他们都流了泪，显露了诚挚的恋恋不舍和关切。他们离开"狮子"号时神情悲伤，情不自禁。第二天一早，他们派人送上船来二十筐水果蔬菜，作为最后的告别礼。后来我们高兴地听说，一回到北京，他们俩都升迁了。乔目前在朝廷身居高位，不过王，那个性情开朗而友善的王大人，不幸为他的国家光荣捐躯了。至于李向导，我们的中文翻译，我所能给予的赞扬无论如何也不足以表彰他的品德。他十分明了自己所处的危险境地，却从来也没有失职过。在澳门，他悲伤地告别了他的英国朋友。尽管地处帝国最边远的一个省份，他还是找到办法跟朋友通信。特使马戛尔尼勋爵收到过他好几封信。最近的一封写于1802年3月。所以说，他的感情既没有随着时间的流淌而消失，也没有因为距离的遥远而减退。

按照中国的习俗，外国使节从一踏上他的疆土直到离开，是被视为皇帝的客人来接待的。这种习俗令我们深感不便，因为它阻止了我们以公开的方式来采买许多令人欢迎的小物品。朝廷在这一项上的浩繁开支，可能是限制所有外国使节在京只能居留40天的原因之一。王大人告诉我，为了支付接待我们使团的开销，他们受命从我们所经过的各省银库，每天提取5000两白银，也就是1600磅标准纯银。在北京是每天从户部领取

1500 两。假定这是事实，而且我觉得也没有理由怀疑，我们就能估算出本使团让中国朝廷花费的总额：

从 8 月 6 日（我们进入白河的那一天）到 21 日（我们到达北京）	16 天	80 000 两
从 8 月 22 日到 10 月 6 日（在北京和热河）	46 天	69 000 两
从 10 月 7 日到 12 月 19 日（到达广州）	74 天	370 000 两
总计		519 000 两

也就是 173 000 磅纯银；中国白银 3 两等于 1 磅纯银。

我毫不怀疑朝廷确实支出了这笔钱，但还是很难相信这笔巨款都用到了我们使团身上。在北京时，一个传教士告诉过我，《京报》登过一篇文章，宣扬皇帝对英国使团是如何的慷慨大方。他下旨说，使团驻扎北京和热河期间，每天开支不得少于 1500 两银子。这位传教士同时断言，朝廷的高官，以及那些有幸被指派了接待外国使节的其他官员，认为这是皇帝赐给他们的最上等的美差。朝廷的拨款扣除实际开支，等于一笔不小的横财。

王大人确实跟我们解释过，虽然皇上有旨，但经过一系列衙门执行，层层克扣，最后真正花在使团身上的就不是那个数了。他给特使举了一个极好的例子，说明朝廷的拨款有时候是以什么方式操作的。前一年的冬天，洪水泛滥。山东省有一个村庄猝不及防，全村人只逃出了性命，损失了一切。皇帝曾经在该村经过一次，立即下旨拨 10 万两银子救济。户部的第一首长留下了 2 万两，第二首长留下 1 万两，第三首长 5 000，如此等等，最后只剩下 2 万两到了灾民手中。所以说，中国的道德水平被夸大地传扬了。在实际生活中，他们的道德水平跟其他国家的不相上下。

不过，如果我们算上一路不断雇用的大批劳力、马匹和船只的话，英国使团的实际花费也确实小不了。王大人告诉我，为我们服务的人一般不少于 1 000，很多时候大大超过 1 000。我相信他没有夸大其词。最初从白河到通州，我们有 41 条船，每条船上平均有 15 个人，包括水手、纤夫和士兵。这样单单在船上就用了 615 人。此外还有在乡村收集供给物品的人，接待引导的官员，以及他们数不清的随从人员。从通州启程时，仍有近 3 000 人被招来搬运礼品行李，先经过北京到宏雅园，然后又回到京师，总共花了 3 天。从通州返程到杭州府，我们的船队有 30 艘船，每船至少 10 人，大部分行程中每船还用 20 个纤夫。这样单是行船一项就用了 900 人。

从杭州府到玉山县和从杭州府到舟山，大约共用了 40 条船，每船 12 人，也就是 480 人。此外还有当地官府雇的采购食物的人，在不同地段堆集卵石收缩水道、以便大船有足够的吃水通过的人，以及守护在每个水闸、协助船只通过的人。

从常山县到玉山县走的是陆路，我们用了约 40 匹马，300 到 400 个人搬运行李。

从鄱阳湖到广州，我们一般有 26 条船，每船 20 人，包括水手、士兵和纤夫，仅此就总共 520 人了。

我们使团本身有近 100 人，但是那几个陪同的官员，他们到底有多少士兵、侍从和当差的，我实在是说不清。他们全都是出的特差，自然由朝廷的专款开支。

我们出使这个国家的总开支，包括礼品，不超过 8 万磅，对大不列颠这样的国家来说实在是微不足道，还不到人们通常想象的数额的 1/4。

虽然英国商馆在任何方面都比这个国家所拥有的最辉煌的宫殿还要舒适，一个特使去跟商贾住在同一个屋檐之下，却有违朝廷惯例。我们尊重他们的习俗，接受了他们安排的住处。那是河对岸花园围绕的一所巨宅，一应欧式家具，包括床、玻璃窗、烧煤的壁炉。到了那儿，我们发现一班戏子正在竭力表演。从剧情看，他们似乎是从日出就开始了。不过他们尖锐的嗓音和嘈杂吵闹的配乐实在难以忍受，经反复劝说，终于在晚宴时叫停了。晚宴就安排在正对戏台的敞轩里。

可是，第二天一大早，他们重又开场。特使本人再次请求，使团众人也一致附和，这个戏班终于给撤了。这让我们的中国主人大为惊讶，并从这个事例导出结论，英国人对优雅的艺术太缺乏欣赏力了。这些演员似乎是按天雇的。他们越是卖力地连续表演，越能得到赏赐。戏单上有二三十出戏名，交给主要的贵客选点。他们可以随时开演其中的任何一出。

外国在广州所从事的贸易活动之性质已众所周知，我不再赘言。各国对当地官府敲诈勒索的抗议在欧洲也是连连不断，大家也已耳熟能详。可是至今为止所采取的一切对策都被证明是无效的。最通常的回答是："你们为什么要来呢？你们带来的物品我们并不真正地需要，而我们交换给你们的是珍贵的茶叶，是上天没有恩赐给你们国家的,你们却还是不满。那你们为什么这么频繁地拜访一个有着你们不喜欢的海关的国家呢?我们没有请你们来,你们还是来了。你们行为端正,我们以礼相待。请尊重我们的待客之道,不要妄加指责或试图改变它。"这就是那些欧洲人不得不面对的,大清朝小官吏的腔调。

因为这种观念,外国商贾备受冷遇,甚至遭到粗暴对待,公平交易受到敲诈勒索,也就不奇怪了。雪上加霜的是,所有的对外贸易被完全垄断在有数的几家商行手中。我认为不超过8家。他们是由官府批准的。大批从欧洲、印度和美国输入广州的锡、铅、棉花、鸦片和西班牙银圆,统统要经过这些行商之手。所有输出广州的货物也一样。这么少的几个人所运作的资本之巨,远远超出我们在欧洲所能想象的任何行业。他们的利润一定相当惊人,否则是不可能负担献给广州官府权要的大量而珍贵的礼物的。而后者又要从中分出一部分献给京师的皇上和朝廷各部的大佬。各种各样的玩具、自动机、出自考克斯博物馆的自鸣钟、机械、珍宝,全产自伦敦,现在流入了中国皇帝在各处的宫殿,据说价值不低于200万磅纯银,都是广州贡呈的礼品。朝廷的大员不断地从京师下来。来时两袖清风,经过3年,回去时就家财万贯了。很难说富甲天下的和中堂的财产里,有多少是来自广州的,但是他所拥有的对皇帝的影响力,他跟1793年被取代了的前广东总督的亲密关系,让人毫不怀疑,其数量一定是相当大的。他的罪状之一,那颗巨珠,就是广州送的礼品。关于这颗珍珠,一位当时在场的先生告诉过我它的有趣历史。

一位美国商人带着这颗珍珠来到广州，期望发笔大财。它的巨大和美丽很快就传遍广州，吸引了官员和商人的关注。他们天天去拜访这个美国商人，开价却远远低于其价值。不过，经过长时间仔细和反复的检查，他们终于开出了一个可以接受的价钱，付了定金，并让美国人保有这颗珍珠，到余款凑齐时再交货。为了避免任何变故和误会，装珍珠的盒由买者加了封条。几天过去了，没有从中国人方面来的任何音信。最后，到了所有的外国商人按例移居澳门的时候，那个美国人百般努力也找不到买他珍珠的中国人。不过，他自我安慰道，虽然此行的主要目的没有达到，他还是保有了本钱，何况那笔定金支付此行的开销又足够有余。回到家里，他毫无顾忌地开了珍珠盒上的封条，却发现他的真珍珠已经被掉换成了假珍珠，其神形毕肖，不是十二万分地细勘是发现不了的。他的懊恼可以想见。那些人天天拜访他，看来只是为了仿制一颗假珠来调换；他们建议给那个珍珠盒加封，是为了有机会神不知鬼不觉地以假换真。不过，外国人跟中国人在这方面也不相上下，难分伯仲。有个人，叫巴蓬（Baboom），在孟加拉、曼德拉和在广州一样出名。因为无力支付50万磅欠款，他把一盒自称是高级珠子的东西交到一位行商手中，作为抵押。事后发现，那只不过是一盒豆子。

一般认为，外国人在广州鲜有机会得到公平正义。根据这个国家的法律，进出口税应当按照估价征收，实际上却是任凭海关官员随心所欲地决断的。尽管朝廷一直三令五申，并对查实贪渎敲诈的官员处以剥夺一切财产的严惩，但是因为接受了他们的礼物，似乎又在鼓励他们这么做。此外，因为广州与京师相距遥远，获得暴富的机会跟接受查处的可能相比，有天地之别。所以，既然权力和机会都有利于他们欺诈，诚实就是一种超越中国人道德范畴的美德了。跟英国使团有关的一桩侵占案便是极其鲜明的例证。考虑到"印度斯坦"号装运的是给皇帝的礼物，朝廷指令各个港口不得向它征税。不巧的是广州的行商已经为她跟其他船一样交了税，数目是3万两。于是我们向海关监督要求，根据朝廷的命令，返还这笔税金。可是他只还给布朗尼先生1.4万元，约等于1.1万两不到，说此数正是大清实收的税金。这是一件无可隐瞒的事，因此不能假定海关监督这么做没有经过深思熟虑。据此我们可以断定，向与广州进行贸易活动的外国人收取的关税，只有多么少的一部分真正进入了皇家的银库。

从他们本国人所付的税金来判断，这个国家的税率是相当低的，但是在有关官员的贪污欺诈下，它却成为外国商人怒气冲天的抱怨对象。可是他们至今为止从未使用过恐怕是唯一能伸张正义的方法，即掌握该国的语言，以便能够向朝廷的高官直接反映下级官员的敲诈勒索行为。不管当朝的最高官员有多么贪婪和腐败，他的胆怯本性会让他立即重视大胆而直接、并有理有据的控诉人，因为后者有能力让他的失职违法行为大白于天下。这一论断被最近的一个事件再次证明。

这是一桩破产案，官府负有责任，却压制住不让实施。为此东印度公司以及在印度和广州的一些个人的利益将受到损失。商馆的大班德拉蒙德先生匆匆赶到广州衙门，大声地反复喊叫几句他背熟了的中国话，同时挥舞着一份状纸。结果是状纸马上被送交给总督，那个不公正的决定随即被取消了。要不是大班这样直接告状，而是通过那些小官吏或行商，结果就会是徒劳无功，因为他们利益一致，都不想让官府知道。

汉语难学的假设吓阻了广州的外国居民，至今都不敢尝试。他们满足于使用那种洋泾浜英语来处理公司的事务。这种生造的破英语是所有的行商，甚至一些小官吏和普通商人都认为值得学习的。他们完全忽视了汉语，以及有关这个地球上最有趣和最不凡的国家的所有其他信息。事实上，习得四五千汉字比通常所想象的要容易，而这就足够让人清楚明了地就任何一个题目作篇文章了。当然，极度的细心，不停地努力和锲而不舍的精神是必须的。而这恐怕就是少有人愿意在设定的一段时间内掌握一定数量的汉字的原因了。气候也不利于这种强化学习。不过如果能在英国打下基础，大部分困难就不成问题了。

意识到掌握语言所能产生的巨大优势，法国人目前正尽一切努力鼓励学习中国文学，其意图显而易见。他们知道汉字从暹罗湾①到鞑靼海，在绝大部分的南洋群岛（Eastern Archipelago）②都通用；知道交趾支那的汉人使用的也是纯正的汉字，而他们已经在那儿牢固地扎了根。日本也是同样的情况。希望英国不会忽视任何有助于跟法国人竞争的方法，如果必要，在这一点上也得一决高下。

实现这一愿望的方法其实很简单。如果东印度公司的董事

---

① 一般指泰国湾（Gulf of Thailand）。
② 即马来群岛（Malay Archipelago）。

们设定以下规则,所有想被派驻中国的文书都必须先学会 500 到 1000 汉字[1],我敢说,由于位置是如此稀少(不超过 20),报酬又是如此优厚,像目前这种这些空缺都派给了他们自己家人的情况就不大可能再发生了。主管其在印度事务的高贵的侯爵(马奎斯)已经建立了一个学院,很有可能让其祖国和当地印度人双双获利。威廉姆·琼斯爵士的努力以及更早的其他几位的工作,已经产生了令人高兴的成果。该公司的属地上,不管是民用还是军用,已经有大量人员,在一定程度上掌握了不同的当地口语。的确,这已经成为一种不可或缺的条件,以便消除当地人根植于心底对我们的偏见,以便和他们竞争。

葡萄牙和荷兰采取的是另一种政策。像我们在广州的居民一样,他们跟当地人交流也只使用他们自己语言的混杂语。瑟伯格先生讲过一个荷兰人的故事。此人作为他们商馆的大班在日本生活了 14 年,在此期间他 4 次担任出使日本朝廷的大使角色。可是问起日本皇帝的名字,他十分坦率地承认,他从未想到要问一声。事实上,他的主要目的是在设定的时间内积累好几百万弗罗林[2],因而完全忽略了日本皇帝和他的百万子民。

如果我们忽视汉语的学习,也就是愚蠢地把我们和我们的利益完全置于他们的掌握之中,也就完全应该受到我们所强烈

---

[1] 英国已有几本不错的中文词典手稿。其中一本正由蒙突奇博士组织出版。我从权威人士处得知,他经过多年孜孜不倦地学习,已经成功地能写一手整齐而准确的汉字,在其他方面也相当有资格从事这一工作。希望他能得到恰当的支持。——原注

蒙突奇(Antonio Montucci,1762—1829),意大利汉学家。——译注

[2] 荷兰货币盾。

抗议的敲诈勒索。如果与伦敦的贸易完全掌握在 8 个商人的手中，如果前来贸易的外国人既不能说也不能写一句英语，事无巨细只能跟这 8 个商人以一种类似于这几个外国人所操语言的混杂语交涉，人们自然会问，难道这些外国人会缺少理由，像目前跟中国交易的欧洲人一样，感到受欺诈而愤愤不平吗？这里没有诋毁伦敦商人的意思。即使在目前的状况下，一个中国人来到英国，难道不会在海关发现可抱怨的地方，没有不平或苦恼要倾诉吗？因为不懂我们的语言，他也很可能认为受到了敲诈勒索呢！两年之前，两名中国教士途经英格兰，前往那不勒斯的传道总会（de propaganda Fide）。按照他们国家的风俗，每人背上一个小衣服包，手拿一把折扇。他们正好碰上了一个贪婪的海关官员。这种人假借防止逃税，大肆掠夺毫无保护的外国人，并把缴获物据为己有。于是，那两个可怜人被这位关员没收了手上的那一点小财产，背上的衣服包也毫不费力地被缴获下来。我们能责怪这些人视我们为野蛮无情、麻木不仁的民族吗？尽管我们并不应该被看作如此不堪的民族。

我们在广州的情况，跟这两名中国教士的可以说十分相似。每一个官府的小吏都知道，他可以对我们的贸易品强征高税而不会受到惩罚，因为我们没有办法把他的恶行告知他的上司。无论中国人有多么强的欺诈和勒索倾向，只要把事情以正确的方式呈交给他们知道，我毫不怀疑中国朝廷的公正和约束。最近的一件事或许可以拿来作证明。

1801 年，皇家"马德拉斯"号上的一个水手开枪重伤了一个坐船经过的中国人。像通常一样,中国官府就此事追究下来。不过东印度公司以一种不同以往的方式来应对。不是通过行商作为中介进行解释或辩护,因为行商见了官府最低的小吏也会发抖,而是直接递交总督一份辩护书,由现在的斯当东爵士,东印度公司属下唯一掌握了汉语的英国人执笔。同时,跟衙门的巡捕就此事也做了几次磋商,也都没有让行商参与。迪克斯船长反诉有些中国人切割他的缆绳,意图盗窃。官府同意将此案交广州的公堂审理。根据中国的法律,要是受伤之人活过40天,死刑就可减为流放。然而官府这次居然偏向此案的被告到如此的程度,虽然期限未到,痊愈的可能微乎其微,还是让迪克斯船长把水手领了回去,仅要求他留下一纸保证书,保证如果伤者没活过法定的40天,就把该水手交出来。那人拖了近50天,最终还是死了。衙门送来一封信,告知船长,此案结果如此,他们觉得,把该犯交由他来按其本国法律处置,实无不可。于是,创下了有史以来第一个有利于外国人的判例。经由这种适当的交涉,一个英国公民被免除了不公正和耻辱的死刑,而这本来是不可避免的,就像以前类似的案例那样。到那时为止,把这种事交在那些视我们为蛮夷,不管对我们是如何友好,但没有胆量为我们申诉的人手里,官府毫无例外地将一切杀了中国人的外国人,或者他们的替代人,不经常规审讯,立即处死,就像我在第七章指出的那样。

广州东印度公司的雇员中最熟悉中国事务的一个,在使团逗留期间被问到这个问题时说:"我不得不指出,公司的雇员,甚至其贸易活动，在这一方面是极其危险和丢脸的。一桩非常可能发生的意外事故就会置他们于残酷的困境，不要说荣誉体面地去死，能不臭名远扬，或者不连累整个贸易，就万幸了。"不过我们现在刚刚看到了，在再次发生类似事件时，通过直接和迅速的与官府沟通，案子就了结了，不但没有耻辱或臭名，而且双方都体面。

结　语

到此，我已经阐述了大部分我所能够回忆和收集到的，在我参与这一具有重大历史意义的出使过程中产生的观察和思考。我所作的比较，意在帮助读者按照欧洲民族的尺度，自己来判断中国在世界上应该处于什么地位。不过这个部分还是很不完美的。要使其完美，必须有更多的阅读和写作时间，而我目前无法办到。至于其他题目，那些带有政治性质的，虽然对我们的在华利益具有最重大的意义，却更是属于另外一个领域的，因而不应当由我来臆测或妄断，而应该在以后由他人来做。①希望等目前的反对意见消失，时机成熟，特使本人收集的信息、思考和意见能完全公之于众（这一天恐怕不会太远），使我们能完全领会这位贵人博大的智慧，并向世界证明，这一次出使以一种崭新而辉煌的方式，对一个先前对此极端无知的皇朝和民族，宣示了英国人民的品格和尊严。尽管我们的敌人以百般刁难和对抗来阻止，尽管我们的对手出于嫉妒和恶意而肆意歪曲，我们的中国之行还是完成了，并为将来的发展奠定了坚实的基础，也为我们的政治家②的智慧和远见争得了光荣——是他制定了这一计划，并指导了实施。

---

①　此书作于 1803 年末。——原注
②　Viscount Melville——原注。
　　Henry Dundas（1742—1811），第一代梅尔维尔勋爵。1791—1794 年任英国内务大臣，是马戛尔尼使团得以成行的关键人物。——译注

九州出版社好书推荐

【历史现场】
《中国近代史》，蒋廷黻 著
《激荡的中国》，蒋梦麟 著
《1911，一个帝国的光荣革命》，叶曙明 著
《1919，一个国家的青春记忆》，叶曙明 著
《山河国运：近代中国的地方博弈》，叶曙明 著
《千古大变局》，曾纪鑫 著
《喋血枭雄：改变历史的民国大案》，张耀杰 著
《沈志华演讲录》，沈志华 著
《周恩来在巴黎》，[日]小仓和夫 著，王冬 译
《生命的奋进》，梁漱溟 熊十力 唐君毅 徐复观 牟宗三 著
《高秉涵回忆录》，高秉涵 口述，张慧敏 孔立文 撰写
《人间世：我们时代的精神状况》，余世存 著
《危机与转机：清末民初的道德、政治与知识人》，段炼 著

【历史与考古】
《中国史通论》，[日]内藤湖南 著，夏应元 钱婉约 等译
《历史的瞬间》，陶晋生 著
《玄奘西游记》，朱偰 著
《瓷器与浙江》，陈万里 著
《中国瓷器谈》，陈万里 著

【钱家档案】
《楼廊闲话》，钱胡美琦 著
《钱穆家庭档案》，钱行 钱辉 编
《温情与敬意》，钱行 著
《两代弦歌三春晖》，钱辉 著

【饮食文化】

《中国食谱》，杨步伟 著，柳建树 秦甦 译

《故乡之食》，刘震慰 著

《南北风味》，王稼句 选编

《南北风味二集》，王稼句 选编

【怀旧时光】

《北平风物》，陈鸿年 著

《北平往事》，王稼句 选编

《人间花木》，周瘦鹃 著，王稼句 编

《把每一个朴素的日子都过成良辰》，晏屏 著

《读史早知今日事》，段炼 著

《念楼书简》，锺叔河 著，夏春锦 禾塘 周音莹 编

【书话书影】

《书世界·第一集》，Bookman 主编

《鲁迅书衣录》，刘运峰 编著

《中国访书记》，[日] 内藤湖南 等著

《蒐书记》，辛德勇 著

《学人书影初集》(经部)，辛德勇 编著

《学人书影二集》(史部)，辛德勇 编著

《学人书影三集》(子部)，辛德勇 编著

《学人书影四集》(集部)，辛德勇 编著

【JNB 笔记书】

《红楼群芳》，[清] 改琦 绘

《北京记忆》，[美] 赫伯特·怀特 摄影

《鲁迅写诗》，鲁迅 著

《胡适写字》，胡适 著

【长河文丛】

《旅食与文化》，汪曾祺 著

《往事和近事》，葛剑雄 著

《大师课徒》，魏邦良 著

《书山寻路》，魏英杰 著

《旧梦重温时》，李辉 著

《四时读书乐》，王稼句 著

《汉代的星空》，孟祥才 著

《从陈桥到厓山》，虞云国 著

《寂寞和温暖》，汪曾祺 著

《城南客话》，汪曾祺 著

《天人之际》，葛剑雄 著

《古今之变》，葛剑雄 著

【大观丛书】

《活在古代不容易》，史杰鹏 著

《快刀文章可下酒》，邝海炎 著

《时光的盛宴：经典电影新发现》，谢宗玉 著

《你不知道的日本》，万景路 著

《私家地理课》，赵柏田 著

《壮丽余光中》，李元洛 黄维樑 著

《一心惟尔：生涯散蠹鱼笔记》，傅月庵 著

《悦读者：乐在书中的人生》，祝新宇 著

《民国学风》，刘克敌 著

《大师风雅》，黄维樑 著

【历史地理】

《中国历史地理·第一辑》，辛德勇 主编

《史地罥思》，陈桥驿 著，范今朝 周复来 编

《山海圭识》，钮仲勋 著，钮海燕 编

《山河在兹》，张修桂 著，杨霄 编